Hansen;

FRIEDRICH BARBAROSSA

WEGE DER FORSCHUNG

BAND CCCXC

1975

WISSENSCHAFTLICHE BUCHGESELLSCHAFT

DARMSTADT

FRIEDRICH BARBAROSSA

Herausgegeben von
GUNTHER WOLF

1975

WISSENSCHAFTLICHE BUCHGESELLSCHAFT

DARMSTADT

Bestellnummer: 6159

© 1975 by Wissenschaftliche Buchgesellschaft, Darmstadt
Satz: Maschinensetzerei Janß, Pfungstadt
Druck und Einband: Wissenschaftliche Buchgesellschaft, Darmstadt
Printed in Germany
Schrift: Linotype Garamond, 9/11

ISBN 3-534-06159-4

INHALT

VORWORT

Friedrich von Staufen, einziger Sohn des Schwabenherzogs Friedrich II. und der Welfin Judith, wurde zwischen 1122 und 1124 geboren. Er starb auf dem 3. Kreuzzug am 10. Juni 1190 bei einem Bad im Seleph in Kilikien. König war er seit März 1152 (rex Romanorum), Kaiser seit Juni 1155.

Dies sind die äußeren Daten einer Herrscherpersönlichkeit, die, seit dem 19. Jahrhundert wieder umstritten in ihrer Wertung, mit eben diesen Lebensdaten wesentliche Teile eines Zeitalters des Umbruchs umspannt.

Nachdem bereits — kaum bemerkt — am Ende des 10. und — deutlich sichtbar — im 11. Jahrhundert Grundlagen einer neuen Zeit gelegt waren, wandten sich im 12. Jahrhundert, dem Zeitalter Barbarossas, wie ihn wegen seines blonden Haupt- und Barthaares die Italiener nannten, die Strukturen.

Als Friedrich Barbarossa zur Welt kam, war eben das sogenannte „Wormser Konkordat" von 1122 zwischen Kaiser und Papst, das das Ende des Investiturstreites bringen sollte, der über sechs Jahrzehnte die Geister bewegt und die Gemüter erhitzt hatte, abgeschlossen. Freilich, sowenig es in diesem — meist untertrieben — „Investiturstreit" genannten Machtkampf zwischen regnum und sacerdotium nur eben um die Laieninvestitur gegangen war oder ging, sowenig konnte das zu Worms ausgehandelte Kompromiß ein für allemal die uralte Kompetenzfrage zwischen geistlich-priesterlicher und weltlicher Macht lösen. So war zunächst Worms nur eine gesicherte Plattform für die Papstkirche des Mittelalters, auf der sie in den folgenden Jahrzehnten ihre Macht weiter ausbaute, bis der junge Friedrich I. in einem großartigen Rückgriff auf längst bekanntes altes Reichs- und Rom-Recht das Papsttum zur — auch geistigen — Defensive zwang, aus der es bis zu jenem leuchtenden Zwischenspiel der jüngsten Vergangenheit sich nicht mehr befreien konnte.

Der Rückgriff auf römisches Recht und damit in nuce die gesamte Reichspolitik Friedrichs war es, der vom 19. Jahrhundert bis heute vorzüglich die Geister scheidet. Wurde damals die Wertung vor allem unter dem klein- bzw. großdeutschen Aspekt vorgenommen: ob Friedrich die Zeichen der Zeit richtig oder falsch erkannt habe, indem er die alte Italien- und Kaiserpolitik erneuerte (Sybel-Fickerscher Streit), so geriet trotz seines in der Romantik so hochgelobten „germanischen" Äußeren Barbarossa während des III. Reiches als Gegenspieler des ideologisierten Ostkolonisators Heinrich des Löwen bisweilen ins Zwielicht der Wertung, ganz abgesehen von dem bis in die dreißiger Jahre des 20. Jahrhunderts dauernden Streit in der deutschen und italienischen Historiographie, ja beider miteinander.

Nach dem Zweiten Weltkrieg treten in der westdeutschen Forschung und Geschichtsschreibung derlei vom eigenen Erkenntnisinteresse überstark geprägte Betrachtungen weitgehend zurück, — steht man einmal von dem großangelegten, aber doch wissenschaftlich recht fragwürdigen Kolossalgemälde Friedrich Heers, der Barbarossa einer reaktionären Politik zeiht, ab. Dagegen wird gerade neuerdings in der DDR am Werk und der Persönlichkeit Friedrichs die Kritik der 'marxistisch-leninistischen Geschichtswissenschaft' an der 'bürgerlichen Geschichtsschreibung' sichtbar in dem Vorwurf an eine etwa 800 Jahre zurückliegende Zeit, sie sei als Italienpolitik der Kaiser wie als Unterjochung der östlichen Nachbarländer Deutschlands Ausdruck einer feudalen Expansionspolitik, die das nationale Königtum in Italien verhindert, das Verhältnis des deutschen Volkes zu seinen slavischen Nachbarvölkern belastet und schließlich zu einer Zerrüttung der Zentralgewalt und zur territorialen Zersplitterung Deutschlands geführt habe. Dabei werden dann im gleichen Atemzug die in der BRD nach dem Zweiten Weltkrieg entstandenen Arbeiten, bei denen der nationalstaatliche Blickpunkt kaum mehr relevant erscheint, als Versuch einer historischen Legitimation für die „imperialistische" Europapolitik der BRD gewertet.

Ganz abgesehen davon, daß hier der Marxsche Standpunkt um einige Etagen zu tief vermutet und in pseudomarxistisch-pseudostrukturalistischer Weise die Geschichte forensisch benutzt wird, läßt man hier völlig außer acht, daß gerade die Italienpolitik Friedrich Barbarossas auf der Folie des damaligen Deutschland auch heute noch ein umstrittener Gegenstand der Forschung ist. Gerade neueste Arbeiten wie die von Appelt, Bosl und Haverkamp zeigen dies deutlich.

Das 12. Jahrhundert ist eine Zeit, in der sich die archaischen Strukturen einer frühen Adelsherrschaft auch in Deutschland zu wandeln beginnen, eine Zeit, in der eine universale Reichspolitik, zu der der deutsche König, wollte er nicht zur Bedeutungslosigkeit herabsinken, angesichts der erstarkenden Erbmonarchien in Frankreich, England und Sizilien — am Rande auch Spaniens und Ostroms —, angesichts auch der expansiven Politik der Kurie, sich eben des Landes versichern mußte, das allein geographisch wie strukturell, finanziell wie ideologisch ihm die reale Basis einer Reichspolitik bieten konnte: Italiens. Sechs Italienzüge Friedrichs — davon sogar vier in der ersten Hälfte seiner Regierungszeit — zeigen, wie richtig dies Barbarossa erkannt und wie wichtig er die italische Reichspolitik genommen hat. Wir wissen auch jetzt seit den umfangreichen Untersuchungen Haverkamps, daß Friedrich versuchte, eine weitverzweigte Verwaltung mit Hilfe italienischer Berater in Italien aufzubauen, die der örtlich gewachsenen Gegebenheit Rechnung trug und — wie gesagt, unter Rückgriff auf altes römisches Kaiserrecht — auch die einheimischen Strukturen beachtete. Der, auch handgreiflich finanzielle, Erfolg blieb nicht aus. Mit dem Grundsatz von des Reiches Ehre („honor imperii") freilich kollidierten nicht nur bisweilen italische Kommunen, sondern auch Fürsten in Deutschland, wie vor allem Heinrich der Löwe, der Kölner Erzbischof Philipp und andere, vor allem aber jeglicher Anspruch der Kurie, der auf dem Dictatus papae Gregors VII. basierte. Sosehr Friedrich I. die politischen Strukturen Deutschlands, des Reichs und Europas — das in jener Zeit erstmals zu einem europäischen Staatensystem im klassischen Sinne findet — beeinflußt hat, die geistigen Grundlagen einer neuen Zeit hat Friedrich — im Gegensatz etwa zu seinem Enkel — scheinbar kaum mitgelegt; an den scholastischen Auseinandersetzungen um ein neues Weltbild, insbesondere seit der um die Mitte des 12. Jahrhunderts möglichen umfassenden Kenntnis des Aristoteles, hat Friedrich nicht teilgenommen, die Ideen von altrömischer Größe und christlicher Einfachheit eines Arnold von Brescia sogar abgelehnt und verfolgt. Dennoch ist seine Bedeutung auch für die Baukunst seiner Zeit, die Ausbildung lehnsrechtlicher Formen wie überhaupt des Rechts, ja mittelbar sogar der Dichtkunst, nicht zu unterschätzen. In vielen Dingen hat er erfolgreiche Ansätze der Salierzeit, wie etwa den Ausbau einer Reichsterritorialpolitik oder die Ausbildung der Reichsministerialität wiederaufgenommen. All' dies hat er gefördert und nur da, allerdings ohne Rücksicht, verneint, wo dies der „honor imperii"— wohl, wenn nicht eine neue, so doch im eigentlichen Sinne *seine* Maxime — gebot. So gehört die Persönlichkeit Friedrichs I. Barbarossa sicher, soweit wir heute noch von allgemeinverbindlichen Maßstäben ausgehen können, zu den Großen des europäischen Mittelalters als zentrale Figur des 12. Jahrhunderts, die gerade in den letzten Jahren die Forschung verstärkt wieder beschäftigt hat.

Die Auswahl mußte — wie immer — schwerfallen und sich oft auch am technisch und ökonomisch Möglichen orientieren. Größere Arbeiten, wie Bosls ›Reichsministerialität‹, Haverkamps ›Herrschaftsformen‹, Rassows ›Honor imperii‹ u. a. aufzunehmen, verbot sich von selbst. Auch sind diese Arbeiten, zumindest in Bibliotheken, relativ leicht greifbar. Möglichst breit sollen die Wiener Schule H. Appelts, der ja auch die Vorbereitung der Diplomata Friedrichs I. obliegt, zum Zuge kommen sowie einschlägige Arbeiten zur Italienpolitik und Reichspolitik, auch wo diese schon anderweitig vorlagen. Andere vorgesehene Arbeiten, wie die Gottfried Kochs, waren inzwischen als selbständige Monographien (1972) erschienen. Zu verweisen ist am Ende noch auf die neuerdings erschienenen Arbeiten von K. Bosl, ›Kaiser Friedrich Barbarossa. Reaktionär oder Staatsmann?‹ (1972) und Alfred Haverkamp, ›Friedrich I. Barbarossa‹ (1973) (s. Lit. Verz.).

Noch immer ist auch heranzuziehen W. v. Giesebrecht ›Geschichte der deutschen Kaiserzeit‹ (1873—95) (für die Zeit bis 1158), H. Simonsfeld, Jahrbücher des deutschen Reiches (1908), K. Hampe ›Deutsche Kaisergeschichte‹ (11. Aufl. 1963) und die Biographien von K. Jordan (2. Aufl. 1967), E. Otto (1940), M. Pacaut (1967, dt. 1969) und P. Munz (1969). Noch immer freilich fehlen die Regesta Imperii für die Zeit Friedrichs I. ebenso wie die Diplomata;

so lange freilich wird auch die umfassende wissenschaftliche Monographie wohl noch auf sich warten lassen.

Unser Sammelband möchte durch die darin enthaltene Information anregen zur weiteren Beschäftigung mit dem Stauferkaiser, der uns heute in ganz anderer Weise fasziniert als unsere Ahnen, denen er als Wiederkehrender aus dem Kyffhäuser Sinnbild nationaler Größe und Einheit war, nüchterner, wenn man so will, historischer in dem Bemühen, der „Unmittelbarkeit" jeder Zeit gerecht zu werden, ohne den eigenen Standort zu verleugnen, freilich auch ohne ihn zum Wertmaßstab aller Dinge zu erheben.

Heidelberg, 18. August 1973　　　　　　　　　　G. Wolf

Straßburger Universitätsreden 1942, Heft 3, S. 4—32.

KAISER FRIEDRICH BARBAROSSA UND DIE WENDE DER STAUFISCHEN ZEIT

Von Hermann Heimpel

[...]

Den Kaiser Friedrich Barbarossa kann man jedem beschreiben.[1] Die neueste Untersuchung seiner Briefe[2] hat aus der rhetorischen und theologischen Schale den Kern seines militärisch knappen, weltlichen, hämmernden Stils gewonnen. Gute Berichte[3] schildern den wenig über mittelgroßen, leicht nach vorn geneigten Mann mit den schönen Händen, mit dem hellen, freudigen Blick der scharfen Augen, den feinen, zum Lächeln bereiten Lippen, mit dem gewellten, blonden Haar und dem rötlichen Bart, der „barba rossa". Der königliche, von den Zeitgenossen schon nach den eleganten Forderungen des Rittertums empfundene Leib behauptet sich bis ins hohe Alter zu Pferde und im Gedränge des Gefechts. Doch neigte er zu rasch vorübergehenden Fiebern. In ihm wohnte eine empfindliche und doch gewaltige Seele. Die edle Scheu mehr als der Zorn rötet

---

[1] Diese Skizze verdankt ihre Hauptlinien den beiden Werken von Peter Rassow, Honor Imperii. Die Neue Politik Friedrich Barbarossas 1152—1159. München und Berlin 1940 und: Eberhard Otto, Friedrich Barbarossa, Potsdam o. J. Die übrigen Arbeiten werden an ihrem Orte genannt.

[2] E. Otto, Friedrich Barbarossa in seinen Briefen, Deutsches Archiv für Geschichte des Mittelalters 5 (1941).

[3] Ich verwerte die bekannten Schilderungen: Rahewin, Gesta Friderici 4,86, Acerbus Morena, Historia Frederici I. zu 1163, (Scriptores rerum Germanicarum, Nova Series 7, S. 167), Burchard von Ursperg, Chronik zu 1152 (Monumenta Germaniae, Schulausgabe des Scriptores, 2. Aufl. S. 22), Richard von London, Itinerarium Peregrinorum (Scriptores 17, 204) und den Brief des Abtes Wibald von Stablo an den Papst Eugen III., Constitutiones 1 Nr. 138.

ihm oft Wange und Hals. Taub gegen den Anmaßenden, ist er den Freunden freundlich. Tief ergreift ihn Freude und Schmerz und Zorn. Doch bemerkt der Fremde in unbewegter Miene nur das unerschütterte Herz. Diesem Mann, der die steilen Dinge liebte, im Fleiß seiner Seele unermattet von Rückschlägen, dem immer Entschiedenen und stets Entscheidenden, dem unermüdeten Handhaber des Rechts, gehorchte ein schnell schlüssiger Verstand. Wen er einmal gesehen hatte, den erfreute er nach Jahren mit der staatsmännischen Höflichkeit des guten Gedächtnisses, leicht und frei handhabte er die deutsche, die schwäbische Rede. Der Verstand des Politikers lenkte die Bewegung des Gemütes: rechtzeitig, im politisch schöpferischen Augenblick, entlädt sich der gestaute Zorn, ja den schauerlichen Ruf zweckhafter Grausamkeit schrieen die Geiseln und Gefangenen von Crema in das nächtliche Dunkel, die der Kaiser im Zorn über die Ohnmacht seines Ritterheeres vor der bewehrten Stadt an die Belagerungsmaschinen hatte heften lassen.[4] Aber ihre Schreie verhallten, die Liebe der ritterlichen Mitwelt gewann der ritterliche Kaiser, und als hätte ihm die Geschichte das Höchste antun wollen, entrückte sie ihn auf dem Kreuzzug in ein unbekanntes Grab.

Der noch nicht Dreißigjährige betrat eine düstere Welt, als ihn die Fürsten am 4. März 1152 zum König erhoben. Die Herrschaft Konrads III. war unglücklich gewesen.[5] Er hatte sich im Kampf mit den Welfen verbraucht, Reichsitalien schien verloren, gute Ansätze und große Anläufe waren im Kampf der Fürstengruppen nicht aufgekommen, in der Reichskirche regierte Rom durch seine Legaten. Deutschland beugte sich dem hierarchischen Anspruch, Konrad folgte endlich dem Ruf des größten Predigers des Jahrhunderts in den unseligen zweiten Kreuzzug. Als dieser mißlang, verzweifelten die Frommen an der Welt, und den adeligen Gemütern, denen sich

[4] Gesta Federici in Lombardia zu 1195 (Schulausgabe S. 37).
[5] Mit diesem Satze soll nicht einer Unterschätzung Konrads das Wort geredet werden. Daß seine burgundische Politik eine Vorbereitung der Maßnahmen Friedrichs war, betont Hirsch in der gleich zu nennenden Arbeit S. 126: „Wie in so vielem läßt diese Entwicklung der Dinge unter Konrad III. einen Fortschritt erkennen."

im Niedergang des Zeitalters Bernhards von Clairvaux der politische Anspruch des Papsttums nur um so greller darstellte, schien das Reich nicht mehr tiefer sinken zu können. Ihnen war bewußt, daß das Unglück Konrads nur ein Stück von dem Unheil war, mit dem der Kampf Gregors VII. und seiner fürstlichen Helfer gegen Heinrich IV. vor achtzig Jahren das Reich geschlagen hatte.[6] Damals war das neue Kirchenrecht gegen das alte Königsrecht angetreten. Wohl behielt das Königtum im Wormser Konkordat von 1122 einen politisch ausbaufähigen Rest seiner Rechte über die Reichskirchen, aber das Reich verlor jene fraglose Herrschaft über seine Kirchen, die sich aus dem germanischen Eigenkirchenrecht ebenso hergeleitet hatte, wie aus dem nun erschütterten, aus germanischer Vorzeit stammenden Glauben an die religiöse Kraft des blutechten, an die selbständige Verantwortung des christlichen Königs in Welt und Kirche.[7] Schon hatten die Fürsten, als sie dem König Heinrich in seinem Kampf mit Papst Gregor im Jahre 1077 den Gegenkönig setzten, die freie Wahl zur Geltung gebracht,[8] den Grundsatz also des Auswählens des angeblich Geeignetsten statt der alten Königswahl, dem alten Zusammenklang von blutsmäßiger Berufung und huldigender Gefolgschaft. Schon konnte das Papsttum die neue Waffe des Lehnrechts ergreifen, schon seine Überlegenheit schriftlicher Rechtstradition dem mündlich lebenden deutschen Recht gegenüber zur Geltung bringen, als der aus den Reihen der fürstlich-kirchlichen Partei hervorgegangene Lothar Symbolhandlungen zuließ, die ihn schließlich auf einem Bilde im Lateran als Vasallen

---

[6] Otto von Freising, Gesta Friderici 1, 1; E. Otto, Barbarossa S. 12.

[7] Otto a. a. O.: „das Bewußtsein, unmittelbar vor Gottes Antlitz zu stehen als König, durch den göttlichen Auftrag dem geistlichen Amt gleichgeordnet zu sein, nur mit höheren, die Welt und die Kirche umfassenden Aufgaben, dieses Bewußtsein war in besonderer Stärke in Barbarossa lebendig, vereint mit dem Glauben an die Kraft des Schwertes und des weltlichen Rechtes."

[8] Von einer freien Wahl darf doch wohl gesprochen werden, wenn auch der 1077 gewählte Rudolf von Rheinfelden mit den Saliern verwandt war; denn entscheidend war die von der Kirche geförderte „echte Wahl", nicht das Geblütsrecht. Zur Frage: M. Mitteis, Die deutsche Königswahl (1938) S. 24.

des Papstes erscheinen ließen. Auch Friedrich war, wenn auch dem Willen des Vorgängers gemäß, „frei gewählt". Aber er zog nach Aachen in der Tradition seiner salischen Ahnen. Was jene verteidigt und verloren hatten, wollte er wiedergewinnen: die alte sorgende, schützende, aber herrschende Gewalt über die Reichskirchen und damit die Verfügung über die wichtigsten Stützen des deutschen Staates seit Otto dem Großen. Aus der Sicherheit seiner Adelswelt trat der Sohn des Schwabenherzogs, der Enkel der Heinrichtochter, in das schnell lebende, neuernde zwölfte Jahrhundert. Neu war seit der Reformzeit und seit Gregor VII. zumal die Kirche. Neben der neuen Kirche war die neue Stadt in Italien aufgestanden, arbeiteten sich die neuen Staaten, die Normandie, Frankreich, England, Sizilien, empor, blühte in Frankreich die neue Wissenschaft der Scholastik auf. Der neuen Kirche, soweit sie den Reichsrechten Abbruch tat, galt Friedrichs Kampf, den Übergriffen des Papstes der salische Zorn. Noch aber verachtete er die Städte Italiens, noch waren ihm die neuen Staaten fremd. Noch überblickte er die Welt nicht in ihrer Neuheit, mit der er sich einließ. Über die Zeitgenossen aber ging Ahnung und Hoffnung. Auf sie wirkte der Zauber des Menschen, der in allem so war, wie die aufblühende Ritterzeit sich den Menschen wünschte.

Friedrich griff die Probleme an, die sein Vorgänger nicht bewältigt hatte. Durch die Mutter selbst Welfe, versöhnte er Staufer und Welfen. Er stellte die Macht des Reiches über Polen her, band Böhmen erneut ins Reich, gewann Burgund zurück [9] und griff im oberen und mittleren Italien nach den verlorenen Reichsrechten. Er rang mit dem Papsttum um die kaiserliche Herrschaft im Kirchenstaat, um Reichsitalien, um Freiheit und Königlichkeit der Reichskirche, um die Eigenständigkeit des Reichs, er unternahm es, das Königreich Sizilien den Päpsten als Rückhalt zu nehmen, seiner Einmischung in Deutschland ein Ende zu machen und zugleich die byzantinische Italienpolitik in ihre Schranken zu weisen. Das Ge-

[9] Wie die Urkundenfälschungen burgundischer Hochkirchen eine diese Kirchen privilegierende Politik Barbarossas voraussetzen, legt die letzte große Arbeit von Hans Hirsch dar: Urkundenfälschungen aus dem Regnum Arelatense. Die burgundische Politik Kaiser Friedrichs I., Wien 1937.

heimnis des Erfolges lag wie in der Person so in dem Umstande, daß Friedrich alle diese Probleme nicht als einzelne angriff, sondern im Ganzen, mit dem Fernziel der „Reformatio imperii", der Wiederherstellung des Reichs. Er meisterte seine Aufgabe mit einer neuen diplomatischen Kunst: so fragen wir nach der neuen staufischen Diplomatie. Diese Diplomatie aber, so neuartig sie war, diente zunächst der Herstellung des alten Rechts. Die Rechtspolitik der ersten beiden Jahrzehnte aber ist endlich gescheitert: mit dem Papste, den er durch fünfzehn Jahre bekämpfte, schloß Friedrich einen die Freiheit der Kirche anerkennenden Frieden, mit den Lombarden, die er verachtete, ging er ein Bündnis ein. Und doch ist er am Ende seines Lebens der Herr der Welt, auf dem Wege vom alten Recht zur neuen Politik. So entwickelt sich der politische Geist aus der Bindung an alte Rechtsvorstellungen zu freieren Formen des politischen Spiels: das Verhältnis des Politikers zu den ihn ursprünglich bestimmenden Ideen ist eine zweite Frage an die Geschichte Barbarossas. Politik aber wurde zur bewußten Reichsplanung. Das staufische Reich erhielt durch Friedrich sein Gesetz. So fragen wir drittens nach dem Aufbau seines Reiches, nach der Haltbarkeit der staufischen Reichsverfassung. Wieweit ist, so fragen wir dabei gleichzeitig, ihr rascher Sturz acht Jahre nach Friedrichs Tod in ihren Baufehlern, wieweit ist er in den Schicksalsschlägen des Jahrhundertendes begründet? Die neue Politik aber und den Reichsneubau ließ sich Friedrich von den nur allmählich in ihrer Kraft erkannten neuen Mächten der Zeit abringen: wie steht, so fragen wir viertens, Barbarossas Imperium in seinem Jahrhundert? Wie scheidet sich Altes und Neues in seinem Leben? Wie vollzieht sich also in Friedrich Barbarossa die Wende der staufischen Zeit?

Friedrich bewährte seine neue diplomatische Kunst in achtunddreißig Jahren an einer langen Folge von Aktionen. Die neue Diplomatie, ja die neue Politik tritt aber sofort und beispielhaft für alles folgende in dem zu Konstanz am 23. März 1153 mit Papst Eugen III. geschlossenen Vertrage hervor.[10]

---

[10] Constitutiones 1 Nr. 144, 145. Das Folgende gibt in aller Kürze einige Punkte aus der eingehenden Würdigung des Konstanzer Vertrags durch Rassow.

Ich weiß nicht, was man an den sieben Sätzen des Konstanzer
Vertrags mehr bewundern soll: die wohlberechnete, neuartige und
politisch bedeutsame Vertragsform, oder den im Wortlaut zu spü-
renden Sieg der kaiserlichen Unterhändler im Kampf um die entscheidenden Worte, oder die Umsicht und Voraussicht, mit der hier
das Feld der kaiserlichen Gesamtpolitik abgesteckt ist, im Willen zu
einer friedlichen gemeinsamen kaiserlich-päpstlichen Bewältigung
der damaligen Weltprobleme, und doch mit allen möglichen Sicherungen des kaiserlichen Freiheits- und Führungsanspruches gegen
einen Partner, dem die beiden letzten Könige diplomatisch nicht
gewachsen gewesen waren.

Verträge zwischen Kaiser und Papst waren bisher in der Form
ausgetauschter Privilegien zustande gekommen. Ein solches
Privilegienpaar war vor allem das Wormser Konkordat gewesen.
Diese Form hatte sich für Lothar und Konrad als nachteilig erwiesen. Ihnen, die gegen Fürstenoppositionen zu kämpfen hatten,
ihnen, die von den jeweiligen Päpsten abhängig waren, war es nicht
gelungen, die Königsrechte aus dem Wormser Papstprivileg voll
geltend zu machen, denn die Päpste vertraten die Auffassung, das
Konkordat als päpstliches Privileg sei nur für die Person
Heinrichs V. erlassen worden. Friedrich, als König ohne Fürstenopposition und daher der Kurie gegenüber frei, ließ sich nicht ein
Privileg geben, noch gab er ein solches. Er ließ dem Papst nicht
die Möglichkeit, dereinst etwa einseitig die Voraussetzungen eines
Privilegs für erloschen zu halten, sondern er gab der Abmachung die
neue Form eines zweiseitigen Vertrages, einer „Concordia": in
einem einzigen Schriftstück standen sich Leistung und Gegenleistung
gegenüber, die Bestimmungen des Vertrages lebten zusammen und
starben zusammen. Diese Form hatte nur einen Vorgänger, den
Vertrag Heinrichs V. mit dem von ihm abhängigen Papst vom
4. Februar 1111 — wenn auch hier die beiderseitigen Verpflichtungen noch in zwei getrennten Urkunden niedergelegt waren.
Allein schon die zweiseitige Form des Konstanzer Vertrags spiegelt
dasselbe wider, was die politische Gesamtkonzeption des jüngeren
Friedrich bezeichnet: den Rückgriff auf die Salier hinter die Zeiten
Lothars und Konrads zurück.

Die Worte des Vertrages aber zeigen die Narben des diplomati-

schen Kampfes. Der Kaiser wird dem Papste die Stadt Rom unterwerfen „nach den Kräften des Reiches". Das klingt großartig, ist
aber tatsächlich eine bewußte Einschränkung. Denn die Kräfte des
Reichs bemaßen sich nach dem guten Willen der Fürsten. Man
konnte ihren Unwillen organisieren, um sich von der Pflicht des
Paragraphen zu befreien. Großartiger noch klang es, wenn Friedrich versprach, daß er dem Papste Rom unterwerfen werde „wie
es vor hundert Jahren war". Aber vor hundert Jahren war Heinrich III. Kaiser. Wohl herrschte damals der Papst in Rom, aber
Heinrich III. herrschte über den Papst als Patrizius. Mit den wenigen Worten hob der Staufer den Blick auf die Höhe der salischen
Zeit. Ähnlich unscheinbar und doch weittragend war die Formu-
lierungskunst, mit der sich Friedrich die geistlichen Zwangsmittel
des Papstes für seine Zwecke sicherte. Der Papst verspricht, auf
Bitte des Kaisers gegen die Feinde des Reiches die apostolische Ermahnung und im Verhärtungsfalle die Exkommunikation zur Verfügung zu stellen. Also nur auf kaiserliche Aufforderung soll die
geistliche Hilfe wirksam werden, dann aber bedingungslos. Man er-
mißt den kaiserlichen Sieg im Streit der Worte, wenn man eine
ähnliche Bestimmung des Wormser Konkordats neben unseren
Vertrag hält. Dort stellt der Papst seine Banngewalt nur nach
Maßgabe seiner Amtspflicht zur Verfügung: dort also hatte der
Papst, hier hatte der König zu bestimmen, wann und unter welchen
Bedingungen die geistliche Gewalt sich der weltlichen verbinden
sollte.[11]

Endlich das Gesamtprogramm. Es schließt Altes ab und öffnet das
Neue, das Unberechenbare, doch sorgend Vorausschaubare.

Der König wird mit den Bedrängern des Papstes, den Römern
und Roger von Sizilien, ohne Willen des Papstes keinen Frieden
schließen, wird ihm Rom unterwerfen, wie es vor hundert Jahren
war. Der Papst dagegen wird Friedrich zum Kaiser krönen und
alles tun für die Ehre des Reiches, den „Honor imperii". Der König
wird nach Kräften dem Papste zu seinen Rechten verhelfen, der
Papst in der schon angedeuteten Weise dem Reich seine geistliche

[11] Constitutiones 1 Nr. 145 (Konstanzer Vertrag) § 5 gegen Nr. 108
(Wormser Konkordat, päpstliches Privileg) § 3; Rassow 58.

Strafgewalt leihen. Der König wird die Byzantiner in Italien nicht Fuß fassen lassen, ebensowenig der Papst.

In diese Sätze preßte Friedrich sein Programm. Die freiwillig übernommenen Pflichten verhelfen ihm zugleich zu seinen Rechten. Er wird der Helfer des Papstes, besonders gegen die römische Kommunalbewegung, sein. Er wird Sizilien bekämpfen. Befreite er den Papst vom sizilischen Druck, so nahm er ihm doch auch den Alp des staufisch-byzantinischen Bündnisses, mit dem einst Konrad Roger zu bekämpfen gedacht hatte.[12] Einig mit dem Papst in der Idee des westlichen, ganz Italien einschließenden, Byzanz ausschließenden Kaisertums, wollte Friedrich ihn von jener Bahn abdrängen, auf der sich die Päpste seit hundert Jahren mit ihren sizilischen Bedrängern gegen das Reich geeinigt hatten. Der Honor imperii aber, die vom Papst garantierte Ehre des Reiches, ist nichts anderes, als das Reichsrecht über ganz Italien: also auch über das Regnum Siciliae, dessen Lehnsabhängigkeit gegenüber der römischen Kirche damit stillschweigend in Frage gestellt war. So zeigt der Vertrag von Konstanz die Züge aller später von Friedrich abgeschlossenen Verträge: sie sind nicht Bindungen, sondern dem Partner abgerungene Waffen der Zukunft; mit der Kunst der allgemeinen Formulierung war das päpstliche Vorbild überspielt, der plumpe salische Stil durch die weltlichere, juristischere Feinheit des Staufers überholt. So war das Programm: kaiserlich-päpstliche Einheit bei kaiserlicher Führung, territorialer Ausschluß der Griechen aus Italien im Sinne der westlichen Kaiseridee, Herstellung Reichsitaliens und der kaiserlichen Rechte in Rom, im Kirchenstaat, in Ober- und Mittelitalien, Ausschließung Siziliens aus einem möglichen welfisch-französisch-päpstlichen Mächtespiel, also das alte ottonisch-salische Ziel mit den neuen staufischen Mitteln.

Rasch änderte sich die Lage. Nach der Kaiserkrönung (1155) konnte Friedrich die Fürsten nicht bewegen, zum Angriff auf Sizilien weiterzuschreiten. Der neue Papst, Hadrian IV., sah sich verlassen, erklärte sich betrogen und schwenkte die päpstliche Politik, indem er sich mit Wilhelm von Sizilien vertraglich verständigte. Hatte er im Ausbleiben der kaiserlichen Hilfe den Konstanzer Ver-

---

[12] Die diplomatischen Zusammenhänge bei Rassow S. 26 ff.

trag verletzt gesehen, so war für Friedrich der neue päpstlich-sizilische Vertrag von Benevent (1156) zugleich der Bruch des päpstlich-deutschen Vertrages von Konstanz; der Papst hatte durch seine sizilische Politik sein Versprechen gebrochen, dem Reich bei Erhaltung und Mehrung seiner Ehre, also nach damaliger Auffassung seiner Rechte, behilflich zu sein. Die diplomatische Kunst lag nun in der bewußt engen Interpretation des ebenso bewußt weit gefaßten Begriffs des Honor imperii. Die Beschwerden und Verstimmungen aber, die dramatischen Ausbrüche und die Katastrophen der nächsten Jahre waren im Grunde nur Kämpfe um die Auslegung des Konstanzer Vertrags: für so tragfähig hielt Friedrich diese selbstgebaute Brücke in die neue große Politik. Ich verfolge nicht die Einzelheiten: es war der Zentralbegriff des Honor imperii, des Insgesamt der kaiserlichen Rechte, den Barbarossa einer päpstlichen Auffassung gegenüber behauptete, die sich von Jahr zu Jahr im Sinne der vollen kirchlichen Freiheit in Italien versteifte. Es war die Partei des Kanzlers Roland, des nachmaligen Papstes Alexander III., die über die altkaiserlich gesinnte Kardinalsminderheit siegte und sich nun mit Mailand, dem Haupt des kommunalen Widerstandes gegen Friedrichs italienische Reichsreform verband. Darin vor allem, daß der Papst, der doch im Vertrag seine Banngewalt gegen die Feinde des Honor imperii zugesagt hatte, die rebellischen Mailänder nicht bannte, sah Friedrich denselben Vertragsbruch, wie in den Abmachungen von Benevent. Es kamen die Jahre der wuchtigsten, von Rainald von Dassel befeuerten Kaiserpolitik: das Jahr 1157, da Rainald das vom Papst gebrauchte zweideutige Wort von der Kaiserkrone als dem „Benefizium" des Papstes in seine böse Konsequenz verfolgte, indem er es mit dem Wort „Lehen" verdeutschte. Vor der diplomatisch ausgelösten Empörung streckte die päpstliche Diplomatie die Waffen, der Zorn über Benevent, über das Lateranbild, über das Benefizium, trieb sie zurück. Dann 1158, da auf dem Reichstag von Roncaglia der Honor imperii in großer, doch politisch elastischer Gesetzgebung [13]

[13] Adalbert Erler, Die Ronkalischen Gesetze des Jahres 1158 und die oberitalienische Städtefreiheit, Savigny-Zeitschrift für Rechtsgeschichte, Germanistische Abteilung 61 (1941).

die kaiserliche Herrschaft über die italienischen Städte in neuen
Formen begründete. Dann 1159, das Jahr des päpstlich-mailän-
dischen Bündnisses. Es folgen die wilden Kämpfe gegen Mailand
und gegen die italienischen Bünde, Unterwerfung, Zerstörung und
Wiederaufrichtung der unterschätzten, unverwüstlichen Stadt, die
Jahre, in denen Friedrich und Rainald noch einmal im steilen An-
sturm die salische Herrlichkeit aufzurichten versuchten, indem sie
nach Hadrians Tode dem Kandidaten der gregorianischen Kardi-
nalsmehrheit Alexander in Oktavian, dem Führer der hochadlig
gesinnten Reichspartei, den Gegenpapst setzten. Es kam das Jahr
1165, da Friedrich den kaiserlichen Ahnherrn Karl den Großen
heiligsprechen ließ und so der Einheit von König und Reichskirche
den Mythus gab, da er sich und das Reich durch heilige Schwüre an
die Sache des kaiserlichen Papstes band. Noch einmal, wie vor
hundert Jahren, sollte der alte Honor imperii auf die Spitze des
Schwertes gegen die neue „Libertas ecclesiae", gegen die Freiheit der
Kirche, vorgetragen werden, als im Sommer 1167 vor Rom das
siegreiche kaiserliche Heer und mit ihm die bisherige kaiserliche
Politik in tödlicher Seuche versank.

Es war die große Wende in Barbarossas Leben, ein bedeutsamer
Abschnitt in der staufischen Zeit. Der rückschauende Betrachter
möchte sie tiefer begründet sehen als in dem Wüten der sommer-
lichen Malaria. Wie der Läufer über sein Ziel hinausschießt, um es
im vollen Lauf zu überfliegen, wie Barbarossa, der Meister in der
Kunst des Möglichen, doch das Unmögliche angriff, um das Höchst-
mögliche zu erzwingen, so waren auch die Würzburger Eide, so
leidenschaftlich sie Friedrich schwor, jenseits dessen, was sich in den
letzten Jahren als möglich erwiesen hatte.

Man lebte nicht mehr in jener Zeit vor hundert Jahren, da
Heinrich III. Rom seine deutschen Päpste setzte. In der Reichskirche,
so treu sie hinter dem Kaiser stehen wollte, lebte der in hundert
Jahren gereifte Freiheitsgedanke stark genug, um die Kirchenspaltung, je länger sie dauerte, als Gewissensnot empfinden zu lassen.
Wenn sogar Rainald von Dassel zögerte, von dem kaiserlichen
Papste die Weihen zu nehmen, so wurde es offenbar, daß Treue
zum Reich nicht mehr zur Deckung zu bringen war mit der Absage gegen Alexander. Barbarossas Schismapolitik hätte im ersten

Anlauf gelingen müssen. Nun arbeitete die Zeit gegen sie. Das königliche Papsttum der hochadeligen Kardinäle stimmte nicht mehr mit den Ideen der Zeit überein.

Die Ideen der Zeit aber, die Ideen zugleich, in deren Namen in der Kirche Bildung vortrat gegen Adel, wurden gegen das kaiserliche Wollen mächtig, weil ihr neue Hilfsquellen zugewachsen waren: die Staaten des Westens. Frankreich und England stützten Alexander, hemmten Barbarossa. Man trat für Alexander ein, weil man in der Herrschaft der Deutschen über den Papst zugleich die kaiserliche Herrschaft in der Kirche und somit über die Welt und ihre Könige sah. Im letzten Jahrzehnt Barbarossas gar stieg Frankreich unter seinem Philipp August empor. Nicht als ob damals die Mächte des Westens dem Reich gefährlich geworden wären. Aber sie kamen hoch und veränderten auch in Barbarossas Auge das Bild der Welt. Sie tauchten aus dem Halbdunkel in die volle Beachtung. Mochte die Eroberung Mailands (1162) den Erzpoeten begeistern, seinen Kaiser in dessen Sinn und gegen die päpstliche Auffassung als „Gesalbten des Herrn" und als Dominus mundi, als Herrn der Welt, zu feiern,[14] mochte sich gerade jetzt in den Schulen der Legisten und Dekretisten eine neue Lehre vom Weltkaisertum formen, für Barbarossa ergab sich ein neuer Stil der Politik: die Westmächte wurden Mitspieler, allein mit dem ordnenden Schwert und allein in Rom war auch die Kirchenfrage nicht mehr zu lösen. An die Stelle der vorwiegenden Autorität trat die Außenpolitik, an die Stelle der Kirchenherrschaft Kirchenpolitik. Daher das englische, später das haltbarere staufisch-französische Bündnis. Daher auch der Bund mit den zeitgemäßen Ideen: nicht als Herr des Papstes, sondern als der Führer des ritterlichen Kreuzzuges gewann Friedrich seinen Deutschen erneut die Führung der Welt.

Leicht hingesagte Entwicklungen. Friedrich selbst lenkte sich das Neue zum Segen durch die Widerstandskraft seiner Seele.

Im Jahre 1174 überzog Kaiser Friedrich erneut Italien mit Heeresmacht. So mächtig er auftrat, so hoch er den Sieg über die

---

[14] Walter Stach, Salve, mundi domine! Kommentierende Betrachtungen zum Kaiserhymnus des Archipoeta (Sitzungsberichte der Sächsischen Akademie der Wissenschaften 91, 1939).

Lombarden und über Papst Alexander spannen mochte, die alte
Politik, die Ziele Rainalds von Dassel hatte er nicht mehr im Sinne.
Jedenfalls, die Schicksalswendungen der folgenden drei Jahre fanden ihn bereit, statt der Vernichtung des Lombardenbundes dessen
Dienste sich zu gewinnen, statt der Demütigung des Papstes diesem
den Frieden abzutrotzen. Jetzt erstieg der Kaiser den Gipfel seiner
diplomatischen Kunst.

Den Lombarden begegnete er im Felde. Doch war ihre Unlust
zum Schlagen offenbar. So nahm der Kaiser ihre Vorschläge ent-
gegen. Sie wollten dem Reiche leisten, was sie in der Zeit der ver-
fallenden Reichsrechte nach 1125 geleistet hatten. Dies war Friedrich
zuwenig. Sie verlangten neben dem Bestand ihrer Bundesfestung
Alessandria, die volle Autonomie ihres Bundes, ihrer bündischen
und gemeindlichen Ämter. Diese Ausschaltung des Reiches aus
Oberitalien schien Barbarossa unwürdig und unannehmbar. Sie
wollten Frieden nur schließen, wenn Friedrich mit Papst Alexander
zum Frieden gekommen sein würde. Dieser Punkt schien Friedrich
vollends unerträglich, denn gerade um die Lombarden vom Papste
zu trennen, hatte er die Waffen vor dem mailändischen Fahnen-
wagen gesenkt. Nun taten, der Vereinbarung für den Fall unüber-
brückbarer Strittigkeit gemäß, die Konsuln von Cremona ihren
Spruch: er enthielt keinen Satz über den Kirchenfrieden, er ließ
Alessandria, die Hochburg des Lombardenbundes und der lombar-
disch-päpstlichen Einigkeit verschwinden, er gab dem Reich die Leistungen aus der guten Zeit vor 1125.

Als die Lombarden, durch päpstliche Propaganda versteift, ab-
lehnten, sprachen die Waffen. Sie entschieden bei Legnano gegen
den Kaiser. Friedrich selbst wurde aus dem Sattel gestoßen, die
deutsche Ritterschaft von mailändischen Fußkämpfern abgewiesen.

Mit einem geschlagenen Heer vollzog Friedrich die große Wendung. Vor Legnano hatte er mit den Lombarden gegen den Papst
handeln wollen. Die Lombarden hatten sich versagt. Friedrich be-
schloß, mit dem Papst gegen sie zu operieren. Das Ziel blieb die
Trennung der Gegner.

Alexander zeigte sich sofort bereit. Man kam, zu Anagni im
Herbst 1176, zu einem Geheimvertrag. Er konnte in seinen Haupt-
artikeln nichts anderes sein als ein Sieg des Papstes. Friedrich er-

kannte ihn an, verleugnete also seine Kirchenpolitik seit 1159. Aber es war die Schwäche Alexanders, daß er seinen Erfolg auf der alten Kampfebene suchen mußte. Das alte Ziel: die kaiserliche Herrschaft über den Papst in Rom in der alten salischen Weise, hatte Friedrich gewiß seit Jahren innerlich aufgegeben. Nicht darauf kam es an, daß er Alexander anerkannte, sondern auf den Zeitpunkt, zu dem dies geschah, und auf den Preis, den er dafür fordern konnte.

Es entsprach der Lage, daß dieser Preis zunächst nicht hoch war. Im Felde unglücklich, mußte Friedrich den Frieden mit der Kirche erreichen. So vereinbarten seine Unterhändler die volle Kapitulation. Sie gaben tatsächlich die alten Streitpunkte preis. Der Kaiser wird alle Besitzungen des heiligen Petrus zurückgeben, die Präfektur der Stadt Rom, die strittigen Güter der Markgräfin Mathilde dem Papst überlassen. Er wird zum Frieden mit den Lombarden kommen. Also wie vor einem Jahr die Lombarden ihre Sache nicht von der des Papstes hatten trennen wollen, so verband jetzt der Papst die Sache der Kirche mit der Sache der Lombarden. Eine scheinbare Niederlage des Kaisers. Und doch kein wahrer Verzicht. Für ihn war das Pergament, das seine Beauftragten unterzeichnet hatten, dazu da, um von ihm selbst korrigiert zu werden. Es war Friedrichs Technik, seine Unterhändler allgemein formulierte Vorverträge schließen zu lassen, und dann selbst den Kampf um die Interpretation in die Hand zu nehmen. Es folgten Verhandlungen, ein ganzes Jahr lang. Endlich, in Venedig (1177), nahm Alexander den Kaiser in die Gnade der Kirche auf. Vor dem Prunk der Markusstadt strahlte in der Tat der erlösten Welt die Concordia von Imperium und Sacerdotium. Aber wir erstaunen, wenn wir die Friedensurkunde lesen. In entscheidender Sache hatte sich Friedrich den Bindungen jenes ersten Vertrages entwunden. Der Friede mit den Lombarden war durch einen sechsjährigen Stillstand ersetzt, sechs Jahre also hatte der Kaiser Zeit, die Städte zu locken, zu schrecken, zu spalten, nichts war entschieden. Der ewige Friede mit Sizilien war zu einem fünfzehnjährigen Frieden geworden. So war der sizilische Staat in seiner Freiheit vom Reiche, in seiner Lehnsbindung zum Papst nicht auf immer anerkannt, in fünfzehn Jahren mochte der Honor imperii des alten Konstanzer Vertrages wieder anfangen zu leben. Mit keinem Wort mehr war der Mathildischen

Güter gedacht: ein Flicksatz deckt die Lücke. Kein Wort mehr über die Rückgabe der Regalien Sankt Peters, der römischen Präfektur. Vielmehr hieß es jetzt: der Kaiser wird allen Besitz an der Präfektur oder an anderen Gütern und Rechten, den er gewaltsam genommen, zurückgeben. Also nicht der zu Anagni mit dürren Worten zugestandene unabhängige Kirchenstaat wird zugesichert, sondern die Herausgabe des widerrechtlich Weggenommenen ohne präzise territoriale Abgrenzung versprochen.

So stand der Kaiser, nachdem er sich einmal im Großen überwunden, indem er die salische Überordnung über das Sacerdotium durch die staufische Gleichordnung von Imperium und Sacerdotium ersetzt hatte, als Sieger in Venedig. Den großen, der Welt sichtbaren und die Welt ihm versöhnenden Gewinn hatte er in offener kühner Wendung erreicht, den Frieden der Kirche, die Ruhe der Gewissen, das Ende der Kirchenspaltung. Den leisen geheimen Gewinn aber hatte der Diplomat vorbereitet: die großen territorialen Fragen waren in das Sumpfwasser der kleinen einzelnen langdauernden Schiedsgerichte, des kleinlichen örtlichen Streites gesteuert: der Friede im Großen ernährte den Krieg im Kleinen.

Der Weg von Legnano bis zum Frieden von Venedig erscheint rätselhaft. Gewiß, ein Teil der Lösung kommt von der päpstlichen Seite. Alexander war abgekämpft, alt, müde. Groß war zudem das Friedensbedürfnis des Papstes wegen der drängenden Ketzerfrage, noch war er seiner römischen Feinde nicht Herr, noch mußte ihn der Kaiser nach Rom führen lassen. Aber was hätte alles genutzt, wenn Friedrich nicht den Augenblick erspäht, wenn er nicht den Papst so weit vorgelockt hätte, daß dieser auch beim kaiserlichen Zurückzucken in den territorialen Fragen festgelegt blieb? Was nutzten alle günstigen Umstände, wenn nicht eine große harte Seele und ein wachsamer Verstand hinter ihnen her war, wie der Hund hinter dem Wild? Was nutzte alles Recht, wenn es nicht gelang, den Gegner in die Lage zu bringen, vor aller Welt unrecht zu haben? Die Schuld daran, daß mit den Lombarden nur ein Waffenstillstand erreicht wurde, schob Friedrich dem Papste zu, um dessen Bedrängnis sofort die Abschwächung des Vertrags von Anagni abzugewinnen. Wir fassen noch aus den Berichten ein paar Fäden seiner Ränke, ahnen die Technik seiner Winkelzüge.

Wir nehmen diese Fäden hier nicht auf. Es war nur anzudeuten, wie Barbarossa die Katastrophe von 1167 durch Beharrungskraft der Seele und durch diplomatische Kunst in eine neue schöpferische Politik verwandelte. Ein neuer Stil seines Herrschens scheidet sich von einem alten. Der Streit um das alte Recht wird zum Kampf um das politische Übergewicht. Der altsalischen „fast glaubensmäßigen" Verteidigung des Königsrechts in der Kirche[15] folgt die Anerkennung des Papstes als Partner auf dem rein politischen Felde. Die Politik wird bis zu einem gewissen Grade verweltlicht. Der Papst insbesondere wird in seiner kirchlichen Sphäre freigegeben, die Einwirkung des Kaisers auf die Papstwahl fällt dahin. Um so energischer wurden aber Barbarossas Versuche, die territorialen Rechte des Reiches der römischen Kirche gegenüber vorzuschieben. Man könnte sagen, die Scheidung von Temporalien und Spiritualien, die das Wormser Konkordat für die Reichskirchen vorgenommen hatte, wird durch Friedrich für das Gesamtverhältnis von Kaisertum und Papsttum vollendet.

Dieses Widerspiel von Recht und Politik beherrscht endlich auch den Reichsaufbau Barbarossas.

Auch nach dem Scheitern der alten Rechtspolitik gegenüber dem Papsttum verfügte Friedrich Barbarossa über die Kirchen des Reiches. Indem er die Bischöfe und Reichsäbte endgültig in den Reichslehensverband eingliederte, schuf er den neuen Typus des geistlichen Fürsten, der dem Reich als belehnter Vasall diente. Seine und seiner Nachfolger Unternehmungen beruhten vor allem auf den Diensten der geistlichen Fürsten. Barbarossa gewann insbesondere das Königreich Burgund, indem er die dortigen Hochkirchen gegen den einheimischen Adel planmäßig privilegierte. Aber auch im weltlichen Bereich machte er das Lehnrecht zu einer neuen Klammer des Reiches. Denn Friedrich hat in Taten und Gesetzen die Gestalt des Reiches grundsätzlich dadurch gewandelt, daß er das Lehnrecht in der Verfassung zum vollen Siege führte. Rechtshistorische Forschungen der letzten Jahre haben im umfassenden internationalen Vergleich gezeigt, was das „Lehnrecht" für die „Staatsgewalt" be-

[15] Otto, Barbarossa S. 97.

deuten konnte.[16] Vor allem ist der Nachweis gelungen, daß die
großen Erfolge der anglo-normannischen Monarchie und des fran-
zösischen Königtums einem rechtspolitisch geschickt gehandhabten
Lehnrecht zu verdanken waren. Eine unglücklichere Geschichte hatte
das Lehnrecht in Deutschland. Dort in den Weststaaten siegte das
Herrenrecht über das Vasallenrecht, das Königsrecht über das
Fürstenrecht. Hier in Deutschland tritt das Herrenrecht gegen das
Vasallenrecht zurück, siegt endlich das Fürstenrecht über das Kö-
nigsrecht. In England und Frankreich machen sich die Könige das
Lehnrecht so tief untertan, daß sie verwirkte Kronlehen einziehen
und sie zur Krondomäne schlagen konnten; so vermehrte Philipp
August von Frankreich das Gebiet der unmittelbaren königlichen
Macht, als er 1214 das Herzogtum Normandie im Lehensprozesse
einzog. Dagegen war in Deutschland jedenfalls in spätstaufischer
Zeit die Solidarität der Fürstenschaft so groß, daß sie dem König
die Gewohnheit des Leihezwangs abgewann: der König darf, so
steht im Sachsenspiegel zu lesen, ein erledigtes fürstliches Lehen
nicht länger als ein Jahr behalten, muß es nach Jahr und Tag wieder
ausleihen. Indem endlich seit Barbarossas Zeit der Fürstenbegriff
lehensmäßig normiert, auf eine bestimmte Gruppe vom König unmittelbar belehnter Glieder des Hochadels beschränkt wird, ver-
festigt sich dem König gegenüber das Vasallenrecht der Fürsten,
nimmt das Reichslehnrecht eine für das Königtum und somit für
den deutschen Staat ungünstige Entwicklung.

Man scheint sich nun darüber einig zu sein, daß der partikularistisch wirkende Leihezwang unmittelbar auf Barbarossa zurückgehe, und man zieht infolgedessen eine „gerade Linie" von seinen
Maßnahmen und Schicksalen zum deutschen Partikularismus.[17] Ist
es aber wirklich richtig, für eine so unglückliche Entwicklung Kaiser
Friedrich oder doch das von ihm nicht gemeisterte Gewicht der
Gegenkräfte verantwortlich zu machen? Gewiß waren die Interessen der Fürstenschaft, die sich als Leihezwang äußerten, zu
Barbarossas Zeit vorhanden, wie stets und lange vor ihm die Inter-

---

[16] Heinrich Mitteis, Lehnrecht und Staatsgewalt, 1938 und: Der Staat
des Hohen Mittelalters, 1940.
[17] Zum Folgenden: Mitteis, Lehnrecht S. 690 ff.

essen der Vasallenstaaten überhaupt. Gewiß ist Friedrich der Schöpfer des neueren Reichsfürstenstandes. Und gewiß hatte das deutsche Fürstentum sich seit den Zeiten Gregors VII. Stellungen geschaffen, in denen es sich endlich behauptet hat. Dennoch bleibt die historische Betrachtung jener „geraden Linie" gegenüber ungläubig, auf der eine Entwicklung notwendig ablaufen soll, die durch das Unberechenbare der Geschichte, das Schicksal, abgelenkt werden konnte. Für den Biographen Barbarossas stellt sich also die Frage: war es zu seiner Zeit oder gar durch ihn schon entschieden, daß das Reichslehnrecht eine unglückliche Entwicklung nehmen würde?

Wer diese Frage bejaht, sieht sich auf ein dünnes Rinnsal von Quellen und demgemäß auf eine breite Bahn unbeweisbarer Annahmen angewiesen.

Der Leihezwang ist als Satz ausdrücklich erst im Sachsenspiegel, also aus der Zeit nach dem Katastrophenjahr 1197, bezeugt. Wir hören nichts davon, daß schon Barbarossa einem derartigen Ansinnen der Fürsten habe nachgeben müssen oder auch nur habe nachgeben wollen. Man hat dies freilich aus der berühmten zu Gelnhausen am 13. April 1180 erlassenen Urkunde herausgelesen, in welcher der Kaiser nach der Verurteilung Heinrichs des Löwen den westlichen Teil des zertrümmerten Herzogtums Sachsen der Kölner Erzkirche verlieh. Indem man die Urkunde, die tatsächlich den neueren Reichsfürstenstand zum ersten Male bezeugt, in die scheinbar so gerade absteigende Linie des Reichslehenrechts stellte, kam man zu einer zweifellos bestechenden Annahme von dem politischen Spiel von 1180. Auf der einen Seite seien die Fürsten dem Kaiser entgegengekommen: sie hätten sich bereit erklärt, „den Herzog zu ächten und seiner Lehen für verlustig zu erklären", außerdem hätten die Fürsten „die im Reichsrecht eigentlich verbotene Teilung des Herzogtums gestattet", wie „die Urkunde in aller Förmlichkeit" bezeuge. Die Gegenleistung des Kaisers hätte dann darin bestanden, daß er die „im Kreise der Fürsten bestehende Rechtsauffassung" vom Leihezwang anerkennen mußte. Von einer solchen Auffassung der Vorgänge aus ist allerdings die Erwägung sehr berechtigt, daß „die deutsche Geschichte ganz anders" verlaufen wäre, „wenn der Kaiser die welfischen Herzogtümer unter eigener Verwaltung hätte behalten dürfen", der Weg zum Einheits-

staat wäre beschritten worden, wenn nicht der Satz vom Leihezwang gewesen wäre, „auf den die Reichsfürsten sich nun beriefen,
um diesen Machtzuwachs des Reiches zu hindern". Liest man aber
die Urkunde genau, so ergibt sich doch nicht jenes Kompromiß
zwischen der Demütigung Heinrichs des Löwen durch den Kaiser
auf der einen, der Durchsetzung des Leihezwangs durch die Fürsten
auf der anderen Seite. Die Urkunde sagt nicht, wie angenommen
worden ist, das Herzogtum sei „ex sententia principum", also auf
Grund eines die königliche Politik hemmenden Rechtsspruches der
Fürsten an Köln weiterverliehen worden. Die „Sententia", nämlich
ein Weistum, eine Rechtsfindung, bezieht sich vielmehr auf eine
Einzelheit: die Fürsten finden als Recht, daß der Erzbischof mit
seinem neuen Herzogtum unter dem Symbol der Fahne belehnt
werde. Nicht die Weiterverleihung des erledigten Herzogtums als
solche, und auch nicht die territoriale Teilung des Herzogtums,
sondern die Errichtung eines neuen Fahnlehens unterlag der fürstlichen Sentenz. Daher wird unter denen, die das Weistum fanden,
auch besonders Siegfried von Anhalt genannt, der den östlichen Teil
des Herzogtums und zugleich den Namen eines Herzogs von Sachsen bekam. Er konnte sich in seinem Recht gemindert sehen, wenn
seinem Herzogtum eine Fahne abgebrochen und dem neuen Herzog
von Westfalen geliehen wurde. Die Weiterverleihung als solche
aber wird in der Urkunde überhaupt nicht motiviert. Der Kaiser
hat, so sagt sie, mit dem Rate der Fürsten das Herzogtum in zwei
Teile geteilt, und aus der Fülle seiner Gnade den westlichen Teil an
die Kölner Kirche geschenkt. Darauf hat er, nach erfragtem
Fürstenweistum, das neue Herzogtum dem Erzbischof Philipp von
Köln mit der Fahne geliehen. Eine Weiterverleihung im Sinne des
Leihezwangs fand also gar nicht statt, sondern eine Schenkung an
die Kölner Kirche, kein lehnrechtlicher, sondern ein landrechtlicher
Akt.[18]

Freilich, was nicht in den Akten steht, kann doch im Rechte sein,
und vieles ist Geschichte, wovon die Urkunden schweigen. Urkun-

[18] Darauf verweist neuerdings K. H. Ganahl, Neues zum Text der
Gelnhäuser Urkunde, Mitteilungen des österreichischen Instituts für
Geschichtsforschung 53 S. 316.

den über Staatsaktionen pflegen die ihnen zugrundeliegenden Kompromisse nicht vor der Welt auszubreiten, und wenn die kaiserliche Majestät zu der Fülle ihrer Gnade von den Fürsten war gedrängt worden, so wird sie dies eher verschleiern als betonen. Aber es war ja gar nicht so, daß der Kaiser die Fürsten durch Zugeständnisse dazu bringen mußte, ihm einen der ihren zu opfern. Sie selbst, die alten Feinde des Löwen, wünschten die Zerschlagung der welfischen Übermacht. Vor allem aber ist es eine unbewiesene und nicht einmal wahrscheinliche Annahme, daß der Kaiser im Jahre 1180 das Herzogtum Sachsen habe einziehen wollen. Ebenso glatt verträgt sich die Meinung mit den Nachrichten, daß er von sich aus das erledigte Herzogtum teilen und an die beiden Hauptfeinde Heinrichs des Löwen weiterzuleihen wünschte. So wahr es sein mag, daß der lehensmäßig gebundene neue Fürstenstand den Interessen der im Besitz befindlichen Pairs entgegenkam, so richtig scheint auf der anderen Seite, daß seine Gestaltung vom König ausging, daß sie ein Stück staufischer Politik war. Wir greifen es ja mit Händen, daß die neue Fürstenschaft dem Reich zu Barbarossas Zeit stärker verbunden war als vorher, bis auf den einen Heinrich den Löwen, der von der kolonialen Einzigartigkeit seiner Landesherrschaft und seinen englischen Verbindungen her in eine selbständige internationale Politik geraten war, die das Reich, wollte es sich nicht aufgeben, schließlich nicht mehr ertragen durfte. Die Zertrümmerung der übergroßen welfischen Macht schuf im Norden dasselbe, was Barbarossa, unter Beiseiteschieben des Stammesgedankens, in Süddeutschland schon geschaffen hatte oder gleichzeitig schuf, das lehensmäßig fest an die Krone gebundene, durch besondere Vorrechte am Reichsdienst interessierte Gebietsherzogtum von mittlerer Größe: so war 1156 aus Bayern das Herzogtum Österreich ausgeschnitten, so errichtete der Kaiser 1180 auf altbayerischem Boden das Herzogtum Steiermark und entkleidete damit gleichzeitig das neue wittelsbachische Bayern seines Stammescharakters. Alle diese Gebiete an die Krone zu ziehen lag für ihn kein Grund vor. Weniger Grund jedenfalls als für den französischen König, seine kleine Krondomäne zu vergrößern. Deutschland sollte nach Barbarossas Willen nicht zur Krondomäne werden, zum königlichen Einheitsstaat, sondern die friderizianische Reichsplanung ließ, auf dem

Wege des Lehnrechts, den Aufbau Deutschlands als Personenstaat weithin bestehen. Dem staufischen Reich fehlten die Organe, um im großen Maßstabe, im ganzen großen Raum des deutschen Königreichs eine eigene königliche Verwaltung einzurichten. Barbarossa traute sich zu, die Fürstenschaft durch das Lehenswesen an das Reich zu binden. Er konnte sich dies zutrauen, denn ein Satz vom Leihezwang hat zu seiner Zeit, wie ich glaube, noch nicht bestanden, und Einziehungen von Fahnlehen für die Krone sind auch noch nach seiner Zeit vorgekommen. Der Satz vom Leihezwang konnte sich erst zur Geltung bringen, als nach dem grausam frühen Tod des erst zweiunddreißigjährigen Heinrich VI. das Reich zusammenbrach und nun Mächte gegen das Königtum aufstanden, die sich einem stetigen staufischen Regiment gegenüber nicht hervorgewagt haben würden.[19]

Aber, so wird man fragen, ist das nicht ein schwacher, ein unmöglicher Staat, der mit seinem König an der Ruhr zugrunde geht? Gewiß beschleicht uns noch heute eine späte Angst vor dem Schicksal, welches das Glück unseres Volkes allein in den Zauber der Männer, nicht in die Haltbarkeit der Institutionen gelegt hat. Barbarossas Staat hatte Schwächen, und wir wollen sie nicht bestreiten. Was wir bestreiten können, ist nur, daß seiner Reichsplanung schon die innere Aussicht auf den Erfolg gefehlt habe. Unüberwindbar wurde das Fürstenrecht erst nach dem Tode Heinrichs VI. Endgültig verfestigte es sich in dem von Papst Innozenz III. ausgeschlachteten welfisch-staufischen Thronstreit. Unheilbar wurde es, als die Weststaaten die Gelegenheit bekamen, die Gestaltung der Reichsverfassung unter das Gesetz ihres eigenen Streites zu bringen. Die Schwäche der staufischen Reichsreform lag also zunächst darin, daß sie Zeit brauchte und daß sie diese Zeit nicht hatte. Sie brauchte Zeit, weil sie spät antreten mußte: mit der Überlast der fürstlichen Tradition mußte sie den Kampf aufnehmen und mit den jüngeren Staaten des Westens sich auseinandersetzen, all dies in einem Kampf mit dem Papsttum, der den anderen in dieser Form erspart war.

[19] Mit dieser Auffassung kommt überein Fritz Rörig, Mittelalterliches Kaisertum und die Wende der europäischen Ordnung (1197) in: Das Reich und Europa (1941).

Das Volk, das Canossa erlebt hatte, brauchte Zeit. Es starb wirklich mit seinen Kaisern an Ruhr und Malaria.

Ließ Barbarossa das fürstliche Deutschland in seinen personalen Herrschaftsformen bestehen, so ergänzte er seine Planung durch den gebietsherrschaftlichen Gedanken. Er schuf neben dem Deutschland der geistlichen und weltlichen Fürsten ein Deutschland der staufischen königlichen Hausmacht. Er ergänzte das feudale Deutschland durch ein unfeudales. Diese Hausmacht errichtete er in Schwaben, im Elsaß, im Vogtland, im Pleißnerland, im Egerland, in Toscana und in Sizilien. In den deutschen Gebieten arbeitete die staufische wie die welfische, zähringische und später habsburgische Hausmacht mit Burgen, Beamten, Städten und Bauern. Hier entstand wirklich neues königliches Volk. Unmittelbare königliche Verwaltung gelang auch in Mittelitalien, während der Versuch der Podestàregierung in der Lombardei zusammen mit dem Programm von Roncaglia aufgegeben werden mußte. Hier vollzog der Kaiser im Alter eine ähnliche Wendung vom Recht zur Politik wie gegenüber dem Papste: es war der Sinn des Lombardenfriedens von 1183, daß sich das Reich, die Autonomie der italienischen Stadtgemeinde anerkennend, aus der Verwaltung zurückzog, um die politische Gefolgschaft und die finanzielle Hilfe des Lombardenbundes zur Errichtung seiner mittelitalienischen Herrschaft zu erringen. In Sizilien endlich gewannen die Staufer einen modern gerichteten Staat, den Friedrich II. zum Modell absolutistischer Herrschaft ausbauen konnte, Barbarossa gewann für seinen Sohn Sizilien mit der Hand der Konstanze, um der alten Gegenwirkung Süditaliens gegen die reichsitalienische Politik endgültig zu begegnen. Der Schritt nach Sizilien zeigt freilich die ganze innere Gefahr des staufischen Reiches. Statt zur Stütze des Reiches zu werden, verlangte es dessen Kräfte. Auch Italien, soviel es gab, mußte verteidigt werden. Das Elsaß und Schwaben, so reich sie waren, führten das Königtum nicht in die vom alten Recht unbeschwerte Weite, die sich den Normannen in England, die sich Heinrich dem Löwen im deutsch-slawischen Osten auftat. So war es die Schwäche, so war es die Vorbelastung der Staufer, daß sie ihre Hausmacht auf die bedenklich sinkende italische Gewichtsschale legen, daß sie sie im altkultivierten deutschen Altlande errichten mußten. Um so schwieriger

wurde das Zusammenspiel von Beherrschung der deutschen Fürsten-
schaft, also Innenpolitik, eigener Hausherrschaft und Italienpolitik.
Desto genialer mußten die Staufer sein, desto langlebiger hätte
Heinrich VI. sein müssen. Mit der Last des Reiches beladen, hielt
Barbarossa, hielten die Staufer, die Deutschen, nicht gleichen Schritt
im Gang ihres Jahrhunderts. Dieses ist unsere letzte Überlegung.

Das zwölfte Jahrhundert war so neuerungssüchtig wie das elfte.
Hatte damals das neue Kirchenrecht die gewohnte Welt zu stürzen
unternommen, so arbeiteten sich nun die weltlichen Gewalten empor. So hat man mit Recht von der „Wandlung der Staats-
anschauungen im Zeitalter Kaiser Friedrichs I." sprechen können.[20]
Die Gleichartigkeit dieser Wandlung in England, in Frankreich, in
Sizilien konnte als die vielfache Ausprägung eines „gewissen Zeit-
geistes" verstanden werden, dessen Herkunft, dessen erste Verwirklichung in den Staatengründungen der Normannen gefunden werden, also im Herzogtum Normandie, das im elften Jahrhundert
Sizilien und England, aber auch den russischen Warägerstaat unter
sein Gesetz gebracht hat. An diesen zu Barbarossas Zeit einem
ersten Höhepunkt ihrer Geschichte zustrebenden germanischen
Staatsbildungen sind gewisse sich jeweils wiederholende Züge zu
beobachten, die den Charakter dieser Staaten gegenüber der Vorzeit als „modern" erscheinen lassen. „Starke monarchische Herrschergewalt", „Zentralisation der Verwaltung" kennzeichnen die
Normannenstaaten von Kiew bis London, Fortschritt der fürstlichen Herrschaft auf Kosten der alten feudalen Gewalten, des
Adels und der Kirche. Die neue Fürstlichkeit macht sich die Kunst
dienstbar, der Prunk der Höfe wird zur sichtbaren Sprache eines
persönlich gefaßten Herrscherwillens. Der alte Herrschertypus des
„Rex justus", des Königs, der unter dem Rechte steht, beginnt zu
„veralten", die kirchlichen Ideale rücken von der Mitte an den
Rand des Daseins, eine neue Weltlichkeit bricht sich Bahn. Freilich
haben sich diese Züge in Deutschland nicht tief eingraben können.
Nicht nur Weltlichkeit und „Diesseitsstimmung" haben auf das

---

[20] Albert Brackmann, Die Wandlung der Staatsanschuungen im Zeitalter Kaiser Friedrichs I., Historische Zeitschrift 145 (1932), jetzt in:
Gesammelte Aufsätze (1941).

hierarchische elfte Jahrhundert geantwortet, sondern das zwölfte
Jahrhundert ist auch das Jahrhundert der neuen Ketzer und der
neuen Orden,[21] in denen sich das vollzieht, was man mit Recht eine
Etappe der „inneren Christianisierung" des Mittelalters genannt
hat. Immerhin, die neuen Züge sind da. In Deutschland prägen sie
am deutlichsten das Gesicht Heinrichs des Löwen. Wie aber steht
unser Kaiser Friedrich in dem Strom seines Jahrhunderts?

In vergangenen Jahrzehnten glaubte man in Friedrich den Reaktionär sehen zu müssen, welcher dem Prinzip des Fortschritts, der
bürgerlichen Gemeinde Oberitaliens den Stil des alten und für Italien veralteten feudalen Lebens habe aufzwingen wollen. Er habe
insbesondere, in seinen deutschen naturalwirtschaftlichen Vorstellungen befangen, die geldwirtschaftliche Struktur der oberitalienischen Städte nicht verstanden und die Voraussetzungen einer
freien Verkehrswirtschaft brutal niedergetreten. Diese Meinung ist
heute so veraltet wie ihr einseitig wirtschaftsgeschichtlicher Ausgangspunkt. Von Jugend auf sann Friedrich auf neue Wege. Wir
kennen seine neue Diplomatie und wir wissen von seinen jungen
zukunftsfrohen Beratern, Rainald von Dassel voran, dem Schüler
der modernen Pariser Dialektik. An einem Punkte, dem Würzburger Reichstag von 1165 und der Heiligsprechung Karls des Großen, ist zudem das englische Vorbild erwiesen.[22] So sind zweifellos
Formen von Politik und Herrschaft, sind auch gewisse Züge des
Herrscherbewußtseins in Barbarossa modern und normannenver-
wandt. Und doch zeigt sich die Grenze, bis zu der die Frage nach
neu und alt, bis zu der überhaupt das Forschen nach international
vergleichbaren Herrschaftsstrukturen das Wesen der historischen
Erscheinung erfassen kann. Wenn Friedrich im Jahre 1154 dem Ansinnen der Römer, aus ihrer Hand die Kaiserkrone zu nehmen, mit
der berühmten, von Otto von Freising geformten Kunstrede antwortet: Bei uns ist das alles, was zu vergeben ihr euch erdreistet, bei
uns sind deine Konsuln, bei uns ist dein Senat! Keines Menschen
Gnade hat Rom den Franken und Deutschen überantwortet, nur
ihre Tapferkeit hat Rom und Italien den Griechen und Langobar-

---

[21] Herbert Grundmann, Religiöse Bewegungen im Mittelalter (1935).
[22] Brackmann, Ges. Aufsätze S. 352.

den entrissen, so ist gewiß das gehäufte Wir dieser Rede ein Zeugnis gesteigerten Herrscherbewußtseins. Aber kommt in ihr wirklich „bereits" der Gedanke vom Eigenrecht des Herrschers zum Ausdruck? War denn das Ansinnen der Römer, das Kaisertum zu vergeben, etwas Altes, demgegenüber eine neue Staatlichkeit geltend gemacht werden mußte? War es nicht eine Neuerung, der Friedrich das alte Recht entgegenschleuderte? Das ständig wiederholte Wir ist bei allem Selbstbewußtsein nicht das Wir des Selbstherrschers, der sich alten Bindungen entwindet, mit diesem Wir spricht der Wortführer seiner Deutschen und ihres alten, fränkischen Rechtes. Wenn Friedrich zu Würzburg Karl den Großen heiligsprechen ließ, so ist für ihn und sein Wollen wesentlicher als das englische Vorbild der Rückgriff auf Karl den Großen selbst.[23] Hier wird mehr und anderes geleistet als in der Kanonisation Eduards des Bekenners. Hier wird nicht eine neu zu schaffende Tradition mit einem altertümlichen Titel gestützt, sondern es wird eine wirkliche alte Tradition bewußt zum Leben erweckt, es herrscht der Wille, das eigene Reich an das alte Reich wieder anzuschließen. Es ist erwachter geschichtlicher Sinn, der das Neue schafft, indem er sich des Alten erinnert. Hier lebt Einheit, Einigkeit mit der Geschichte der alten Könige. Hierbei verblaßt der Gegensatz zwischen modernem zwölften und altertümlichem elften Jahrhundert. Für einen Friedrich war das Zeitalter Gregors VII. und Bernhards von Clairvaux nicht die alte Zeit und seine die neue, sondern gerade jenes Zeitalter war Neuerung, Zwischenspiel, Verderbnis des Reiches. Heller als die neuzeitlichen, dem normannischen Geist zugewandten Züge in Friedrichs Gestalt strahlt das zeitgemäße Wort: Reformatio imperii. Dies ist es, das das Reich Barbarossas von den Staaten Heinrichs und Rogers unterscheidet, das unvergleichliche Gewicht der Tradition, das Alte, die ruhende Dauer des Reiches.

So sehen wir die Wende der staufischen Zeit. So behalten wir aber in der Einheit der Gestalt Friedrich Barbarossas die Einheit des

[23] Dies betont Brackmann S. 353: „Nichts anderes als die Fortsetzung der alten fränkischen Vorstellungen"; der Akt „erwuchs ausschließlich auf dem Boden fränkischer und staatskirchlicher Anschauungen" (352). Darum eben gehört er nicht auf eine moderne Linie, sondern in einen altertümlichen Zusammenhang.

ottonisch-salisch-staufischen Reiches im Auge. So spüren wir die
Schwäche des Reichsaufbaues, die Gefahrenfülle auch der Pläne
Friedrichs I. Doch bleibt uns auch bei kühlem Urteil über das zeitlich Bedingte die Gewalt des ersten Anlaufs zur deutschen Größe
im Gemüte.

Ich schließe mit den Worten, die Gustav Freytag nach dem preußischen Siege von 1866 von Friedrich Barbarossa schrieb,[24] der auch
ihm ein Name war für seine Hoffnung auf das Reich:
    „Nicht die politischen Erfolge und Niederlagen der Hohen-
staufen waren das größte, was sie den Deutschen bereiteten. Der
beste Segen jedes großen Herrscherlebens ist, daß es Glanz und
Wärme in Millionen Herzen sendet... Auch der Gewinn, welchen
die Hohenstaufenherrschaft den Deutschen brachte, ist ein immer-
während geworden, und wir alle leben und atmen darin."

[24] Gustav Freytag, Bilder aus der deutschen Vergangenheit 1 (1866) 507.

Historische Zeitschrift 164 (1941), S. 577—582.

REZENSION VON:
PETER RASSOW, HONOR IMPERII[*]

Von Herbert Grundmann

Auf dem Historikertag in Halle 1930 hielt Rassow einen Vortrag über „die Politik des Konstanzer Vertrages von 1153"[1]. Gleichzeitig erschienen in den Wiener Sitzungsberichten[2] Heinz Zatscheks „Beiträge zur Geschichte des Konstanzer Vertrages", im Urteil über diesen Vertrag und seine Vor- und Nachgeschichte vielfach von R.s Auffassung abweichend, der sich dadurch veranlaßt sah, seinen Vortrag „zu einer breit begründeten Auseinandersetzung mit Zatschek zu erweitern". In dem nun vorliegenden Buch läßt er jedoch wohlweislich diese polemischen Erörterungen fast nur in den knapp gefaßten Anmerkungen (S. 94—111) zu Worte kommen. Der Text selbst gibt in bemerkenswert klarer Gliederung eine eingehende, schön lesbare Darstellung der politischen Lage Deutschlands bei Barbarossas Wahl (c. 1), der weltpolitischen Verwicklungen und Spannungen unter seinem Vorgänger Konrad III. (c. 2), des Konstanzer Vertragsschlusses, der in seiner Bedeutung und Tragweite aus jenen deutschen und diesen europäischen Voraussetzungen und aus Barbarossas Wendung zu einer „neuen Politik" verständlich werden soll (S. 3), des mißglückten Versuchs seiner Durchführung auf Barbarossas erstem Italienzug (c. 4) und des „Kampfes um die Auslegung des Konstanzer Vertrags" bis zur zwiespältigen Papstwahl von 1159 (c. 5). Dieser Überblick über die Anfänge Friedrichs I. bleibt auf jeden Fall sehr lehrreich, lesens-

---

[*] Peter Rassow: Honor Imperii. Die neue Politik Friedrich Barbarossas 1152—1159. München-Berlin 1940.

[1] Zusammenfassung in: Bericht über die 17. Versammlung deutscher Historiker Halle 1930, S. 19 f.

[2] Nr. 210, H. 3 (Wien-Leipzig 1930).

wert und anregend, auch wenn die vermeintlich damit begründete Auslegung des Konstanzer Vertrags, die sich auf eine Deutung des Begriffs *honor imperii* zuspitzt, sich nicht als stichhaltig erweist.

Scheinbar einig sind sich beide Forscher in der hohen Einschätzung der politisch-diplomatischen Fähigkeit, der „Staatskunst" Barbarossas und seiner Helfer im Vergleich mit der Reichspolitik unter Konrad III. Aber während Zatschek die „bedeutende Höhe" der deutschen Diplomatie, die „mit einem Schlag den kurialen Politikern gewachsen" war und „in der ersten Hälfte des 12. Jahrhunderts kaum ihresgleichen findet", vor allem dadurch bezeugt sehen wollte, daß an dem von Barbarossas Gesandten mit Eugen III. und seinen Kardinälen in Rom vereinbarten Vertragstext, der „unzweifelhaft zugunsten des Papsttums lautete", nachträglich in Konstanz „nicht unwesentliche Verbesserungen erzielt" worden seien, mißt R. diesen Änderungen am ursprünglichen, unter Wibalds Briefen überlieferten Wortlaut „keinerlei sachliche Bedeutung" bei — mit Recht, da nach seiner überzeugenden Darlegung (S. 48 ff.) die Verhandlungen über den Vertragsinhalt bereits in Rom zum Abschluß gebracht waren, in Konstanz nur die Beeidung durch den König zu erfolgen hatte, durch die der vom Papst bereits beschworene Vertrag in Kraft trat. Als „einen weiteren Beleg für die Befähigung der kaiserlichen Politiker, . . . den wir eben nicht gerne missen möchten" (!), glaubte Zatschek den Abschluß eines erweiterten, im Wortlaut nicht erhaltenen Vertrags zwischen Hadrian IV. und Friedrich I. nach der Kaiserkrönung erweisen zu können, der auch den Papst (wie der Konstanzer Vertrag nur den Staufer) verpflichtete, keinen Sonderfrieden mit Römern und Normannen zu schließen; andernfalls stünden wir „vor einem Lügenfeldzug von kaiserlicher Seite", da der Papst wegen des Beneventer Friedens mit Wilhelm von Sizilien von Barbarossa selbst und seinen Parteigängern ausdrücklich des Vertragsbruchs beschuldigt wurde. R. hat sich auch diese alternative Hypothese nicht zu eigen gemacht — wiederum mit Recht; denn Zatscheks Beweisführung, die sich nur auf jene späteren kaiserlichen Vorwürfe gegen den päpstlichen Vertragsbruch stützen kann, erscheint auch dann nicht als schlüssig, wenn ihr nicht durch R.s neue Deutung des Konstanzer Vertrags der Boden entzogen wird. Nach seiner Meinung bedurfte es weder nachträglicher Verbesserungen am ursprünglichen Vertragstext noch einer späteren Erweiterung der päpstlichen Verpflichtungen in einem neuen Vertrag, um der „neuen Politik" Barbarossas und nachher den Anklagen gegen die vertragsbrüchige Politik des Papstes eine rechtliche Grundlage und Handhabe zu geben. Denn in dem formell streng bilateralen Konstanzer Vertrag verpflichtete sich zwar nur Friedrich ausdrücklich, keinen Waffenstillstand oder Frieden mit den Römern und den Normannen ohne freiwillige Zustimmung des Papstes zu schließen — deshalb meinte Zatschek wie andere vor ihm, die Kurie sei „besser davongekommen"; gegenseitig war nur die Verpflichtung, dem „König der Griechen" kein Land in Italien zu überlassen und ihn notfalls dort nach Kräften wieder zu vertreiben. Der Papst aber verpflichtete sich nicht nur, den Staufer zum Kaiser zu krönen — nach Zatschek ein „bescheidener Gewinn für die königlichen Unterhändler"; er versprach auch, ihm nach der Schuldigkeit seines Amtes bei der Wahrung und Mehrung des *honor regni* (oder nach der endgültigen Konstanzer Fassung: *honor imperii*) zu helfen und ihn auf Wunsch gegen die Widersacher der *justitia* und des *honor regni* mit kirchlichen Zwangs- und Strafmitteln zu unterstützen. *Honor* bedeutet aber damals nicht nur im allgemeinen Sinn Ehre; es k a n n auch, wie schon Dietrich Schäfer im Hinblick auf die zum Wormser Konkordat führenden Verhandlungen zeigte, ganz konkret bedeuten: Recht, Besitz, Anspruch. So will R. den Begriff *honor imperii* im Konstanzer Vertrag verstehen als „politischen Rechtsanspruch" des Reichs im weitesten Sinn, insbesondere auch die kaiserlichen Herrschaftsrechte in Süditalien, den Anspruch auf das mathildische Gut, die Reichsrechte in der Lombardei und Provence umfassend: Implicite hätte Friedrich den Papst im Konstanzer Vertrag verpflichtet, in allen diesen strittigen Fragen die Rechte und Ansprüche des Reiches anzuerkennen und zu unterstützen, keinesfalls also den normannischen *invasor imperii* in Süditalien oder die lombardischen und römischen Autonomisten gegen die Reichsgewalt. Ein päpstlicher Sonderfriede mit Sizilien oder Rom wäre damit, ohne daß es gesagt zu werden brauchte, unvereinbar gewesen, konnte daher, als er von Hadrian IV. in Benevent geschlossen wurde, vom Kaiser mit Recht als Vertragsbruch gebrandmarkt werden, weil er gegen die päpstliche Vertragspflicht zur Wahrung und Mehrung des *honor imperii* verstieß, der nach R.s Meinung sogar die päpstliche Lehnshoheit über das sizilische Reich ausschließen sollte. Den so verstandenen *honor imperii* habe Friedrich I. „zum juristischen Zentralbegriff seiner Reichspolitik erhoben ... Ihn in dem Konstanzer Vertrag mit dem Papst rechtlich zu verankern war seine erste politische Tat ... Indem er den *honor imperii* zum Kern des Konstanzer Vertrages machte, legte er hier bereits den Grund (auch) zu den Roncalischen Beschlüssen" (S. 91 f.). Daher sieht R. in diesem Vertrag „das großartige Programm einer neuen Politik", die dadurch ermöglicht war, daß Friedrich nicht wie seine beiden Vorgänger als „Pfaffenkönig", sondern als „Fürstenkönig" zur Regierung kam, ohne Opposition im eigenen Land, daher nicht angewiesen auf einen Rückhalt am Papsttum, dennoch bestrebt, grundsätzlich im Einvernehmen mit der päpstlichen Kurie zu regieren, der er „Sicherheiten für die Richtung seiner Politik in vertraglicher Form" gab, um sie zugleich zur Mitwirkung bei dieser weitgespannten Politik zu verpflichten.

Der Vf. hat sich selbst den doppelten Einwand erhoben, daß dieser Begriff *honor imperii* in jedem Anwendungsfall von päpstlicher Seite zu bestreiten war, ohne daß ein Einigungsverfahren bei strittiger Auslegung vorgesehen wurde, und daß sich auch der Kaiser dem Papst verpflichtete, den *honor papatus* zu wahren und zu verteidigen; darunter wäre dann sinngemäß auch die päpstliche Lehnshoheit über Sizilien mit zu verstehen, die mit dem *honor imperii*, d. h. den Herrschaftsrechten des Reiches in Süditalien angeblich unvereinbar war. „Allein wenn es zu einer solchen Diskussion des Begriffes *honor* an den beiden Stellen des Vertrages kam, betrat man die politische Grenzsphäre der beiderseitigen Machtbereiche" (61 f.). Das heißt aber doch, daß der Begriff *honor* im Vertragstext jedenfalls nicht rechtlich eindeutig war. Überdies hatte Eugen III. selbst in seiner Antwort auf Barbarossas Wahlanzeige (Wib. Ep. 382) sich erboten, *ad honoris et exaltationis tuae augmentum pro debito commissi nobis officii ... laborare,* — gewiß nicht im Sinn einer Mehrung der königlichen Rechte, wie R. sie verstehen will; mußte sich dann der Papst durch den entsprechenden Vertragstext weitergehend und bestimmter verpflichtet fühlen?

Der Begriff *honor regni* oder *imperii* war ja überhaupt keineswegs neu geprägt; er hatte eine große Rolle gespielt in den Auseinandersetzungen zwischen Papsttum und Kaisertum im Investiturstreit, dessen Dokumente nach Zatscheks von R. übernommenem Nachweis zum Teil dem Konstanzer Vertragstext zugrunde lagen. Aber wie z. B. Heinrich IV. (Briefe ed. Erdmann Nr. 34) dem Papst 1105 eine Verständigung vorschlug *salvo nobis honore regni et imperii et totius nostre dignitatis, sicut et avus et pater noster aliique antecessores nostri habuerunt, servato etiam tibi a nobis honore apostolice dignitatis, sicut antecessores nostri tuis antecessoribus servaverunt,* so war damit immer nur die Gesamtheit anzuerkennender kaiserlicher oder päpstlicher Rechte gemeint, ohne sie im einzelnen zu bestimmen oder gegeneinander abzugrenzen. Daß Barbarossa sich darunter nichts Bestimmteres dachte, zeigt sein Manifest vom Reichstag zu Besançon 1157 (Rahewin 3, 11), in dem er davor warnt, den *honor imperii, qui a constitutione Urbis et christianae religionis institutione ad vestra usque tempora gloriosus et imminutus extitit,* nicht durch den Papst schmälern zu lassen. Später erinnert er den Papst selbst an die Mahnung des Römerbriefes 12, 10: *honore invicem praevenientes.* Andererseits beruft er sich gerade in dem Schreiben an Erzbischof Eberhard von Salzburg (Rahewin 4, 36), das den Papst des Vertragsbruchs beschuldigt, nicht auf den *honor imperii,* sowenig wie bei der roncalischen Gesetzgebung. Ebenso wird von Bischof Eberhard von Bamberg und in der sog. *Oratio advocati Victoris IV. in concilio habita* der päpstliche Vertragsbruch nicht als Verletzung des *honor imperii* hingestellt. Man darf daher schwerlich in diesen vieldeutig unbestimmten Begriff alles das hineinlesen, was Friedrich I. unter der Parole einer „Wiederherstellung des Reichs" verfocht. Wenigstens wurde es damit gerade nicht „juristifiziert, handhaft gemacht, konkretisiert". Hätte Barbarossa „in der Juristifizierung seiner Politik den entscheidenden Vorteil auch für sich gesehen" (S. 91), dann durfte er gewiß nicht einen Begriff zum „Kern des Vertrages", zum Zentralbegriff seiner Politik machen, der alles mögliche bedeuten konnte und vom päpstlichen Vertragspartner jedenfalls anders verstanden und ausgelegt werden konnte und mußte. Das gab dem Kaiser nicht einmal für künftige Auseinandersetzungen eine günstige Position oder eine brauchbare Handhabe, um den Papst ins Unrecht zu setzen. Konnte doch Hadrian IV. sogar nach dem Zwischenfall in Besançon behaupten, seine Legaten seien immer *pro tuae maiestatis honore solliciti* gewesen, *et nos honori tuo curavissemus providere* (Rah. 3, 23). Jedenfalls war im Konstanzer Vertrag nicht eindeutig festgelegt, in welchem Sinn und Umfang der Papst auf den *honor imperii* verpflichtet wurde. Es wird also dabei bleiben müssen, daß ihm nach dem Wortlaut ein Sonderfrieden mit Rom und Sizilien nicht wie dem Kaiser verwehrt war; so hat es ja Hadrian IV. tatsächlich aufgefaßt. Daß man auf Gegenseitigkeit in diesem Punkt nicht hätte zu dringen brauchen, weil der Papst ohnehin „gar nicht für sich allein weiterhin mit Römern oder Normannen verhandeln wollte" (S. 56), ist wenig überzeugend; es wäre wenigstens sehr kurzsichtig gewesen und hätte sich bald gerächt. Noch weniger darf man glauben, es sei „von den kaiserlichen Unterhändlern nur um der Symmetrie willen durchgesetzt worden", daß sich zur Abwehr einer griechischen Invasion in Italien auch der Papst ausdrücklich verpflichtete, und daß er „hier etwas für ihn vollkommen Selbstverständliches zugestand" (S. 62). Schon unter Hadrian IV., erst recht unter Alexander III. zeigte sich sehr wohl die Möglichkeit, die durch diese Vertragsklausel ausgeschlossen werden sollte, und man darf dem Staufer und seinen Beratern schon so viel politische Phantasie zutrauen, daß sie auch mit solchen künftigen Wendungen rechneten und ihnen vorbeugen wollten. Wenn sie trotzdem nicht erreichen konnten, daß dem Papst auch ein Sonderfrieden mit Rom und Byzanz vertraglich verwehrt wurde, so mag es wohl sein, daß sie sich mit dem Honor-Paragraphen gleichsam schadlos halten und „für den äußersten Fall eine Sicherung anbringen" wollten. Der Vorwurf des Vertragsbruches wegen des Beneventaner Friedens war dann sozusagen politisch berechtigt, nicht aber juristisch begründbar. Man braucht deshalb gewiß nicht gleich von einem „Lügenfeldzug" zu sprechen, darf aber auch eine formale Berechtigung nicht in den Vertrag hineininterpretieren. Ein politischer Vertrag wird kaum je juristisch so eindeutig sein, daß es nicht zu einem Konflikt über die Vertragsauslegung kommen kann, zumal wenn wie in diesem Fall beide Partner die Hoffnungen enttäuscht sahen, die sie auf den Vertrag setzten, und die politischen Voraussetzungen sich inzwischen grundlegend änderten. Der „Kampf um die Auslegung des Konstanzer Vertrags", wie ihn R. zum Schluß darstellt, bleibt daher höchst aufschlußreich, auch wenn er nicht gerade um die Deutung des Begriffes *honor imperii* ging. Denn diese These hat der Vf. so vorsichtig eingebettet in eine umsichtige Erörterung aller Zusammenhänge der politischen Anfänge Barbarossas, daß man sie herauslösen kann, ohne das Ganze zu entwerten. Daß dabei auch auf manche Nebenfragen klärendes Licht fällt — Barbarossas Ehescheidung, die Magdeburger Wahl, die Vorgänge in Frankreich nach dem zweiten Kreuzzug, Konrads III. Bündnis mit Byzanz, Barbarossas erster Italienzug usw. — kann hier nur angedeutet werden. Hoffentlich kommt das bald einmal einer umfassenden Darstellung Friedrichs I. zustatten.

Mitteilungen des Instituts für österreichische Geschichtsforschung 68 (1960), S. 81—97.

DER VORBEHALT KAISERLICHER RECHTE IN DEN DIPLOMEN FRIEDRICH BARBAROSSAS

Von Heinrich Appelt

Bekanntlich tritt in einer großen Anzahl von Diplomen Friedrich Barbarossas für italienische und burgundische Empfänger eine Formel auf, die einen Vorbehalt der Gerechtsame des Reiches zum Ausdruck bringt. Eine systematische Untersuchung dieser Klausel, die in gewissem Sinne als Gegenstück zu der seit Coelestin II. (1143/44) im Papstprivileg ständig gebrauchten Formel „salva sedis apostolicae auctoritate" angesehen werden darf, liegt bisher nicht vor. Die Frage nach Herkunft, Anwendungsbereich und Bedeutung des kaiserlichen Vorbehaltes, wie wir unsere Formel im folgenden der Kürze halber in Anlehnung an die Terminologie der Papstdiplomatik nennen wollen, verdient nicht allein das Interesse des Diplomatikers; auch die Rechtsgeschichte und die Geschichte der staufischen Kaiseridee haben von ihrer Beantwortung wichtige Aufschlüsse zu erwarten.

Giesebrecht, der die Italienpolitik Barbarossas nüchterner beurteilte als mancher andere Historiker, wollte der Klausel, von der er annahm, sie sei ihrem päpstlichen Gegenstück nachgebildet, sehr weitreichende und grundsätzliche Bedeutung beimessen.[1] Nicht ohne Verwunderung führt er eine Reihe von Fällen an, in denen der Kaiser seine eigenen Privilegien binnen kurzer Frist selbst widerrufen habe; er meint in dem kaiserlichen Vorbehalt den Beweis dafür erblicken zu dürfen, daß nach Friedrichs Anschauung „dem Reiche gegenüber die Privilegien keine unbedingte Gültigkeit hätten" und „daß jeder Rechtsanspruch, und ob er selbst ihn begründet, hinfällig sei, sobald er Interessen des Reiches verletze". Andrerseits

---

[1] Geschichte der deutschen Kaiserzeit 5 (1880), 443 f.

verkannte der Altmeister der Geschichte der deutschen Kaiserzeit keineswegs, daß man Barbarossas Regime nicht als ein absolutistisches bezeichnen dürfe; nicht nur in Deutschland, auch in Italien habe der Kaiser mit dem Rat der Fürsten regiert und sich sogar mitunter ihren Beschlüssen gefügt. Im Grunde ließ Giesebrecht damit die Frage offen, ob der kaiserliche Vorbehalt neben der Nachahmung des päpstlichen Vorbildes römisch-rechtlichen Anschauungen von der unumschränkten Gewalt des Imperators seine Entstehung verdanke.[2]

Eine Lösung des damit aufgeworfenen Problems kann nur mit den Mitteln der Diplomatik gefunden werden. Einen ersten Schritt in dieser Richtung tat Engelbert Mühlbacher, als er den Einfluß der Papsturkunde auf die Kaiserurkunde des 12. Jahrhunderts untersuchte[3] und dabei die Ergebnisse der Forschungen Thaners über den päpstlichen Vorbehalt[4] verwerten konnte. Auch er führt die kaiserliche Klausel auf das päpstliche Muster zurück und meint, daß sie in der Kaiserurkunde an der gleichen Stelle wie im Papstprivileg auftrete; letztere Bemerkung bedarf der Berichtigung.[5]

Es war dann Wilhelm Erben, der in seiner für die Erforschung der inneren Merkmale der Diplome Barbarossas so ergebnisreichen Studie über das österreichische Privilegium minus erstmals die wichtigsten älteren und einige charakteristische jüngere Beispiele für das Auftreten des kaiserlichen Vorbehaltes zusammentrug, der deshalb sein Interesse erregte, weil hier die von ihm irrtümlicherweise als Beweis für die angebliche Interpolation des Minus angesehene

[2] Vgl. dazu M. Pomtow, Über den Einfluß der altrömischen Vorstellungen vom Staat auf die Politik Kaiser Friedrichs I. und die Anschauungen seiner Zeit (1885), 88 ff. Pomtow bringt einige gut gewählte Beispiele für das Auftreten des kaiserlichen Vorbehalts. Er hat jedoch Giesebrechts Lehre vom römischrechtlichen Charakter der Klausel in der Zeit Barbarossas einseitig ausgebaut und damit wesentlich zur Verbreitung dieser Interpretation beigetragen.

[3] Kaiserurkunde und Papsturkunde, MIÖG 4. Erg.-Bd. (1893), 511 f.

[4] Sitzungsberichte der kaiserlichen Akademie der Wissenschaften phil.-hist. Kl. 71 (Wien 1872), 807 ff.

[5] Siehe unten S. 43 ff.

objektive Fassung mehrfach begegnet.[6] Daß „die dem festen Willen Friedrichs entsprechende Salvationsklausel" unter dem Einfluß römischrechtlicher Anschauungen über das Wesen des Kaisertums zustande gekommen sei, hielt Erben für sicher. Nicht als unbedingt feststehend sah er hingegen eine Nachahmung des päpstlichen Vorbehaltes an.[7]

Die Diskussion über die Echtheit der älteren Stauferdiplome für südburgundische Empfänger, die durch Hans Hirsch ausgelöst wurde,[8] zeitigte unter anderem das Ergebnis, daß der kaiserliche Vorbehalt in den burgundischen Diplomen Barbarossas nahezu ebenso früh auftaucht wie in den italienischen. Ursula Brumm bemerkt dazu im Anschluß an Giesebrecht und Pomtow: „Es ist eine Neuerung Barbarossas, in Urkunden für Italien und Burgund derartige Vorbehalte zu machen, durch die er sich die Möglichkeit offen ließ, dem Reichsinteresse wenn nötig den Vorzug vor den einzelnen Privilegien zu geben." [9]

Jüngst hat Leo Santifaller das Auftreten unserer Formel in der Urkunde Friedrichs I. für das Domkapitel von Città di Castello von 1163 Nov. 6 festgestellt und dabei einerseits auf den päpstlichen Vorbehalt hingewiesen, andrerseits die sehr wichtige Mitteilung gemacht, daß der kaiserliche Vorbehalt in den Diplomen Konrads III. nicht nachgewiesen werden konnte.[10] Hingegen erwähnt er ein vereinzeltes Beispiel aus der Zeit Lothars III. Es handelt sich um DL. III. 124 für das Kloster S. Thomas zu Acquanegra. Bereits Scheffer-Boichorst, der den Text der Urkunde erstmals bekanntmachte,[11] und die Bearbeiter des Diplomatabandes haben

---

[6] W. Erben, Das Privilegium Friedrich I. für das Herzogtum Österreich (1902), 62 ff., besonders 63 Anm. 3 und 4.

[7] A. a. O. 63.

[8] Urkundenfälschungen aus dem Regnum Arelatense. Die burgundische Politik Kaiser Friedrichs I. (1937).

[9] Zur Frage der Echtheit der ersten Stauferdiplome für südburgundische Empfänger, MIÖG 57 (1949), 304.

[10] Leo Santifaller, Bemerkungen zur Urkunde Kaiser Friedrichs I. für das Domkapitel von Città di Castello von 1163 Nov. 6 (St. 3988 a), in: Archivalia et Historica, Festschrift f. A. Largiadèr (1958), 166.

[11] NA. 24 (1899), 125 ff.

das Auftreten unserer Klausel in DL. III. 124 kurz erwähnt. Die
Frage, ob wir diesen Einzelfall als maßgebend für die Einführung
der Formel unter Friedrich Barbarossa ansehen dürfen, ist bisher
noch nicht geprüft worden. Sie ist leicht zu beantworten. Das Diplom Lothars wurde von Friedrich I. im Jahre 1158 zu Roncaglia
im vollen Wortlaut bestätigt; [12] man wird mit Sicherheit annneh-
men dürfen, daß der Text bis dahin der kaiserlichen Kanzlei unbekannt geblieben ist. Jener vereinzelte kaiserliche Vorbehalt, der
von seinem zweiten Vorgänger hinsichtlich eines unbedeutenden
päpstlichen Zinsklosters ausgesprochen worden war, hat offenbar
den Entschluß Friedrichs, bald nach seinem Regierungsantritt eine
derartige Formel einzuführen, nicht beeinflußt.[13]

Es empfiehlt sich, zunächst die sprachliche Fassung des kaiser-

[12] A. a. O. 127 f.
[13] Die Klausel lautet in DL. III. 124: Insuper confirmamus ipsi omnia
ea, quae in privilegio domini papae eidem ecclesiae indulta sunt, salvo
in omnibus iure imperiali. Das damit bestätigte Privileg Innozenz II.
(Pflugk-Harttung, Acta pontificum 2, 286 Nr. 325), das dem Diplom in
einigen Wendungen als Vorlage diente, enthält keinen päpstlichen Vorbehalt. Die Betonung der Reichsrechte durch Lothar stimmt aufs beste zu
der längst bekannten Tatsache, daß sich die Beziehungen zwischen Sacerdotium und Imperium während des zweiten Italienzuges des Kaisers
spannungsreich gestalteten; man denke an die Konflikte um die Belehnung
Rainulfs von Alife und um die Besetzung Monte Cassinos. DL. III. 124
ist symptomatisch dafür, daß sich ähnliche Tendenzen auch sonst abzu-
zeichnen begannen. Lothars Tod und Konrads Wahl ließen sie nicht zur
Entfaltung kommen. — Das vereinzelte Auftreten eines Vorbehaltes der
kaiserlichen Mitwirkung oder Zustimmung hinsichtlich des kirchlichen
Wahlrechtes oder der Einsetzung des Vogtes in Diplomen Heinrichs II.
für deutsche Empfänger (DD. H. II. 50, 189, 354, 428, 429 und dazu
auch 230: sub nostra nostrorumque successorum munificentia) ist weder
vom rechtsgeschichtlichen noch vom formal-diplomatischen Standpunkt aus
als Vorbild für die Einführung des kaiserlichen Vorbehaltes in Barbarossas
italienisch-burgundischen Diplomen anzusehen. Vgl. darüber H. Appelt,
Das Diplom Kaiser Heinrichs II. für Göß vom 1. Mai 1020 (1953), 16 f.
Ganz vereinzelt begegnet der Vorbehalt in drei von Ogerius A verfaßten
italienischen Diplomen Heinrichs IV. (DD. H. IV. 427, 436, 437), offenbar
unter italienischem Einfluß.

lichen Vorbehalts zu untersuchen.[14] In ihrer ältesten Gestalt lautet sie: salvo per omnia jure regni oder regie maiestatis (St. 3616 für Chiavenna, St. 3640 für Bistum Como). Die Wendung per omnia oder gleichbedeutend in omnibus begegnet in der Mehrzahl der Fälle.[15] In der Tat liegt ja die Vorstellung zugrunde, daß nicht ein einzelner kaiserlicher Rechtsanspruch, sondern alle dem Träger der Reichsgewalt grundsätzlich zustehenden Gerechtsame vorbehalten seien. Schon in St. 3660 finden wir statt ius den Ausdruck iustitia, und etwa seit 1157 heißt es in den meisten Fällen: salva (tamen, mitunter auch nimirum) per omnia (oder in omnibus) imperiali iustitia oder ähnlich. Die beiden Ausdrücke ius und iustitia sind gleichbedeutend, was sich unter anderem daraus ergibt, daß es in St. 4414 zunächst heißt: salva in omnibus imperiali iusticia, und dann weiter in derselben Urkunde: salvo, sicut diximus, iure nostro. Der Wechsel im sprachlichen Ausdruck hat nur stilistische Gründe. Den gleichen Schluß dürfen wir aus der Wendung in St. 3714 ziehen: salvo per omnia iure et iustitia imperiali.

Als stilistische Variante ist es aufzufassen, wenn in späterer Zeit gelegentlich Formulierungen mit salva dignitate (imperialis iusticie, imperialis excellentie) [16] geprägt werden oder wenn es schon früher einmal heißt: salvo in omnibus nostre imperialis dignitatis honore.[17] Der Ausdruck honor begegnet verhältnismäßig nicht allzu häufig; neben dem eben erwähnten Beleg steht St 3856: salva in omnibus iustitia et honore imperiali, ferner salvo (in omnibus, semper in omnibus) iure et honore imperii (Romani) oder honore imperiali,[18] und schließlich die feierliche Wendung in den Diplomen für die

---

[14] Eine statistische Erfassung des gesamten reichhaltigen Materials würde den Rahmen dieses Beitrages sprengen. Wir beschränken uns daher auf die Herausarbeitung der für die Anwendung und Bedeutung des kaiserlichen Vorbehaltes charakteristischen Tatsachen.

[15] Sie fehlt selten, so z. B. in St. 3830, 3840, 4001, 4011, 4173, ohne daß dies sachlich etwas zu bedeuten hätte.

[16] St. 4431, 4432, 4433, 4472.

[17] NA. 24, 177.

[18] St. 4012 a, 4021, 4026, 4091; Scheffer-Boichorst, Zur Geschichte des 12. und 13. Jh.s, 165 f.

Bistümer Arles und Marseille St. 4012 b und 4013: salva in omnibus (supradictis) iustitia, honore et utilitate (auctoritate) imperiali.

Letztere Beispiele sind deswegen besonders lehrreich, weil hier neben dem Recht des Reiches im allgemeinen einerseits der honor imperii, andrerseits die utilitas oder auctoritas steht, also der Inbegriff der nutzbaren kaiserlichen Hoheitsrechte, die Barbarossa durch die italienischen Juristen als regalia definieren ließ. So nimmt es nicht wunder, wenn gelegentlich die kaiserliche Würde in einem Atemzug mit einer der wichtigsten jener finanziellen Forderungen des Kaisers genannt ist; in dem Diplom für Fonte Avellana St. 4432 lesen wir: salva dignitate et fodro imperialis iusticie. Ganz die gleiche Bedeutung hat es, wenn in Urkunden für S. Pietro di Perugia und für das Bistum Perugia Abgabenfreiheit gewährt wird salva in omnibus imperiali nostra iustitia ac fodro.[19] Das Bistum Verona erhält eine Bestätigung seiner Besitzungen und der Abgabenfreiheit unter folgender Einschränkung: salva in omnibus imperiali iustitia et iure fodri nostri; letzteres bedingt sich der Kaiser aus, wenn er oder seine Nachfolger nach Italien ziehen oder wenn sie zur Einhebung dieser Leistung einen eigenen nuntius entsenden.[20] Auch italienischen Adeligen gegenüber wird das kaiserliche fodrum mehrfach vorbehalten; so erhalten die Brüder Sannazaro plenariam iurisdictionem excepto fodro regali.[21] Den Grafen von Lomello werden die Gerichtsbarkeitsrechte verbrieft excepto nostro imperiali fodro.[22] Kardinal Umfred und dessen Brüder erhalten eine Bestätigung ihrer Besitzungen retento nobis tantum imperiali fodro,[23] und im gleichen Sinne heißt es in der Besitzbestätigung für die Cacciaconti: salvo fodro et herbergariis imperatorie maiestatis.[24] Die besondere Rolle, die dem fodrum für die Finanzierung der italienischen Unternehmungen Barbarossas zukam, tritt in diesen Belegstellen deutlich hervor.

[19] St. 3993, 3994.
[20] St. 4393 a.
[21] St. 3998.
[22] St. 4022.
[23] St. 4107.
[24] St. 4411.

Hingegen lassen sich rein lehenrechtliche Vorbehalte nur ganz vereinzelt nachweisen. Eine Urkunde für die Grafen von Biandrate, die zu den interessantesten Belegen für die Definition der Regalien unter Barbarossa zählt, verleiht dem Empfänger als Lehen regalia nostra ... nominatim fodrum, albergariam, districtum, toloneum, arimanniam, fidelitatem salva fidelitate nostra.[25] Ein rein lehenrechtlicher Vorbehalt im Sinne des westeuropäischen Feudalismus liegt vor, wenn der Kaiser dem Ebald de la Sarraz (nordwestlich Lausanne) gestattet, villae, Häuser, Burgen, Befestigungen und andere Bauten anzulegen und sie von einem anderen Herrn innezuhaben, salva enim premissa dumtaxat fidelitate nostra.[26]

Wir dürfen daraus schließen, daß es nicht eigentlich lehenrechtliche Anschauungen im strengen rechtsgeschichtlichen Sinne waren, auf denen die Anwendung des kaiserlichen Vorbehalts unter Barbarossa beruhte. Unter dem königlichen und kaiserlichen ius, unter der iustitia imperialis ist vielmehr die Summe jener Hoheitsrechte zu verstehen, die aus der Würde des Kaisertums, aus der dignitas imperialis iustitie, aus dem honor imperii abzuleiten sind und die Barbarossa als Regalien definieren ließ. Konkret bezeichnen also die Ausdrücke ius oder iustitia und ihre stilistischen Varianten in den entsprechenden Klauseln der Diplome Friedrichs I. bestimmte kaiserliche Gerechtsame vorwiegend finanzieller Natur, unter denen dem fodrum besondere Bedeutung zukam. Aber es geht nicht um die nutzbare Seite der kaiserlichen „Gerechtigkeit" allein, sondern um alles, was als Inbegriff und Ausfluß derselben zu betrachten ist. Es kann auch das Befestigungsrecht gemeint sein, das kaiserliche Recht der Investitur gegenüber der hohen Geistlichkeit, dem Adel und den Häuptern der Kommunen, oder die hohe Gerichtsbarkeit. Selbst dort, wo sich Barbarossa nur das fodrum ausbedingt, steht der Begriff der obersten staatlichen und gerichtlichen Hoheit dahinter. Gerade die mannigfaltigen Abstufungen in der Formulierung unserer Klausel lehren, daß der begriffliche Inhalt der vorbehaltenen iustitia von der Fülle der obersten friedenswahrenden, in der Welt und in der Kirche gebietenden auctoritas des staufischen

[25] St. 3833.
[26] St. 4464.

Imperators bis zu den einzelnen, in barer Münze zu entrichtenden
Regalien reicht.

Weist schon die mehrmalige ausdrückliche Erwähnung des Fodrums, die wir bei der Untersuchung der sprachlichen Fassung des
kaiserlichen Vorbehalts feststellen konnten, auf einen Zusammenhang mit der Regalienpolitik Friedrich Barbarossas, so verstärkt
sich dieser Eindruck, wenn wir die italienischen und burgundischen
Diplome des Kaisers ihrem Rechtsinhalt nach sichten. So empfängt
der Graf Wido Delphin von Albona die Einkünfte aus dem Silber-
bergbau und aus der Münze vorbehaltlich der kaiserlichen Gerechtsame.[27] Das Münzprivileg für die Stadt Lucca von 1155 enthält
den gleichen Vorbehalt.[28] Er begegnet aber auch zum Beispiel in den
Zollprivilegien für die Cremonesen [29] und für den Bischof von
Mantua,[30] er findet sich am Schluß des Diploms, das Wilhelm von
Poitiers das Weggeld auf der Straße von Valence nach Montélimart
einräumt,[31] ebenso wie in der Bestätigung der Straßen- und Zoll-
rechte des Raimund d'Agoult in der Grafschaft Die.[32] Das umfassende Privileg, das der Kaiser den Arimannen von Mantua auf
Bitten des Bischofs Garsedonius gewährt,[33] schließt gleichfalls mit
unserer Klausel; dem Kloster S. Maria zu Marolo werden die Leistungen der Arimannen „salvo iure nostro" [34] bestätigt. In dieser
Urkunde wird der Vorbehalt auch auf die Kanäle und andere
Bauten des Klosters bezogen.

Daß er mehrmals auf das Befestigungsrecht angewandt wird, ist
nicht verwunderlich. In dem bekannten Privileg für Cremona, das
jeder anderen Stadt und jeder persona Italica die Anlage von Burgen zwischen Adda und Oglio untersagt bzw. den Cremonesen das
Recht einräumt, dergleichen zu verhindern,[35] fällt unsere Klausel

[27] St. 3715.
[28] St. 3718.
[29] St. 3846.
[30] St. 3893.
[31] St. 4255 a.
[32] St. 4260 b.
[33] St. 3849.
[34] St. 3850.
[35] St. 3766.

besonders schwer ins Gewicht. Denn die Worte salva per omnia
imperiali iustitia besagen hier nichts Geringeres, als daß sich der
Kaiser das Recht vorbehält, notfalls im Interesse seiner Politik
innerhalb der Interessensphäre Cremonas Befestigungen aufführen
zu lassen. Der Ausdruck Italica persona spricht hier eine deutliche
Sprache. Der Fall steht nicht vereinzelt da; als Friedrich den Cremonesen die Stadt Crema schenkte, wiederholte er das Befestigungs-
verbot für jenes Gebiet in ähnlichen Wendungen, wobei der kaiserliche Vorbehalt ganz am Ende des Textes nach der Corroboratio
hinzugefügt wurde.[36] Das Verbot, im Umkreis von 12 Meilen um
die Stadt Siena Befestigungsanlagen zu errichten, wurde unter dem
gleichen Vorbehalt erlassen.[37] Das Diplom, das die Stadt Assisi für
reichsunmittelbar erklärte und an die Spitze der gesamten Grafschaft stellte, spricht unter anderem das Verbot aus, gegen den Willen der Stadt innerhalb der Grafschaft eine Burg oder Stadt zu
bauen; es wird ebenfalls durch unsere Klausel abgeschlossen.[38] Der
kaiserliche Vorbehalt wahrt in all diesen Fällen dem Reichsober-
haupt grundsätzlich das Recht, innerhalb des Reichsgebietes Befestigungen anzulegen.

Unter mannigfaltigen Bedingungen fand sich der Kaiser bereit,
sämtliche oder doch einen Teil der Regalien eines bestimmten Gebietes, insbesondere das fodrum, einem geistlichen oder weltlichen
Herrn oder einer Stadtgemeinde einzuräumen. Immer wieder begegnet dabei der grundsätzliche Vorbehalt kaiserlicher Gerechtsame, vielfach organisch verknüpft mit der Verbriefung der Reichs-
unmittelbarkeit. Nicht selten ist festgesetzt, daß es dem Kaiser oder
dem dafür eigens entsandten kaiserlichen missus zustehen solle, trotz
der eingeräumten völligen Immunität und Abgabenfreiheit das
fodrum zu erheben. Wenn Barbarossa gleich zu Beginn seiner Regierung dem Bischof von Como den districtus und das fodrum in
einer Reihe von Ortschaften restituierte, die sich der Herrschaft der
Kirche entzogen hatten, so tat er dies zweifellos in der Absicht, sich

[36] St. 3931.
[37] St. 3830.
[38] Ficker, Forschungen 4, Nr. 128; es muß S. 170 sinngemäß heißen:
contra voluntatem civitatis, nicht comitatus.

einen strategisch wichtigen Stützpunkt für die Italienfahrt zu sichern.[39] Ähnlich wird später dem Domkapitel von Verona das fodrum unter entsprechendem Vorbehalt geschenkt.[40] Reichsunmittelbare Klöster sollen von allen Abgaben, die Leistungen an Kaiser und Reich ausgenommen, frei sein. So darf von der Abtei SS. Dionysius und Aurelius in Mailand niemand ein fodrum einheben preter nostrum imperiale fodrum.[41] Es wird ausdrücklich betont, daß S. Benedetto di Polirone nur dem römischen Kaiser Abgaben schulde,[42] während in vielen anderen Fällen die volle finanzielle Immunität unter Vorbehalt der kaiserlichen iustitia eingeräumt ist.[43] Von den Gütern des Propstes von Casale, der nach der Leistung der Mannschaft und des Treueides als iuratus prepositus die Investitur mit den Regalien aus der Hand des Kaisers empfing, soll niemand irgendwelche Abgaben erheben nisi solus imperator vel successores eius.[44] Für SS. Mercurialis et Gratus bei Forlì lautet die entsprechende Wendung: nisi solus imperator vel eius certus missus.[45] Den Konsuln von Todi wird untersagt, das fodrum von den Gütern von S. Leucio einzuheben; nur eigens dafür bestimmte königliche missi dürfen es fordern.[46] Die Beispiele ließen sich leicht vermehren. Eine Ausnahme ist es, wenn S. Giovanni in Monte zu Bologna nicht allein die Freiheit von jeder städtischen und anderen Gewalt und von deren finanziellen Forderungen erhält, sondern auch von jeglichen Abgaben pro adventu imperiali vel regali vel etiam alicuius principis. Und doch wurde es auch in diesem Falle nicht unterlassen, ebenso wie in den vorher angeführten Diplomen am Ende des Textes den grundsätzlichen Vorbehalt zugunsten des Kaisers einzuschalten.[47]

Auch als Barbarossa dem Erzbischof Raimund von Arles die Re-

---

[39] St. 3640.
[40] St. 4337.
[41] St. 3819.
[42] St. 4003.
[43] Vgl. etwa St. 3831 für Vallombrosa, St. 4007 für S. Severo in Classe.
[44] St. 3840.
[45] St. 3859.
[46] St. 4235.
[47] St. 3956.

galien in seiner Diözese, die Stadt Arles mit der Gerichtsbarkeit und die Besitzungen seiner Kirche bestätigte, legte man in der Reichskanzlei Wert darauf, durch Beifügen unserer Klausel die Herkunft sämtlicher ausführlich aufgezählter nutzbarer Rechte aus der Hand des Kaisers und die Wahrung der grundsätzlichen Rechte des Reiches im Sinne der staufischen Regalientheorie in Erinnerung zu bringen.[48] Daneben stehen besondere Abmachungen wie der Vertrag mit den Bürgern von Lucca, der den Konsuln unter Vorbehalt des kaiserlichen Fodrums im Gebiet außerhalb der Stadt gegen einen Jahreszins von 40 Mark für sechs Jahre die Regalien zuweist.[49]

Derartige Sonderregelungen machten allerdings nicht selten die Klausel überhaupt überflüssig. Sie fehlt zum Beispiel in dem Diplom über die Belehnung der Brüder von Borgo S. Donino mit den Reichslehen ihres Vaters, die unter Vorbehalt des halben Weggeldes ausgesprochen ist.[50] Sie erübrigte sich auch, als Friedrich den Leuten von Pontremoli die Regalien gegen Jahreszins, der im laufenden Jahr durch Stellung von 100 Gewaffneten zur Heerfahrt gegen Rom und Apulien ersetzt werden sollte, überließ.[51] Da wir aber derartige Vereinbarungen vermutlich nur zum Teil kennen, vermögen wir keine Erklärung dafür zu bieten, warum der kaiserliche Vorbehalt in sonst ganz gleich gearteten Fällen einmal auftritt, dann wieder fehlt. Es kann sein, daß die kaiserlichen Ansprüche in besonderer Form abgelöst waren, ohne daß wir davon wissen, oder daß sie gnadenhalber im Hinblick auf hervorragende Verdienste oder Verbindungen der Empfänger erlassen wurden. Eines steht zweifellos fest: die Reichskanzlei ist in dieser Hinsicht auch nicht im entferntesten mit der gleichen Konsequenz vorgegangen wie die päpstliche, die in der Zeit der Regierung Barbarossas die Formel salva sedis apostolicae auctoritate bereits nach feststehenden

---

[48] St. 4012 b; die Bestätigung erfolgt ad servitium imperii et domini imperatoris.

[49] St. 3958.

[50] medietatem tantum pedagii usibus nostris detinentes et reliquam eis benigne remittentes. Ficker, Forschungen 4, Nr. 147, St. 4173 a.

[51] Ficker, Forschungen 4, Nr. 142.

Regeln stereotyp anwandte. Am Kaiserhof verfuhr man viel indi-
vidueller. Wir haben daher zu fragen, welche Stellung der kaiserliche Vorbehalt im formelhaften Gefüge der Diplome Friedrich
Barbarossas einnimmt.

In dieser Hinsicht herrscht bunte Mannigfaltigkeit. Zunächst hebt
sich eine Gruppe von Diplomen ab, in denen die Klausel ganz am
Ende des Textes steht. In vielen Fällen war sie offenbar ursprünglich gar nicht vorgesehen; man hat sie nachgetragen. Ob dies auf
Weisung einer höhergestellten Persönlichkeit geschah, wird sich
nicht entscheiden lassen. Bei dem einen oder anderen Kanzleischreiber mag daraus die Gewohnheit erwachsen sein, die Formel mit
Absicht an den Schluß zu stellen. In dem bereits mehrfach zitierten
Diplom für Como St. 3640 folgt der Vorbehalt auf die Corroboratio und ist wahrscheinlich nachgetragen. Als sicher feststehend dürfen wir dies in St. 3856 für die Brüder des Kardinals Oktavian
ansehen, denen der Kaiser die Stadt und das Gebiet von Terni mit
sämtlichen Gerechtsamen des Reiches verlieh.[52] Diese vorbehaltlose
Veräußerung aller Hoheitsrechte in einem italienischen Territorium
scheint nachträglich höheren Orts Bedenken erregt zu haben, so
daß man nach der Pönformel den Satz hinzufügte: Sint autem hec
omnia salva in omnibus iustitia et honore imperii. In der von einem
italienischen Schreiber ausgefertigten Güterschenkungsurkunde für
Bischof Obert von Cremona [53] heißt es sogar erst nach der Datierung: Hec omnia predicto Cremonensi episcopo donamus et concedimus salva per omnia imperiali iustitia. In St. 4001 für Kloster
S. Maria zu Monza stehen die Worte salva imperiali iusticia und
die unmittelbar anschließende Datierung auf Rasur.[54] Offenbar
wurde die Klausel dem Text erst nachträglich korrigierend beigefügt. Eine Bestätigung der Rechte und Besitzungen der Kirche
von Reggio, die der Vorurkunde DO. II. 231 folgt, setzt außer der

---

[52] cum omnibus ad iura imperii pertinentibus, ex quibus aliquis honor
aut aliqua utilitas provenire potest.
[53] St. 3890.
[54] Nach einer vermutlich auf einer Mitteilung von C. Peyer beruhenden
Notiz von Friedrich Hausmann im Apparat der Diplomata-Abteilung der
Monumenta Germaniae.

prescriptio-Formel auch unsere Wendung am Ende des Textes hinzu.[55] In der Privilegienverleihung an Marsilius von Carrara [56] steht die Klausel nach der Corroboratio. Ähnliches gilt von St. 3860 für S. Pietro zu Modena, St. 3896 für Ravenna (nach der Pönformel, doch vor der Zeugenliste), St. 3931 für Cremona. Als deutlicher Nachtrag von gleicher Hand heißt es in St. 4260 für Avignon im unmittelbaren Anschluß an die Corroboratio: Ut firma teneantur, salva imperiali iusticia; dann folgt die Datierung. Natürlich läßt sich in vielen dieser Fälle nicht entscheiden, ob die nachträgliche Hinzusetzung bereits im Konzept oder erst nach Mundierung der Reinschrift erfolgt ist. Einfach an die Corroboratio angefügt ist der Vorbehalt zum Beispiel in St. 3698 (Bistum Treviso), St. 4261 (Kartause Durbon nordwestlich Gap), St. 4361 (Bistum Bergamo).

Nicht ganz selten wird die Klausel geradezu in die Corroboratio eingebaut, was sicherlich eine besondere Hervorhebung bedeutet, denn die Beglaubigung der Urkunde durch das kaiserliche Siegel erscheint damit gewissermaßen an den Vorbehalt kaiserlicher Gerechtsame geknüpft. Als Beispiel möge das bereits erwähnte Münzprivileg für Lucca [57] dienen: Sed ut hoc nostre constitutionis preceptum salvo tamen per omnia nostro imperiali iure et iustitia ratum et incontroversum permaneat, presentem paginam sigilli nostri impressione communimus. St. 3818 a gewährt den Johannitern unter anderem Freiheit von Abgaben, von jeglichen Diensten und von Zöllen; ohne Siegelankündigung heißt es in diesem Falle: Hec omnia predicta . . . in perpetuum concedimus et imperiali manu roboramus, salva per omnia imperiali iusticia.[58] Diese Formulierung

[55] St. 3895.

[56] St. 3900.

[57] St. 3718.

[58] In einer Abschrift vom Jahre 1378 ist unsere Klausel durch die Worte ersetzt: et zelo dei firmiter statuimus (Stumpf, Acta, 494 Anm. 4); vgl. U. Brumm, MIÖG 57 (1949) 304 Anm. 135. Diese willkürliche Abänderung des Textes dürfte sich aus der spätmittelalterlichen Diskussion über das Kaisertum erklären; vermutlich fürchtete der Kopist, es könnte der Eindruck entstehen, daß der Johanniterorden in besonderer Weise der Hoheit des Kaisertums unterstellt sei.

ist deswegen von Interesse, weil die Verbindung des kaiserlichen Vorbehalts mit der Wendung in perpetuum eindeutig zeigt, daß nicht etwa das Recht des Widerrufs der Privilegien durch den Kaiser gemeint ist, sondern die Wahrung der obersten Rechte des Reiches. In die Corroboratio eingebaut ist die Klausel ferner in St. 3819 (für SS. Dionysius und Aurelius bei Mailand), St. 3830 (für Siena), St. 3835 a (für S. Gennario di Lucedio), St. 4566 (für den Bischof von Fermo).[59]

Weitaus am zahlreichsten aber sind die Fälle, in denen die Klausel in die Besitzbestätigung bzw. in das Immunitätsformular, insbesondere in die Befreiung von Abgaben, eingebaut oder doch mit diesen Urkundenteilen irgendwie stilistisch verbunden erscheint. Hier herrscht wieder große Mannigfaltigkeit; als Beispiel sei St. 3831 für Vallombrosa herausgegriffen: Preterea nostra imperiali auctoritate concedimus et salva in omnibus imperiali iusticia confirmamus, ut ... Bei wörtlicher Wiederholung von Vorurkunden wird der Vorbehalt nicht selten der Besitzbestätigung, dem Immunitätsformular oder anderen Formularteilen hinzugefügt, so daß die Erweiterung des Textes um diese Klausel geradezu als ein Argument für die Echtheit eines Diploms Friedrichs I. gelten darf.[60]

Bereits Scheffer-Boichorst hat anläßlich einer kritischen Studie über das Diplom Friedrichs I. für das Zisterzienserkloster S. Maria della Colomba in der Diözese Piacenza (St. 3709 b)[61] darauf aufmerksam gemacht, daß unter Barbarossa in einigen Fällen mit dem kaiserlichen Vorbehalt ein solcher zugunsten des Diözesanbischofs (bischöflicher Vorbehalt) verbunden erscheine. Er hat richtig erkannt, daß es sich in St. 3709 b um unmittelbare Beeinflussung durch das etwa ein halbes Jahr vorher ausgestellte Privileg Anastasius IV. für das gleiche Kloster handelt[62] — hat doch der bischöfliche Vorbehalt in Papstprivilegien für nichtexemte Klöster im

[59] Diese Erscheinungen werden bei der Bestimmung der Diktate mit zu berücksichtigen sein.

[60] Wie Brumm a. a. O. 303 f. gezeigt hat, trifft dies für St. 3676 (für den burgundischen Edlen Silvio de Clérieu) zu.

[61] NA. 27 (1902), 90 f.

[62] JL. 9932; Pflugk-Harttung, Acta pontificum 3, 159 Nr. 149.

12. Jahrhundert ein weites Anwendungsfeld gefunden.[63] Bei Anastasius heißt es nämlich entsprechend dem damals bereits feststehenden Brauch der päpstlichen Kanzlei: salva sedis apostolice auctoritate et diocesani episcopi canonica iustitia. Offenbar wünschte der Empfänger die Aufnahme einer analogen Wendung in die Kaiserurkunde. Es lag nahe, dabei die kaiserliche Autorität statt der päpstlichen besonders zu berücksichtigen, und so fand man die Formulierung: salvo tamen per omnia regio et pontificali iure et iusticia. Daß damit nicht das päpstliche, sondern das Recht des Diözesanbischofs gewahrt werden sollte, hat Scheffer-Boichorst[64] richtig erkannt.

Unter dem Einfluß der Papsturkunde bzw. der Empfänger waren derartige Klauseln vereinzelt schon früher in die Kaiserurkunde eingedrungen.[65] Die Kanzlei Barbarossas hat nur ausnahmsweise derartigen Einwirkungen Raum gegeben. Vielfach mag dabei die Rücksichtnahme auf besonders hochgestellte und einflußreiche geistliche Fürsten wirksam gewesen sein. So heißt es in dem auf Bitten des Erzbischofs Arnold von Köln für Knechtsteden ausgestellten Diplom St. 3716 in unmittelbarer Anlehnung an die päpstliche Vorlage[66]: salvo per omnia imperiali iure et Coloniensis archiepiscopi canonica iustitia. Es scheint kein Zufall zu sein, daß eine gleichbedeutende Wendung in einem Diplom für das Nonnenkloster Rolandswerth bei Koblenz, eine erzbischöfliche Gründung, begegnet. Der Kaiser beauftragt den Erzbischof, die Güter des Klosters in seiner Vertretung zu schützen, und fügt den kaiserlichen und den bischöflichen Vorbehalt hinzu; die Formulierung stimmt wörtlich mit St. 3716 für Knechtsteden überein.[67] Noch ein dritter Fall der Verbindung beider Klauseln betrifft Köln. In die Beurkundung des im Jahre 1180 zwischen Erzbischof Philipp und der Bürgerschaft

---

[63] Vgl. Georg Schreiber, Kurie und Kloster im 12. Jh. 1 (1910), 58 ff.
[64] A. a. O. 90.
[65] Vgl. St. 3145: salva solita iustitia Taurinensis episcopi; DL. III. 33 für Beuron zugunsten des Bischofs von Konstanz (nach päpstlicher Vorlage).
[66] Hadrian IV. JL. 10.081.
[67] St. 3810.

gefundenen Ausgleichs [68] wurde die Klausel aufgenommen: salva
tamen in omnibus iusticia imperiali et iure episcopi et ecclesię et
camerę episcopi. Aber auch der Erzbischof Stephan von Vienne,
Friedrichs Erzkanzler im regnum Arelatense, ließ sich einmal seine
Rechte gegenüber der Abtei St. Barnard zu Romans, der er selbst
als Abt vorstand, in ähnlicher Weise im Anschluß an den kaiserlichen Vorbehalt ausbedingen.[69] Ebenso sind in einem Diplom für
das Domkapitel von Aquileja nicht nur die Rechte des Kaisers, sondern auch die des Patriarchen vorbehalten.[70] Einen Sonderfall
dürfte das Diplom für S. Maria del Monte zu Cesena vom Jahre
1177 darstellen, das neben den Rechten des Reiches und des Bischofs
auch jene gerechtfertigten Abgaben ausbedingt, die aus dem Verhältnis der Schirmvogtei erwachsen.[71] Aus lokalen Gegebenheiten
scheint es sich endlich zu erklären, wenn die Burg Moriano Freiheit
von allen Abgaben erhält salva in omnibus et per omnia imperiali
iustitia et iure Lucensis episcopi.[72]

Da der kaiserliche Vorbehalt dem Willen Barbarossas entspricht,
die Reichsrechte in Italien und ähnlich auch in Burgund zu wahren,
pflegt er in Diplomen für deutsche Empfänger nicht angewendet zu
werden. Zu den Ausnahmen, die verschwindend gering an Zahl
sind, gehören einmal die drei erwähnten Diplome, in denen zugleich
Rechte des Erzstifts Köln ausbedungen sind [73]. Einen Einzelfall
stellt die Urkunde für das Zisterzienserkloster Beaupré bei Luné-
ville dar, die während der Belagerung Cremas im Jahre 1159 ausgestellt ist. Dem Kloster werden unter anderem die Schenkungen
bestätigt, die es von den Reichskirchen und von deren Lehensmannen sowie von den Lehensmannen des Kaisers erhalten hat;
Friedrich seinerseits fügt den Zoll, das pedagium und die Fischerei

[68] St. 4306.

[69] St. 3790 a: salva nimirum per omnia imperiali iusticia et dilectissimi
nostri Stephani Viennensis archiepiscopi et archicancellarii nostri, eiusdem
Romanensis ecclesie abbatis, nec non Viennensis ecclesie iure in integrum
conservato.

[70] St. 4197.

[71] Vgl. Scheffer-Boichorst NA 24 (1899) 162 ff. und NA 17 (1902), 90.

[72] St. 4427.

[73] St. 3716, 3810, 4306.

hinzu. Abschließend heißt es: Hec supradicta omnia confirmamus prefate ecclesie salva per omnia imperiali iusticia.[74] Man wird vermuten dürfen, daß sich der Vorbehalt in diesem Falle hauptsächlich auf die obersten Rechte am Reichskirchengut und an den Reichslehen bezog. Es ist möglich, daß westeuropäisches lehenrechtliches Denken hier mit in Rechnung gestellt werden muß. Dem romanischen Einflüssen offenstehenden Westen des Reiches gehören zwei weitere Beispiele an. Friedrich bestätigt im Jahre 1162 dem Stift St. Theobald zu Metz die Wollwaage, die ihm der Bischof der Stadt geschenkt hat, unter Vorbehalt der kaiserlichen Gerechtsame.[75] Das in Aachen 1165 ausgestellte Diplom für das Prämonstratenserstift Bonne-Esperance im Hennegau bestätigt, ohne daß ein Grund für die Anwendung der Formel ersichtlich wäre: quicquid iuris habet... vel ... infra sacri imperii nostri terminos rationabiliter conquiret, salva in omnibus imperiali nostra iustitia.[76] Auch für die Anwendung des Vorbehalts in der berühmten Bestätigung der angeblich von Karl dem Großen stammenden Rechte der Stadt Bremen[77] versagen alle Erklärungsversuche. Sollten hier italienische Stadtprivilegien zum Vorbild gedient haben oder entsprang die Einfügung der Klausel einfach dem Bedürfnis, die kaiserlichen Rechte und Einkünfte in Bremen sicherzustellen?

Hingegen liegen die Dinge in einem anderen Falle vollkommen klar. Im Jahre 1164 berief der Kaiser einen Reichstag nach Bamberg, auf dem die Frage der Investitur seines Oheims, des Babenbergers Konrad, als Erzbischof von Salzburg durch einen Spruch des Reichsepiskopats entschieden werden sollte. Das Ladungsschreiben an den Klerus, die Vasallen und die Ministerialen der Salzburger Kirche enthält folgende, in ihrer Formulierung einzigartige Grußformel: clero Salzburgensi gratiam suam salvo iure imperiali, beneficiatis vero et ministerialibus gratiam suam et omne

[74] St. 3867.

[75] St. 3928.

[76] 4059.

[77] St. 4472: Hic est attendendum, quod quoniam ex longa temporis antiquitate non solum consuetudines, verum etiam iura plerumque solent inmutari, imperiali cautione decernimus, salva in omnibus imperialis iusticie dignitate, rata hec omnia et inconvulsa semper haberi.

bonum.[78] Nun zählte der Salzburger Klerus, der den alexandri-
nisch gesinnten, aber dem Kaiser nahe verwandten bisherigen Bischof von Passau zum Erzbischof erwählt hatte,[79] zu den eifrigsten
Vertretern der kurialen Richtung in Deutschland. Der Kampf mit
Alexander III. hatte sich immer mehr zugespitzt; auf dem Würzburger Reichstag erreichte er im Mai 1165 einen dramatischen
Höhepunkt. In dieser Lage erregte die Salzburger Angelegenheit
den besonderen Zorn des Kaisers. Man glaubt den Einfluß Rainalds
von Dassel zu spüren, wenn in der Grußformel jenes Mandats der
kaiserliche Vorbehalt begegnet; hier bezieht er sich zweifellos auf
das kaiserliche Investiturrecht, dessen Anerkennung Barbarossa von
der Salzburger Geistlichkeit fordert. Nur unter dieser Voraussetzung entbietet er ihr seinen gnädigen Gruß. Deutlicher als alle
anderen lehrt dieses Beispiel, daß unserer Formel unter Umständen
höchst konkrete politische Bedeutung zukommen kann.

    Barbarossa faßte ja seine gesamte Kirchen- und Italienpolitik als
einen Kampf um die Wiederherstellung der Rechte des Reiches auf.
Nicht umsonst hat Otto von Freising seiner Darstellung des ersten
Italienzuges ein eigenes Kapitel (Gesta II, 15) vorangeschickt,[80] das
in der Kapitelübersicht[81] durch folgende Inhaltsangabe gekennzeichnet ist: De consuetudine et iusticia regni in Italia. Als Gerechtsame des Reiches wird hier vor allem die seit der translatio imperii
auf die Franken geübte Gewohnheit angeführt, vor Antritt des
Italienzuges durch vorausgesandte Boten das fodrum einzutreiben,
und zwar sind es die Städte, die diese Abgaben nach Otto in erster
Linie zu entrichten haben.[82] Auf die Kommune bezieht es sich auch,
wenn der Freisinger Bischof dem Herrscher, sobald er italienischen
Boden betreten hat, das Recht zuschreibt, alle dignitates et magi-

---

[78] St. 4036; Const. 1, 314 Nr. 222.

[79] Vgl. H. Widmann, Geschichte Salzburgs 1 (1907), 267 f.

[80] 3. Aufl. (1912) 117 f.: Interea quedam de iusticia regni dicenda
videntur.

[81] A. a. O. 100.

[82] ut quotienscumque reges Italiam ingredi destinaverint, gnaros
quoslibet de familiaribus suis premittant, qui singulas civitates seu oppida
peragrando ea quae ad fiscum regalem spectant, quae ab accolis fodrum
dicuntur, exquirant.

stratus zu besetzen.[83] Daß ferner die Ausübung der Gerichtsbarkeit zur kaiserlichen iusticia gehört, versteht sich ja von selbst.[84] Schließlich spricht Otto dem deutschen Herrscher noch ein sehr weitgehendes, gewohnheitsmäßiges Verproviantierungsrecht zu, von dem nur das für die Feldbestellung nötige Vieh und Saatgut ausgenommen sein soll.[85] Es ist für das Rechtsdenken des Hochmittelalters ungemein charakteristisch, daß letzteres Gewohnheitsrecht als iurisdictio bezeichnet wird. Die Begriffe ius, iustitia, iurisdictio (Recht, Gerechtsame, Gerechtigkeit, Gerichtsbarkeit) lassen sich in der Sprache der Quellen jener Zeit nicht klar gegeneinander abgrenzen.

Der offiziöse Charakter der Gesta Ottos von Freising bietet uns die Gewähr dafür, daß seine Darlegungen über die iusticia regni in Italia den Anschauungen des Kaisers, des Hofes und der Reichskanzlei entsprachen. Die mit den Methoden der Diplomatik getroffene Feststellung, daß der kaiserliche Vorbehalt unter Friedrich Barbarossa in die Kaiserurkunde neu eingeführt wurde, stimmt aufs beste mit den Ausführungen Ottos überein.

Auch die bekannten Formulierungen des Konstanzer Vertrages [86] verdienen in unserem Zusammenhang besondere Berücksichtigung. Der Vertragstext nennt auf der einen Seite den honor papatus und die Regalien des heiligen Petrus, also die weltlichen Rechte der römischen Kirche, die der Kaiser als Vogt zu schirmen gelobt; auf der anderen Seite aber steht iustitia et honor regni (ius et honor regius), also der Inbegriff der Gerechtsame des Reiches, für deren Wahrung der Papst einzutreten verspricht, und zwar nötigenfalls sogar unter Einsatz der Strafe der Exkommunikation gegen deren Ver-

---

[83] ut principe Italiam intrante cunctae vacare debeant dignitates et magistratus ...

[84] ... ac ad ipsius nutum secundum scita legum iurisque peritorum iudicium universa tractari. Natürlich sind damit auch politische Entscheidungen gemeint.

[85] ut ex omnibus, quae terra producere solet, usui necessariis, exceptis vix bubus et seminibus ad excolendam terram ydoneis, de caeteris quantum necesse fuerit militi profuturis ad regios usus suppeditare aequum arbitrentur.

[86] Const. 1, 201 Nr. 144. Vgl. P. Rassow, Honor Imperii. Die neue Politik Friedrich Barbarossas 1152—59 (1940), 45 ff.

letzer. Der Ausdruck iustitia et honor regni entspricht genau der von der Reichskanzlei im kaiserlichen Vorbehalt angewandten Terminologie. Kehr [87] und Rassow [88] haben auf die Vieldeutigkeit des Begriffes honor hingewiesen, der damals „die Ehre, das Recht, den Besitz, das Lehen, den Anspruch" bezeichnen konnte. Iustitia war gleichfalls kein festumrissener Terminus; wie in vielen Vorbehaltsklauseln der Diplome wird auch im Konstanzer Vertrag ius gleichbedeutend mit iustitia verwendet.

Im Hinblick auf den Sprachgebrauch der Reichskanzlei in der Formulierung des kaiserlichen Vorbehalts wird man die Wendung honor et iustitia regni im Konstanzer Vertrag gewiß vom kaiserlichen Standpunkt aus mit Rassow [89] auf bestimmte politische Streitpunkte wie das Verfügungsrecht über die normannischen Gebiete Süditaliens oder die Mathildischen Güter oder die Reichsrechte in der Provence beziehen dürfen. Es handelt sich jedoch dem strengen Wortlaut nach und insbesondere vom Standpunkt der Kurie nur um eine ganz allgemein gehaltene Zusage des Papstes, den Kaiser in seinen Bemühungen um eine Wiederherstellung der berechtigten Hoheitsansprüche des Reiches unter Einsatz der apostolischen Autorität zu unterstützen. Mit honor et iustitia regni ist im Konstanzer Vertrag das Programm der Italienpolitik Barbarossas umschrieben. Gerade im Hinblick auf diese allgemeinen Zusammenhänge ist es wichtig, das Aufkommen des kaiserlichen Vorbehaltes in den Urkunden im einzelnen zu verfolgen.

Die Formel begegnet zum erstenmal in zwei Diplomen für den Bischof von Como [90] und für die Konsuln von Chiavenna [91], die beide am 1. August 1152 zu Ulm ausgestellt sind, also lange bevor Friedrich italienischen Boden betreten hatte und lange bevor er sich durch die Rechtsgelehrten von Bologna seine Herrscherrechte weisen

[87] Abhandlungen der Preußischen Akademie der Wissenschaften, Phil.-Hist. Kl. 1934, Nr. 1, S. 40 Anm. 1, Dietrich Schäfer folgend.

[88] A. a. O. 60.

[89] A. a. O.

[90] St. 3640.

[91] St. 3616; gehört ebenfalls zum 1. August (vgl. Scheffer-Boichorst, Zur Geschichte des 12. und 13. Jh.s S. 119 und Simonsfeld, Jahrbücher 1, 117 f.).

ließ. Die beiden Urkunden zählen zu den ersten Regierungshandlungen, die Italien betreffen. Nun taucht gerade in jenen Tagen in der Reichskanzlei ein Schreiber auf, dessen Schriftzüge offenbar an dem Muster der päpstlichen Minuskel der Mitte des 12. Jahrhunderts geschult sind. Die ersten Originale von seiner Hand (St. 3636 für St. Alban in Basel, St. 3637 für Beinwil) sind am 29. Juli ausgestellt. Es ist also denkbar, daß dieser Schreiber der Reichskanzlei das sprachliche Rüstzeug für die Formulierung des kaiserlichen Vorbehaltes nach dem Muster des päpstlichen und italienischen Urkundenwesens vermittelt hat. Friedrich Hausmann, der diese vermutlich aus Italien stammende Kanzleikraft provisorisch mit der Sigle A bezeichnet hat, wollte ihr ursprünglich auch das Diktat von St. 3640 zuweisen.[92] In seiner abschließenden Untersuchung über die Kanzlei Konrads III. bezeichnet er jedoch den Notar Heribert als Verfasser dieser nur kopial überlieferten Urkunde.[93] Trifft die zweite Diktatbestimmung zu, dann ist St. 3640 von dem gleichen Kanzleimitglied verfaßt wie der vermutlich 1152 erlassene Landfriede;[94] in diesem Falle müßte es sich um eine Persönlichkeit handeln, die überdurchschnittliche juristische Kenntnisse besaß und die daher auch jene in Deutschland und am Hofe unbekannte Klausel eingefügt haben könnte. Wie dem auch sei, es unterliegt keinem Zweifel, daß hinter der Einführung des Vorbehalts die starke Herrscherpersönlichkeit des Staufers selbst steht und daß sich in ihr sein Wille spiegelt, von allem Anfang an die Rechte des Reiches in Italien aufs energischeste wahrzunehmen.

In welchem Sinne darf die von ihm eingeführte Klausel als Gegenstück zum päpstlichen Vorbehalt oder als dessen Nachbildung aufgefaßt werden? Der hervorragende Grazer Kanonist Friedrich Thaner hat seinerzeit in einer grundlegenden Untersuchung[95] nach-

---

[92] MIÖG 58 (1950), 93.

[93] F. Hausmann, Reichskanzlei und Hofkapelle unter Heinrich V. und Konrad III. (1956), 260, 265.

[94] Const. 1, 194 Nr. 140.

[95] Über Entstehung und Bedeutung der Formel: „Salva sedis apostolicae auctoritate" in den päpstlichen Privilegien. Sitzungsber. d. kais. Akademie d. Wissenschaften phil.-hist. Kl. 71 (Wien 1872) 807. Vgl. dazu die bei Santifaller, Urkunde Friedrichs I. für das Domkapitel zu Città di Castello

gewiesen, daß seit dem Pontifikat Coelestins II. (1143/44) die fort-
an gleichbleibende Formel salva sedis apostolicae auctoritate
regelmäßig in den Privilegien der Päpste angewendet wurde, und
zwar ohne Rücksicht auf deren rechtlichen Inhalt und auf die kirchliche Stellung des Empfängers, also ohne erkennbare konkrete Bedeutung. Im Gegensatz dazu tritt der Vorbehalt in den Papstprivilegien der vorhergehenden Periode (seit Nikolaus II. bzw. seit
Gregor VII.) weit weniger häufig auf, die Ausdrucksweise ist nicht
stereotyp, sondern mannigfaltigen Variationen unterworfen und in
der Mehrzahl der älteren Fälle ist zu erkennen, daß einzelne Rechte
der römischen Kirche ausbedungen sind. So erfolgen Primatsver-
leihungen unter Vorbehalt der Autorität und des Rechtes des Apostolischen Stuhles und der römischen Kirche. Eine entsprechende
Klausel findet sich anläßlich der Unterwerfung von Bistümern
unter die Gewalt eines Metropoliten, die der Papst vorbehaltlich
der Autorität des Apostolischen Stuhles ausspricht. Meist aber handelt es sich um weltliche Rechte der römischen Kirche, also konkret
um den Vorbehalt ihres Eigentums oder ihrer Zinsberechtigung
bzw. beider Rechte. Schließlich lassen sich noch Fälle feststellen, in
denen der Papst anderen Kirchen Klöster und Kirchen überträgt,
die in temporalibus dem Apostolischen Stuhl untergeordnet sind;
auch hier wird der besondere Rechtsanspruch der römischen Kirche
in einer Klausel festgehalten.

Mit diesem Bedeutungswandel hängt es zusammen, daß der
päpstliche Vorbehalt in älterer Zeit je nach seiner konkreten Bedeutung an wechselnder Stelle des Kontextes der Privilegien auftritt, während er seit Coelestin II. regelmäßig in der Mitte zwischen
den beiden Hauptteilen der Schlußformel als deren integrierender
Bestandteil eingeschaltet erscheint [96].

Seit Coelestin II. bezieht sich also der Vorbehalt nicht mehr auf

(Archivalia et Historica, Festschrift A. Largiadèr), S. 166 Anm. 57 an-
geführte Literatur, die Thaners rechtsgeschichtliche Schlüsse hinsichtlich des
Decretum Gratiani berichtigt, die Ergebnisse seiner formularkritischen
Untersuchungen jedoch vollauf bestätigt hat.

[96] Thaner a. a. O. 814; Santifaller, Festschrift Albert Brackmann (1931),
118 (119) Anm. 4.

die Verleihungen des Primats oder auf die Wahrung besonderer
Rechte des Apostolischen Stuhles. Seine Bedeutung ist vielmehr eine
abstrakt-theoretische geworden; von nun an bekennt sich die päpstliche Kanzlei grundsätzlich und ständig zu der kurz darauf durch
Gratian in klassischer Formulierung niedergelegten Lehrmeinung,
daß die römische Kirche nicht durch die Kanones gebunden sei,
sondern ihnen vielmehr Autorität verleihe. Daher bleibt dem Papst
das Recht vorbehalten, an sich rechtsgültige Privilegien abzuändern
oder zu widerrufen. Thaner faßt daher die Klausel salva sedis apostolicae auctoritate geradezu als Vorbehalt des Widerrufs auf. In
konsequenter Fortbildung dieser kanonistischen Lehrmeinung erklärte Innozenz III., auch wo die Klausel nicht beigefügt sei, müsse
die in ihr ausgesprochene Bedingung wenigstens stillschweigend angenommen werden.[97] Damit ist im Zuge der schrittweise sich voll-
ziehenden Realisierung der Idee des Reformpapsttums die Lehre
von der Dispensationsgewalt des Apostolischen Stuhles folgerichtig
und rein ausgebildet.

Es ist nun die Frage, wie sich die Einführung und Anwendung des
kaiserlichen Vorbehalts unter Friedrich Barbarossa zu dieser Entwicklung der analogen Formel des Papstprivilegs verhielt. Gehen
wir zunächst von dem formal-diplomatischen Tatbestand aus, um
dann zu rechtshistorischen und historischen Erwägungen fortzu-
schreiten. Was den sprachlichen Ausdruck anlangt, hat sich die
Kanzlei Barbarossas nicht die zur Zeit der Einführung des kaiserlichen Vorbehalts bereits allein herrschende Wendung salva sedis
apostolicae auctoritate zum Vorbild genommen, sondern auf den
vorcoelestinischen Sprachgebrauch zurückgegriffen. Ihm entstam-
men nicht bloß die Wendungen salvo iure und salva iustitia, sondern auch die Einschaltung der Worte per omnia, in omnibus und
nimirum. Der Ausdruck dignitas, der in der späteren Regierungszeit
Barbarossas mehrfach begegnet,[98] kommt wohl dem Begriff der

[97] Vgl. H. B. Sägmüller, Die Entstehung und Bedeutung der Formel
„Salva sedis apostolicae auctoritate" in den päpstlichen Privilegien um
die Mitte des 12. Jh.s (Acta congressus iuridici internationalis VII saeculo
a decretalibus Gregorii IX et XIV a codice Justiniano promulgatis vol. III
(1936), 171 Anm. 37.
[98] Siehe oben S. 37.

päpstlichen Autorität per analogiam etwas näher, aber es fehlt auch in diesen Fällen keineswegs an der Bezugnahme auf einen konkreten kaiserlichen Anspruch. Ferner ist der kaiserliche Vorbehalt gleich dem päpstlichen der vorcoelestinischen Zeit nicht an eine bestimmte Stelle des Formulars gebunden; er wird dort eingeschaltet, wo es die Rechtslage erfordert, und es kann keine Rede davon sein, daß er grundsätzlich nahezu jeder Privilegienverleihung beigefügt worden wäre, wie dies an der Kurie nach Coelestin üblich war.

Der kaiserliche Vorbehalt steht also zweifellos dem vorcoelestinischen päpstlichen ungleich näher als dem nachcoelestinischen, und zwar nicht allein dem sprachlichen Ausdruck und der Art seiner formelhaften Anwendung, sondern auch der rechtlichen Bedeutung nach. Die auf Giesebrecht zurückgehende Ansicht, es sei der eigentliche Sinn dieser Klausel gewesen, „daß dem Reiche gegenüber die Privilegien keine unbedingte Gültigkeit hätten", läßt sich nicht aufrechterhalten.

Die Ergebnisse unserer Untersuchung sind für die Beurteilung der italienischen und burgundischen Politik Barbarossas und ihrer rechts- und ideengeschichtlichen Grundlagen nicht ohne Interesse. Die Formel, die den Vorbehalt kaiserlicher Gerechtsame ausspricht, ist sehr bald nach dem Regierungsantritt des Herrschers in Diplomen für italienische und burgundische Empfänger angewandt worden. Der Kanzlei Konrads III. war sie unbekannt, ein Einzelfall unter Lothar III. gehört nicht in die unmittelbare Vorgeschichte ihrer Einführung. Sprachlich nach dem Vorbild des vorcoelestinischen päpstlichen Vorbehalts geprägt, aber deswegen nicht eigentlich kanonischrechtlichen Ursprungs, ist der kaiserliche Vorbehalt in den Diplomen Barbarossas nicht als grundsätzlicher Vorbehalt des Widerrufs kaiserlicher Privilegien durch einen über den Gesetzen stehenden Imperator aufzufassen. Wie beim vorcoelestinischen päpstlichen Vorbehalt handelt es sich vielmehr um die Wahrung konkreter Gerechtsame, die einerseits den Inbegriff staatlicher Hoheitsrechte im Sinne der Regalienpolitik Friedrichs, andrerseits jedes einzelne Recht, insbesondere das fodrum, aber fallweise ebensogut das Recht der Befestigung, der Investitur der Häupter der Kommunen, der Ausübung jeder Art von Gerichtsbarkeit bedeuten können.

Die Formel ist also ein unmittelbarer Ausdruck der Entschlossenheit Barbarossas, die iustitia regni in Italien und Burgund wiederherzustellen. Sie ist ebensowenig wie der Regalienbegriff römischrechtlichen Ursprungs, sondern verdankt wie dieser der Auseinandersetzung der staufischen Reichspolitik mit der Entwicklung der öffentlichrechtlichen Verhältnisse in Italien und daneben auch in analoger Weise in Burgund ihre Entstehung.

Daraus ergibt sich eine weitere, besonders wichtige Schlußfolgerung. Die salva-iustitia-Klausel ist entstanden, bevor Barbarossa mit den italienischen Juristen in Berührung kam. Sie ist älter als die berühmte Definition des Regalienbegriffes, zu dessen historischen Voraussetzungen sie gezählt werden muß.

Nachtrag 1974

Berichtigend ist zu bemerken, daß die Vorbehaltsklausel ganz vereinzelt auch in Diplomen Konrads III. auftritt, was sich nunmehr anhand der 1969 erschienenen Ausgabe der Urkunden dieses Herrschers leicht nachprüfen läßt; vgl. Appelt, ›Die Kaiseridee Friedrich Barbarossas‹, in diesem Sammelband S. 208 ff. Friedrich Barbarossa hat also auch in dieser Hinsicht keinen neuen Weg beschritten, sondern vorhandene Ansätze kraftvoll aufgegriffen und systematisch auszubauen versucht. Eingehend haben sich mit der hier erstmals auf breiter Quellenbasis aufgeworfenen Problematik befaßt: Carlrichard Brühl, ›Fodrum, Gistrum, Servitium regis‹, Kölner Historische Abhandlungen 14 (1968) und Alfred Haverkamp, ›Die Herrschaftsformen der Frühstaufer in Reichsitalien‹, Monographien zur Geschichte des Mittelalters 1, 2 Bände (1970—71). Im Endergebnis stimmen sie mit dem in der vorliegenden Abhandlung formulierten Standpunkt weitestgehend überein. Zur Regalienfrage vergleiche man auch die weiterführende Untersuchung von Johannes Fried, ›Der Regalienbegriff im 11. und 12. Jahrhundert‹, DA 29 (1973), 450 ff. Auf die im Nachtrag zu der Abhandlung: ›Die Kaiseridee Friedrich Barbarossas‹ (in diesem Sammelband S. 243 f.) angeführte Literatur sei auch hier verwiesen.

Römische Historische Mitteilungen 5 (1961/62), S. 18—34.

FRIEDRICH BARBAROSSA
UND DAS RÖMISCHE RECHT

Von Heinrich Appelt [1]

Zu den schöpferischen Leistungen des 12. Jahrhunderts zählt der Neubau staatlicher Gewalt, den jeder tatkräftige Monarch jener entscheidungsreichen Epoche als eine seiner vornehmsten Aufgaben betrachten mußte. Er vollzog sich in den westeuropäischen Königreichen und im normannisch-sizilischen Staatswesen gewissermaßen in organischer Entwicklung, während das staufische Imperium in Deutschland einen Ausgleich mit den zur Landesherrschaft emporstrebenden Fürsten schloß, um in Italien seine Rechte gegenüber den Kommunen wahrnehmen zu können. Dabei ging es zunächst um den honor imperii, um das Prestige des Reiches. Aber dieser Ausdruck, den wir heute beinahe schon zu einem Schlagwort der Italienpolitik Barbarossas zu stempeln geneigt sind, bedeutet weit mehr, denn er hängt unmittelbar mit dem Regalienbegriff zusammen. Eine restlose Verwirklichung des politischen Programms, das Barbarossa in Reichsitalien verfolgte, hätte den staufischen Kaiser zum Herrn der reichsten und blühendsten städtischen Gemeinwesen des damaligen katholischen Kulturkreises gemacht. Die dauernde Verbindung dieser einzigartigen fiskalischen Einkünfte mit den militärischen Kraftreserven Deutschlands hätte dem Imperium notwendigerweise ein entscheidendes Übergewicht gegenüber dem Papsttum ebenso wie gegenüber allen weltlichen Mächten verschafft.[2]

[1] Überarbeitete Wiedergabe eines Vortrages, der am 19. 10. 1961 am Österreichischen Kulturinstitut in Rom gehalten wurde.

[2] Zu diesen Problemen vgl. unter anderem W. Holtzmann, Das mittelalterliche Imperium und die werdenden Nationen (Arbeitsgemeinschaft für Forschung des Landes Nordrhein-Westfalen, Heft 7, 1953); H. Liebeschütz, Das 12. Jahrhundert und die Antike (Archiv für Kulturgeschichte 35,

Es ist Sache der Urkundenforschung, die Probleme, die sich aus dieser verfassungsgeschichtlichen Entwicklung ergeben, durch kritische Einzeluntersuchungen nach Möglichkeit aufzuhellen. Eine der interessantesten Fragen, die wir uns dabei vorlegen müssen, ist das Verhältnis Friedrich Barbarossas und seiner italienischen Politik zum römischen Recht. Aus der älteren Literatur ist bekannt, daß sich in seinen Urkunden vielfach eine antikisierende Ausdrucksweise belegen läßt, die altrömische Anschauungen von der Erhabenheit des Imperiums und seiner Aufgaben heranzieht, um die kaiserliche Autorität zu stärken.[3] Wir wissen ferner, daß zur Zeit des Einflusses Rainalds von Dassel der Ausdruck sacrum imperium in die Sprache der Reichskanzlei eingeführt wurde und daß der Kaiser den römischrechtlich geschulten Juristen von Bologna den Befehl erteilte, zu Roncaglia die Reichsrechte zu definieren. In der offiziösen Geschichtsschreibung Ottos von Freising wird die Anschauung vertreten, daß der Staufer Rechtsnachfolger der altrömischen Imperatoren sei. Die höfische Poesie des Erzpoeten und anderer hat ihn in diesem Sinne als den Herrn der Welt gefeiert und damit offenbar bei ihm selbst ein geneigtes Ohr gefunden.

Man hat jedoch seit langem sehr beachtenswerte Einwendungen gegen eine Überschätzung dieser antiken Komponente in seiner Politik erhoben. Blieb der Bau der deutschen Reichsverfassung im 12. Jahrhundert von römischrechtlichen Einflüssen völlig frei, so kann man in Reichsitalien wohl von einer Rechtsmischung sprechen, wobei die tatsächliche, jedenfalls nicht überragende Einwirkung der Antike im einzelnen allerdings in der Literatur umstritten ist. Weit entscheidender, in seiner Tragweite zum Teil erst heute voll erkannt,

1953), S. 247 ff.; P. Lehmann, Die Vielgestalt des 12. Jahrhunderts (HZ 178, 1954), S. 225 ff. Besondere Beachtung verdient auch M. Bloch, L'Empire et l'idée d'Empire sous les Hohenstaufen (Revue des cours et conférences 30, 1929). Zur neueren Literatur über Barbarossa vgl. P. Brezzi, Caratteri, momenti e protagonisti dell'azione politica di Federico Barbarossa, Riv. stor. it. 5, 1940, 192 ff., 339 ff.

[3] M. Pomtow, Über den Einfluß der altrömischen Vorstellungen vom Staat auf die Politik Kaiser Friedrichs I. und die Anschauungen seiner Zeit (Diss. Halle 1885). A. Jost, Der Kaisergedanke in den Arengen der Urkunden Friedrichs I. (Diss. Köln 1930).

ist zweifellos der Anteil des damals in großartiger Entwicklung
begriffenen italienischen und der Einfluß des kanonischen Rechtes.
Jene Schreiber der Reichskanzlei, die sich mit einer gewissen Vorliebe prunkvoller antikisierender Phrasen bedienten, um die kaiserliche Majestät zu preisen, blieben doch ganz unberührt vom Geist
der Schule von Bologna und von ihren gelehrten Bemühungen. Die
grundsätzliche Wiederherstellung des alten Königsrechtes im allgemeinen, nicht eines spezifisch römisch-antiken Kaiserrechtes war
das tatsächliche Ziel Barbarossas in Italien wie in Burgund, wobei
ebensowenig wie sonst in der Verfassungsgeschichte des Reiches zwischen den Gerechtsamen des regnum und des imperium ein Unterschied gemacht wurde. Nahm doch der deutsche Herrscher bereits
vor seiner Krönung durch den Papst alle Hoheitsrechte des Imperators für sich in Anspruch. Neuere Forschungen haben gezeigt, daß
das Streben nach dem dominium mundi, wenn man darunter eine
hegemoniale oder lehenrechtliche Oberherrschaft über die anderen
christlichen Monarchien versteht, nicht zu den Idealzielen staufischer
Politik gerechnet werden darf.[4]

Kein Geringerer als Savigny hat seinerzeit die Auffassung vertreten, nur die politisch unbedeutendsten Punkte der Regaliendefinition von Roncaglia, so z. B. die Regelung des Rechtes an den
im Boden gefundenen Schätzen, seien dem römischen Recht entnommen.[5] In neuerer Zeit hat Koeppler in einer Studie über Friedrich Barbarossa und die Schule von Bologna die praktische Bedeutung römischrechtlicher Einflüsse verhältnismäßig gering bewertet.[6]
Andrerseits begegnet gerade bei hochangesehenen Autoren immer

[4] Vgl. H. J. Kirfel, Weltherrschaftsidee und Bündnispolitik. Untersuchungen zur auswärtigen Politik der Staufer (1959). Man wird nicht
übersehen dürfen, daß die Zeitgenossen in dem Streben Barbarossas nach
einer Entscheidungsgewalt im Schisma und nach der Aufrichtung kaiserlicher Herrschaft über die Ewige Stadt Äußerungen eines staufischen Im-
perialismus erblickten.

[5] F. C. von Savigny, Geschichte des römischen Rechts im Mittelalter,
2. Ausgabe Bd. 4 (1850), S. 175.

[6] H. Koeppler, Frederick Barbarossa and the Schools of Bologna (EHR
54, 1939) S. 577 ff. Vgl. auch G. Barraclough, Die mittelalterlichen Grundlagen des modernen Deutschland (1953), S. 352 Anm. 9.

wieder die These, daß die Regaliendefinition von Roncaglia insofern römisch-rechtlich geprägt sei, als hier eine einheitliche Grundlage der staatlichen Hoheitsrechte vorausgesetzt werde. Das sei eine Neurung gegenüber dem mittelalterlich-feudalen Staatsdenken.[7]

Zum Beweis für den Einfluß römischrechtlicher Vorstellungen auf das Denken und die Politik Barbarossas führt man gern eine Formel an, die in einer großen Zahl von Diplomen des Kaisers für italienische und burgundische Empfänger auftritt und einen Vorbehalt der Gerechtsame des Reiches zum Ausdruck bringt. Diese Salvationsklausel begegnet in den verschiedensten stilistischen Varianten (salvo iure, salva iustitia imperiali usw.); man kann sie kurz als „kaiserlichen Vorbehalt" bezeichnen, da sie in gewissem Sinne ein Gegenstück zu dem sogenannten päpstlichen Vorbehalt darstellt, der in den feierlichen Papstprivilegien durch die formelhafte Wendung „salva sedis apostolicae auctoritate" zum Ausdruck gebracht wird. Giesebrecht, dem offenbar das Verdienst gebührt, als erster auf diese Klausel hingewiesen zu haben, neigte der Auffassung zu, daß nach der Anschauung Barbarossas Privilegien dem Reich gegenüber keine unbedingte Gültigkeit besessen hätten. Allerdings war er sich der Tatsache bewußt, daß man das Regiment Barbarossas nicht als ein absolutistisches ansehen kann. Erst Pomtow war es, der an Giesebrecht anknüpfend, aber doch weit über ihn hinausgehend den römischrechtlichen Ursprung der Klausel salvo iure imperiali behauptete. Diese Meinung wurde die herrschende.

Eine Spezialuntersuchung, die unlängst an Hand des Materials der Diplomataabteilung der Monumenta Germaniae durchgeführt wurde,[8] erbrachte jedoch ein anderes Ergebnis. Der kaiserliche Vorbehalt, der in den Diplomen Konrads III. kaum belegt ist, wurde sehr bald nach dem Regierungsantritt Barbarossas in die Sprache der Kanzlei eingeführt und fast ausschließlich für italienische und burgundische Empfänger angewendet. Er ist sprachlich nach dem

---

[7] P. Koschaker, Europa und das römische Recht (2. Aufl. 1953), S. 39 ff.

[8] H. Appelt, Der Vorbehalt kaiserlicher Rechte in den Diplomen Friedrich Barbarossas (MIÖG 68, 1960; Festgabe für Leo Santifaller), S. 81 ff.; dort auch die näheren Belege zum folgenden. [In diesem Sammelband S. 33 ff.]

Muster des vor Coelestin II. (1143/44) in der kurialen Kanzlei gebrauchten päpstlichen Vorbehalts geprägt und mit diesem auch in seiner rechtlichen Bedeutung aufs engste verwandt. Es handelt sich keinesfalls um die grundsätzliche Reservation des Widerrufs der erteilten Privilegien durch einen über den Gesetzen stehenden Imperator, sondern um die Wahrung konkreter Gerechtsame des Reiches. Gerade daraus aber ergibt sich der unmittelbare Zusammenhang zwischen kaiserlichem Vorbehalt und Regalienpolitik, denn es kann der Inbegriff der von Barbarossa in Anspruch genommenen Hoheitsrechte, aber ebensogut auch jedes einzelne dieser Rechte, vor allem das fodrum, oder je nach der Situation etwa das Befestigungsrecht, die Investitur der Beamten bzw. der Häupter der Kommunen oder jegliche Art von Gerichtsbarkeit gemeint sein.

Vor allem aber ist die salva-iustitia-Klausel älter als die Regaliendefinition von Roncaglia; sie wurde ausgebildet, ehe Barbarossa mit den Juristen von Bologna in Verbindung trat, und sie bringt die Entschlossenheit des Herrschers zum Ausdruck, die Rechte des Reiches in Italien und Burgund zu wahren. Die Begriffsbestimmung der Regalien von 1158 stellt somit bereits einen gewissen Abschluß einer Entwicklung dar, die gleich nach dem Regierungsantritt Friedrichs I. mit dem ersten Auftreten der kaiserlichen Salvationsklausel in den Diplomen einsetzt.

Besonders bemerkenswert ist es, daß der Vorbehalt kaiserlicher Rechte in Urkunden Barbarossas für deutsche Empfänger nur ganz vereinzelt angewendet wird. Hier ergibt sich eine weitere Verbindungslinie zum Regalienbegriff, der gleichfalls nur in seltenen Ausnahmefällen in deutschen Urkunden des Kaisers zu belegen ist, so daß man nach Möglichkeit trachten muß, eine besondere Erklärung für sein Auftreten zu finden. Es ist klar, warum es sich so verhält. In Deutschland fand unter Barbarossa keine lebhafte politische Auseinandersetzung über Wesen und Inhalt des Regalienbegriffes statt. Theoretiker wie Gerhoh von Reichersberg haben gewiß auch nach dem Investiturstreit mit diesem Problem gerungen, aber es ging dabei um ganz andere Fragen als in Italien und Burgund.

Wollen wir nun den Charakter des Weistums von Roncaglia mit den methodischen Mitteln der Diplomatik beleuchten, dann müssen wir die Entstehungsgeschichte und die äußere Form dieses Rechtsdenkmals in Betracht ziehen. Der Kaiser hatte der stolzen Mailänder Kommune Bedingungen auferlegt, unter denen der Verzicht auf die Regalien sicherlich eine der schwerwiegendsten war. In den vertraglichen Abmachungen, die am 1. September 1158 zustande kamen, wird der Versuch gemacht, jene heißumstrittenen Gerechtsame näher abzugrenzen. Genannt werden Münze, Zoll, Wege- und Hafengelder, ferner die mit der gräflichen Gewalt verbundenen Befugnisse und andere ähnliche Rechte, „wenn es solche gibt".[9] Deutlich spürt man die Unsicherheit in der Bestimmung eines Begriffes, der verschiedener Interpretation fähig war. Offenbar war um diesen Punkt in zähen Verhandlungen gerungen worden und es war mit weiteren Schwierigkeiten zu rechnen. So entschloß sich Barbarossa, eine Klärung herbeizuführen, und zwar nicht von sich aus, durch eine einseitige Entscheidung kraft kaiserlicher Autorität, wie es vielleicht einer bestimmten Ausdeutung römischrechtlicher Prinzipien entsprochen hätte. Er übertrug die Lösung des Problems den vier angesehensten Gelehrten der Rechtsschule zu Bologna, die damals am Hofe weilten. Sie erbaten sich die Mitwirkung je zweier Richter aus den vierzehn auf dem Reichstage vertretenen Städten. Sicher erkannten sie, daß es sich um mehr als um eine Schuldefinition handelte; vielleicht wünschten sie auch die Verantwortung nicht allein zu tragen. So war dem mittelalterlichen, besonders im deutschen Rechtsdenken verankerten Grundsatz Genüge getan, daß das geltende Recht einer Standesgruppe von den angesehensten und erfahrensten Männern aus ihren eigenen Reihen durch Weisung festgestellt werden müsse. Wie man sieht, hatte das in Roncaglia eingeschlagene Verfahren für Barbarossa und seinen Hof nichts Fremdartiges an sich. Dem entspricht auch die Darstellung des Vorganges bei Rahewin, der den Kaiser in einer zwar fingierten und sallustisch gefärbten, aber doch der Situation völlig entsprechenden Rede erklären läßt, es sei seine Absicht, ein gesetzliches Regiment zu führen, das auf Erhaltung des Rechtes und der Freiheit jedes einzelnen gerichtet sei.[10]

[9] Const. 1, S. 243: Regalia, veluti monetam, theoloneum, pedaticum, portus, comitatus et alia similia, si qua sunt, commune Mediolanensium dimittet et ultra se non intromittet . . .
[10] Rahewini Gesta Friderici imp. lib. IV cap. 4, S. 236.

Die Rechtsgelehrten und Richter waren also eingeladen, unter Eid durch ihren Spruch festzustellen, welche Hoheitsrechte dem Kaiser seit alters her zustünden. Um sie zu bezeichnen, wählte man keinen Terminus altrömischer Herkunft, sondern selbstverständlich den Ausdruck regalia, der weder sprachlich noch rechtsgeschichtlich mit dem antiken Imperium zusammenhängt und nur deshalb zur Umschreibung der Kaiserrechte des 12. Jahrhunderts verwendet werden konnte, weil nach der Auffassung des deutschen Hofes der König bereits alle imperialen Rechte in Italien ausübte, bevor er vom Papst die höchste weltliche Würde empfangen hatte.

Das Verfahren war demnach ein mündliches. Eine Kaiserurkunde wurde nicht ausgestellt, vielleicht deshalb, weil sie von niemandem erbeten wurde. Man scheint sich damit begnügt zu haben, den Spruch auf einem schlichten Pergamentblatt ohne jede Feierlichkeit der urkundlichen Form zu protokollieren,[11] wie dies damals auch sonst, wahrscheinlich häufiger als es unsere schriftliche Überlieferung bezeugt, bei Sprüchen des kaiserlichen Hofgerichtes, aber auch bei eidlich beschworenen Abmachungen und Verträgen geschehen sein mag. Berühmte Beispiele aus der Frühzeit Barbarossas sind das Abkommen mit Berthold von Zähringen und die ursprüngliche Niederschrift des Konstanzer Vertrages, über den sich dann die Kurie die Ausfertigung eines Diploms erbat.[12] Wie man sieht, sind vielfach gerade politisch besonders wichtige Entscheidungen in derart formloser Weise aufgezeichnet worden.

Im Gegensatz dazu wurden die gleichzeitig zu Roncaglia erlassenen lehenrechtlichen und Landfriedenssatzungen als Kaiserurkunden promulgiert.[13] Rahewin inserierte sie auf Grund von Informationen, die er von der kaiserlichen Kanzlei erhalten hatte, wörtlich in sein Geschichtswerk,[14] während er über das Regalienweistum in einer Form berichtet, die darauf hindeutet, daß ihm

[11] Const. 1, Nr. 175. Unter den Überlieferungen ist für unseren Zusammenhang die Abschrift in einem Codex des Stadtarchivs zu Fermo beachtenswert. Die Stadt (oder der Bischof?) hat sich offenbar aus einem bestimmten Anlaß den Wortlaut der Regaliendefinition verschafft.

[12] Const. 1, Nr. 141 und 144; vgl. Nr. 145.

[13] Const. 1, Nr. 176, 177.

[14] Gesta Friderici IV 10, S. 241 ff.

keine schriftlichen Unterlagen zur Verfügung standen.[15] Ein eigentümlicher, aber aufschlußreicher Gegensatz: Das Lehensgesetz und der Landfriede wurden in die feierliche, leicht antikisierende Form kaiserlicher Gesetze gekleidet, obwohl beide ihrem Inhalt nach mit römischem Recht nichts gemein hatten. Die Definition der Regalien hingegen erfolgte in der herkömmlichen Form einer sententia des kaiserlichen Hofgerichtes, nur daß es diesmal Bologneser Professoren und italienische Stadtrichter waren, von denen der Spruch erbeten wurde.

Die Regaliendefinition unterscheidet sich in ihrer diplomatischen Form auch von der berühmten gleichzeitigen Authentica Habita, dem kaiserlichen Privileg für die Bologneser Studierenden und Professoren,[16] das ebenfalls formal eine Kaiserurkunde war und auf Befehl Barbarossas (der vielleicht von den Rechtsgelehrten erbeten worden war) unter die kaiserlichen Konstitutionen eingereiht wurde. Eine analoge Weisung lag offenbar hinsichtlich der Regaliendefinition nicht vor.

Man gewinnt doch den Eindruck, daß der Kaiser die Bologneser Juristen nicht eigentlich deshalb mit der Definition der Regalien beauftragte, weil er seine Rechte grundsätzlich auf römisch-antiker Basis erneuert wissen wollte, sondern vornehmlich, weil sie die besten, geschultesten und anerkanntesten Kenner der umstrittenen rechtlichen Tatbestände waren. Daß sie ihrer Schultradition entsprechend Formulierungen fanden, die an das römische Recht anknüpften, mußte er erwarten, und es konnte ihm nur willkommen sein. Wurde doch damit die Erhabenheit der kaiserlichen Majestät den „aufsässigen" Bürgern der italienischen Kommunen gegenüber noch deutlicher unterstrichen.[17] Aber allzu prinzipiell wird man die

---

[15] A. a. O. IV 7, S. 240.

[16] Const. 1, Nr. 178; bessere kritische Ausgabe bei Koeppler, EHR 54, 1939, S. 607.

[17] Man vergleiche dazu die vielzitierte Berufung auf die kaiserlichen Satzungen über das Testierrecht der Kleriker, Const. 1, Nr. 227: Nos igitur predecessorum nostrorum divorum imperatorum, magni Constantini videlicet et Iustiniani et Valentiniani, nec non Karoli et Ludovici vestigiis inherentes et sacras leges eorum tamquam divina oracula venerantes ... Betrachtet man diese Stelle für sich allein, wie dies Koschaker, S. 40

Dinge nicht auffassen dürfen, denn Barbarossa hatte, wie allgemein bekannt ist, schon vor seiner Kaiserkrönung den Römern gegenüber erklärt, daß seine Herrschergewalt in Italien auf Karl den Großen und Otto den Großen zurückgehe und auf dem Recht der Eroberung fuße. Er machte sich offenbar wenig Gedanken darüber, daß diese These mit jener anderen, die ihn als Rechtsnachfolger der antiken Imperatoren hinstellte, schwer zu vereinen war.

Wenige Monate nach dem Tage von Roncaglia sah sich die kaiserliche Kanzlei veranlaßt, eine gewissermaßen amtliche Definition des Regalienbegriffes zu erlassen. Am 15. Februar 1159 verlieh der Kaiser den von ihm ernannten Rektoren von Asti die Regalien der Stadt, des Bistums und der Grafschaft unter Vorbehalt des Fodrums.[18] Am Ende des dispositiven Teiles des Diploms werden die einzelnen Rechte aufgezählt, die darunter zu verstehen sind.[19] Es handelt sich offenbar um einen Nachtrag zum ursprünglichen Wortlaut des Diploms, der auf Wunsch der Empfänger hinzugefügt wurde.[20] Vermutlich waren auch in diesem Fall Zweifel über den Inhalt des Regalienbegriffes möglich; die Rektoren dürften Wert darauf gelegt haben, daß ihnen die einzelnen vom Kaiser zugewiesenen Einkünfte ausdrücklich verbrieft wurden.

Anm. 3 tut, dann wirkt sie als schlagender Beweis für den Willen Barbarossas, antikes Kaiserrecht zu rezipieren; stellt man sie jedoch in den Zusammenhang der kanonistischen Bemühungen um die Erneuerung des ursprünglichen Rechtes der Kirche, in den sie hineingehört, dann verschiebt sich das Bild auf überraschende Weise. Die Berufung auf die altrömischen Imperatoren geht in diesem Falle auf die Gelehrsamkeit der Kanonisten zurück.

[18] St. 3844; Atti della R. Accademia dei Lincei ser. II vol. V (1880), p. 73 Nr. 6. Vgl. die Vorbemerkung zu Const. 1, Nr. 175.

[19] Hec itaque regalia esse dicuntur: moneta, vie publice, aquatica, flumina publica, molendina, furni, forestica, mensure, bancatica, ripatica, portus, argentarie, pedagia, piscationis reditus, sestaria vini et frumenti et eorum que venduntur ad mensuram, placita, batalia, rubi, restitutiones in integrum minorum et alia omnia, que ad regalia iura pertinent.

[20] Er wird eingeleitet mit den Worten: Quia vero superius mentionem de regalibus fecimus, ne quis de eis dubitet, nominatim ea exprimimus.

Wie verhält sich diese Aufzählung zu der Definition, die die Rechtsgelehrten und Stadtrichter im Vorjahr auf den Feldern von Roncaglia gegeben hatten? Es handelt sich nicht um eine wörtliche Wiederholung, sondern um eine sinngemäße, dem Einzelfall angepaßte Variante, oder um es in der Fachsprache der Diplomatik auszudrücken, das Weistum von Roncaglia diente dem Diplom für Asti nicht als Vorurkunde. Sachliche Widersprüche lassen sich nicht feststellen; daß einige Rechte, die diesmal nicht in Betracht kamen, weggelassen sind, ist leicht erklärlich. An der Spitze der Liste steht nunmehr das Münzregal, das von den Juristen erst im Anschluß an den Zoll genannt ist, während die Arimannien unerwähnt bleiben. Dafür sind einzelne für das Wirtschaftsleben der Stadtgemeinde Asti wesentliche Abgaben genauer umschrieben. Obwohl keine direkte textliche Abhängigkeit vorliegt, bezieht sich der Kaiser doch ohne Zweifel auf die Definition von Roncaglia, denn es heißt in der Urkunde: Hec itaque regalia esse dicuntur. Der Stilisierung dieses Satzes ist also eine mündliche Aussage zugrunde gelegt. Eine Abschrift des Wortlautes der im Vorjahr erlassenen Bestimmungen lag der Kanzlei offensichtlich nicht vor, denn sonst hätte man ihn überarbeitet, statt ihn nach dem Gedächtnis zu variieren.

Einige Tage vor dem Diplom für Asti hatte die kaiserliche Kanzlei eine Urkunde für den Grafen Wido von Biandrate ausgefertigt, die ebenfalls auf die Regaliendefinition Bezug nimmt, ohne daß textliche Abhängigkeit feststellbar wäre.[21] Dem Empfänger werden hier unter anderem auch die von seinem Vater veräußerten Herrschaftsrechte zuerkannt, und zwar mit der Begründung, dem Kaiser seien auf dem Hoftage zu Roncaglia alle Regalien zugesprochen worden.[22] Es verdient Beachtung, daß es sich um Land und Leute handelt, die dem Grafenhause cum honore et districtu entfremdet worden waren; sie gehörten wohl zum Amtsgut der Grafen. Auch die Wiedergabe der Regaliensentenz bei Rahewin wird man als eine nicht auf schriftlicher Vorlage beruhende, jedoch sachlich einwandfreie Variante auffassen dürfen. Sie weicht allerdings gleich zu

Beginn vom Spruch der Rechtsgelehrten wesentlich ab, indem sie die von diesen gar nicht erwähnten Herzogtümer, Markgrafschaften und Grafschaften an erster Stelle nennt und dafür manches für die italienischen Verhältnisse Charakteristische fortläßt.[23] Rahewin, der nachweislich auf dem Tage von Roncaglia anwesend war, schrieb hier vermutlich aus der Erinnerung.

Demnach läßt sich über die diplomatische und rechtliche Form der Sententia von Roncaglia etwa folgendes sagen: Sie war eine authentische Definition, die jedoch in keiner feierlichen Ausfertigung vorlag. Es scheint, daß ihr Wortlaut von der kaiserlichen Kanzlei nicht einmal verwahrt wurde, sondern daß man sich damit begnügte, ihren in schlichter Form auf einem Pergamentblatt protokollierten Inhalt fallweise unter Berücksichtigung der jeweils obwaltenden Verhältnisse aus dem Gedächtnis sinngemäß wiederzugeben, wenn der Empfänger einer Urkunde eine Verbriefung wünschte.

Wer den Wortlaut der Regaliensentenz vom rechtshistorischen Standpunkt aus untersucht, wird der Auffassung zuneigen, daß Rechtsmischung vorliegt.[24] Jedenfalls hat das erste der genannten königlichen Rechte, die Herrschaft über die Arimannen, selbstverständlich nichts mit antikem Kaiserrecht zu tun; es kann den Rechtsgelehrten nicht darauf angekommen sein, die Regalien grundsätzlich als römischrechtlich erscheinen zu lassen, wenn sie ihre Aufzählung mit einer Institution einleiteten, deren langobardisch-italischer Charakter jedermann geläufig sein mußte. Auch die Formulierungen über Ufergelder und Zölle, über das Recht des Herrschers, dem Herkommen gemäß Pfalzen in Städten zu besitzen, haben im römischen Recht keine Parallelen. Aber zwischendurch

---

[23] Gesta Friderici IV 7, S. 240.

[24] Zum folgenden vgl. P. W. Finsterwalder, Die Gesetze des Reichstags von Roncaglia vom 11. November 1158 (ZRG. Germ. Abt. 51, 1931), S. 1 ff.; über ihr Verhältnis zum römischen Recht insbesondere S. 64 ff. Die von Finsterwalder vorgetragenen Auffassungen bedürfen insofern einer Ergänzung, als man besser von spezifisch langobardisch-italischen als von germanischrechtlichen Grundlagen sprechen wird. Auch müssen die Einflüsse des kanonischen Rechtes und des Rechtes der italienischen Kommunen in Rechnung gestellt werden.

finden wir nicht nur eine Reihe von Begriffen, die sich in antiken Rechtsquellen belegen lassen, sondern es sind sogar ganze Wendungen aus diesen wörtlich entlehnt, und zwar nicht bloß nebensächliche Satzungen wie die Regelung des Anspruches auf im Boden gefundene Schätze, sondern auffälligerweise gerade auch die Erwähnung der außerordentlichen Beisteuer zur königlichen Heerfahrt, die extraordinaria collatio ad felicissimam regalis numinis expeditionem, die wörtlich dem Codex Justinianus [25] entnommen ist. Hier ist in der Tat das Fodrum aus dem römisch-antiken Kaiserrecht hergeleitet; und doch ist auch an dieser Stelle vom König (regale numen) und nicht vom Kaiser die Rede, denn es handelt sich um Gerechtsame, die der deutsche Herrscher in Italien unabhängig davon, ob er vom Papst zum Kaiser gekrönt ist oder nicht, für sich in Anspruch nimmt.

Auch ist die Tatsache textlicher Entlehnung oder Entsprechung für sich allein genommen noch nicht das Entscheidende. Es ist vielmehr Sache der Urkundenforschung, sie ins rechte Licht zu rücken. Ein lehrreiches Beispiel dafür, wie schwierig es ist, hier richtig zu urteilen, ist die Lehenskonstitution Lothars III. vom Jahre 1136.[26] Sie ist in Diplomform abgefaßt, jedoch außerhalb der Kanzlei entstanden. Ihr Diktat ist das Werk eines oberitalienischen Notars, der seinen Ehrgeiz darein setzte, nahezu in jedem Satz Wendungen aus dem Codex Justinianus wörtlich einzuflechten oder doch anklingen zu lassen. So begegnet hier die Phrase ad felicem nostri nominis [27] expeditionem, die wir eben als Entlehnung des Weistums von 1158 aus dem Codex Justinianus kennengelernt haben, in leichter Variation für die Reichsheerfahrt wieder. Der italienische Notar hat sich auch die Gelegenheit nicht entgehen lassen, den Kaisertitel abweichend vom Kanzleibrauch antik zu kostümieren; Lothar III. erhält die klangvollen spätrömischen Epitheta pius felix

---

[25] Cod. 1, 2, 11: ad felicissimam expeditionem numinis nostri.

[26] DL. III. Nr. 105; vgl. die Vorbemerkung und dazu Finsterwalder a. a. O. S. 65 ff. Verwandte Lehenskonstitutionen erließ Friedrich I. zu Roncaglia 1154 und 1158 (Const. 1, Nr. 148 und 177).

[27] Im Regalienweistum von 1158 heißt es in wörtlichem Anschluß an Cod. 1, 2, 11: numinis. Der italienische Notar, der die Konstitution Lothars III. verfaßte, vermied diese „heidnische" Ausdrucksweise.

inclitus triumphator. Trotzdem ist der Inhalt der kaiserlichen Konstitution rein lehenrechtlicher Natur. Es wird den Vasallen untersagt, Lehen ohne Erlaubnis des Lehensherrn zu veräußern. Die
Arenga variiert ein Prooemium des Codex Justinianus, dem ferner
die etwas pomphaften Worte entnommen sind: Hac edictali lege in
omne evum ... valitura decernimus, wobei freilich das schlichtere
Verbum decernimus an die Stelle des justinianischen sancimus
getreten ist. Die Urkunde Lothars III. bezeichnet sich als lex, erlassen auf Grund der Ermahnung und des Rates der geistlichen und
weltlichen Großen und der iudices; [28] aber auch das dürfte antikisierende Verkleidung sein, denn wahrscheinlich handelt es sich dabei
einfach um den herkömmlichen Spruch des Hofgerichtes, um eine
sententia principum, zu der auch italienische Rechtskundige heran-
gezogen wurden, wie ja damals die Grenzen zwischen dem Rat und
dem Urteilsspruch der bei Hofe weilenden Großen fließend waren.
Wir werden nicht fehlgehen, wenn wir die antikisierenden Einflüsse
neben dem Notar auch den an den Beratungen beteiligten italienischen
iudices zuschreiben. Damit ergibt sich eine bemerkenswerte Parallele
zur Entstehungsgeschichte der Regaliensentenz von Roncaglia.

Der Begriff der Regalien ist nicht römischrechtlichen Ursprungs.
Er verdankt seine Entstehung dem Bedürfnis des Zeitalters des
Investiturstreites, das Königsrecht zu definieren und dadurch eine
säuberliche Scheidung zwischen der geistlichen und der weltlichen
Sphäre innerhalb der Reichskirche zu ermöglichen. Er ist also alles
andere als antik, er wurzelt vielmehr in dem hochmittelalterlichen
Konflikt zwischen Sacerdotium und Imperium und in frühschola-
stischer Denkungsart. Die erste wirkliche Gesamtdefinition, die im
Laufe der Bemühungen des Jahres 1111 um eine Beilegung des
großen kirchenpolitischen Streites entstanden ist,[29] weist bereits sehr
bedeutende Übereinstimmungen mit dem Weistum von Roncaglia

[28] hortatu ... et consilio archiepiscoporum, episcoporum, ducum,
marchionum, comitum, palatinorum ceterorumque nobilium simul etiam
iudicum.

[29] Const. 1, Nr. 85: regalia, id est civitates, ducatus, marchias, comitatus, monetas, teloneum, mercatum, advocatias regni, iura centurionum et
curtes, quae manifeste regni erant, cum pertinentiis suis, militiam et castra
regni.

des Jahres 1158 auf. Aber es bestehen doch auch wesentliche Unterschiede. Jede Definition ist mitbestimmt von der Situation, der sie ihre Entstehung verdankt. Ursprünglich zählte man auch die der Kirche vom Reich übereigneten Güter zu den Regalien. In Roncaglia ging es in erster Linie um die Rechtslage der italienischen Kommune; es kam vor allem darauf an, eine Grundlage für die Revindikation kaiserlicher Rechte gegenüber den Stadtgemeinden zu schaffen, und daher wurde vornehmlich die finanzielle Seite berücksichtigt, während im Jahre 1111 deutsche Rechtsverhältnisse und die Herrschaft über die Reichskirchen und über das Reichskirchengut zur Diskussion standen.

Für die Regaliendefinition von Roncaglia gilt bereits durchaus der spätere Satz, daß es sich um Rechte finanziellen Charakters handelt. Nur darf man dabei nicht vergessen, daß dieses System doch ganz wesentlich auf dem Anspruch des Kaisers beruhte, die Gerichtsbarkeit selbst oder durch bevollmächtigte Vertreter auszuüben. Und gerade in diesem Punkt ist der Boden des Feudalstaates verlassen, indem die Gerichtsgewalt weitgehend nicht mehr als Lehen ausgetan wird.

Doch sind Regalienpolitik und Feudalismus deswegen natürlich keine grundsätzlichen Widersprüche. Die Hoheitsrechte können ebenso zu Lehenrecht vergabt wie auf Zeit einem Beamten übertragen oder verpachtet oder einer Kommune zeitweilig oder dauernd unter gewissen Bedingungen eingeräumt werden. Wesentlich bleibt dabei, daß ihre Ausübung nur kraft kaiserlicher Verfügung möglich ist.

Barbarossa hat das Recht der Kommunen, auf Grund des Herkommens die Regalien auszuüben, keineswegs von vornherein grundsätzlich geleugnet. Er ließ sie den Mailändern 1155 durch einen Spruch des Fürstengerichtes nach Reichsrecht wegen Landfriedensbruchs und im Hinblick auf ihre hartnäckige Weigerung, vor seinem Richterstuhl zu erscheinen, aberkennen — aber nicht etwa deswegen, weil sie sie ohne ausdrückliche kaiserliche Verleihung oder Verbriefung innegehabt hätten.[30]

---

[30] Const. 1, Nr. 154: Iudicatum est igitur a principibus nostris et tota curia: Mediolanenses moneta, theloneo et omni districto ac potestate

In Ergänzung und Weiterführung der wertvollen Forschungs-
ergebnisse von Irene Ott [31] stellen wir fest, daß die Regaliendefinition von Roncaglia keineswegs ein für das ganze Reichsgebiet
und für alle einschlägigen Rechtsbeziehungen gültiges Reichsgesetz
gewesen ist. Einer konkreten politischen Situation entsprungen,
klärt sie den heißumstrittenen Begriff in einem entscheidenden
Augenblick der großen Auseinandersetzung mit der italienischen
Kommune. Aber deswegen bleibt es erforderlich, in manchen Einzel-
fällen aufs neue durch Weisung festzustellen, was jeweils unter den
Regalienbegriff fällt. Daher finden wir in den Urkunden nie ein
wörtliches Zitat des Weistums von Roncaglia, sondern nur freie,
den individuellen Verhältnissen entsprechende Variationen des Begriffes. So ist es auch zu verstehen, wenn dann später im Vertrag
mit den Lombarden vom Jahre 1183 die Auswahl eines Kollegiums
von Männern ausbedungen wurde, die untersuchen sollten, welche
Rechte dem Kaiser zuständen.[32] Als Mailand im Jahre 1155 die
Regalien aberkannt wurden, war bereits eine kurze Umschreibung
gegeben worden; sie umfaßt Münze, Zoll, alle weltliche obrigkeitliche Gewalt (districtus ac potestas secularis) und alle Regalien.[33]
Bei der Privilegierung geistlicher Fürsten Italiens geht die Verleihung der Regalien vielfach in eine Liste der Immunitätsrechte, in
Urkunden für italienische Adelige in eine Aufzählung der weltlichen Herrschaftsrechte über. Das bedeutet, daß neben der römischrechtlich beeinflußten Definition von Roncaglia andere offizielle
Begriffsbestimmungen in Kaiserurkunden zu finden sind, die so gut
wie gar nichts Römischrechtliches an sich haben. So spricht z. B. das
Diplom für das Bistum Verona vom Jahre 1154 [34] durchaus im
traditionellen Sinne von den Leistungen an den königlichen Fiskus

---

seculari et omnibus regalibus nostra auctoritate esse privandos, ita ut
moneta, theloneum et omnia predicta ad nostram potestatem redeant et
nostro statuantur arbitrio.

[31] I. Ott, Der Regalienbegriff im 12. Jahrhundert (ZRG Kan. Abt. 35,
1948) S. 234 ff.

[32] Vgl. Const. 1, Nr. 288.

[33] Siehe oben Anm. 30.

[34] St. 3697.

(publice et regales functiones), die der Herrscher dem Bischof zuerkennt.

In Wahrheit war der Regalienbegriff in Italien auch nach Roncaglia kein festumrissener. Es lag in der Natur der Sache, daß auch späterhin immer wieder die schwerwiegendsten Meinungsverschiedenheiten über seine inhaltliche Abgrenzung auftauchten, so besonders in den Verhandlungen Kaiser Friedrichs II. mit den Lombarden im Jahre 1232.[35]

Es ist das Verdienst Emil Seckels, erstmals festgestellt zu haben, daß Barbarossa 1158 zu Roncaglia neben den uns im vollen Wortlaut bekannten noch drei weitere verschollene Gesetze erlassen haben muß, von denen uns nur summarische Inhaltsangaben überliefert sind. Das erste betraf die kaiserliche Gerichtshoheit, das Recht der Bannleihe und den Amtseid der Richter, das zweite die Pfalzen, das dritte die Besteuerung Italiens. Paul Finsterwalder hat diese Entdeckung rechtsgeschichtlich ausgewertet und den Versuch gemacht, ein Gesamtbild des Gesetzgebungswerkes von Roncaglia zu gewinnen.[36]

Die kaiserliche Gerichtshoheit wird in dem uns erhaltenen Auszug folgendermaßen definiert: Omnis iurisdictio et omnis districtus apud principem est.[37] Es ist klar, daß dieser Satz eine eindeutige und präzise Formulierung des Königsrechtes gegenüber dem Adel ebenso wie gegenüber der italienischen Kommune darstellt, die beide autogene, durch das Herkommen sanktionierte, unter den Begriff des districtus fallende Herrschaftsrechte für sich in Anspruch nahmen. Zwar kann keine Rede davon sein, daß der Gedanke, die volle öffentliche Gerichtsbarkeit habe ihren Ursprung im König allein, jemals in den vorangegangenen Jahrhunderten verwirklicht worden wäre. Aber als Ideal königlicher Staatsauffassung läßt er sich bis in die fränkische Verfassungsentwicklung zurückverfolgen. Er widerspricht nicht dem römischen Recht, das genauso jegliche Jurisdiktion vom Staat herleitet.

---

[35] Const. 2, S. 200 cap. 5: Super regalibus fiat restitutio de manifestis, de dubiis stabitur iuri coram principibus ...

[36] ZRG German. Abt. 51, 1931, S. 1 ff.; vgl. dazu oben Anm. 24.

[37] Vgl. dazu Finsterwalder, S. 27 ff.

Eindeutig nichtrömisch ist jedoch die Verbindung iurisdictio et districtus, denn letzterer Begriff bedeutet nichts anderes als die Banngewalt, die nach germanischer Auffassung das Merkmal der Obrigkeit bildet und dem deutschen und dem langobardisch-italischen Recht, bei mancher Verschiedenheit im einzelnen, grundsätzlich gemeinsam ist. So hat der zitierte Satz wahrhaft zentrale Bedeutung für den Aufbau der Reichsverfassung unter Friedrich Barbarossa; er gilt in seiner klaren, eindeutigen Fassung für Deutschland ebenso wie für Italien, ist doch in beiden Reichen wie überhaupt im Mittelalter die Gerichtshoheit geradezu mit der Staatsgewalt gleichzusetzen.

Ebenso allgemein gehalten ist der zweite Satz des verlorenen Gesetzes: Omnes iudices a principe administrationem accipere debent.[38] Alle Richter müssen die Verwaltung (ihrer Gerichtsgewalt) vom Kaiser empfangen. Darunter ist die Bannleihe des deutschen Rechtes zu verstehen. Jeder Richter übt sein Amt in Vertretung des Königs aus, und die Voraussetzung dafür ist, daß ihm der Herrscher die Befugnis überträgt, unter Königsbann, d. h. im Hochgericht zu richten. Man bezeichnet diesen Rechtsakt als Bannleihe. Wieder handelt es sich um einen deutschrechtlichen Begriff, denn nach römischem Recht ernennt der Kaiser alle Staatsbeamten, er gibt ihnen das Amt und damit zugleich das Recht und die Gewalt, es auszuüben. Die gesonderte Bannleihe ist nur vom germanischen Rechtsdenken her verständlich. Es ist besonders bemerkenswert, daß der entsprechende Passus des Weistums der Rechtsgelehrten diese Scheidung nicht kennt. Er schreibt dem König das Recht der Ernennung der Beamten gemäß dem System des römischen Rechtes mit folgenden Worten zu: potestas constituendorum magistratuum ad iustitiam expediendam.[39]

Nun kann der Ausdruck administratio in dem oben zitierten Auszug auch römischrechtlich interpretiert werden, nämlich als Verwaltung eines Amtes im Namen und Auftrag des Imperators. Dem scheint es zu entsprechen, wenn das verlorene Gesetz anschließend von den Richtern einen Amtseid fordert, wie ihn die lex vor-

[38] Vgl. Finsterwalder, S. 33 ff.
[39] Const. 1, Nr. 175.

schreibt.[40] Unter lex kann hier nur das römische Recht gemeint sein. In diesem Sinne begegnet der Ausdruck administratio in der Formel eines Amtseides, der in Novelle 8 vorgeschrieben wird. Dem germanischen Recht hingegen war ein derartiger Amtseid ebenso unbekannt wie die Amtsauffassung, die ihm zugrunde lag. Wieder anders lagen die Dinge allerdings im italienischen Rechtsleben des 12. Jahrhunderts. Hier gab es durchaus lebendige Vorstellungen von Amtsrecht und Amtseid, die sicherlich auf die Formulierung jenes Kaisergesetzes einen nicht unerheblichen Einfluß ausgeübt haben. Es ist die schwache Seite des Interpretationsversuches von Finsterwalder, daß er diese italienische Komponente nicht genügend berücksichtigt hat, sondern stets nur das germanische Königsrecht dem römisch-antiken Kaiserrecht gegenübergestellt.

Man wird annehmen dürfen, daß in dem verlorenen Gesetz über die Gerichtsgewalt des Princeps in ähnlicher Weise wie in dem Weistum der Rechtsgelehrten über die Regalien eine Mischung römischer, deutschrechtlicher und italisch-langobardischer Rechtselemente stattgefunden hat. Dabei stellt sich vom Standpunkt des Historikers abermals heraus, daß die entscheidenden verfassungsrechtlichen Postulate Barbarossas gegenüber den italienischen Kommunen nicht antiken Ursprungs sind. Die römischrechtlichen Elemente tragen mehr den Charakter einer formalen Einkleidung politischer Tendenzen, die mit harter Konsequenz verwirklicht werden sollen.

Wir haben uns nun mit der Frage zu beschäftigen, welche Rolle das römische Recht in dem Übergangsprozeß vom Feudalstaat zum Beamtenstaat spielte, der in Italien unter Friedrich Barbarossa in seine entscheidende Phase trat.[41] Zunächst muß betont werden, daß von vornherein zwischen den deutschen und den italienischen Verhältnissen hinsichtlich des feudalen Aufbaues der Reichsverfassung erhebliche Unterschiede bestanden. In Italien war zwar das Erbrecht an den Lehen weit stärker ausgebildet als nördlich der Alpen; aber das langobardische Lehenrecht kannte Verleihungen zu Amts-

---

[40] Vgl. Finsterwalder, S. 52 ff.
[41] Zum folgenden vgl. Julius v. Ficker, Forschungen zur Reichs- und Rechtsgeschichte Italiens 2 (1869), § 324.

recht auf eine genau festgesetzte Zeit, und vom Standpunkt der italienischen Rechtsentwicklung gehören die außerordentlichen Reichsbeamten, vor allem die königlichen missi, durchaus in diesen Zusammenhang. Hier boten sich die natürlichen Ansatzpunkte für den Ausbau des staufischen Beamtenregiments dar.

Die großen Amtslehen, die Herzogtümer, Markgrafschaften und Grafschaften, galten auch in Italien in ähnlichem Sinne wie in Deutschland de facto als erblich. Wenn ein italienischer Rechtsgelehrter der ersten Hälfte des 12. Jahrhunderts, Hugo de Gambolato, betonte, daß sie nicht kraft Erbrechtes, sondern durch kaiserliche Investitur auf den Sohn übergehen, so traf dies vom streng juristischen Standpunkt aus durchaus zu, doch herrschte faktisch die erbrechtliche Anschauung.[42] Eine Glosse des langobardischen Lehenrechtes bezeichnet das herkömmliche Erbrecht an Grafschaften, Markgrafschaften und anderen dignitates geradezu als Usurpation.[43] Friedrich Barbarossa scheint diese Auffassung nicht geteilt zu haben. Insofern war er ein Vertreter der fürstlich-feudalen Denkungsart seiner Zeit, als ihm die Erblichkeit der alten Amtslehen etwas Selbstverständliches war. Sie wird in mehreren italienischen Diplomen des Kaisers ausdrücklich gewährt und mitunter sogar auf die weibliche Sukzession ausgedehnt. So erhält Tinto Mussa de Cremona im Jahre 1159 den comitatus insule Fulcherie auch für seine weiblichen Nachkommen.[44] In besonders gelagerten Fällen geht der Kaiser noch einen Schritt weiter; mit der Mark des Guido wird nicht bloß Markgraf Heinrich, sondern auch dessen Bruder Hugolin belehnt, dem damit ein Erbrecht im Falle des erbenlosen Todes des Heinrich garantiert ist.[45] Auf der gleichen Linie liegt es, wenn Barbarossa 1158 die Teilung von Herzogtümern, Markgrafschaften und Grafschaften untersagt;[46] stillschweigend ist dabei vorausgesetzt, daß der Sohn dem Vater im ungeteilten Reichslehen folgen solle.

[42] Ficker, S. 273.
[43] Ficker, S. 274.
[44] St. 3876.
[45] St. 4085.
[46] Const. 1, S. 248 cap. 6.

Das konservative Beharren des Kaisers auf den Grundsätzen des hergebrachten Lehenrechtes hatte jedoch für die deutsche Verfassungsentwicklung zentrale, für die italienische nur sekundäre Bedeutung. Beruhte doch die Verwaltung Reichsitaliens gar nicht mehr auf jenen feudalisierten Ämtern, als Barbarossa die Regierung übernahm. Sofern überhaupt noch Grafschaften in der Hand heimischer Adelshäuser lagen, waren sie mehr oder minder bereits zu Pertinenzen des Familienbesitzes geworden; damit waren sie dem Zugriff der Reichsverwaltung, die durch bevollmächtigte Organe des Kaisers ausgeübt wurde, praktisch entzogen. Andrerseits lebten die Feudalherren in ständigem Gegensatz zu den aufstrebenden Kommunen. Barbarossa hatte daher in der Regel keine Ursache, gegen sie vorzugehen; im Gegenteil, er konnte erwarten, in ihren Reihen wertvolle Bundesgenossen zu finden. Sein machtpolitisches Interesse fiel also im Normalfalle mit seiner konservativ-feudalen Einstellung zusammen.

Die Verhältnisse, die sich südlich der Alpen im Zuge der fortschreitenden Zersetzung der feudalen Bindungen durch die aufblühenden Kommunen herausgebildet hatten, ließen sich aber überhaupt nicht mehr durch eine Wiederbelebung des alten Lehenrechtes im Sinne der feudalen Gesellschaftsordnung meistern. Barbarossa mußte einen anderen Weg einschlagen, wollte er der ihm fremden Welt der Kommune wirksam begegnen. Eine Neugestaltung auf der Basis des Königsrechtes mußte erkämpft werden, die der mittelalterlichen Mentalität entsprechend als reformatio, als Wiederherstellung des alten, gottgewollten Zustandes aufgefaßt wurde. Die Hoheitsrechte der Kommunen, die in den Augen Barbarossas letzten Endes doch nur auf Usurpation beruhten, mußten ans Reich zurückgenommen werden. Inwieweit sie dann der Kaiser von sich aus etwa den Stadtgemeinden einräumen wollte, das sollte einzig und allein seinem Ermessen und seiner Gnade anheimgestellt sein.

Abweichend von der politischen Wirklichkeit kannte das römische Recht auch in der Form, in der es von den italienischen Juristen des 12. Jahrhunderts gelehrt wurde, keine feudalen Reichsämter.[47] Insbesondere die Gerichtsbarkeit war nach dem romanistischen

[47] Vgl. zum folgenden Ficker, S. 277.

System unbeeinflußt von lehenrechtlichen Satzungen und Anschauungen. Man unterschied die ordentliche Gerichtsbarkeit (iurisdictio
ordinaria) von der delegierten (iustitia delegata oder demandata).
War und blieb die Ausübung der ordentlichen Gerichtsbarkeit
aufs engste mit feudalen Herrschaftsrechten verflochten, so beurteilte man schon lange vor Barbarossa in Italien die Stellung
der delegierten kaiserlichen Richter und der Appellationsrichter
mehr oder minder stark nach römischem Recht. Der erste Reichsbeamte, der nach dem Tode der Markgräfin Mathilde in Tuszien
waltete, nannte sich bereits 1116 delegatus a principe ... pro litibus
diffiniendis; [48] römischrechtlich ist hier sowohl der Begriff der dele-
gatio als auch die Bezeichnung princeps für den Kaiser. Die eigentümliche Vermengung der rechtlichen und politischen Verhältnisse,
die dabei stattfand, kommt uns zum Bewußtsein, wenn wir bedenken, daß dieser kaiserliche Richter ebenso ein Deutscher war wie
die beamteten tuszischen Markgrafen der Folgezeit. Wieder stoßen
wir auf einen charakteristischen Widerspruch zwischen Rechtslehre
und Praxis: deutsche Adelige der ersten Hälfte des 12. Jahrhunderts, die völlig in den feudalen, deutschrechtlichen Vorstellungen
ihrer Zeit und ihrer Heimat lebten, wurden von den italienischen
Notaren als Amtsträger im Sinne der römischen Rechtslehre aufgefaßt. Diese tuszischen Amtsmarkgrafen nahmen alle Rechte der
Markgrafen aus dem Hause Canossa wahr, sie führten deren
Kanzleigewohnheiten weiter und betrachteten sich als deren Rechtsnachfolger. Aber ihr Beamtencharakter äußert sich darin, daß es
ihnen nicht möglich war, dynastische Erbansprüche zu entwickeln.

Man darf eben nicht vergessen, daß die Wiederbelebung des klassischen Rechtes durch die Schule von Bologna eine rein wissenschaftliche Angelegenheit war, die weder der Rechtspraxis noch der
Reichspolitik oder den Interessen der aufstrebenden Kommunen ihr
Dasein verdankte. Sehr allmählich erst hat diese anfangs rein theoretische Rezeption das italienische Rechtsleben beeinflußt, und zwar
zunächst, etwa seit dem Beginn des 12. Jahrhunderts, formal, später
auch in sachlicher Hinsicht. Die Praxis ist dem wissenschaftlichen
Studium erst nachgefolgt. Insbesondere war das vielgestaltige

---

[48] Ficker, S. 223.

Rechtsleben der italienischen Kommunen den wiedererweckten antiken Traditionen gegenüber etwas durchaus Selbständiges. Die Häupter der Städte und der Zünfte, die Stadtrichter urteilten nach dem Herkommen ihres Lebenskreises; wir wissen, daß noch in der zweiten Hälfte des 13. Jahrhunderts gelehrte Juristen in Italien in der Praxis vom Corpus juris keinen Gebrauch machten, obgleich sie sich als Glossatoren einen Namen erworben hatten. Sogar im sizilischen Königreich, wo seit 1225 an der Universität Neapel eine eigene Pflanzstätte der Rechtsgelehrsamkeit blühte, deren Aufgabe es war, Richter und Beamte zu schulen, wo 1231 im Gesetzgebungswerk der Konstitutionen von Melfi das römische Recht aufs stärkste zum Durchbruch gekommen war, hat sich seine Ausbreitung in der Praxis nur ganz allmählich vollzogen. Das Ringen der beiden Rechtssysteme währte im Königreich Neapel bis ins 14. Jahrhundert.

Den Romanisten ging es ja gar nicht darum, das geltende Recht darzustellen, sondern jenen Idealzustand, der nach ihrer Interpretation der antiken Rechtsquellen herrschen sollte. Insbesondere ist der Zusammenhang ihres Systems mit der Kaiserurkunde des 12. Jahrhunderts ein rein theoretischer. Hingegen hat die römische Rechtslehre auf die Rechtsstellung und auf die richterliche Tätigkeit der delegierten kaiserlichen Richter, der missi, der Legaten, der Vikare, wie sie im Laufe der staufischen Periode auftreten, immerhin einen gewissen Einfluß ausgeübt, dessen Ausmaße allerdings ungemein schwer abzuschätzen sind. Sicherlich nahmen diese Einwirkungen allmählich zu, und der Tag von Roncaglia hat ihnen einen Auftrieb gegeben. Im 13. Jahrhundert hat dann die Theorie der Romanisten die Reichsämter, die mit der Gerichtsbarkeit Verwaltungsbefugnisse verknüpften, ebenso römischrechtlich beurteilt wie vorher schon die Funktion der kaiserlichen judices delegati. Das war um so leichter möglich, als der klare theoretische Unterschied zwischen ordentlicher und delegierter Gerichtsbarkeit in der Praxis vielfach dadurch verwischt war, daß ein und dieselbe Persönlichkeit mit beiden Funktionen betraut wurde.

Versuchen wir nun, die Ergebnisse unserer Überlegungen zusammenzufassen! Der Vorbehalt kaiserlicher Rechte, der fast ausschließlich in Diplomen Barbarossas für italienische und burgundi-

sche Empfänger auftritt, ist nicht römischrechtlichen Ursprungs. Die
Regaliendefinition von Roncaglia ist in der Form der Rechtsfindung
ein Weistum, das dem Verfahren nach durchaus der am Hofgericht
üblichen deutschrechtlich bestimmten Praxis entspricht. In diplomatischer Hinsicht stellt es eine schlichte protokollarische Niederschrift
eines durch mündliche Weisung gefundenen Rechtssatzes dar; eine
Kaiserurkunde wurde darüber nicht ausgefertigt. An die Rechtsgelehrten von Bologna wandte sich Barbarossa deshalb, weil sie die
angesehensten Kenner der umstrittenen Materie waren, nicht aber,
weil er grundsätzlich den Standpunkt vertrat, die Definition seiner
staatlichen Hoheitsrechte habe auf römischrechtlicher Basis zu erfolgen. Die Heranziehung der Richter der italienischen Kommunen
entsprach dem herkömmlichen Grundsatz, die Urteiler aus dem
Kreise der Standesgenossen zu wählen.

Barbarossa erstrebte die Wiederherstellung des guten, alten, gottgewollten Königs- und Kaiserrechtes. Es konnte ihm nur willkommen sein, wenn die Rechtsgelehrten von Bologna dabei Formulierungen gebrauchten, die zum Teil antiken Vorbildern entlehnt
waren. Grundsätzlich handelte es sich jedoch um das alte fränkisch-
langobardische Königsrecht, das in seiner theoretischen Machtfülle
rekonstruiert und auf die neuen, dem Staufer zunächst recht fremd-
artigen Verhältnisse in der Welt der italienischen Kommune angewendet werden sollte. Der Begriff der Regalien als solcher ist
ebensowenig römischrechtlich geprägt wie die Lehre vom Gottesgnadentum des Kaisers, die sich in seiner Gerichtshoheit äußert und
einerseits die Ausübung jeglicher Gerichtsgewalt von der Verleihung
des Königsbannes abhängig macht, andrerseits die Eintreibung der
unter dem Begriff der Regalien zusammengefaßten finanziellen Einkünfte dem Herrscher oder dem in irgendeiner Rechtsform von ihm
Beauftragten vorbehält.

Die Pflege des römischen Rechtes, wissenschaftlich-literarischem
Interesse an der Antike entsprungen, gewinnt in Italien im Laufe
des 12. Jahrhunderts in der Theorie immer mehr an Boden, ohne
zunächst stärkeren Einfluß auf die Praxis zu nehmen. Auch der
Tag von Roncaglia bezeichnet in dieser Hinsicht keinen Wende-
punkt. Gewissermaßen erst zusätzlich und nachträglich hat man die
tatsächliche Entwicklung im Laufe der Zeit in stärkerem Maße

römischrechtlich untermauert; auf diesem Wege gewann das römische Recht entscheidende Bedeutung für das italienische Rechtsleben.

Der Übergang vom Feudalstaat zum Beamtenstaat tritt in Reichsitalien unter Friedrich Barbarossa in eine entscheidende Phase. Das ist gewissermaßen ein Widerspruch, denn der Kaiser selbst verharrte im Grunde in seinen konservativ-deutschrechtlichen, feudal bestimmten Anschauungen; doch wußte er aus der veränderten Situation für sich den größtmöglichen Vorteil herauszuholen. Er tat damit einen bedeutsamen Schritt in die Zukunft. Die tiefste Erklärung dafür ist in der Tatsache zu suchen, daß durch den Aufstieg der Kommune die feudale Staatsordnung in Italien um die Mitte des 12. Jahrhunderts bereits weitgehend zersetzt war. In dem dadurch freigewordenen Raum konnte ein neuer Aufbau der Reichsgewalt nur in die Wege geleitet werden, wenn man auf die prinzipiellen Anschauungen der Zeit von der Autorität des Herrschers zurückgriff und gleichzeitig die beamtenrechtlichen Institutionen, die in Reichsitalien bereits in Entwicklung begriffen waren, großzügig weiterbildete. Das war gewiß auch eine schöpferische Leistung, aber sie bestand im Grunde doch in der Anpassung der Verwaltung der Reichsrechte an die Zustände, die südlich der Alpen seit den Tagen des Investiturstreites ohne Zutun des Imperiums erwachsen waren. Barbarossa nahm diese Gelegenheit mit der ihm eigenen harten und entschiedenen, aber doch ungemein anpassungsfähigen Energie wahr. Die Hilfsbegriffe, die das römische Recht hierfür zur Verfügung stellen konnte, ließ er bereitwillig gelten. Maßgebende Bedeutung vermochten sie aber erst in späterer Zeit zu gewinnen. Dem großen Staufer selbst blieben Form und Geist römischrechtlichen Denkens stets innerlich fremd.

Nachtrag 1974

Dem italienischen Rechtshistoriker Vittore Colorni ist es gelungen, die bisher verloren geglaubten Gesetzestexte aufzufinden, die Barbarossa auf dem Reichstag zu Roncaglia 1158 gleichzeitig mit der Regaliendefinition erlassen hat. Vittore Colorni, ›Le tre leggi perdute di Roncaglia (1158) ritrovate in un manoscritto parigino (Bibl. Nat. Cod. Lat. 4677)‹, in: Scritti in memoria di Antonino Giuffrè 1 (1967), S. 111—170. In deutscher Übersetzung: V. Colorni, ›Die drei verschollenen Gesetze des Reichstages bei Roncaglia, wieder aufgefunden in einer Pariser Handschrift (Bibl. Nat. Cod. Lat. 4677)‹, Untersuchungen zur deutschen Staats- und Rechtsgeschichte NF. hrsg. v. Adalbert Erler, Walter Schlesinger, Wilhelm Wegener, Bd. 12, 1969. Verfassungsgeschichtlich besonders bedeutsam ist es, daß diese Texte die Herleitung jeder Gerichts- und obrigkeitlichen Zwangsgewalt vom Kaiser klar aussprechen und ihm das Recht zuerkennen, Pfalzen an beliebigen Orten zu errichten. Die Lex tributum will dem Kaiser eine generelle Handhabe bieten, unter Berufung auf das Vorbild der antiken Imperatoren Real- und Personalabgaben zu fordern. Freilich handelt es sich dabei um gelehrte juristische Theorien, deren Beziehung zur Regalien- und Steuerpolitik der Staufer ungemein differenzierter Natur ist. Dazu ist die im Nachtrag zur vorhergehenden Abhandlung zitierte neuere Literatur zu vergleichen.

Mitteilungen des Instituts für österreichische Geschichtsforschung 72 (1964), S. 311—325.

FRIEDRICH BARBAROSSA UND DIE ITALIENISCHEN KOMMUNEN

Von Heinrich Appelt

Wenn hier zum Problem der Auseinandersetzung Barbarossas mit den italienischen Kommunen das Wort ergriffen wird,[1] so bedarf dies einer einleitenden Rechtfertigung. Sie liegt nicht einfach darin, daß die Sammlung und kritische Bearbeitung der Urkunden Friedrichs I. für die Monumenta Germaniae Gelegenheit dazu bietet, ein neues Bild der Verfassungsentwicklung Reichsitaliens in der zweiten Hälfte des 12. Jahrhunderts zu entwerfen. Denn über die grundlegenden Erkenntnisse Julius von Fickers[2] käme man auf diesem Wege so leicht nicht hinaus — auch nicht unter Berücksichtigung der wertvollen Ergänzungen, die andere Autoren, vor allem Paul Scheffer-Boichorst und Ferdinand Güterbock, beigebracht haben. Es soll vielmehr versucht werden, einen neuen methodischen Gesichtspunkt hinzuzufügen, der der Verbindung diplomatischer und verfassungsgeschichtlicher Arbeitsmethoden und damit den Traditionen der Wiener Historischen Schule entsprechen möchte.

Weit mehr als in den neueren Jahrhunderten liebte man es im Mittelalter, politische Entscheidungen in bestimmte Rechtsformen zu kleiden und sie dadurch als Ausdruck einer gottgewollten Ordnung erscheinen zu lassen. Die politischen Prozesse, deren Bedeutung Heinrich Mitteis gewürdigt hat,[3] stellen nur eine Seite dieses Bestrebens dar. Jeder Machtkampf konnte als Landfriedensbruch

---

[1] Dieser Beitrag ist eine überarbeitete Wiedergabe der Antrittsvorlesung, die am 25. November 1963 an der Universität Wien gehalten wurde.

[2] Sie sind niedergelegt in seinem klassischen Werk ›Forschungen zur Reichs- und Rechtsgeschichte Italiens‹, 4 Bände (Innsbruck 1868 ff.).

[3] Vgl. Heinrich Mitteis, Politische Prozesse des früheren Mittelalters in Deutschland und Frankreich (Sitzungsberichte der Heidelberger Akademie

aufgefaßt und geahndet werden. Sobald zwischen den streitenden Parteien Lehensbande existierten, ergab sich außerdem die Möglichkeit eines lehenrechtlichen Verfahrens. Die Kriegshandlungen der mittelalterlichen Herrscher stehen weitgehend im Dienste der Vollstreckung in aller Form Rechtens gefundener Urteile. Auch die Kirche ging in ähnlicher Weise vor, wenn sie den Versuch unternahm, die weltliche Gewalt den Normen des kanonischen Rechtes unterzuordnen, entweder unter Bezugnahme auf einen bestimmten Rechtssatz oder in Ermangelung eines solchen unter Berufung auf die Sündhaftigkeit der menschlichen Natur, ratione peccati.

Die rechtlich-formale Seite politischer Kämpfe war für den Menschen des Mittelalters keine bloße Äußerlichkeit. Sie entsprang vielmehr der allgemeinen tiefen Überzeugung von dem Auftrag jedes Trägers weltlicher Gewalt, allen voran des Kaisers und der Könige, der Gerechtigkeit zu dienen. Der Historiker stellt mit Bedauern fest, daß ihn die Überlieferung hier nur allzuoft im Stiche läßt. Wie aufschlußreich wäre es, über die formal-rechtliche Begründung so mancher weitreichenden politischen Entscheidung genauer informiert zu sein! Allein das Verfahren war weitgehend ein mündliches, und nur unter bestimmten Voraussetzungen fand es in einer Urkunde seinen Niederschlag. Trotzdem läßt eine sorgfältige Urkundeninterpretation die Grundzüge einer in strengen Rechtsformen durchgeführten Politik immer wieder deutlich genug hervortreten. Es unterliegt keinem Zweifel, daß der Zusammenhang zwischen politischer Aktion und Rechtsverfahren im Mittelalter von der Forschung viel stärker berücksichtigt werden sollte, als dies bisher der Fall war. Die Bindung alles politischen Handelns an die Idee des Rechtes und der Gerechtigkeit führte immer wieder dazu, daß Satzungen aufgestellt wurden, denen wir vom Standpunkt unserer wissenschaftlichen Systematik verfassungsgeschichtlichen Charakter zubilligen. Die wegweisenden Anregungen, die von den Werken von Fritz Kern, Heinrich Mitteis und Otto Brunner ihren Ausgang genommen haben, können unter diesem Gesichtswinkel weiter aus-

der Wissenschaften, phil.-hist. Kl. 1926/27). Heinrich Appelt, Kaiserurkunde und Fürstensentenz unter Friedrich Barbarossa. MIÖG 71 (1963), 33 ff.

gestaltet werden. Das gilt für sehr weite Zeiträume unserer Geschichte. Im Spätmittelalter ist auch hier eine Übersteigerung deutlich erkennbar; mit Nachdruck hat Hermann Krause neuerdings
hervorgehoben, daß um die Mitte des 15. Jahrhunderts „fast alle
Politik in die äußere Form von Rechtsakten, rechtlichen Deduk-
tionen, von Rechts- und Unrechtsbehauptungen gekleidet erscheint" [4]. Im Zeitalter der Staufer war dies gewiß noch nicht im
gleichen Ausmaß der Fall, aber gerade eine Persönlichkeit wie Friedrich Barbarossa hat ohne Zweifel auf die rechtliche Untermauerung
der Entscheidungen, die er im Interesse des Reiches treffen zu müssen glaubte, ganz besonders großes Gewicht gelegt. Sein hartes
Ringen mit den italienischen Kommunen ist daher ein geeignetes
Beispiel für die Fruchtbarkeit der angedeuteten Problemstellung.

Ebensowenig wie seine Vorgänger dachte Barbarossa daran,
deutsche Rechts- und Verfassungseinrichtungen nach Italien zu ver-
pflanzen. Er war vielmehr auch hier, genauso wie in den anderen
Teilen seines Reiches, bemüht, die Gewohnheiten des Landes zu
achten, unter der Voraussetzung allerdings, daß der honor imperii [5]
gewahrt blieb. Die Wiederherstellung der Gerechtsame des Reiches
war in seinen Augen gleichbedeutend mit der Erneuerung des guten
alten Rechtes, denn es ist die Aufgabe des Kaisers, jedem einzelnen
Glied des Reiches sein subjektives Recht zu wahren. In der Praxis
lagen die Dinge freilich anders. Als Barbarossa in die Verhältnisse
südlich der Alpen eingriff, befand sich das Verfassungsleben Italiens
in einer Krise, deren Ursachen tiefer lagen.

Die Königsherrschaft, die die Ottonen und Salier bis zum Investiturstreit in jenem eigentümlichen politischen Bereich ausübten,
den man in älterer Zeit vielfach noch als regnum Langobardorum,
später dann vorwiegend als regnum Italicum oder Italiae bezeichnete, beruhte auf dem Recht der Eroberung. Die Wahl zum deutschen König verlieh die königliche Gewalt in Italien und den Voll-
besitz der kaiserlichen Rechte bereits vor der Kaiserkrönung durch
den Papst. Die führenden Adelsfamilien Reichsitaliens standen

---

[4] ZRG Germ. Abt. 77 (1960), 415.
[5] Über diesen Begriff vgl. Peter Rassow, Honor imperii, Die neue
Politik Friedrich Barbarossas 1152—1159 (Neuausgabe München 1961).

weitgehend in einem starken Interessengegensatz zu ihrem kaiserlichen Lehensherrn, an dessen Thronerhebung sie keinen Anteil
hatten und der sie vielfach daran hinderte, die Kirche ihres Einfluß-
gebietes unter ihren Willen zu beugen. Um so enger hatten sich die
Beziehungen des italienischen Episkopats zur Krone gestaltet.[6] Mit
der Immunität, mit Markt-, Zoll- und anderen Hoheitsrechten,
schließlich nicht selten mit der gräflichen Gewalt in ihrem Machtbereich ausgestattet, hatten sich die Bischöfe zur Hauptstütze des
kaiserlichen Einflusses in Italien entwickelt, während sich die von
den italienischen Karolingern und von den nationalen Königen der
ersten Hälfte des 10. Jahrhunderts ererbte königliche Verwaltungs-
organisation mit dem Zentrum in Pavia, der einstigen Residenz der
langobardischen Herrscher, allmählich auflöste. So galt neben dem
Eroberungsrecht und mit ihm durch die Idee des Gottesgnadentums
unlösbar verbunden die Schirmherrschaft über die Kirche und über
das Papsttum gerade in Reichsitalien in ganz besonderem Maße als
ideelle Grundlage der ottonisch-salischen Kaisermacht. Doch setzte
nicht nur die Privilegierung der Kirche vor dem Investiturstreit der
Macht der lehenrechtlichen „Amtsträger" aus den Reihen der Laienfürsten bestimmte, vom Königtum garantierte Grenzen. Neben
den Bischöfen waren es bevollmächtigte Königsboten, missi, die
namens des Herrschers Funktionen der Gerichtsbarkeit und der
Verwaltung ausübten. Das regnum Italiae des 11. Jahrhunderts war
keineswegs ein reiner Lehensstaat, das heißt, das politische Leben
war bei weitem nicht ausschließlich auf lehenrechtlicher Grundlage
aufgebaut. Gewiß waren die großen weltlichen Reichsämter, die
Markgrafschaften und Grafschaften, im Sinne der nachkarolingi-
schen Entwicklung durchaus feudalisiert, und die kraftvolle Entwicklung der kirchlichen Immunitäten entsprach ganz und gar der
feudalen Denkungsart. Aber die starke Bindung der Bischöfe und
Reichsäbte an die Krone enthielt auch nichtfeudale Elemente, und
die Institution der missi hatte ihre Wurzel nicht im Lehenrecht.
    Die überragende monarchische Gewalt des Kaisertums wurde in

---

[6] Vgl. Leo Santifaller, Zur Geschichte des ottonisch-salischen Reichs-
kirchensystems (2. Aufl., Sitzungsberichte der Österr. Akademie der
Wissenschaften 229/1, Wien 1964).

Italien in ganz anderem Ausmaß als in Deutschland durch den Investiturstreit und die mit ihm verbundenen Krisen in ihren Grundlagen erschüttert. Seit dem Zusammenschluß der führenden lombardischen Städte zu einem kaiserfeindlichen Bündnis und seit dem
Abfall des jungen Konrad von seinem Vater im Jahre 1093 bis zum
Italienzug Heinrichs V. 1110/11 übten die Salier ihre Regierungs-
rechte südlich der Alpen praktisch nicht aus. Aber auch das Auftreten Heinrichs V. und Lothars III. bedeutete nur zeitweilig und in
beschränktem Ausmaß ein Wiederaufleben der Macht der Krone.
Konrad III. blieb es verwehrt, seinen geplanten Romzug zu verwirklichen. Reichsitalien war also durch zwei Menschenalter so gut
wie ganz sich selbst überlassen, als Friedrich Barbarossa von den
deutschen Fürsten auf den Thron erhoben wurde. Nun hatten die
bedeutenderen unter den oberitalienischen Städten, allen voran
Mailand, in der Zeit zwischen dem Niederbruch der salischen Kaisermacht und dem Regierungsantritt des großen Staufers nicht nur
einen glänzenden wirtschaftlichen Aufschwung genommen. Sie hatten auch, teils im Gegensatz zur bisherigen, auf Königsprivilegien
und auf dem System der ottonisch-salischen Reichskirche aufgebau-
ten Stadtherrschaft der Bischöfe, teils in friedlicher Anlehnung an
die älteren Rechtszustände, eine autonome kommunale Verfassung
aufgebaut und damit die feudale Struktur der bisherigen Staats-
und Gesellschaftsordnung auf breiter Front durchstoßen. Durch
Gewohnheitsrecht und im Wege freier Einung, nicht durch Privilegierung seitens der Reichsgewalt, war so eine neue Ordnung entstanden, die zwar durch die erbitterten Kämpfe politisch und wirtschaftlich miteinander rivalisierender Kommunen aufs schwerste
belastet war; aber zunächst schien es, als brauchte man kaum darauf
Rücksicht zu nehmen, wie sich der deutsche Herrscher zu diesen
organisch gewachsenen Verfassungszuständen verhalten würde.
Nach der Thronbesteigung Barbarossas zeigte sich allerdings sehr
bald, daß die Dinge eine neue Wendung nahmen.

Es ist sicherlich kein Zufall, daß der Konflikt Barbarossas mit
Mailand eine seiner Wurzeln in der Erbfeindschaft zwischen der
lombardischen Metropole und der Stadt Lodi hatte. Das Reichs-
oberhaupt konnte sich damit abfinden, daß einzelne Städte in ihrem
Gebiet die Regalien ausübten, sofern nur die Oberhoheit des Im-

periums grundsätzlich gewahrt blieb. Wenn aber eine mächtige Kommune den Versuch unternahm, über ihre benachbarten Konkurrentinnen eine dauernde Herrschaft aufzurichten und damit ein größeres politisches Machtgebilde zu schaffen, dann mußte der Herrscher eingreifen und sich auf die Seite der schwächeren, in ihrer Stellung zum Reich gefährdeten Partei stellen.

Welches Gewicht dabei wirtschaftlich nutzbaren Hoheitsrechten zukam, das zeigte sich gleich beim ersten Vorspiel der großen Auseinandersetzung, als im Frühjahr 1153 zwei führende Persönlichkeiten der Kommune von Lodi an den neuen König mit der Bitte herantraten, gegen die Mailänder einzuschreiten, weil diese die Lodesen gezwungen hatten, ihren Markt aus dem von reisenden Kaufleuten gern besuchten Neu-Lodi an einen verkehrsmäßig abseits gelegenen Ort zu verlegen.[7] Nach Reichsrecht war eine derartige Verfügung der Autorität des Königs vorbehalten. Es ist daher nicht verwunderlich, daß Barbarossa dem Ansuchen der beiden Lodesen Gehör schenkte und einen Boten nach Mailand sandte, der den schriftlichen und mündlichen Befehl überbrachte, die Abhaltung des Marktes in Neu-Lodi zuzulassen. Die folgenden Ereignisse beweisen, wie stark sich die Mailänder fühlten und wie schwach die Position der Lodesen war. Das königliche Mandat wurde zwar überreicht und verlesen, aber von den Mailändern zu Boden geworfen und mit Füßen getreten, wobei das Siegel zerbrach; die Lodesen aber desavouierten ihre eigenen Mitbürger und machten ihnen die schwersten Vorwürfe, weil sie es gewagt hätten, am Königshof gegen das übermächtige Mailand Klage zu erheben.[8]

Trotzdem war es klar, daß nur der Staufer die politische und wirtschaftliche Existenz der Kommune von Lodi sicherstellen konnte. Die Lodesen übersandten Barbarossa einen goldenen Schlüssel ihrer Stadt und ergaben sich damit symbolisch in seinen besonderen Schutz,[9] Cremona und Pavia legten für sie Fürsprache bei

---

[7] Simonsfeld, Jahrbücher 1, 170 ff.; Ottonis Morenae et continuatorum Historia Friderici I (ed F. Güterbock, MGH Script. rerum German., N.S. 7, 1930), 3.

[8] Simonsfeld, 202 ff.; Otto Morena a. a. O. 6 ff.

[9] Simonsfeld, 203 Anm. 180; Otto Morena a. a. O. 10.

Hofe ein,[10] und 1154 erhoben Lodi, Como und Pavia zu Roncaglia in aller Form Klage gegen Mailand.[11] In dieser Situation traten die Mailänder an den Herrscher mit dem Vorschlag heran, er möge ihnen gegen eine beträchtliche Summe Geldes die Herrschaft über Como und Lodi übertragen.[12] Sie hätten damit in aller Form die Regalien in beiden Kommunen und das Recht erworben, Verfügungen über die Abhaltung des Marktes der Lodesen zu treffen. Die Zurückweisung des Angebotes durch Barbarossa, die aus grundsätzlichen Erwägungen erfolgte, trug dazu bei, die Gegensätze weiter zu vertiefen.

Bekanntlich verließ Friedrich Barbarossa Anfang September 1155 Italien, ohne den Konflikt mit Mailand, der sich inzwischen immer gefährlicher zugespitzt hatte, entscheiden zu können. Bevor er in die Heimat zurückkehrte, traf er jedoch eine richterliche Entscheidung, die für die künftige politische Entwicklung von größter Tragweite werden sollte. Er ließ den Mailändern durch einen Spruch der Fürsten die Münze, den Zoll sowie alle Hoheitsrechte und Regalien aberkennen und verhängte über sie die Reichsacht. Das Münzrecht, das damit seiner freien Verfügung heimgefallen war, verlieh er den Bewohnern von Cremona.[13] Der politische Sinn dieser Maßnahme ist klar; Mailand mußte damit rechnen, daß der Kaiser bei nächster Gelegenheit mit allen verfügbaren Mitteln den Versuch unternehmen werde, die Reichsacht zu vollstrecken. Gleichzeitig war der Gegensatz zwischen den Erbfeinden Mailand und Cremona weiter verschärft, indem eine der wichtigsten Einnahmequellen der lombardischen Metropole von Reichs wegen ihrer Konkurrentin zugewendet wurde. Barbarossa schürte dadurch den ohnehin heftigen Konflikt zwischen den streitenden Kommunen in der Hoffnung, ihn möglichst bald ganz in seinem Sinne beenden zu können.

Die Quellen gestatten uns, hier einige Beobachtungen zu machen, die auf die politische Denkungsart des Staufers charakteristisches Licht werfen. Formal ging er gegen die Mailänder so vor, als ob es

[10] Simonsfeld, 204 Anm. 182; Otto Morena a. a. O. 11.
[11] Simonsfeld, 254.
[12] Simonsfeld, 256.
[13] Const. 1, Nr. 154 und 155; St. 3723 und 3724.

sich um einen fürstlichen Träger staatlicher Hoheitsrechte handelte.
Wie im Prozeß gegen Heinrich den Löwen und in anderen verwandten Verfahren spielen Landfriedensbruch und Kontumaz die
entscheidende Rolle. Auch das Verfahren gegen Mailand war ein
mündliches. Die wichtigsten Nachrichten über den Prozeß gegen den
Welfen verdanken wir bekanntlich der Gelnhäuser Urkunde; es ist
eine vollkommene Parallele dazu, daß wir über das Vorgehen gegen
Mailand durch zwei Schriftstücke unterrichtet werden, die die
Cremonesen erwirkten. Das eine, in Diplomform gehalten, verbrieft der Stadt Cremona das Mailand entzogene Münzrecht, das
andere, ein an die Städte Mantua, Brescia und Bergamo gerichtetes
Mandat, befiehlt die Zurückweisung der neuen, von den Mailändern
geschlagenen Münze und untersagt die Gewährung jeglichen Durch-
zuges an die Mailänder zum Schaden der Bewohner von Pavia,
Cremona und Novara. In beiden Urkunden mußte die rechtliche
Situation kurz dargelegt werden. Schon in der Arenga des Diploms
für Cremona klingt der Grundgedanke an, daß es der kaiserlichen
Majestät in besonderer Weise obliege, hartnäckige Rechtsverwei-
gerer mit gerechter Strenge zu bestrafen.[14] Der Kaiser erklärt, er
habe den Mailändern „wegen ihrer ungeheuren Frevel" seine Gnade
entzogen und sie auf Grund eines Urteilsspruches der Fürsten mit
dem Bann belegt, nachdem sie wiederholten Ladungen keine Folge
geleistet hätten. Sie waren angeklagt, die Städte Como und Lodi
zerstört und ihren Wiederaufbau verhindert zu haben. Zu welchem
Zeitpunkt diese erste Bannsentenz erlassen wurde, wissen wir nicht;
wahrscheinlich war das Verfahren in eine kritische Phase getreten,
als sich die Mailänder Ende 1154 geweigert hatten, dem kaiserlichen
Heer durch Eröffnung eines Marktes die Möglichkeit der Verproviantierung zu bieten. Dann scheint der Prozeß einige Zeit geruht
zu haben, denn die Urkunde berichtet weiter, der Kaiser habe den
Bewohnern Mailands aus Milde eine Frist zur Besinnung einge-

---

[14] Const. 1, Nr. 154: Imperialis excellentia nichil magis proprium
habere debet quam ut contumaces iusta severitate puniat, humiles vero et
Romano imperio devotos consueta benignitate promoveat et honoret. Zum
Auftreten des Begriffes contumax in Kaiserarengen vgl. Heinrich Fichte-
nau, Arenga. Spätantike und Mittelalter im Spiegel von Urkundenformeln
(MIÖG Erg.-Bd. 18, 1957), 41 Nr. 37 und 45 Nr. 47.

räumt; da sie jedoch ihre Haltung nicht änderten, sondern hart-
näckig fortfuhren, den Frieden und das Recht zu verletzen, erbat
Friedrich Barbarossa von den Fürsten des italischen wie des deutschen Reiches eine weitere Sentenz. Sie lautete auf Aberkennung der
Münze, des Zolles, aller weltlichen Gewalt und aller Regalien.[15]
Damit fielen die genannten Rechte dem Kaiser zur freien Verfügung anheim. Er war in die Lage versetzt, das bisher von Mailand
geübte Münzrecht den Bewohnern der Stadt Cremona, der Neben-
buhlerin der lombardischen Metropole, zu verleihen.

Das an die Einwohner von Mantua, Brescia und Bergamo gerichtete Mandat bietet eine völlig übereinstimmende Schilderung des
Sachverhaltes, die nur etwas prägnanter gefaßt ist und in der
Urteilsbegründung Landfriedensbruch und Kontumaz noch deutlicher hervortreten läßt.[16] Die Analogie zu anderen politischen Pro-

---

[15] Der Spruch des Hofgerichtes ist im vollen Wortlaut wiedergegeben:
Iudicatum est igitur a principibus nostris et tota curia: Mediolanenses
moneta, theloneo et omni districto ac potestate seculari et omnibus regalibus nostra auctoritate esse privandos, ita ut moneta, theloneum et omnia
predicta ad nostram potestatem redeant et nostro statuantur arbitrio
(Const. 1, Nr. 154). Über die wörtliche Aufnahme von Hofgerichts-
sprüchen in die Kaiserurkunde vgl. Appelt, MIÖG 71, 42 ff., besonders die
daselbst 43 Anm. 23 angeführten Beispiele. Das Original der Urkunde ist
von einem Kanzleischreiber mundiert; vgl. Rainer Egger, Die Schreiber der
Urkunden Kaiser Friedrich Barbarossas (Diss. Wien 1961), 81 ff. Nach
Untersuchungen, die Herr Dr. Kurt Zeillinger im Rahmen der Vorarbeiten
für die kritische Ausgabe der Diplome Barbarossas angestellt hat, sind die
beiden zugunsten Cremonas erlassenen Urkunden St. 3723 und 3724 aller
Wahrscheinlichkeit nach von dem Mundator von St. 3723 verfaßt. Auf ihn
geht wohl auch die Cicero entlehnte Wendung zurück, die die Mailänder
in den Augen des gebildeten Lesers der Urteilsbegründung auf die gleiche
Stufe wie die catilinarischen Verschwörer stellt: cum ... contumaciter
nostra abuterentur pacientia. Ich danke Herrn Dr. Zeillinger für diese
Hinweise. — Über die Vertrautheit der leitenden Männer der Reichskanzlei des 12. Jh.s mit antiken Autoren vgl. Fichtenau, Arenga 42. Über
Rainalds geistige Bildung vgl. Rainer Maria Herkenrath, Reinald von
Dassel, Reichskanzler und Erzbischof von Köln (Diss. Graz 1962), 35 ff.

[16] Const. 1, Nr. 155: Scire debet universitas vestra, quod Mediolanenses
ob plurima incendia et rapinas, que in Italia sceleratissime exercuerunt,

zessen, insbesondere zum Verfahren gegen Heinrich den Löwen, liegt auf der Hand.

Diese erste Phase der Auseinandersetzung unterscheidet sich von dem späteren Vorgehen des Kaisers dadurch, daß Wesen und Inhalt des Regalienbegriffes unerörtert bleiben. Die Mailänder hatten, so argumentierte man bei Hofe, durch fortgesetzten Landfriedensbruch und hartnäckige Weigerung, vor dem kaiserlichen Gericht zu erscheinen, ihr Recht verwirkt. Auf die Frage, ob sie die Regalien bisher nach Gewohnheitsrecht oder kraft alter Privilegien auszuüben befugt waren, brauchte man überhaupt nicht einzugehen. Dabei ist eine Feststellung von grundsätzlicher Bedeutung; als Friedrich im Herbst des Jahres 1155 die Bannsentenz gegen die Mailänder schleuderte, leugnete er damit keineswegs, daß die Kommune bisher im rechtmäßigen Besitz der ihr nunmehr aberkannten Hoheitsrechte gewesen sei. Aber er hielt es für eine Befugnis des Königs und Kaisers, den Städten die Regalien zu verleihen und sie ihnen unter ganz bestimmten rechtlichen Voraussetzungen auch wieder zu entziehen.

Ohne daß er die ritterlich-feudale Denkungsart seiner Zeit und seines Lebenskreises aufgegeben hätte, wurde Barbarossa auf diesem Wege veranlaßt, die Herleitung aller Hoheitsrechte aus der Gewalt des Monarchen zum Rechtsprinzip seiner Politik gegenüber den italienischen Städten zu machen. In der Praxis ergab sich daraus ein elastisches System, das ihm die Möglichkeit bot, zum Beispiel den Seemächten Pisa [17] und Genua,[18] deren Flottenhilfe er zu ge-

---

nostram indignationem meruerunt, et cum sepius vocati iusticiam fugerent, ex sententia principum imperiali banno eos subiecimus et in penam sue perfidie in celebri curia ex iudicio multorum principum tam Italicorum quam Teutonicorum omnibus regalibus et nominatim moneta et teloneo eos privavimus. Daß das Urteil von den italienischen und von den deutschen Fürsten gemeinsam gefunden wurde, wird in beiden Urkunden nicht ohne einen gewissen Nachdruck erwähnt.

[17] Const. 1, Nr. 205 § 3, St. 3936.

[18] Const. 1, Nr. 211, St. 3949. Daß beide seebeherrschenden Kommunen diese umfassenden Zugeständnisse gerade im Jahre 1162, also kurz nach der Zerstörung Mailands erhielten, zeigt vielleicht am deutlichsten, wie wenig prinzipiengebunden die kaiserliche Regalienpolitik war.

winnen suchte und deren territoriale Machtstellung zu brechen er kein Interesse hatte, die von ihnen tatsächlich seit langem geübten Hoheitsrechte durch einen Akt der Investitur bzw. der Belehnung einzuräumen, in anderen Fällen jedoch je nach der politischen Zweckmäßigkeit abgestufte Regelungen zu finden.

Die theoretische Grundlage dafür bot der Regalienbegriff. Anregungen der neueren Literatur weiterführend [19] kann man sagen, daß dieser Begriff in der Verfassungsgeschichte des Römisch-Deutschen Reiches und seiner Glieder während des Mittelalters drei Entwicklungsphasen durchgemacht hat. Er wurde während des Investiturstreites geprägt, um alle jene Rechte zu bezeichnen, die die geistlichen Reichsfürsten durch Investitur aus der Hand des Königs zu empfangen hatten. Es handelte sich dabei zunächst um nichts weiter als um die Scheidung zwischen spiritualia und temporalia nach dem Grundsatz, daß die ersteren nicht durch einen Laien, die letzteren nicht durch einen kirchlichen Weiheakt vergabt werden sollten. Barbarossa und seine Ratgeber wandten den Ausdruck regalia auf die italienischen Verhältnisse an, indem sie durch die Juristen von Bologna und durch rechtskundige Vertreter italienischer Stadtgemeinden feststellen ließen, welche Rechte dem König grundsätzlich zustünden. Es wäre allerdings ein Irrtum, wollte man glauben, daß diese zweite Stufe in der Entwicklung des Regalienbegriffes der Schulweisheit der römisch-rechtlich eingestellten Bologneser Rechtslehrer entstammte.[20] Der Kaiser bediente sich ihrer Gelehrsamkeit nur, um einen vorher bereits feststehenden Leitgedanken sachkundig erläutern zu lassen. Die wahre theoretische Wurzel seiner Auffassung von dem einheitlichen Ursprung aller öffentlichen Gewalt aus dem Königtum ist nicht die Wiedergeburt des römischen Rechtes, die auch in Italien zunächst in der Hauptsache eine Angelegenheit der Schule von Bologna und literarischer Pflege antiken Geisteserbes war und erst sehr allmählich auf die

[19] Vgl. Hans Thieme, Die Funktion der Regalien, ZRG Germ. Abt. 62 (1942), 57 ff. und für unseren Zusammenhang besonders Irene Ott, Der Regalienbegriff im 12. Jahrhundert, ZRG Kan. Abt. 35 (1948), 234 ff.

[20] Vgl. Heinrich Appelt, Friedrich Barbarossa und das römische Recht, Römische Historische Mitteilungen 5 (1961/62), 18 ff. [in diesem Sammelband S. 58 ff.].

Rechtspraxis einwirkte, sondern die Idee des Gottesgnadentums. Während der Ausdruck Regalien in Diplomen Barbarossas für deutsche Empfänger kaum begegnet,[21] gewann er in der Folgezeit auf deutschem Boden die bekannte Bedeutung für die Bestimmung des Inhaltes der Landeshoheit. Inwieweit diese dritte Phase der Ausbildung des Regalienbegriffes von der zweiten, italienischen mit beeinflußt wurde, bedarf noch einer gesonderten Untersuchung. Erinnern wir uns nur daran, daß Heinrich der Löwe, der Herzog von Österreich, der König von Böhmen und andere mächtige Fürsten Zeugen und Teilnehmer der italienischen Regalienpolitik Friedrichs I. im kaiserlichen Heerlager waren. Sie genossen dort einen unvergleichlichen Anschauungsunterricht, wie man nutzbare Hoheitsrechte mit eiserner Konsequenz und doch, wenn nötig, mit elastischer Anpassungsfähigkeit geltend machen konnte.

Die ideale Lösung war in den Augen des Kaisers die Verwaltung der städtischen Regalien durch Reichsbeamte, durch Rektoren oder Podestàs, die er nach freiem Ermessen an die Spitze der Kommunen berief. Einige Zeit hindurch verfolgte er dieses Ziel mit großer Energie. 1162 sahen sich die Bewohner von Piacenza genötigt, der Einsetzung eines oder mehrerer kaiserlicher Podestàs zuzustimmen, seien es Deutsche oder Lombarden.[22] Aber das war keineswegs ein unabänderliches Axiom der Politik des Staufers. Im gleichen Jahre wurde den Cremonesen das Recht gewährt, ihre Konsuln frei, unter Umständen unter der Leitung eines kaiserlichen Bevollmächtigten, zu wählen. Gegen einen Jahreszins von 200 Mark Silber sollten diese autonomen städtischen Magistrate die Investitur mit den Regalien empfangen.[23] Noch weiter gingen die Zugeständnisse, die 1164 den Pavesen eingeräumt wurden; sie erhielten innerhalb der Stadt sowie in der Diözese und im Komitat bzw. Distrikt alle Gerichtsbarkeitsrechte, wie sie ein Herzog, Markgraf oder Graf in seinem Amtssprengel ausübt.[24] Das Wahlrecht wurde ihnen uneingeschränkt und ohne finanzielle Gegenleistung eingeräumt.

[21] Ott a. a. O. 297 ff.
[22] Const. 1, Nr. 206 § 7.
[23] Const. 1, 212 §§ 2 und 3.
[24] Böhmer, Acta imperii Nr. 121: omnes etiam iurisdictiones quas

Auch das Abkommen, das 1162 mit Ravenna geschlossen wurde,[25] zeigt, daß der kaiserlichen Macht selbst in den Tagen des Erfolges gewisse Grenzen gezogen waren. Größtes Gewicht legte Barbarossa offenbar auf seinen Anspruch, die von den Ravennaten erwählten Konsuln zu bestätigen. Hielt er sich in der Romagna oder im Gebiet von Ferrara auf, dann sollte die Mehrheit der Konsuln bei Hofe erscheinen, um die Investitur einzuholen. Weilte er anderswo in Italien, dann genügte es ihm, wenn zwei von ihnen namens der Gesamtheit ihre Würde aus seiner Hand entgegennahmen. Nach Deutschland zu ziehen sollten die Konsuln jedoch nicht verpflichtet sein. Man sieht daraus, wieviel unter den damaligen Verhältnissen davon abhing, wo sich der Herrscher eines ausgedehnten Reiches aufhielt. Er brauchte nur etwa ein Jahrzehnt Italien fernzubleiben, und es konnte das von ihm in Anspruch genommene Recht der Investitur der Konsuln verblassen. Die Abmachungen mit Ravenna enthalten aber noch eine weitere Bestimmung, die in unserem Zusammenhang nicht unerwähnt bleiben darf. Es wird dem Kaiser ausdrücklich untersagt, sich mit seinem Heer auf den Besitzungen der Bewohner und der Kirchen der Stadt jenseits der Reichsstraße einzuquartieren. Ohne Heeresmacht soll er vielmehr mit der Kaiserin und den Fürsten in Ravenna seinen Einzug halten. Man wird ihn dort mit gebührender Ehre „wie in seinem eigenen Hause" empfangen.[26]

Im Sinne unserer Problemstellung müssen wir den Versuch unternehmen, nicht allein den Rechtsstandpunkt des Kaisers, sondern auch den der Kommunen zu rekonstruieren. Das ist gewiß nicht ganz leicht, denn die Ziele der kaiserfeindlichen Städte blieben keineswegs konstant, und auch die Forderungen, die die einzelnen

umquam marchio in sua marchia vel comes in suo comitatu legitime habuit presentibus et futuris consulibus concedimus.

[25] Const. 1, Nr. 213.

[26] Quod si forte domnus imperator ad partes Ravennae cum exercitu venerit, non debet cum exercitu in possessionibus eorum et ecclesiarum hospitari a strata inferius, set si voluerit, cum domna imperatrice et cum principibus suis sine exercitu Ravennam et alias possessiones Ravennatum intrare; cum debito honore et reverencia sicut in domo propria suscipietur.

Kommunen erhoben, gingen nicht immer gleich weit. Eines muß allerdings hervorgehoben werden. Die Städte erstrebten nicht etwa die Beseitigung der Reichsgewalt oder der staufischen Herrschaft, sondern nur eine möglichst autonome Stellung im Rahmen des Reiches mit dem Recht freier Wahl der Magistrate und die Herabsetzung der finanziellen und sonstigen Anforderungen des Kaisers auf ein Mindestmaß.[27]

Aufschlußreich sind in dieser Hinsicht die Punktationen, die der Lombardenbund im Jahre 1175 als Grundlage für die Friedensverhandlungen von Montebello aufstellte.[28] Bei ihrer Beurteilung muß bedacht werden, daß die Lombarden damals, nach dem Scheitern der sechs Monate während Belagerung des kaiserfeindlichen Alessandria, selbstbewußt aufzutreten in der Lage waren. Ihren vereinten Anstrengungen war es gelungen, ein achtunggebietendes Heer ins Feld zu führen, aber noch war keine Entscheidung gefallen und die Macht des Staufers unbesiegt. So erstrebten die Lombarden einen Ausgleich, der zwar durch eine förmliche Unterwerfung unter die Hoheit des Kaisers eingeleitet, in den Einzelheiten jedoch durch ein von beiden Seiten zu beschickendes Schiedsgericht formuliert werden sollte. Nicht weniger als 24 Städte, unter ihnen Cremona, Mailand, Verona und Venedig, ferner der Markgraf Malaspina und andere Herren treten in diesen Punktationen namens des antistaufischen Bundes auf. Sie erklären sich bereit, dem Kaiser alles zu leisten, was ihre Vorfahren seit dem Tode Heinrichs V. seinen Vorgängern ohne Zwang und Furcht geleistet hätten. Dafür wünschen sie alle jene Rechte zu behalten, die sie seit dem genannten Zeitpunkt besaßen, vor allem die Konsulatsverfassung, offenbar mit freier Wahl der Konsuln. Ausdrücklich wird hervorgehoben, daß die Gerichtsbarkeit über die Bewohner der

---

[27] So enthält der Vertrag, den Mailand im Jahre 1156 mit Piacenza abschloß, einen Treuevorbehalt zugunsten des Kaisers (salva fidelitate domini Frederici imperatoris et suorum successorum catholicorum; C. Manaresi, Gli Atti del comune di Milano, Milano 1919, 55 Nr. 35). Man wird aus dieser Formulierung schließen dürfen, daß der Vorbehalt für einen vom Papst exkommunizierten Kaiser keine Gültigkeit haben sollte.

[28] Const. 1, Nr. 244.

Städte und Grafschaften den Konsuln zustehen solle, was also wohl von den Lombarden als gutes Herkommen seit einem halben Jahrhundert betrachtet wurde. Alle den Rechten der Mitglieder und Parteigänger des Bundes entgegenstehenden kaiserlichen Verfügungen sind zu kassieren. Das Befestigungsrecht wird von den Bundesmitgliedern ohne Einschränkung in Anspruch genommen, ebenso das Recht der freien eidgenössischen Einung, auf dem der Bund aufgebaut war.

Gewissermaßen einen logischen Abschluß finden die Punktationen der Lombarden in dem Versuch, die Gerechtsame des Reiches dem Herkommen entsprechend zu formulieren.[29] Zieht der Herrscher nach Rom, um die Kaiserkrone zu erwerben, dann stehen ihm fodrum, Dienstleistungen und Gastungen zu. Er hat Anspruch auf ungestörten Durchzug; dabei ist ihm die Möglichkeit zu gewähren, sich auf den Märkten ausreichend zu versorgen. Friedlich und ohne betrügerischen Verzug soll er das Land durchziehen. Die Vasallen des Reiches haben ihm den Treueid zu leisten, ebenso die Bürger der Städte, letztere nach hergebrachter Sitte. Die Vasallen sind ihm auch zur herkömmlichen Heeresfolge nach Rom verpflichtet. Vorenthaltene Regalien sind ihren Besitzern zurückzustellen. Dabei wird jedoch eine ganze Gruppe gewohnheitsrechtlicher Einkünfte, die nach kaiserlicher Auffassung großenteils unter den Begriff der Regalien fielen, grundsätzlich den tatsächlichen Nutznießern vorbehalten: Weide und Fischerei, Mühlen und Backöfen, die Bänke der Geldwechsler und der Händler, die Fleischbänke, Gebäude an öffentlichen Straßen, schließlich ganz allgemein alle seit unvordenklichen Zeiten bestehenden Gewohnheiten — eterne consuetudines antique.[30] Hier ist der Definition von Roncaglia ein anderer Rechtsstandpunkt gegenübergestellt; die „niederen Regalien", wie man die hier aufgezählten Rechte später nannte, sollen dem Zugriff des

[29] A. a. O. § 9.
[30] Consuetudines etiam et comoditates, quas civitates et omnes de Societate habere consueverunt in pascuis, piscationibus, molendinis, furnis, tabulis canbiatorum et negociatorum, macellis, domibus, quas habent edifficatas in viis publicis vel supra vel iuxta vias publicas et eternas consuetudines antiquas eisdem civitatibus et omnibus de Societate quiete habere et tenere permittat.

Kaisers und seiner Organe entzogen werden. Streitigkeiten über
alle angeführten Punkte sind von den Konsuln der Stadt bzw. von
den Leuten der Grafschaft, also von den autonomen Gerichts-
gewalten, zu entscheiden.

Einzelne dieser Forderungen, insbesondere die letzte, waren für
den Kaiser unannehmbar. Die Lombarden konnten nicht mit einer
uneingeschränkten Billigung des von ihnen vorgelegten Entwurfes
rechnen. Leider ist uns das Gegenstück zu ihren Punktationen, nämlich die schriftliche Aufzeichnung der Friedensbedingungen des
Kaisers, nicht überliefert. Doch können wir dem Eid der Schiedsrichter entnehmen, daß auch ein „breve imperatoris" existiert hat,
was in der bisherigen Literatur viel zuwenig beachtet wurde.[31] Bis
zu einem gewissen Grad läßt sich der Inhalt dieses Schriftstückes
aus dem Schiedsspruch der Konsuln von Cremona rekonstruieren.
Das kaiserliche Breve scheint in der Regalienfrage einen sehr ge-
mäßigten Standpunkt eingenommen zu haben. Immerhin erreichte
Barbarossa, daß die Beschränkung des fodrums auf den Zug zur
Kaiserkrönung fallengelassen wurde. Aber dieses scheinbar so bedeutsame Zugeständnis, das in der Literatur gern besonders hervorgehoben wird,[32] scheint doch mit einer finanziell sehr gewichtigen
Konzession erkauft worden zu sein, die im ursprünglichen Forde-
rungsprogramm der Lombarden nicht enthalten war; der Kaiser
mußte ausdrücklich darauf verzichten, von den Städten, den Sub-
urbien und den Bürgern des Bundes irgendwelche Geldleistungen
zu fordern.[33] Hingegen erreichte er zunächst, daß die Lombarden
die Stadt Alessandria, die als Trutzgemeinde gegen den Kaiser
gegründet worden war, fallenließen und sich mit der Rücksiedlung
der Bewohner in ihre früheren Wohnsitze einverstanden erklärten.

Eine tatsächliche Erfüllung dieses Zugeständnisses hätte einen
eindrucksvollen, weithin sichtbaren Erfolg der kaiserlichen Politik

[31] Die Schiedsrichter verpflichten sich eidlich, quod secundum brevia
imperatoris et Societatis firmando, addendo, abstrahendo... concordabunt
se. Const. 1, Nr. 243.
[32] Vgl. Karl Hampe, Deutsche Kaisergeschichte in der Zeit der Salier
und Staufer, 10. Aufl., bearb. v. Friedrich Baethgen, 189 Anm. 2.
[33] Const. 1, Nr. 245: nullam exactionem pecuniariam habeat in civitatibus Societatis vel suburbiis civitatum vel civibus.

bedeutet. Da kam der Tag von Legnano, rein militärisch gesehen
eine den Krieg nicht entscheidende Niederlage des kaiserlichen
Ritterheeres gegenüber dem zahlenmäßig stark überlegenen Fuß-
volk der Mailänder, aber politisch und psychologisch höchst folgen-
reich. Nun fand sich Barbarossa dazu bereit, eine Neufassung des
Schiedsspruches der Cremonesen anzunehmen, der die Beschränkung
des fodrums auf die Romfahrt und die Anerkennung der Stadt
Alessandria enthielt.[34] Nicht zu folgen vermögen wir der herrschenden Auffassung, die von einer Beseitigung der kaiserlichen
Gerichtshoheit spricht, denn die Zuständigkeit der Konsuln in
Kriminalsachen war schon in den Abmachungen von 1175 vorausgesetzt und 1176, nach Legnano, präziser formuliert, aber die Appellation an den Kaiser blieb weiterhin möglich.

In dieser Phase der Auseinandersetzung sah sich der Kaiser stärker als bisher veranlaßt, die f o r m a l e Wahrung des monar-
chisch-feudalen Ehrenstandpunktes in den Vordergrund zu rücken.
In einem Mandat an die Konsuln und das Volk der gegnerischen
Städte ratifizierte er den Schiedsspruch der Cremonesen in der für
ihn ungünstigeren Fassung. Das in der kaiserlichen Kanzlei ab-
gefaßte Schriftstück berichtet, daß das Volk und die Ritterschaft
von Cremona mit den Konsuln an der Spitze vor Friedrich erschienen seien, um wegen des Friedens Gehör zu erbitten: zur Ehre des
Reiches und zum Nutzen ihrer Heimat.[35] Auf den Rat der Fürsten
und der getreuen Lombarden habe sich der Kaiser dazu entschlossen, das Friedensinstrument anzunehmen, obwohl es ihm in manchen Punkten äußerst hart erschienen sei: licet in quibusdam arti-
culis gravis nobis pernimium videatur. Diese Äußerung, die doch
wohl die Einstellung des Kaisers unmittelbar wiedergibt, zeigt
deutlich, daß der Staufer nicht starr an seinen ursprünglichen Leitgedanken festhielt, sondern gerade in der späteren Zeit seiner Regierung eine Anpassungsfähigkeit und Wendigkeit entwickelte, die
zu einer der Hauptvoraussetzungen neuer politischer Erfolge
werden sollte.

[34] Const. 1, Nr. 247.
[35] Ad honorem imperii et utilitatem Lonbardie, Marchie et Romanie;
Const. 1, Nr. 248.

Charakteristisch für die neue Situation ist das Abkommen, das
Barbarossa 1183 mit der Stadt Alessandria schloß.[36] Diese zwischen
Tortona und Asti gelegene Kommune war im Jahre 1168 von den
Lombarden als Kampfstützpunkt gegründet und nach Papst Alex-
ander III., dem großen Gegenspieler des Staufers, benannt worden.
Ihre bloße Existenz war begreiflicherweise in den Augen des Kai-
sers eine Beleidigung seiner Ehre; strategisch bedrohte sie seine
Machtstellung in einer Zone, die ursprünglich unbestrittener Ein-
flußbereich des Königtums gewesen war, weil hier bedeutende
Reichsdomänen lagen. Daher forderte Friedrich in den Verhandlungen des Jahres 1175 die Rückführung der Bewohner in ihre
dörflichen Heimatorte, und es scheint, daß ein zähes diplomatisches
Ringen um diesen Streitpunkt stattfand. Nach der Niederlage von
Legnano wurde der Weiterbestand Alessandrias als Stadt ausdrücklich in die Friedensbedingungen aufgenommen. Die Entspannung
der Lage nach dem Frieden von Venedig und die allgemeine Festigung der kaiserlichen Position ermöglichten es dem Staufer schließlich, eine Lösung herbeizuführen, die er von seinem Standpunkt aus
als durchaus annehmbar betrachten mußte.

Die Stadt übergab sich in die Gewalt des Kaisers und wurde von
ihm unter dem Namen Caesarea formal neu begründet. Sie erhielt
von ihm das selbstverständlich schon bisher geübte Recht der freien
Wahl ihrer Konsuln, die allerdings die Investitur vom Kaiser ein-
holen sollten; sie hatten die Regalien, die Gewohnheitsrechte und
die Gerichtsbarkeit in der Stadt auszuüben. Außerhalb der Stadtmauern jedoch sollten die Regalien und die ehemals markgräflichen
Rechte dem Kaiser zustehen und von dessen bevollmächtigtem
Boten eingehoben werden; auch Appellationen waren an diesen
Vertreter der Reichsgewalt zu richten. Die Bürger hatten Barbarossa und seinem Sohn Heinrich den Treueid zu leisten; sie sollten
verpflichtet sein, nach seinem Willen Krieg zu führen und Frieden
zu schließen.

Wir mußten diese Bedingungen näher darlegen, weil das Urteil
über den Vertrag mit Alessandria in der Bewertung der Politik
Barbarossas gegenüber den italienischen Städten eine erhebliche

---

[36] Const. 1, Nr. 292.

Rolle spielt. Einige Forscher waren der Meinung, es handle sich hier einzig und allein um die formale Wahrung der kaiserlichen Ehre.[37] Das ist zweifellos unrichtig, denn das Abkommen bot dem Kaiser darüber hinaus bemerkenswerte Vorteile: die Verwaltung der nutzbaren Hoheitsrechte außerhalb der Stadtmauern durch einen kaiserlichen Beamten, die Investitur der Konsuln, die Bindung Alessandrias an die militärischen Zielsetzungen der kaiserlichen Politik. Das war in den Augen Barbarossas sicherlich ein wesentlicher Fortschritt gegenüber dem lapidaren Satz, dem er sieben Jahre vorher seine Zustimmung erteilen mußte: Alexandria in statu civitatis permaneat. Aber man wird die Bedeutung dessen, was die staufische Politik auf diesem Wege zu erreichen vermochte, doch auch nicht überschätzen dürfen. Die Anerkennung nicht allein des Fortbestehens, sondern auch der Selbstverwaltung einer in schroffstem Gegensatz zum Reich gegründeten Kommune wog schwer genug gegenüber dem Treueid der Bürger und der Wahrung des kaiserlichen Investiturrechtes der Konsuln. Die Einkünfte, die die Stadtgemeinde innerhalb der Mauern aus den Regalien und Gewohnheitsrechten bezog, übertrafen sicher diejenigen, die dem Kaiser aus der Umgebung zuflossen, um ein Vielfaches, und der Wirkungskreis des dem bevollmächtigten Boten des Kaisers zugedachten Beamtenregimes war von vornherein verhältnismäßig eng umgrenzt.

Dasselbe gilt im Grunde genommen auch vom Frieden von Konstanz, der die ohne Zutun der Reichsgewalt ausgebildete Verfassung der oberitalienischen Kommunen unter Wahrung der kaiserlichen Hoheitsrechte auf eine klare juristische Basis stellte und eine politische Zusammenarbeit zwischen Barbarossa und dem von ihm nun ausdrücklich anerkannten Lombardenbund in Aussicht nahm. Das Entscheidende ist, daß den Städten die Regalien überlassen bleiben, und zwar innerhalb der Stadtmauern ohne jede Einschränkung; außerhalb derselben stehen ihnen alle Gewohnheitsrechte zu mit Ausnahme jener Regalien, die ein unparteiisches Schiedsgericht unter der Leitung des Bischofs als kaiserlich erweist. Ausdrücklich ist unter den Regalien, die den Kommunen zustehen, auch das fodrum

---

[37] Vgl. Walter Lenel, Der Konstanzer Frieden von 1183 und die italienische Politik Friedrichs I. HZ 128 (1923), 196.

genannt, also die Steuer, die sich aus der Futterabgabe für das
königliche Heer entwickelt hatte. Nur die üblichen Leistungen für
die Verpflegung seiner Truppen in der Lombardei behält sich Barbarossa vor. Was der Kaiser sonst zu erreichen vermochte, beschränkt sich im wesentlichen auf die Investitur der Konsuln, die
ihm einen Treueid zu leisten haben, auf die Forderung des Unter-
taneneides und auf den Vorbehalt der Appellation an das kaiserliche Gericht von einer bestimmten Höhe der Strafsumme an. Aber
dem steht eine Fülle von Zugeständnissen gegenüber, aus denen hier
nur die Anerkennung des unbeschränkten Befestigungsrechtes der
Städte und die Zusage des Kaisers hervorgehoben sei, daß er in den
Städten und Bistümern keinen überflüssigen Aufenthalt nehmen
werde.

Das Vertragswerk von Konstanz trägt insofern den Charakter
eines Kompromisses, als es die Vorstellungen des Kaisers von der
Hoheit des Reiches nicht verletzte. Der Sache nach hatte sich allerdings der Standpunkt der Kommunen in allen wesentlichen Streit-
punkten durchgesetzt. Nur darf man dieses für die Reichsgewalt
überwiegend negative verfassungsrechtliche Ergebnis nicht isoliert
von der politischen Gesamtsituation werten. In weiten Teilen
Mittelitaliens, vor allem in der Toskana, zum Teil auch in Piemont,
war es dem Staufer gelungen, sein Programm in die Tat umzusetzen. In den Landschaften nämlich, in denen weder die Wirtschafts-
kraft noch die politische Autonomie der Kommune zur gleichen
Entfaltung kommen konnte wie in der Lombardei, wurde eine von
kaiserlichen Beamten getragene Reichsverwaltung eingeführt, die
den Staufern nicht bloß beachtliche finanzielle und militärische
Hilfsmittel erschloß, sondern auch eine für die Kurie nicht unbe-
denkliche territoriale Entwicklung einleitete. Von diesen mittelitalienischen Positionen aus konnte das Kaisertum einen empfind-
lichen Druck auf den Kirchenstaat ausüben. Halten wir noch dazu,
daß es Barbarossa gelungen war, den Konflikt mit dem Papsttum
durch den Frieden von Venedig gütlich beizulegen und die territorialen Verhältnisse in Deutschland nach dem Sturz Heinrichs des
Löwen im Sinne seiner Politik des Ausgleichs mit den Fürsten neu
zu ordnen, dann fallen seine Zugeständnisse an die Lombarden
doch nicht so stark ins Gewicht. Er hatte zwar auf einen Komplex

von Einkünften verzichtet, der in der damaligen Christenheit kaum seinesgleichen fand, als er den Lombarden die Regalien in der Hauptsache überließ. Aber über die bloße Wahrung der obersten staatlichen Hoheitsrechte hinaus hatte er sich auch in Oberitalien eine durchaus ausbaufähige Position bewahrt, und er konnte hoffen, daß der Lombardenbund nunmehr zumindest eine wohlwollend neutrale Haltung einnehmen werde.

Keinem Zweifel unterliegt es, daß sich Barbarossa und seine Berater gerade in der späteren Zeit seiner Regierung als ausgezeichnete Diplomaten bewährt haben. Niemals zuvor waren die Rechte der Reichsgewalt in Italien mit solcher Intensität geltend gemacht worden. Wenn man die Gesamtlage, die der Staufer vorfand, als er 1154 zum erstenmal über die Alpen zog, mit dem Erbe vergleicht, das er seinem Sohn hinterließ, dann kann man nur von einer wahrhaft bewundernswerten politischen Leistung sprechen.

Speculum Historiale. Geschichte im Spiegel von Geschichtsschreibung und Geschichts-
deutung. Festschrift Johannes Spörl. Freiburg i. Brsg.: Verlag Alber 1965, S. 469—478.

DER „FAVOR APOSTOLICUS" BEI DER WAHL
FRIEDRICH BARBAROSSAS UND IM
DEUTSCHEN THRONSTREIT (1198—1208)

Von Friedrich Kempf S. J.

Barbarossas Wahl am 4. März 1152 in Frankfurt, seine Königsweihe und -krönung zu Aachen am 9. März, die Benachrichtigung
des Papstes durch feierliche Gesandtschaft und Wahlanzeige, die
wohlwollende Antwort Eugens III. vom 17. Mai — alle diese Vorgänge sind zu oft behandelt worden, als daß sich wichtige neue
Aufschlüsse erwarten ließen.[1] Das hier verfolgte Anliegen ist daher
in bescheidenen Grenzen gehalten. Im Grunde geht es auf eine
Anregung H. Appelts zurück. In seiner dankenswerten Rezension
meines Innocenz-Buches wies er darauf hin,[2] daß der von Innocenz III. verwendete, von mir als originell bezeichnete Gedanke des
favor apostolicus schon im Antwortschreiben Eugens auf Barbarossas Wahlanzeige anklinge, nämlich in der auf die Wahl bezogenen
Wendung: *benigno favore sedis apostolicae approbamus*;[3] unter
Umständen habe Innocenz das Schreiben aus der Registerüberlie-
ferung gekannt; jedenfalls sei der Terminus *favor* schon im Denken
des 12. Jahrhunderts verwurzelt; bezeichne doch einmal auch Barbarossa die von ihm im Schisma angestrebte gemeinsame Haltung
der drei mächtigsten abendländischen Könige als *favor* (MG
Const. I Nr. 181).

Inzwischen ist die soeben zitierte Stelle aus Eugens III. Brief von

---

[1] Zur Bibliographie vgl. Gebhardt-Grundmann, Handbuch der deutschen Geschichte I § 111; als neuestes Werk mit reicher Bibliographie sei
eigens zitiert: M. Maccarrone, Papato e Impero dalla elezione di Federico
I alla morte di Adriano IV (Lateranum N. S. 25), Rom 1959, S. 11—39.

[2] MIÖG 64 (1956), 339.

[3] MG Const. I Nr. 139, S. 194.

M. Maccarrone wiederum untersucht worden.[4] Der gelehrte Verfasser geht vom Prädikat *approbamus* aus und spricht ihm einen spezifisch juridischen Sinn ab. Er verweist dabei auf J. Hallers Deutung[5]: Eugen habe den Ausdruck „Bestätigung" vermieden und bloß von „Billigung" (*approbamus* statt *corfirmamus*) gesprochen, und findet dies durch die beigefügten Worte: *benigno favore sedis apostolicae*, gestützt. Hier handle es sich nämlich um eine der Papstkanzlei geläufige Formel; sie verheiße einer Person oder Institution von seiten des Hl. Stuhles Wohlwollen und Unterstützung, werde gerne mit anderen Ausdrücken, wie *gratia sedis apostolicae,* verbunden und erscheine besonders häufig in Zugeständnissen an Geistliche. Mit dem kleinen Satz wolle Eugen sagen, er begrüße durchaus Friedrichs Erwählung und gewähre als sichtbares Zeichen seiner Zufriedenheit den *favor sedis apostolicae.*

Deutsche Historiker fassen die Briefstelle gewöhnlich etwas schärfer. Sie soll eine Wahlbestätigung enthalten; an sich hätte Barbarossa darum bitten müssen; da er es unterlassen habe, sei er vom Papst gleichsam korrigiert worden. Mag auch diese Deutung auf den ersten Blick bestechen, einer kritischen Nachprüfung hält sie nicht stand. Es ist ein vergebliches Unterfangen, den unbestimmten Ausdruck *approbare* auf den spezifischen Sinn einer Wahlkonfirmation festlegen zu wollen: Weder das Wort an sich noch der Context ermächtigen dazu.[6] Ebensowenig läßt sich ein Rechtsanspruch Eugens auf Konfirmation der deutschen Königswahl erweisen. Obgleich unter Gregor VII. gewisse dahin zielende Ansätze

---

[4] Maccarrone, Papato e Impero, S. 25 f. mit Anm. 45.

[5] J. Haller, Das Papsttum III, Stuttgart ²1952, S. 101.

[6] Zum Wort vgl. Wortregister der alten Ausgaben des Corpus Juris Canonici und K. Mörsdorf, Die Rechtssprache des Codex Juris Canonici (Görresges., Veröffentl. d. Sekt. Rechts- und Staatswiss. 74), Paderborn 1937, S. 85 f. — Im Context (MG Const. I S. 194) heißt es: quod de tua strenuitate, divina clementia disponente, tam concorditer factum esse cognovimus, ... approbamus. Der Quod-Satz sagt also nicht das Geringste über den Charakter der Approbation aus; er beschreibt bloß, was der Papst billigt, und zwar in recht unklarer Weise; denn die Billigung kann sich auf Barbarossas Person oder auf seine Erhebung oder auf beides beziehen.

gemacht worden sind und die umlaufenden Ideen des politischen
Augustinismus ein günstiges Klima geschaffen haben, ist es nicht zur
Bildung eines eigentlichen Rechtes gekommen. Man kann den
Quellenzeugnissen nicht einmal entnehmen, daß die römische Kurie
es bewußt hätte ausbilden wollen. Nicht auf römischen Druck hin,
sondern wegen innerdeutscher Opposition haben Lothar III. und
Konrad III. ihre Erhebung durch den Hl. Stuhl bestätigen lassen.
Diese Notlage bestand nicht mehr, als 1147 Konrads Sohn Heinrich
(† 1150) einstimmig zum König gewählt wurde. Ausgerechnet der
„Pfaffenkönig" Konrad trug daher kein Bedenken, dem Papst das
Geschehene ohne Konfirmationsbitte mitzuteilen.[7] War es nicht
selbstverständlich, daß Friedrich I. sich genauso verhielt? Gewiß,
die Wiederholung einer nach kurialer Auffassung unkorrekt abge-
faßten Wahlanzeige hätte Eugen III. veranlassen können, sein
Recht zu wahren. Da aber die Annahme eines solchen Rechts-
anspruchs auf reiner, obendrein wenig wahrscheinlicher Vermutung
beruht, dürfte Maccarrones Deutung den Vorzug verdienen.

Der Akzent liegt in Eugens Formulierung weniger auf dem
approbamus als auf dem *favor sedis apostolicae:* Eugen will den
neu erhobenen deutschen Herrscher seiner freundlichen und wohl-
wollenden Gesinnung versichern. Daß Billigung und *favor* eng
zusammenhängen, geht aus der Satzkonstruktion hervor: *favore
sedis apostolicae approbamus.* Was das wohl bedeuten mag? Billigung aus besonderer Gunst, etwa im Sinne: „wir wollen einmal
so gut sein und approbieren", kommt wohl wegen des arroganten
Tones nicht in Betracht, es wird gemeint sein: Billigung durch Gunst,
in Form von Gunst oder Billigung mit, unter Gunst. Der genaue
Sinn läßt sich wohl niemals ermitteln, doch sei schon jetzt darauf
hingewiesen, daß Innocenz III. später gleichfalls *approbare* und
favere miteinander verbindet, freilich weniger im Sinne von *fa-
vendo approbamus* als umgekehrt. Für das Verständnis des eugeni-
schen *favor* ist mit dieser Parallele natürlich nichts gewonnen. Trotzdem sollten wir auf den Versuch einer etwas genaueren Bestimmung
nicht verzichten. Nach Maccarrones Feststellung ist favor ein ge-

---

[7] MG Const. I Nr. 124, S. 179; vgl. dazu Maccarrone, Papato e Impero,
S. 13 f.

läufiger Ausdruck der päpstlichen Kanzlei, und zwar soll die versprochene Gunst einer Person oder einer Institution gelten. In unserem Falle wird sie wohl sicher der Person Barbarossas zugewendet. Maccarrone versteht darunter ein nicht näher zu fassendes allgemeines Wohlwollen gegenüber dem neuen Herrscher. Man muß es nicht dabei bewenden lassen. Daß der vielfältig anwendbare Ausdruck *favor* durch die näheren Umstände seines Gebrauchs einen konkreten Sinn erhalten kann, dafür hat H. Appelt ein gutes Beispiel gefunden. Es ist ein Brief Barbarossas an den Erzbischof von Salzburg, geschrieben wegen des gerade eingetretenen päpstlichen Schismas von 1159.[8] Dort bedeutet *favor* die Entscheidung zugunsten eines der erwählten Päpste, wobei zwei rechtlich verschiedene Personenkreise in Erwägung gezogen sind: einerseits der Erzbischof mit seinen Suffraganen, anderseits der Kaiser mit den Königen von Frankreich und England. In Eugens Schreiben läßt sich zwar der *favor sedis apostolicae* weniger deutlich festlegen, aber sicher spielten in ihn die Rechtsbeziehungen hinein, die zwischen einem neu erhobenen deutschen Herrscher und dem Hl. Stuhl obwalteten, und bestimmten seinen Sinn mit.

Wenn wir die zeitgenössischen Quellen über diese Rechtsbeziehungen befragen, gibt Friedrichs Wahlanzeige eine erste wichtige Auskunft; sie zeigt, daß sich der neue *Romanorum rex et semper augustus* schon im Besitz der Kaisergewalt betrachtet.[9] Eugen III. wird darob nicht ungehalten gewesen sein. Die dem Hl. Stuhl zustehende Kaiserweihe und -krönung übertrug ja bloß die Kaiserwürde; an politischer Gewalt gewann der gekrönte Kaiser im 12. Jahrhundert so gut wie nichts an der Herrschaft hinzu, die er über die imperial aufgefaßte Reichstrias Deutschland-Burgund-Italien durch Wahl und Königskrönung ergriffen hatte. *Imperatoriae dignitatis plenitudinem concedimus* hat daher Innocenz II. anläßlich der Kaiserkrönung Lothars III. erklärt,[10] und Eugen III. dürfte dasselbe gemeint haben, als er 1153 im Konstanzer Vertrag

8 MG Const. I Nr. 181, S. 252 f.
9 MG Const. I Nr. 137, S. 191 f.; vgl. Maccarrone, Papato e Impero, S. 18—24.
10 MG Const. I Nr. 116, S. 168.

pro coronae suae (Barbarossas) *plenitudine* die Kaiserkrönung fest
versprach.[11] Eine weitere wertvolle Nachricht liefert Wibald von
Stablo in seinem an Eugen gesandten Bericht über Friedrichs Wahl
und Königsweihe. Da wird unter anderem erzählt,[12] nach der
Weihe habe der König in Aachen mit den anwesenden Fürsten über
die unter Konrad III. beschlossene Romfahrt verhandelt. Während
die Bischöfe wegen Eugens Bedrängnis durch die aufständischen
Römer für schleunigen Aufbruch eingetreten wären, hätten die
Laienfürsten zum Aufschub geraten und dabei geltend gemacht, es
zieme sich, daß Barbarossa mehr auf päpstliche Einladung hin denn
aus eigenem Antrieb nach Rom käme *(decere etiam ut vocatus a
vobis* [Eugen] *potius quam sponte sua veniret).* Da Friedrichs Romzug zum eigentlichen Ziel den Empfang der Kaiserweihe hatte und
der weitere Zweck, die päpstliche Herrschaft über Rom wiederherzustellen, ein zeitbedingtes Akzidenz war, wird sich das ange-
ratene Abwarten einer Einladung Eugens in erster Linie auf die
Kaiserweihe bezogen haben. Von hier aus gewinnt die feierliche
Gesandtschaft, die Barbarossa nach altem, von ihm eigens hervor-
gehobenen Brauch nach Rom abordnete, einen genaueren Sinn:
Durch sie und die von ihr überbrachte Wahlanzeige stellte sich der
mit imperialer Gewalt ausgestattete und in der Anwartschaft auf
die Kaiserweihe stehende deutsche Herrscher dem Papst gleichsam
vor, auch und gerade im Hinblick auf die künftige Ordination.

Über die damit gegebene Einflußmöglichkeit des Hl. Stuhles
drückten sich die Fürsten allerdings vorsichtig aus; indem sie das
Abwarten einer Einladung Eugens bloß für schicklich erklärten,
wollten sie offenbar ein striktes Berufungsrecht des Papstes nicht
ohne weiteres anerkennen. Barbarossa dürfte dazu noch weniger
bereit gewesen sein. Was aus seiner Wahlanzeige nur andeutungs-
weise hervorgeht, hat er nach dem berühmten, hier als bekannt vor-
ausgesetzten Vorfall in Besançon (1157) klar herausgestellt. Zwischen Wahl und den beiden Krönungen unterscheidend, verlegte er
den entscheidenden Akt: die Übertragung der gottesunmittelbaren

---

[11] MG Const. I Nr. 144, S. 201.
[12] MG Const. I Nr. 138, S. 193; zum Brief vgl. Maccarrone, Papato e
Impero, S. 15—18.

Kaisergewalt, in die Fürstenwahl, der die Königsweihe in Aachen durch den Kölner Erzbischof und die Kaiserweihe in Rom durch den Papst zu folgen hätten.[13] Da die Funktionen des Kölner Erzbischofs und des Papstes nebeneinandergestellt sind und dem Kölner sicher kein besonderes Einspruchsrecht gegenüber der vollzogenen Wahl zugebilligt werden soll, hat wohl auch der Papst die ihm zustehende Kaiserweihe nach Friedrichs Ansicht ungefragt zu vollziehen. Sie dürfte für den Staufer eine rein kirchlich-sakramentale Zeremonie gewesen sein ohne konstitutive Bedeutung. Die Wahlanzeige wurde dadurch zu einem ziemlich unwichtigen Akt der Höflichkeit und ersten Kontaktnahme. Der Papst hatte die Anzeige entgegenzunehmen und sich für die Kaiserweihe bereitzuhalten, wenn ihm auch für das Festsetzen des Zeitpunktes und anderer unwesentlicher Einzelheiten Verhandlungsmöglichkeiten blieben. Was Barbarossa hier aussprach, enthüllte den eigentlichen Gegensatz zwischen seiner und der römisch-kurialen Auffassung. Zwar warf er damals als Gegenstand des Streites die Frage auf, ob das Imperium päpstliches Lehen sei oder nicht, dürfte jedoch in Hadrians Brief, den die Legaten in Besançon überreichten und so den Konflikt auslösten, das unglücklich gewählte Wort *beneficia* mißverstanden haben. Was der Papst in einem zweiten Schreiben zur Beruhigung der Gemüter erklärte, hat er mit weitaus größerer Wahrscheinlichkeit schon im ersten Brief sagen wollen, nämlich daß die Kaiserkrönung ein vom Papst gewährtes *beneficium* im Sinne von *bonum factum*, von Wohltat sei.[14] Mit dieser seiner Interpretation beseitigte er den Konflikt, ohne den prinzipiellen, von Barbarossa abweichenden Standpunkt aufzugeben. Die römische Kurie betrachtete die Kaiserweihe und -krönung nicht als einen Akt, den der Papst blindlings vollziehen müsse. Wieweit auch immer sie sich an die aus Wahl und Königskrönung bestehende Erhebung des deutschen Herrschers gebunden gefühlt haben mag, für die Kaiserkrönung hielt sie jedenfalls an einer letzten Verfügungsfreiheit fest.

[13] MG Const. I Nr. 167, S. 233.
[14] MG Const. I Nr. 164, S. 230 (im 1. Brief); Nr. 168, S. 234 (im 2. Brief); zum Konflikt vgl. Maccarrone, Papato e Impero S. 202—269, sowie meine Studie: Kanonistik und kuriale Politik im 12. Jahrhundert, Arch. Hist. Pont. 1 (1963), 43—47.

Außerdem hatte für sie die römische Feier sicher eine konstitutive Bedeutung; sie übertrug den kaiserlichen Namen, die imperiale Würde, das universale Kaisertum, das ja eben in dieser Würde bestand. Wenn also der Papst in relativer Freiheit dem deutschen Herrscher das Kaiserdiadem aufsetzte, so war das in den Augen der römischen Kurialen der Erweis einer Wohltat, einer Gunst und in diesem Sinne ein *beneficium*, ein *favor*. Diese Anschauung beruhte auf einer langen Kurientradition. Es dürfte daher keinem Zweifel unterliegen, daß Hadrians IV. unmittelbarer Vorgänger, Eugen III., ebenso gedacht hat.

Ob sich auf Grund dieser Zusammenhänge nicht doch etwas mehr über den *favor sedis apostolicae*, den Eugen 1152 verheißen hat, sagen läßt? An sich ging es um eine blasse Formel, um die Versicherung, der Hl. Stuhl sei gegenüber Barbarossa wohlwollend eingestellt und bereit, ihn zu fördern. Und doch mußte das allgemein gehaltene Versprechen, sollte es ehrlich gemeint gewesen sein, die konkrete Geneigtheit enthalten, Barbarossa zum Kaiser zu krönen. Das geht notwendig aus dem Anlaß von Eugens Zusicherung hervor. Der Papst antwortet mit seinem Brief auf Friedrichs mündliche und schriftliche, durch Gesandte überbrachte Botschaft. Von der Finalität dieses alten Brauchs war oben die Rede: sie betraf zwar nicht ausschließlich, aber doch zu einem guten Teil die künftige Kaiserweihe und -krönung. Einerlei, ob Eugen darüber reflex nachgedacht hat oder nicht, mit den Worten: *benigno favore sedis apostolicae approbamus* brachte er implicite die relative Verfügungsfreiheit zum Ausdruck, die nach römisch-kurialer Tradition dem Hl. Stuhl hinsichtlich der zu übertragenden Kaiserwürde zustand.

Was bei Eugen III. wie eine kurze Melodie aufklingt und verhallt, ist von Innocenz III. zu einem reich instrumentierten thematischen Satz verarbeitet worden. Jeder von beiden spiegelt hier den Geist seiner Zeit wider.[15] Eugen III. gehörte der nachgregorianischen Reformbewegung an. Obwohl das Wormser Konkordat eine erste Scheidung zwischen kirchlichen und königlichen Rechten gebracht hatte, herrschten doch an der römischen Kurie in den unmittelbar folgenden Jahrzehnten die auf Einheit hinzielenden Ideen

---

[15] Zum Folgenden vgl. meine in vorherg. Anm. zitierte Arbeit S. 11—52.

des politischen Augustinismus vor. Und da die Päpste, meist frühere Regularkanoniker, in engerem Kontakt mit dem Episkopat sowie mit den kanonikalen und monastischen Reformkräften standen, konnten sie ihre führende Stellung in der abendländischen Christenheit weiter ausbauen. Schon unter Eugens III. Pontifikat deuteten untrügliche Zeichen auf das Ende der Periode hin. Unter Hadrian IV., dem letzten Papst aus der Reihe der Regularkanoniker, kam an der römischen Kurie eine neue Generation ans Ruder. Es waren vorwiegend Politiker und Juristen, geschult durch die scholastische Dialektik, die sie dank Gratian und der Dekretisten in kirchen- und zivilrechtlichen Fragen auf schärfere begriffliche Unterscheidung achten ließ. Mehrere hervorragende Kanonisten trugen seit Alexander III. die Tiara. Ihnen muß Innocenz III. zugezählt werden. Was er in Bologna bei Meister Huguccio über das Verhältnis zwischen Papsttum und Kaisertum gelernt hatte, sollte er im deutschen Thronstreit verwenden.

Über den Einsatz des *favor apostolicus* durch Innocenz III. habe ich an anderer Stelle so ausführlich gehandelt,[16] daß hier nur die für unseren Zweck wesentlichen Gesichtspunkte herausgestellt werden sollen. Von den Wählern sowohl Philipps von Schwaben wie Ottos von Poitou zur Entscheidung gedrängt, beschäftigte sich der Papst seit dem Frühjahr 1199 mit den politischen und rechtlichen Problemen, die der Thronstreit aufwarf, bis er 1201 seine Entscheidung bekanntgab. Uns interessiert bloß die rechtliche Seite. Von Anfang an ließ Innocenz wissen, er werde einem lang dauernden Kampf wegen der verderblichen Folgen für Christenheit und römische Kirche nicht tatenlos zusehen. An sich hätten die deutschen Fürsten den Zwist zu schlichten, doch böte er ihnen dazu seine Hilfe an: sie könnten sich seines Rates *(consilium)* bedienen oder ihm die richterliche oder schiedsrichterliche Entscheidung *(iudicium-arbitrium)* übertragen. Sollten sie ihre Pflicht versäumen und den Thronstreit nicht aus der Welt schaffen, werde er, der Papst, von sich aus den *favor apostolicus* jenem König zuwenden, dessen Erhebung er für

---

[16] Papsttum und Kaisertum bei Innocenz III. Die geistigen und rechtlichen Grundlagen seiner Thronstreitpolitik (Misc. Hist. Pont. 19), Rom 1954, S. 134—151.

die bessere halte. Der Ausdruck *favorem impertiri, favere* kehrt in seinen Briefen so beharrlich wieder, daß es sich um einen festen Begriff handeln muß.[17] Er läßt sich auch ziemlich genau bestimmen. Hat doch Innocenz seine Entscheidung vom 1. März 1201, die der Legat Guido von Palestrina am 3. Juli in Köln zum erstenmal verkündete, in Form eben dieses *favor* vollzogen und gegenüber bald erfolgenden Protesten mit eingehenden Argumenten verteidigt.

In dem vom 1. März 1201 datierten Schreiben, an dessen Wortlaut sich viele andere damals und später abgesandte Briefe anlehnen, haben wir vor allem auf zwei Stellen zu achten.[18] Die erste lautet: Da der Papst nicht Philipp begünstigen kann, muß er Otto seinen Konsens geben. Dies wird in der zweiten Stelle aufgegriffen und zu Ende geführt: Da der Papst nicht zwei Könige zugleich begünstigen kann, reprobiert er *personam Philippi tamquam indignam quoad imperium, presertim hoc tempore, obtinendum* und löst die ihm als König geschworenen Treueide; Otto dagegen, an dessen Eignung nicht zu zweifeln ist, nimmt er *auctoritate beati Petri et nostra* zum König an, befiehlt, ihm künftig königliche Ehre zu erweisen, und wird ihn zur Kaiserweihe nach Rom rufen. Anschließend an diese Bekanntgabe verhängte der Legat in Köln, während Erzbischof Adolf und wohl auch der Klerus, mit der Stola bekleidet, brennende Kerzen in Händen hielten, den *ipso facto* eintretenden Bann für alle, die etwa von Otto abfallen und zu Philipp übergehen sollten.[19] Mit seiner ganzen Autorität und unter Einsatz beträchtlicher Zwangsmittel ist also Innocenz gegen Philipp und für Otto aufgetreten. Darf man seine Entscheidung überhaupt *favor* nennen oder ist sie nicht als ein echtes Urteil aufzufassen? In jedem Fall legte die staufische Partei Verwahrung ein: Der Legat habe entweder als (Haupt)wähler oder als Richter gehandelt, und zu keiner der beiden Funktionen sei die römische Kirche

---

[17] Die Belege vgl. in RNI Sachregister: Thronstreit und Papst = Regestum Innocentii III super negotio Romani imperii ed. F. Kempf (Misc. Hist. Pont. 12), Rom 1947, S. 446.

[18] RNI 33 (ed. Kempf S. 105; 108 f.).

[19] RNI 51 mit Anm. 11 (ebd. S. 138); 116 mit Anm. 7 (ebd. S. 288).

befugt.[20] Innocenz antwortete mit der berühmten Dekretale *Venerabilem*.[21] Unter scharfer Unterscheidung zwischen Herrscherwahl und Kaiserpromotion billigte er den deutschen Fürsten zu, für die Wahl zuständig zu sein, beanspruchte aber für den Hl. Stuhl ein Examinationsrecht hinsichtlich der Person des Erwählten; da der Papst die Kaiserweihe vollziehe, habe er nach einwandfreiem kirchlichen Recht zu prüfen, ob der Weihekandidat würdig sei, und könne keineswegs gezwungen werden, einen deutschen König, der mit wesentlichen Weihehindernissen behaftet sei, zum Kaiser zu salben und zu krönen. Der Zuständigkeitsbereich der Fürsten sei nicht verletzt worden; denn die Funktion des Legaten sei weder die eines Wählers noch eines Richters gewesen, sondern die eines Denuntiators: er habe lediglich verkündet, wer von den beiden Königen des Kaisertums unwürdig sei und wer würdig. Daß er, Innocenz, nach langem vergeblichen Warten auf ein Ende des Thronstreits eine der Parteien begünstige, sei sein gutes Recht, es gründe sowohl in der Notlage, in die ihn das Versagen der Fürsten versetzt habe, wie in der Tradition; denn Innocenz II. habe während des Thronstreits zwischen Lothar III. und Konrad von Staufen den ersteren zum Kaiser gekrönt. Nach der Dekretale hat also die päpstliche Entscheidung den Charakter einer *denuntiatio* und ist zugleich ein *favere*.

Schon vor der Dekretale taucht in den an Innocenz geschickten Berichten des Kardinallegaten und seines Begleiters der Ausdruck *publice denuntiavimus regem Romanorum et semper augustum* sowie *pronuntiatio* auf,[22] und Innocenz kennzeichnet einmal die vom Legaten verkündete Reprobation-Approbation mit den Worten *publice nuntiavit*.[23] Der Papst hat also wohl von vorneherein seine Entscheidung als *denuntiatio* aufgefaßt und den Legaten dementsprechend angewiesen. Was sie juristisch bedeutet, hat er in der Dekretale nicht näher ausgeführt, doch geht dort aus dem Zusammenhang hervor, daß sie letztlich auf dem Examinationsrecht und

---

[20] RNI 61 (ebd. S. 162—166).
[21] RNI 62 (ebd. S. 166—175).
[22] RNI 51; 52 (ebd. S. 138; 140).
[23] RNI 58 (ebd. S. 157).

seiner Quelle, dem Weiherecht, beruht haben muß. In meiner früheren Arbeit verstand ich daher unter *denuntiatio* die feierliche Verkündigung des Prüfungsergebnisses,[24] hatte es jedoch versäumt, mich nach anderen im Kirchenrecht vorkommenden *denuntiationes* umzusehen und sie mit der hier in Frage stehenden zu vergleichen. Für die Zeit Innocenz' III. können vielleicht zwei jeweils verschiedene Arten etwas weiterhelfen; die eine gehört in das Straf-, die andere ins Prozeßrecht. Den ersten Modus hat kürzlich A. Haidacher beschrieben, und zwar zu besserer Abstützung der These, daß Otto IV. auf Grund einer *excommunicatio lata sub conditione*, die Innocenz um den 18. Januar 1210 verhängt hatte, schon seit etwa Ende Februar im Banne war, daß aber der Papst die inkurrierte Zensur erst am 18. November 1210 durch eine *denuntiatio* öffentlich bekanntgab. Haidacher bemerkt dazu[25]: „Die *denuntiatio* ... ist ein selbständiger, mit der Verhängung einer Zensur oder eines sonstigen richterlichen Urteils weder identischer noch notwendig verbundener Akt. Sie bezeichnet vielmehr die offizielle Verlautbarung eines an sich bereits schon rechtskräftigen Spruches *(sententia prolata, promulgata)* durch die hierzu berufenen kirchlichen Organe." Auf die andere, mit dem Prozeßrecht zusammenhängende Form einer *denuntiatio* hat M. Maccarrone aufmerksam gemacht.[26] Innocenz unterschied bekanntlich drei Prozeßarten: *per accusationem, per denuntiationem, per inquisitionem*. Der Denuntiationsprozeß wird durch glaubwürdige Anzeige ausgelöst, wobei

[24] Papsttum und Kaisertum bei Innocenz III. (s. o. Anm. 16), S. 138; 106—111.

[25] A. Haidacher, Über den Zeitpunkt der Exkommunikation Ottos IV. durch Papst Innocenz III., Röm. Hist. Mitt. 3 (1958—60), 132—185; über die denuntiatio vgl. dort S. 177—181; 136 f.; das Zitat: S. 178. Die interessante und gründliche Studie ist einer schwerwiegenden Kritik unterzogen worden durch H. Tillmann, Datierungsfragen zur Geschichte des Kampfes zwischen Papst Innocenz III. und Kaiser Otto IV., Hist. Jahrb. 84 (1964), 34—85.

[26] M. Maccarrone, Nuovi studi su Innocenzo III, Riv. di Storia d. Chiesa in Italia 9 (1955), 405. Zum Prozeßwesen vgl. H. Tillmann, Papst Innocenz III. (Bonner Hist. Forsch. 3), Bonn 1954, S. 168—170; dort Anm. 89 über Denuntiationsprozeß.

der Anzeigende nicht wie der im *processus per accusationem* auf-
tretende Kläger die volle Verantwortung für die Aufnahme des
Prozesses und nicht die volle Beweislast trägt, da die Beschuldigun-
gen von Amts wegen untersucht werden.

Die beiden *denuntiationes* kann man natürlich zu der anders
gearteten im Thronstreit vollzogenen *denuntiatio* bloß in Analogie
setzen. Die Möglichkeit dazu ist insofern gegeben, als Innocenz' III.
Entscheidung viel mehr auf der *denuntiatio* von Philipps Unwür-
digkeit als von Ottos Eignung beruht. Otto wird als König und
künftiger Kaiser angenommen, weil Philipp unannehmbar zu sein
scheint. Daher ist in den maßgebenden Schreiben von den *manifesta
impedimenta Philippi* sehr ausführlich die Rede, während Ottos
Verdienste mit wenigen Worten dargelegt werden. Unter den *impedimenta Philippi* fallen sogar die beiden ersten: Bann und Eidbruch, direkt ins Strafrecht. Hier besteht also eine Analogie zu der
von Haidacher besprochenen *denuntiatio*.[27] Auch im Thronstreit
hat Innocenz mit der *denuntiatio* kein Urteil gefällt, sondern — er
sagt es ausdrücklich in der Dekretale — bestehende Fakta öffentlich angezeigt, und zwar vor allem die *manifesta impedimenta
Philippi*. Insofern als sich der Staufer durch Verletzung päpstlicher
Territorialansprüche zwei Exkommunikationen zugezogen hatte,
setzte die *denuntiatio* einen bereits rechtskräftigen Spruch voraus,
und auch der Eidbruch mußte, falls er wirklich begangen worden
war, Philipp die rechtlich vorgesehene Infamie *ipso facto* einge-
tragen haben.[28] Alles dies gab die *denuntiatio* bloß bekannt; sie
prangerte Philipp öffentlich an. Gerade auf diesen Anzeige-Charak-
ter hat Maccarrone unter Heranziehen des *processus per denuntia-*

---

[27] Vgl. oben Anm. 25; gegen einen bestimmten Beweisgang Haidachers
ist es gerichtet, wenn H. Tillmann (s. Anm. 25), 68—70, die Einengung des
Begriffs denuntiatio auf Publikation einer verhängten Zensur ablehnt und
auf andere von Innocenz verwendete Formen hinweist. Vielleicht wird
dadurch der von uns vorgelegte Analogievergleich in seinem Wert etwas
herabgemindert, aber er bleibt möglich; hat es doch die von Haidacher
herausgestellte Denuntiationsart sicher gegeben.

[28] Über die impedimenta Philippi vgl. meine Ausführungen in Papsttum und Kaisertum S. 167—180.

tionem hingewiesen.[29] Der Anzeigende wäre im Thronstreit der Papst, die Anzeige richtete sich an die deutschen Fürsten als an die für die Wahlfrage zuständigen Richter, natürlich nicht in dem Sinn, als ob sie eine oberste, über dem Hl. Stuhl stehende Instanz bildeten; im Gegenteil, nach Meinung des Papstes hatten sie seine Anzeige zur Kenntnis zu nehmen und daraus die Konsequenz zu ziehen, daß Philipp aufzugeben und Otto anzuerkennen sei. Wenn jedoch die Analogie stimmt, dann bleibt den Fürsten das Recht auf eine Entscheidung, die neben der des Papstes steht und nicht einfachhin durch den Hl. Stuhl als der übergeordneten Gerichtsinstanz aufgehoben, sondern bloß in Form von Anzeige beeinflußt werden kann. Gewiß hat sich Innocenz damit nicht begnügt, sondern alles versucht, die deutschen Fürsten zur Anerkennung Ottos zu zwingen, aber er wählte hierzu nicht den Weg des *iudicium,* sondern des *favor apostolicus.*[30]

Schon aus dem ersten Brief, der wegen des Thronstreits an die deutschen Fürsten gesandt wurde, geht dies einwandfrei hervor. Die entscheidende Stelle lehnt sich dort an c. 36 Dist. LXIII des Decretum Gratiani an, und zwar an einen Bescheid Leos I.; für zwiespältige Bischofswahlen sieht Leo vor: *metropolitani iudicio is alteri praeferatur qui maioribus et studiis invatur et meritis.* Innocenz formuliert um [31]: *ei curabimus favorem apostolicum impertiri quem credemus maioribus studiis et meritis adiuvari;* an die Stelle des *iudicium metropolitani* ist also der *favor apostolicus* getreten. In beiden Fällen handelt es sich um Entscheidung von Doppelwahlen, aber der Metropolit besitzt die Gewalt, durch seine Sentenz die eine Wahl zu bestätigen und die andere zu annullieren, während die päpstliche Entscheidung die Wahlen als solche nicht berührt, sondern von außen her auf sie einwirkt und für die Wähler eine Er-

---

[29] Vgl. oben Anm. 26.

[30] M. Maccarrone (s. Anm. 26), 402—406, sieht dagegen die eigentliche Entscheidung des Papstes in einem iudicium, das über die Würdigkeit und Eignung der erwählten Könige gefällt und vom Weiherecht her abgeleitet wird; das favere soll ein zusätzliches wohlwollendes Verhalten ohne besonderen Charakter sein. Ich halte diese Deutung nicht für vereinbar mit den klaren Äußerungen des Papstes.

[31] RNI 2 (ebd. S. 9 mit Anm. 9).

klärung zugunsten des einen und zuungunsten des anderen Königs, also ein *favor* bleibt.

Innocenz dürfte freilich den Ausdruck *favor* nicht bloß im Hinblick auf den selbständigen Zuständigkeitsbereich der Königswähler gebraucht haben, seiner Ansicht nach beruhte die Entscheidung schon in sich auf einem Gunsterweis. Sie bezog sich auf die Kaiserweihe und -krönung, durch die der deutsche Herrscher aus der Hand des Papstes die imperiale Würde empfing.[32] Obwohl der Papst nur einen rechtmäßig erwählten und zum König gekrönten deutschen Herrscher so auszeichnen durfte,[33] der Rechtsanspruch, die Würdigkeit des Weihekandidaten zu prüfen und den Examinierten gegebenenfalls zur Kaiserweihe zu rufen,[34] sicherte ihm jedenfalls eine beträchtliche Verfügungsfreiheit. Wen er zum Kaiser salbte und krönte, dem erwies er nach alter Kurientradition eine Wohltat, einen *favor*. In der Erhebung des deutschen Herrschers bedeutete die Kaiserweihe keineswegs eine beliebige Zugabe, sondern den letzten Akt eines dreistufigen Prozesses, der wegen der Einheit von Regnum und Imperium sowie wegen des Angewiesenseins der römischen Kirche auf den Kaiser als *defensor* zumindest im Prinzip nicht fehlen durfte. Innocenz vertrat daher den Standpunkt, die deutschen Fürsten müßten einen König wählen, den der Papst zum Kaiser weihen könne.[35] Wenn bei der Examinierung durch den Hl. Stuhl Weihehindernisse entdeckt wurden, mußten sie nach Ansicht Innocenz' III. entweder beseitigt oder es mußte ein neuer König gewählt werden. Für Zwiekuren zog er daraus die Folgerung, die Fürsten hätten von den zwei Königen den anzuerkennen, den der Hl. Stuhl zur Kaiserweihe zulasse, also des *favor apostolicus* versichere. Im konkreten Thronstreit bestand er mit um

---

[32] Sehr wahrscheinlich hat Innocenz der Wahl durch die Fürsten die Übertragung der imperialen Gewalt zugeschrieben, die durch die Kaiserweihe bloß befestigt wurde; vgl. dazu und zu dem oben folgenden Text meine Ausführungen in Papsttum und Kaisertum S. 111—131.

[33] Die Belege vgl. in RNI Sachregister: Kaiserkrönung (ebd. S. 443).

[34] Zum Berufungsrecht vgl. RNI Sachregister: Kaiserkrönung (ebd. S. 443).

[35] RNI 21 (ebd. S. 62 Zeile 26; S. 63 Zeile 10—13).

so größerem Nachdruck darauf, als Philipp seiner Ansicht nach durch schwerwiegende manifeste Impedimente belastet war.[36]

Das entschiedene Auftreten des Papstes darf jedoch nicht überschätzt werden. Eine endgültige Entscheidung ist nicht vollzogen worden; auf die Kaiserkrönung angelegt, konnte sie erst mit deren Vollzug fallen. Als Ottos Lage sich immer verzweifelter gestaltete, scheint Innocenz im Februar 1206 seinem Favoriten tatsächlich den Romzug vorgeschlagen zu haben, um durch die Kaiserkrönung eine vollendete Tatsache zu schaffen.[37] Bis zu einem solchen Schlußakt bedeutete also das *favorem apostolicum impertiri* ein auf die Kaiserkrönung hinzielendes und zugleich rechtlich aus ihr abgeleitetes Tun, das im Laufe der Zeit eine andere, nicht vorhergesehene Richtung nehmen konnte. Obschon der Papst Otto zum König annimmt, obwohl er befiehlt, ihm königliche Ehre zu erweisen, und seinen Willen bekundet, ihn zur Kaiserkrönung zu rufen, gesteht er doch noch den deutschen Fürsten zu, gegen Ottos Person gerichtete oder sonstige rechtliche Einwände zu erheben.[38] Dasselbe gilt für Philipp. Gewiß, seine Impedimente werden öffentlich bekanntgegeben und seine nunmehr denuntiierte Exkommunikation zum Anlaß genommen, die ihm geschworenen Treueide zu lösen, aber es geht um keine absolute Verwerfung; sie erfolgt, wie Innocenz vorsichtig einschiebt, *presertim hoc tempore*.[39] Im Lauf der Zeit kann sich das Bild, das Innocenz von Philipp gewonnen hat, ändern und zur Beseitigung der Impedimente führen. Tatsächlich ist es dahin gekommen, sobald Philipp nicht mehr so sehr wie in den ersten Regierungsjahren auf die intransigenten, aus der Schule Heinrichs VI. stammenden Ratgeber hörte und Wolfger von Aquileja, vielleicht der einzige unter den Reichsfürsten, der dem Papst an gedanklicher Kraft und politischer Wendigkeit gewachsen war, sich an den Verhandlungen mit Rom maßgebend beteiligte. Erst diese

---

[36] Zu den einzelnen, zu Ottos Gunsten und Philipps Ungunsten getroffenen Maßnahmen vgl. Papsttum und Kaisertum, S. 143—148; 140 f.

[37] RNI 131 mit Anm. 2; 133 mit Anm. 1 (ebd. S. 310; 312 f.).

[38] RNI 62 (ebd. S. 173); et prefato regi Ottoni non abnuant adherere, nisi tunc demum contra personam vel factum legitimum quid ab eis obiectum fuerit et ostensum.

[39] RNI 33 (ebd. S. 108).

Möglichkeit zum Lavieren, die sich Innocenz bewahrte, dürfte seinen *favor apostolicus* im deutschen Thronstreit voll und ganz verständlich machen.

Wenn wir nun zum Schluß zu Eugens *favor* zurückkehren und mit dem Innoncenz' III. vergleichen, darf uns die Tatsache nicht beirren, daß es Eugen mit einer einmütigen Wahl, Innocenz mit einer Zwiekur zu tun hatten. Die innocentianischen Grundprinzipien hingen vom Sonderfall des Thronstreits nicht ab, gewannen aber durch ihn eine eigene Schärfe. Gründliche kanonistische Durchbildung und persönliche politische wie geistige Begabung befähigten Lothar von Segni dazu, den zwei Rechtssphären, wie sie einerseits die kirchliche Hierarchie mit dem Papsttum an der Spitze, anderseits die weltlichen Herrscher seit dem Ende des Investiturstreits mehr und mehr ausbauten und einander gegenüberstellten,[40] Rechnung zu tragen, ohne auf die alten römisch-kurialen Rechtsansprüche hinsichtlich des Imperiums im geringsten zu verzichten.[41] Diese Tradition verband Eugen und Innocenz. Der letztere brauchte Eugens Formulierung: *benigno favore sedis apostolicae approbamus* nicht eigens zu kennen, es genügte das, was oben in Eugens Satz als das auf die Kaiserkrönung bezogene Traditionselement

[40] J. Spörl, Pie rex caesarque future. Beiträge zum hochmittelalterlichen Kaisergedanken, in: Festschrift H. Kunisch, Berlin 1961, S. 349, weist eindringlich auf die letzte Triebkraft dieser Entwicklung hin; es war „der Wandel des Denkens über Recht, Staat, Verfassung; mit anderen Worten der Wille zur Institutionalisierung".

[41] Nach H. Hoffmann, Die beiden Schwerter im hohen Mittelalter, Deutsches Archiv 20 (1964), 105, soll Innocenz III. weit darüber hinausgegangen sein; die in der Dekretale Venerabilem ausgesprochenen Grundprinzipien: Wahlrecht der Fürsten und bloßes Examinationsrecht des Hl. Stuhls hinsichtlich des zu weihenden Kaisers, dürfen Hoffmann zufolge nicht ernst genommen werden. „Was der Papst den ‚Wählern' beließ, war im Grunde nicht mehr als eine Vorwahl, gewissermaßen ein Vorschlagsrecht." Weder der Wortlaut der Dekretale berechtigt zu einer solchen, ziemlich apodiktisch vorgetragenen Behauptung noch der Charakter des Papstes oder der Verlauf des Thronstreits. Es bedürfte schon eines eingehenden Beweises, daß Innocenz bei seinem sicheren Blick für reale, im Gewohnheitsrecht fest verankerte Gegebenheiten es gewagt haben sollte, das Wahlrecht der Fürsten anzutasten. Tatsächlich zeigte es eine

herausgeschält worden ist. Den Bezug auf die Kaiserweihe hat nun Innocenz bis in die letzten Konsequenzen hinein durchgedacht. Eugens Satz entzieht sich in seiner Unbestimmtheit einem allzu energischen Zugriff, bei Innocenz dagegen sind *favor apostolicus* und *approbatio-reprobatio* nur noch von der Kaiserweihe hergeleitet und bilden im Grunde eine Einheit: *fovendo approbatur rex, in Romanorum imperatorem electus*, und *approbando favetur eidem*, wobei das tragende Element im *favere* besteht.

solche Kraft, daß der Papst den Staufer Philipp anerkennen mußte. Schon bei dieser Frage ist Hoffmanns in den folgenden 8 Seiten der Studie offen zutage tretende Tendenz am Werk, Innocenz als einen verschlagenen Politiker auszudeuten, dessen wahre, auf unbedingte Verfügung über das Imperium und auf die Weltherrschaft abzielende, aber klug verdeckte Absichten entlarvt werden müssen.

Vorträge und Forschungen. Hrsg. vom Konstanzer Arbeitskreis für Mittelalterliche Geschichte. Bd. XII: Probleme des 12. Jahrhunderts. Reichenau-Vorträge 1965—1967, S. 33—52.

LOTHAR III. UND FRIEDRICH I.
ALS KÖNIGE UND KAISER

Von Franz-Josef Schmale

Zahlreiche Darstellungen des deutschen Hochmittelalters betrachten das Todesjahr Kaiser Heinrichs V. als den Beginn der staufischen Epoche.[1] Friedrich von Staufen, Herzog von Schwaben, dem nächsten Verwandten des verstorbenen Herrschers, dessen stärkster Stütze und schließlichem Erben gelang es zwar damals nicht, die Königswürde zu erhalten, die er erstrebte und auf die er angeblich „nach Geblütsrecht" auch die nächste Antwartschaft besaß,[2] aber er und sein Bruder Konrad konnten sich mit ihren Anhängern immerhin fast ein Jahrzehnt mit zeitweiligem Erfolg gegen die 1125 geschaffenen Tatsachen wehren, und der letzte hat nur wenig später im März 1138 schließlich doch die Krone errungen, die über ein Jahrhundert im staufischen Haus blieb. Demgegenüber erscheint die Regierung Lothars III. tatsächlich als ein bloßes Zwischenspiel, das im Grunde zu bedauern ist. Der immer wieder geäußerte Hinweis, Lothars Wahl sei das Werk der Kirche und der Fürsten ge-

---

[1] H. Mitteis, Der Staat des Hohen Mittelalters. 71962, S. 250: „So kann rückschauender Betrachtung die Regierung Lothars fast als ein Gegenkönigtum gegen die legitime salisch-staufische Dynastie erscheinen; jedenfalls blieb sie Episode wie die Regierung Stephans in England." K. Jordan, Lothar III. und die frühe Stauferzeit, in Gebhardt, Handbuch der Deutschen Geschichte I, hrsg. v. H. Grundmann, 81954, 284 ff. K. Hampe, Deutsche Kaisergeschichte, 11. Aufl. bearb. v. F. Baethgen, 1963, S. 104: ›Die Zeit der Staufer‹. W. Giesebrecht, Geschichte der deutschen Kaiserzeit 4 (1877), S. 1: ›Die Regierungen Lothars und Konrad III. Staufer und Welfen‹.

[2] Vgl. etwa Jordan, Lothar III., S. 285. E. Maschke, Der Kampf zwischen Kaisertum und Papsttum, in: Handbuch der Deutschen Geschichte, hrsg. v. Brandt-Meyer-Ullmann, Bd. 1, S. 200.

wesen, sie bedeute das Abgehen vom Geblütsrecht zugunsten der
freien Wahl und sei die Wurzel des späteren staufisch-welfischen
Gegensatzes,[3] enthält einen bedauernden Unterton, als seien bei
aller Anerkennung der persönlichen Tüchtigkeit dieses Herrschers
dennoch mit seiner Erhebung größere Möglichkeiten des deutschen
Königtums verscherzt worden. Zu solcher Wertung hat vor allem
Lothars Verhalten gegenüber der Kirche und dem Papsttum beigetragen. Kirchlichkeit wird ihm immer wieder bescheinigt; die
Tatsache, daß Erzbischof Adalbert von Mainz, Gegner Heinrichs V.
und Friedrichs von Schwaben, der hauptsächliche Befürworter seiner
Kandidatur war, wird ihm als Fehler angelastet; durch seine
schnelle Hilfe für Innocenz II. habe er — so hat man zeitweise
gemeint — eine mögliche Schiedsrichterrolle ohne jeden Gegenwert
hingegeben.[4] Das heißt aber doch, daß Lothars Wahl und weithin
auch seine Politik den Interessen des Reiches und des Königtums
zuwiderliefen, so als sei es gleichsam ein objektiv notwendiger Bestandteil der deutschen Politik seit den Tagen Heinrichs IV. und
Gregors VII., sich gegen den Einfluß der Kirche wehren zu müssen.
Wenn das allerdings richtig wäre, wenn eine erneute Auseinandersetzung mit dem Papsttum, wie sie Barbarossa als Kaiser führte,
um einer selbständigen königlichen und kaiserlichen Politik willen
unvermeidlich und von staatsmännischer Einsicht geradezu gefor-
dert war, dann hat die Herrschaft Lothars diesen Prozeß nur hin-
ausgezögert und einen zu diesem Zeitpunkt vielleicht noch möglichen Erfolg verhindert, sosehr man Lothar ehrliches Wollen und
biedere Tüchtigkeit zugestehen mag. Das Episodenhafte seiner
Regierung scheint schließlich sogar durch eine so objektive Disziplin
wie die Diplomatik bestätigt zu werden, wenn Hans Hirsch in der
Einleitung zu den Diplomata Lothars dessen Regierungszeit auch
kanzleigeschichtlich als Einschub bezeichnet, weil Konrad III.
wieder an salische Traditionen anknüpft.[5]
Das hier angedeutete Urteil entspricht im wesentlichen noch
immer dem, das Wilhelm Bernhardi 1879 in seinem Werk in der

---

[3] Jordan, a. a. O., S. 300. Giesebrecht, a. a. O,. S. 12 f.
[4] Hampe, a. a. O., S. 114.
[5] MGH. Diplomata 8, S. XXXI.

Reihe der Jahrbücher niedergelegt hat.[6] Wie stark es von der Einstellung des 19. Jahrhunderts bestimmt ist, scheint man sich bisher kaum bewußt gemacht zu haben. Überdies hat die lange und ereignisreiche, in manchem Äußeren auch glanzvolle und auf den ersten Blick faszinierende oder doch wenigstens eindrucksvolle Regierung Friedrichs I. die Betrachter so stark gefesselt, daß sie zum Maßstab richtiger Politik gemacht und Lothar von hier aus gewertet wurde. Während man sich stets bemühte, Friedrich I. zu verstehen und innerhalb der deutschen Historiographie bis in die jüngste Zeit hinein kaum ein kritisches Wort fällt, weil nach Folgen und Wirkungen als außerhalb der Verantwortung Friedrichs liegend kaum gefragt wird, scheint Lothar stets unter gerade entgegengesetzten Gesichtspunkten gesehen zu werden, als sei Lothars andersgeartete Politik an sich ein Fehler. Hat es — überscharf formuliert — gegenüber Lothar an Verständnis gemangelt, so hat man bei Friedrich das, was man heute Wirkungsgeschichte nennen kann, außer acht gelassen.

Zweifellos hat dazu aber auch die Quellenlage beigetragen. Lothar hat keinen Geschichtsschreiber gefunden, wie sie Friedrich I. in Otto und Rahewin besaß; deren Darstellung ist auch die neuere Geschichtsforschung gefolgt. Schon Otto von Freising hat seinen Verwandten und dessen Geschlecht im Rahmen seiner Geschichtstheologie geradezu zum Heilsträger, in jedem Fall aber zu einer positiven Symbolgestalt gemacht. Schon bei Otto von Freising werden daher die zurückliegenden Ereignisse, wird alles, was den Staufern entgegensteht, tendenziös abgewertet, nicht einmal ohne bewußte Entstellung der Tatsachen.[7]

Angesichts dessen scheint es berechtigt, die Frage nach dem Charakter von Lothars Regierung nochmals zu stellen und eine erste Antwort darauf zu versuchen. Die Überlegungen haben in stärkerem Maße, als das bisher meist der Fall war, von den Voraussetzungen auszugehen, die Lothar antraf; oder um es anders zu formulieren, es ist erneut zu prüfen, wie Lothars Antwort auf die

[6] W. Bernhardi, Lothar von Supplinburg (1879).

[7] F.-J. Schmale, in: Die Taten Friedrichs, Freiherr-vom-Stein-Gedächtnisausgabe 17 (1965), S. 11 f.

Probleme seiner Zeit lautete, wobei die Situation des Jahres 1125 als noch grundsätzlich offen betrachtet werden muß und noch nicht als eindeutig determiniertes Glied in einer zwangsläufig auf die tatsächliche weitere deutsche Geschichte des 12. Jahrhunderts gerichteten Entwicklung gesehen werden darf. Vieles wird dabei in schärferes Licht gerückt, wenn man in diese Betrachtung Friedrich I. vergleichend einbezieht. Es könnte sich dann herausstellen, daß Lothar nicht eine so ohne weiteres als heilsam zu wertende salisch-staufische Kontinuität durchbrach, sondern die Staufer eine von Lothar in Übereinstimmung mit den Erfordernissen eingeleitete Entwicklung kappten, bevor sie zu dem beabsichtigten Ergebnis führen konnte.

Ausgangspunkte für das Folgende sind die Ergebnisse der Kirchenreform und des Investiturstreits sowie die Situation, in der Heinrich V. das deutsche Königtum und das Kaisertum hinterließ. Das Gemeinte sei hier thesenhaft zusammengefaßt.

1. Die Sakralität des Königs als des *imago Dei,* des *vicarius Christi* und des *christus Domini,* die nicht nur seine Stellung gegenüber und in der Kirche mitbestimmt hatte, war, wenn noch nicht vernichtet, so doch grundsätzlich in Frage gestellt. Seit Canossa schon war der König wie jeder andere Laie der nun fast ausschließlich von der kirchlichen Hierarchie verantwortlich wahrgenommenen und ausgelegten christlichen Ordnung unterworfen.[8]

2. Der Territorialisierungsprozeß im Reich befand sich in zunehmender Beschleunigung.[9] Hauptträger und -nutznießer dessen war der Adel, dem sich das Königtum infolge des kirchlichen Konflikts nicht mit ganzer Kraft entgegenstellen konnte. Auch der Episkopat war dem Königtum weitgehend entfremdet und in diesen Prozeß hineingezogen worden. Heinrichs V. Einschwenken auf die Politik des Vaters hielt eine nicht unbeträchtliche Opposition lebendig, und die fortdauernde Fürstenopposition vor allem in den Gebieten nördlich des Mains beschränkte den Herrscher schließlich auf einen Bruchteil Deutschlands und des Imperium. Außer Italien war ihm

---

[8] Vgl. jetzt vor allem K. Morrison, Canossa: A Revision, Traditio 18 (1962) 121—148.

[9] Vgl. K. Bosl in Gebhardt, Handbuch der Deutschen Geschichte 1, [8]1954, 639 ff.

vor allem Sachsen mit den angrenzenden Gebieten, im wesentlichen bereits seit 1115, so gut wie verschlossen. Diese Gebiete gehörten nur mehr mit erheblicher Einschränkung zum Bereich des salischen Königs.

3. Die Herausbildung einer universalen Kirche unter der jurisdiktionellen Leitung des Papsttums hatte die Stellung des Reiches und seines Herrschers innerhalb des Abendlandes verändert. Seine Hauptaufgabe, die *defensio Romanae ecclesiae*, war umstritten.[10] Der Begriff der *Romana ecclesia* hatte sich von Rom auf die gesamte abendländische Kirche erweitert und innerhalb dieser Kirche nahm die sozusagen innere *defensio* — Schutz und Förderung der Reformkräfte — der Papst selbst wahr. Seitdem der deutsche König mit diesem Papsttum in Konflikt lag, erschien er sogar in den Augen weiter Teile des Abendlandes als Gegner dieser Kräfte und der mit diesen weithin identifizierten Kirche. Das Kaisertum, dessen Hauptaufgabe die *defensio ecclesiae* war — für manche Kreise die einzige überhaupt —, erschien zeitweise und vielen als der ärgste Bedränger dieser Kirche und damit war sein Sinn überhaupt in Frage gestellt.[11] Während das Kaisertum infolge der Kirchenreform zum ersten Male für das gesamte Abendland in Erscheinung trat, bewirkte die gleiche Reform, daß es seinem Wesen und Auftrag in diesem gleichen Moment untreu zu werden schien. Damit war die zukünftige Politik des deutschen Königs und Kaisers erheblich erschwert. Er konnte nur noch vor den kritischen Augen einer europäischen Öffentlichkeit handeln. Es war notwendig geworden, wegen der Stellung in und gegenüber der Kirche Rücksicht auf Kräfte zu nehmen, die außerhalb des Imperium und des Herrschaftsbereiches des Königs lagen. Angesichts der universalen Kirche, die unter der Leitung des Papstes alle staatlichen Ordnungen überlagerte, war darüber hinaus ein Kaisertum, das unter *defensio* zugleich Herrschaft verstand, kaum mehr tragbar.[12]

[10] Vgl. z. B. MGH. Lib. de lite I, 12. 78. 80. 564 f. 586; II, 313, 314. 354. 582. 605. 618. 619. 622. 632. 662. 664.

[11] Vgl. De ordinando pontifice, MGH. Lib. de lite 1, 8 ff.

[12] Zu diesen Fragen auch W. Holtzmann, das mittelalterliche Imperium und die werdenden Nationen. (Arbeitsgemeinschaft für Forschung des Landes NRW, Geisteswissenschaften H. 7), bes. S. 16 ff. F. Kempf, Das

4. Auch die politische Landkarte Europas hatte sich verändert. In England war ein normannischer Staat entstanden, der anders als sein angelsächsischer Vorgänger unmittelbar auf das Festland übergriff, seitdem Wilhelm II. die Normandie gewonnen hatte. Die englische Heirat hatte Heinrich V. in den englisch-französischen Gegensatz hineingezogen und ihn einen ergebnislosen Feldzug nach Frankreich unternehmen lassen, dessen einziger Erfolg ein verstärktes französisches Mißtrauen gegen die Deutschen war.[13]

Daraus ergaben sich für den Nachfolger Heinrichs V. einige vordringliche Aufgaben. Er war gezwungen, eine neue Grundlage an Stelle von Autorität und Sakralität zu suchen. Er mußte auf einer säkularisierten Grundlage vorwiegend mit Hilfe rechtlicher Bindungen das Verhältnis des Königs zum Adel wieder ordnen. Dazu zwang auch der Verlust an Reichsgut oder so wichtiger Rechte wie das der Belehnung mit Reichslehen — beispielsweise in Sachsen. Aber das Recht allein genügte kaum; gegenüber den entstehenden Territorien konnte sich nur ein Königtum behaupten, das selbst eine hinreichende territoriale Grundlage besaß. Der deutsche Norden mußte dem königlichen Einfluß wieder geöffnet werden. Schließlich galt es, das Kaisertum und die Aufgaben des Imperium, die für den deutschen König eine unausweichliche Tradition waren, in einer Form wahrzunehmen, die auf die veränderte Situation Rücksicht nahm.

Vor dem Hintergrund dieser Aufgaben ist die Erhebung Lothars III. zum König zu sehen.

Zweifellos gab es Momente, die in manchen Augen nach dem Tod Heinrichs V. die Wahl Friedrichs von Schwaben als das Natürlichste erscheinen ließen, aber keines besaß ein solches Gewicht, daß daraus ein unübergehbarer Anspruch abzuleiten gewesen wäre.[14] Vor allem aber hat der allzu offen zur Schau getragene Anspruch

mittelalterliche Kaisertum. Ein Deutungsversuch, in Das Königstum, Vorträge und Forschungen 3 (1956) 225—242, bes. 233 ff.

[13] Vgl. H. Glaser, Sugers Vorstellungen von der geordneten Welt, HJb. 80 (1960) 93—125, 115 u. 117 f.

[14] Zum Folgenden vgl. die Narratio de electione Lotharii, MGH. SS. 12, 509—512.

des Staufers, als sei man ihm das Königtum schuldig, verbreitetes Mißfallen erregt. Es sprachen indessen doch auch ganz erhebliche sachliche Gründe gegen die Wahl Friedrichs, die von uns als objektive Tatsachen gesehen werden müssen. Man mag als ersten Grund nennen, daß Friedrich nicht die Sympathien der Kirche besaß; doch wäre das genauer zu interpretieren. Sicher war Erzbischof Adalbert ein Gegner der Staufer und er hatte zumindest subjektiv allen Grund dazu; [15] doch war Adalbert nur ein, wenn auch der bedeutendste und einflußreichste, Bischof und die Haltung des übrigen deutschen Episkopats weitgehend offen. Es ist aber auch nicht beweisbar, daß die Kirche in Gestalt des Papsttums durch ihre Legaten einen unmittelbaren, sich gegen eine bestimmte Person wendenden Einfluß gewonnen hat. Erst im Laufe der turbulenter werdenden Wahl scheinen die Legaten für Lothar gewirkt zu haben, als sich dessen Aussichten deutlicher abzeichneten; aber weder über ihre konkrete Rolle noch über ihre Motive ist Genaues zu ermitteln. Ihr Verhalten ist bereits hinreichend erklärt, wenn es ihnen um eine möglichst einstimmige Wahl zu tun gewesen war. Denn der Kurie war keineswegs an einem schwachen und umstrittenen König gelegen. Seit Worms verhielt sich das Papsttum nicht nur loyal; Honorius II. war ausgesprochen deutschfreundlich und antinormannisch gesonnen und an einem Rückhalt beim deutschen König interessiert. Es scheint unkritisch und ein Vorurteil, ohne ins einzelne gehende und die damalige Situation berücksichtigende Prüfung ein Interesse der Kurie an der Königswahl oder auch Sympathien für Lothar von vornherein für negativ und in jedem Fall verdächtig zu erachten.

Aber die Beurteilung der Wahl Lothars hängt auch nicht nur, ja nicht einmal in erster Linie, von der Frage ab, ob kirchliche Einflüsse maßgebend waren, ob jemand mit angeblichen Ansprüchen übergangen, ohne jeden übergeordneten Gesichtspunkt unter allen Umständen nur das Prinzip völlig freier Wahl gewahrt wurde. Man

---

[15] Vgl. Otto von Freising, Gesta Friderici I, c. 13 ff. Zu Adalbert jetzt auch L. Falck, Klosterfreiheit und Klosterschutz, Die Klosterpolitik der Mainzer Erzbischöfe von Adalbert I. bis Heinrich I. (1100—1153), in Arch. f. mrh. KG. 8 (1956) 21—75, bes. 23—42.

muß sich deutlich machen, daß Heinrichs Politik einen kleinen Scherbenhaufen hinterlassen hatte und selbst der Frieden mit der Kirche nicht seines, sondern der Fürsten Werk war, sich also mit der Wahl eines neuen Königs auch die Frage nach der zukünftigen Politik des Königs stellte, oder mit den Worten Adalberts von Mainz, wie am besten für Reich und Kirche zu sorgen sei.[16] Insofern war diese Wahl politisch bedeutsam wie keine vorher. Angesichts dessen scheint es vordringlich zu fragen, wen die Wahl traf und welche Möglichkeiten sich damit eröffneten.

Man kann, versetzt man sich in die Situation zur Zeit der Wahl und betrachtet man diese Situation als zu diesem Zeitpunkt noch offen, mit einiger Sicherheit sagen, welche Möglichkeiten eine Wahl Friedrichs auszuschließen schien. Die Spannungen zwischen einem solchen König und einer Reihe von Bischöfen wären nicht vermindert worden. Das Verhältnis zu Frankreich, das durch die Entsendung Sugers von St. Denis sein verständliches Interesse an der Wahl bekundete,[17] schien kaum eine Verbesserung erfahren zu können. Das vergleichsweise bescheidene Hausgut der Staufer,[18] deren Herzogtum nicht allzuviel bedeutete, bot selbst zusammen mit dem zusammengeschmolzenen Reichsgut, das auf den Süden Deutschlands beschränkt war, keine Voraussetzung dafür, die Macht des Königs etwa in Sachsen wieder zur Geltung zu bringen.

Gerade das aber und noch mehr an Möglichkeiten eröffnete eine Wahl Lothars. Außenpolitisch und in den Augen aller kirchlichen Kreise unbelastet schien Lothar überdies der einzige Reichsfürst, der im Falle der Wahl dem Königtum auch in den nördlichen Reichsgebieten wieder Einfluß und Geltung verschaffen konnte, zugleich aber auch im Süden, nachdem das Heiratsabkommen mit den Welfen geschlossen war. Ebenso war nur die Wahl des Sachsenherzogs in der Lage, dessen Erfolge bei den Slawen auch dem Reich zugute kommen zu lassen. Man verschiebt die Gewichte in unzuläs-

---

[16] Vgl. das Einladungsschreiben zur Wahlversammlung, Cod. Udalr. J 225.

[17] Vgl. Bernhardi, Lothar, S. 26 f.

[18] Vgl. H. Büttner, Staufische Territorialpolitik im 12. Jahrhundert, in Württ. Franken 47 (1963) 7 ff.

siger Weise, wenn man immer nur von Lothars kirchlicher Gesinnung spricht, als sei sie an sich schon ein Makel, nicht aber davon,
daß Lothar der mächtigste Reichsfürst war. Vor einigen Jahren hat
uns Vogt genauere Aufklärung über den Herzog Lothar gegeben.[19]
Er besaß ein beträchtliches Eigengut, vor allem auch in der Form
von umfangreichen Grafenrechten, und war zugleich der erklärte
Führer seines Stammes. Er wahrte hier mit harter Hand den Land-
frieden und übte in den östlichen Marken Rechte aus, die bisher
dem König zugekommen waren. Gewiß war Sachsen noch kein
Territorium, aber unter den Herzogtümern doch das schon am weitesten territorialisierte. Ohne oder gegen Lothar konnte hier das
Königtum nur mehr eine beschränkte Rolle spielen. Auch die Anerkennung eines Königs, etwa Friedrichs von Schwaben — wie sie
Lothar in den Wahlverhandlungen grundsätzlich zugesagt hatte —
hätte an den Tatsachen nichts geändert. Wenn aber diese herzog-
liche Gewalt dem Königtum infolge einer Personalunion ungeschmälert zur Verfügung stand, dann war ein solcher König allein
schon durch seine reale Macht weit über alle Fürsten des Reiches
hinausgehoben. Das sind keine nachträglichen Vermutungen. Bei
seiner Wahl war Lothar etwa 50 Jahre alt. Bei keiner deutschen
Königswahl des Mittelalters konnte man weniger unklar über Art
und Charakter des zukünftigen Herrschers sein. Seine Willens-
stärke, seine Beharrlichkeit, seine Fähigkeiten und nicht zuletzt sein
Sinn für Macht sowie die realen Voraussetzungen, um die in der
jeweiligen Lage gegebenen Möglichkeiten auszunutzen und zu erweitern, waren für jeden Wähler deutlich. Mögen diese im einzelnen
auch sehr verschiedene Motive gehabt haben, ausschlaggebend ist,
daß ihre Wahl auf den mächtigsten und charakterlich am stärksten
ausgeprägten Mann fiel, und Adalbert von Mainz, Promotor dieser
Wahl, kann kaum eine Schwächung des Königtums beabsichtigt
haben. Die Wahl des mächtigsten Fürsten, der zugleich noch die
Sympathie der kirchlichen Kreise besaß, enthielt schlechthin die
Chance, die anstehenden Probleme zu lösen und die notwendige
Umformung der Reichsstruktur vorzunehmen: an die Stelle von

[19] W. Vogt, Das Herzogtum Lothars von Süpplingenburg, 1106—1125,
Quellen und Darstellungen zur Geschichte Niedersachsens 57 (1959).

Sakralität und Autorität überlegene territoriale Macht zu setzen. Lothars Wahl ließ den Versuch aussichtsreich erscheinen, der auch für die Könige des Spätmittelalters noch unbedingte Notwendigkeit war, nämlich das Königtum auf eine — wenn dieser Ausdruck hier schon verwendet werden darf — ausreichende Hausmacht zu gründen.[20]

Man dürfte von einem solchen Versuch nicht sprechen, wenn es sich nur um die „zufälligen" Accidentien der Wahl Lothars handelte. Indessen gibt es Beweise, daß Lothar die mit seiner Wahl eröffneten Möglichkeiten bewußt genutzt hat. Der bisherige Gegner der salischen Herrscher wurde zum entschiedensten Verfechter der königlichen Rechte. Er begann mit der Rückforderung des Reichsguts und der Ächtung der Staufer, als diese sich widerrechtlich weigerten. Das Bündnis mit den Welfen wurde schnell mehr als ein bloßer Schachzug zwecks Anerkennung als König und Bekämpfung der Staufer. Die Heirat der einzigen Tochter Lothars mit Heinrich dem Stolzen zielte auf eine zukünftige Verschmelzung der beiden umfangreichen Eigengüter und Machtpositionen. Dieser Plan schien um 1129 mit der Geburt Heinrichs des Löwen schon Realität zu gewinnen und eine auf lange Zeit gesicherte Zukunft zu haben. Im Augenblick bedeutete das Bündnis schon die Gleichsetzung der welfischen Interessen mit denen des Königtums. Dieser Machtblock machte die Opposition der Staufer aussichtslos. Mit Beharrlichkeit hat Lothar danach gestrebt, diese Machtkonstellation dem Königtum für die Zukunft zu sichern. In Italien wurde Heinrich der Stolze mit dem so lange zwischen dem Reich und den Päpsten strittigen mathildischen Gebiet belehnt, ebenso erhielt er mit größter Wahrscheinlichkeit Sachsen,[21] und die Übergabe schließlich der Reichsinsignien bezeichnete ihn als den erwünschten Nachfolger auch im Reich. Natürlich bedeutete diese „Designation" auch jetzt keinen Rechtsanspruch, aber sie zeigte Lothars Willen und sie eröffnete auch größere Aussichten als vormals die Friedrichs von Schwaben. Ein Blick auf das Interessenbündnis Barbarossas mit Heinrich

[20] Bei sonst vielfach abweichender Stellungnahme hat dies auch Hampe, Dt. KG., S. 110, gesehen.
[21] Vgl. Bernhardi, Lothar, S. 484 f. und 604.

dem Löwen läßt bei mancher Parallelität deutliche Unterschiede erkennen. Friedrich nahm die Verbindung auf, um sich zwei Jahrzehnte mit freiem Rücken Italien widmen zu können, dabei aber die Hälfte des Reiches und mehr Heinrichs Verfügungsgewalt überlassend; es war nichts anderes als eine reinliche Abgrenzung zweier Interessensphären. Lothars Bündnis diente dagegen unmittelbar der direkten Herrschaft des Königs in Deutschland.

So konnte Lothar schließlich nach Überwindung der staufischen Opposition den königlichen Willen wieder stärker als seine beiden Vorgänger im ganzen Reich zur Geltung bringen. Sein Itinerar zeigt, wie gleichmäßig seine Herrschaft wieder das *regnum* erfaßte.[22] Der Widerstand der Staufer hat sie nicht ernsthaft in Frage stellen können. Schon 1127/28, als Konrad das erste echte Gegenkönigtum der deutschen Geschichte verwirklichte, war das nur mehr ein phantastischer, für Konrad typischer Plan.

Man hat mit Recht auf die ottonischen Züge in Lothars Herrschaft hingewiesen.[23] Sie liegen vor allem darin, daß das Königtum wieder im Norden Deutschlands verankert war und sich erneut auf ein starkes, nun allerdings moderneres Herzogtum stützen konnte, zugleich aber im Süden gleichermaßen gegenwärtig war. Für das mittelalterliche deutsche Reich war das eine unbedingte Notwendigkeit. Aber Lothars Königtum birgt auch Neues in sich, dessen endgültige Gestalt man ahnt, wenn man sich ein nach Lothars Willen verwirklichtes welfisches Königtum vorstellt. Es ist Lothar allerdings nicht gelungen, diese Ansätze auch für die Zukunft verfassungsmäßig in rechtlich bindenden Formen zu sichern. Alles stand und fiel damit, daß die Erhebung Heinrichs des Stolzen nach Lothars Tod so gut wie unvermeidlich schien, weil es ein Wahnwitz war, gegen die Welfen das Königtum auf sich zu nehmen.

Endgültig unterwarfen sich die Staufer erst 1134/35, aber schon seit 1130/31 herrschte Ruhe im Reich und war Lothars Herrschaft unbestritten. Das zeigt sich in der seitdem vermehrten Zahl seiner Urkunden, aber auch — wie Hirsch schon betont hat — in der Ein-

---

[22] Vgl. Th. Mayer, Das deutsche Königtum und sein Wirkungsbereich, in Gesammelte Aufsätze (1963), S. 28—44, 33 ff.

[23] E. Maschke, Kampf, S. 204.

richtung der Kanzlei und der Entwicklung der Urkundensprache.[24] Sieht man von den bedeutsamen Privilegien ab, die die Ostkolonisation und -mission oder die Kaufleute auf Gotland betreffen,[25] so handelt es sich allerdings fast ausschließlich um herkömmliche Besitzbestätigungen, in denen lediglich die zunehmende Betonung der Reichsrechte auffällt. Nichts erfährt man dagegen über Bemühungen, ein Reichsterritorium aufzubauen; ich möchte meinen, daß anders als bei Barbarossa für Lothar infolge seiner sonstigen Machtmittel keine derartige Notwendigkeit bestand. Die Herzogtümer Sachsen und Bayern zusammen mit dem Reichsland Franken übernahmen die Rolle, die bei den Staufern das Reichsgut spielte. Allerdings ist die Quellenlage für die Zeit Lothars nicht sonderlich günstig; vielleicht sind wir nur unzulänglich unterrichtet. Immerhin kann Lothar das Reichsgut und die herkömmlichen Quellen der königlichen Macht nicht vernachlässigt haben. Die Zeugenreihen der Urkunden beweisen, in welchem Maße er sich auf die Reichskirche stützen konnte und ebenso findet man ihn stets von einer großen Zahl von Reichsministerialen umgeben. Die Kirchenherrschaft hat Lothar insgesamt mit Nachdruck und Erfolg wahrgenommen und keineswegs die Nachgiebigkeit gezeigt, die man aufgrund der ihm so oft unterstellten Willfährigkeit der Kirche gegenüber erwarten müßte. Die Investitur hat er bis auf wenige Ausnahmen wahrgenommen und sich darüber hinaus mehrfach um die Wiedererlangung der alten königlichen Rechte bemüht. Wenn ihm das nicht in vollem Umfang gelang, wenn einige Male Bischöfe ohne vorhergehende Investitur geweiht wurden — was ebenso auch unter Barbarossa vorkam —, so war er allerdings nicht unbesonnen genug, Gewalt anzuwenden und es zum offenen Konflikt kommen zu lassen.

Über Lothars Verhältnis zu den Nachbarn Deutschlands müssen wenige Worte genügen. Gegenüber Frankreich gab es keine Spannungen mehr, vielmehr hat Lothar bei der französischen Öffentlich-

[24] MGH. Diplomata 8, XVIII ff.
[25] Vgl. DDL. III. 61, 63, 91, 92. A. Hofmeister, Heinrich der Löwe und die Anfänge Wisbys, Zs. f. Lübeck. Gesch. 23 (1926) 43 ff. F. Rörig, Reichssymbolik auf Gotland, Hans. Geschbll. 64 (1940) 1—67, bes. 7 ff.

keit bald eine ausgesprochen gute Presse gewonnen;[26] gegenüber den östlichen und nördlichen Ländern aber konnte er die Stellung des Reiches zum Teil über das frühere Maß hinaus wiederherstellen. Dänemark hat sich kaum jemals in stärkerer Abhängigkeit befunden; noch Barbarossa konnte davon zehren. Polen wurde erneut tributpflichtig und zahlte selbst die Rückstände. Böhmen war, wenn auch vor allem dank der Klugheit seines Herzogs, ein treuer Vasall und wuchs erst seitdem völlig in das Reich hinein. In Ungarn fügte man sich Lothars Schiedsspruch. Auch dieses Ansehen, vor allem im Norden und Osten, verdankte Lothar zunächst seinem Herzogtum. Erst die Verankerung des Königtums im Norden vermochte die Anstrengungen und die Ausstrahlung Sachsens auch unmittelbar für König und Reich nutzbar zu machen. Das Königtum der Staufer hat genau das Gegenteil bewirkt.

Wenden wir uns nun noch kurz der Kaiserpolitik Lothars zu. Seine hegemoniale Stellung gegenüber den Slawen war weder als Voraussetzung noch als Folge mit dem Kaisertum unmittelbar verknüpft, aber seine militärische und mittelbar auch missionarische Tätigkeit stärkten dennoch sein Ansehen als christlicher Herrscher. Hier konnte er echte kaiserliche Funktionen als *defensor ecclesiae* und *propagator fidei* erfüllen.

Anders und schwieriger war die Situation in Italien und gegenüber Papsttum und universaler Kirche. Dennoch hat Lothar einen Weg gefunden, der trotz der Kirchenreform in Anknüpfung an bisherige Traditionen das Kaisertum mit Inhalt zu füllen ermöglichte. Er zeigt sich allerdings auch auf diesem Weg als der nüchterne Pragmatiker, der das Richtige traf, während die späteren, stärker reflektierten Versuche der Staufer, das Kaisertum mehr als bisher auf seine antiken römischen Ursprünge hin zu orientieren und es zu einem Kaisertum von Gottes Gnaden ohne letztlich entscheidende Mitwirkung des Papstes und ohne unmittelbaren Bezug zur Kirche zu machen, sich als verfehlt erwiesen.

[26] Suger, Vita Ludowici Grossi, ed. Waquet, Les Classiques de l'Hist. de France au Moyen-Age 118 (²1964) 68. Bernhard v. Clairvaux, Migne PL. 182, Ep. 139. Ordericus Vit., Hist. eccl. lib. X, MGH. SS. 20, 67; vgl. dazu auch das negative Urteil Sugers über Heinrich V., a. a. O., S. 50 f.

Lothar vertritt ein Kaisertum in unmittelbarem Anschluß an die
ottonisch-frühsalische Tradition mit einer wesentlichen Veränderung. Der Ausgang der Kirchenreform verbot es, Schutz mit Herrschaft zu identifizieren. Der *defensio ecclesiae Romanae* mußte also
ein anderer Sinn gegeben werden: Nicht mehr aus der Initiative
und nach dem Ermessen des Kaisers, sondern nach den Erfordernissen der Kirche auf Grund der Initiative des sie leitenden Papstes.
Modernen Betrachtern mag das als Minderung des Kaisertums erscheinen, mittelalterlichen nicht unbedingt. Ein Blick auf die Ereignisse möge das verdeutlichen. Es war weder das tatsächliche noch
das beabsichtigte Ergebnis der von Rom geleiteten Kirchenreform,
den Schutz der Kirche durch den weltlichen Arm überflüssig zu
machen. Im Gegenteil war das Bedürfnis nach diesem Schutz zur
Zeit Lothars besonders groß; schon unter Honorius II. wegen der
Normannen, seit 1130 wegen des Schisma und der Vertreibung des die
Mehrheit der Kirche repräsentierenden Innocenz II. aus Rom. Wenn
hier der König und Kaiser zugunsten und nach dem Wunsch des
Papsttums eingriff, so war die Möglichkeit, dabei auch auf die eigenen
Kosten zu kommen, dadurch keineswegs grundsätzlich beschränkt.

Natürlich gab es angesichts der Zwangslage des Papstes verschiedene Verhaltensweisen: Weigerung, Bereitschaft oder den Versuch, Schiedsrichter zu spielen, um den Preis für etwaige Hilfe in
die Höhe zu schrauben. Ob die letzte eine tatsächlich günstige Möglichkeit war, muß angesichts der deutschen Lage und der letzthin
doch fast völligen Unabhängigkeit des Papsttums von solcher Hilfe
als sehr fraglich erscheinen. Lothar schlug diese Möglichkeit völlig
zu Recht als Realist aus.[27] Der Verlauf des alexandrinischen Schismas kann die Richtigkeit seines Verhaltens nur bestätigen. Er
wählte den Weg, als König und als Kaiser der Vollstrecker des
Urteils der Mehrheit der Kirche zu sein, und der Erfolg hat ihn
gerechtfertigt. Lothar erhielt das Kaisertum und die Bestätigung
der königlichen Rechte, wie sie Heinrich V. persönlich im Privileg
Calixts II. zugestanden worden waren,[28] und damit hat Lothar

[27] Vgl. F.-J. Schmale, Studien zum Schisma des Jahres 1130, Forsch.
z. kirchl. Rechtsgesch. u. z. Kirchenrecht 3 (1961) 246 f.
[28] MGH. Const. 1, 168 n. 116.

wesentlich dazu beigetragen, daß sie von den Staufern schon wieder als Gewohnheitsrechte betrachtet und wahrgenommen werden konnten; er erhielt die mathildischen Güter, die ihm eine wichtige Position im seit Jahrzehnten abseits stehenden Italien einräumten, wobei ihn seine sächsischen Erfahrungen gelehrt hatten, daß tatsächlicher Besitz wichtiger war als die Betonung der Formen. Das sollte berücksichtigt werden angesichts der Bewunderung, die Barbarossa für sein Anstoßnehmen an Formen immer wieder erhielt und erhält. Vor allem aber gewann Lothar auch an Ansehen gegenüber der Kirche des Reichs. Fast in allen strittigen Fragen stand ihm das Papsttum zur Seite, und die päpstlichen Legaten setzten ihr Gewicht mehr zugunsten seiner Kirchenherrschaft als zugunsten des Unabhängigkeitsdranges der geistlichen Fürsten ein. Man mag einwenden, daß Friedrich I. sein Kirchenregiment selbst noch im Bann ausüben konnte, Nachgiebigkeit gegenüber dem Papsttum also keine notwendige Voraussetzung dafür war, aber weder war Friedrichs Kirchenherrschaft uneingeschränkt, noch darf vergessen werden, daß 50 Jahre nach Lothar der Reformimpuls weiter geschwächt war und es den geistlichen Fürsten mehr als vorher noch um den Aufbau der Territorien ging, der nur durch den Kaiser gegen die Laienfürsten gefördert werden konnte.

Eines aber scheint besonders hervorgehoben werden zu müssen. Seit Otto I. war das Kaisertum konstitutiv mit dem Papsttum verbunden.[29] Solange der Papst auf Rom beschränkt war, trat das Kaisertum außerhalb des Reiches kaum ins Bewußtsein,[30] war auch sein faktisches Verhältnis zum Papsttum außerhalb des Reiches verhältnismäßig gleichgültig. Das änderte sich mit der Kirchenreform. Schon unter Heinrich III. wurden zweifelnde Stimmen laut und mit Heinrich IV. geriet notgedrungen das Kaisertum mit in die Krise, die das deutsche Königtum als dessen Träger vor allem im Verhältnis zur Kirche durchmachte. Lothar stellte indessen seiner Zeit ein Kaisertum vor Augen, das seine Funktionen in völliger Überein-

---

[29] Vgl. H. Grundmann, Betrachtungen zur Kaiserkrönung Ottos I., SB. München 1962, H. 2, bes. S. 13 ff.

[30] Vgl. G. A. Bezzola, Das ottonische Kaisertum, Veröff. d. Inst. f. Österr. Gesch.forsch. 18, 1956 passim.

stimmung mit der vorherrschenden öffentlichen Meinung versah.[31] Ein Kaiser, der dem von der Mehrheit des Abendlandes anerkannten Papst gegen dessen Gegner zu Hilfe kam, erschien als eine Notwendigkeit auch außerhalb des Imperiums, ohne daß der Verdacht aufkam, hier werde unter dem Vorwand des Schutzes Herrschaft erstrebt. Er hat, weil er den Ergebnissen der Kirchenreform Rechnung trug, noch einmal eine echte Funktion für Papsttum und universale Kirche ausgeübt, die auch ihm selbst universale Bedeutung gewann.

Lothar war bereits zu alt, um selbst noch alle Früchte seines Handelns zu ernten, vor allem aber, um sie dem Reich unbeeinträchtigt zu erhalten. Seine gesamte Politik war darauf angelegt, sein Erbe in jeder Hinsicht ungeschmälert seinem Schwiegersohn Heinrich dem Stolzen zu übergeben, dessen Sohn bereits zum zukünftigen Nachfolger heranwuchs. Heinrich hätte dort beginnen können, wo Lothar geendet hatte.

Es ist nicht dazu gekommen. Die Gründe sind schwer durchschaubar. Daß Heinrich wegen seines hochfahrenden Wesens den deutschen Fürsten nicht genehm war, berichtet Otto von Freising als einziger, aber dessen Tendenz und Verschleierungstaktik angesichts der Vorgänge um die Erhebung Konrads III. liegen offen zutage.[32] Absolut fest steht nur, daß Konrad, der schon einmal einem aussichtslosen Gegenkönigtum nachgejagt war, sich zum Werkzeug einiger weniger machen ließ, die ihn vor der bereits angesagten Wahlversammlung zum König erhoben und salben ließen. Der Gedanke, daß Konrad blindem Ehrgeiz erlag, ist nicht abzuweisen.[33] Zwar stimmten die Fürsten in einer Nachwahl zu — wiederum ist Otto von Freising einziger und überdies außerordentlich wortkarger Gewährsmann —, aber es scheint nicht zulässig, das als Sympathie für Konrad und als Antipathie gegen Heinrich den Stolzen zu werten. Sicher ist nur, daß Heinrich darauf verzichtete, den offenen Kampf

---

[31] Suger, Vita Lud., S. 262, 269. Ordericus Vit. lib. X, MGH. SS. 20, 77. Bernhard v. Cl. Ep. 138. Petrus Diac. chron. mon. Cass., MGH. SS. 7, 838. Ann. Saxo, MGH. SS. 6, 762 f.; 770. Ann. S. Jac. Leod., MGH. SS. 16, 640. Ann. Palid., MGH. SS. 16, 77. Ann. Rodens., MGH. SS. 16, 706.

[32] Otto v. Freising, Gesta I, c. 23.

[33] Vgl. auch Giesebrecht, Kaiserzeit 4, 171.

aufzunehmen für ein Gegenkönigtum, daß er bereit war, sich mit seinen Herzogtümern und sonstigen Besitzungen zu bescheiden. Es war einer der großen Fehler Konrads zu meinen, er könne seine Position verbessern, wenn er Heinrich eines seiner Herzogtümer absprach. Sieht man einmal davon ab, daß es für Konrads Verhalten keinen Rechtsgrund gab, so wird man allerdings zugeben, daß er sich in einem echten Dilemma befand. Nachdem er sich einmal zum Königtum gedrängt hatte, schien es nur zu behaupten zu sein, wenn die Macht des Welfen gebrochen wurde, und doch war Konrad nicht stark genug, seine Ziele durchzusetzen. Die gutgemeinten Versuche, die Konrad im Laufe seiner Regierung unternahm, können doch nicht darüber hinwegtäuschen, daß er die von ihm selbst geschaffene Lage nicht bereinigte, der Welfen nicht Herr wurde und dem Königtum schweren Schaden zufügte.

Konrad hat mit seiner Erhebung dem Königtum die von Lothar geschaffenen und für die Zukunft bereitgestellten Grundlagen entzogen, und erst er hat den Gegensatz von Staufern und Welfen in vollem Maße geschaffen und so unheilvoll für die weitere Zukunft gemacht. Dabei war es das Grundübel, das mit dem Regierungsantritt Konrads mitgegeben war, daß mit ihm ein gemessen an Lothar und Heinrich schwacher und von Hause aus vergleichsweise armer Mann zur Macht kam. Seine ganze Regierung zeigt, daß der staufische Besitz selbst in Verbindung mit dem Königtum nicht ausreichte, die Welfen zu überwinden.[34] So hat sich Konrad in einem erfolglosen Kampf verzehrt, dessen Aussichts- und Erfolglosigkeit für die Staufer Friedrich mit seiner innenpolitischen Schwenkung schon 1152, endgültig 1156 bestätigte. Bei allem Bemühen hat Konrad Lothars Stellung als König nicht behaupten, geschweige denn fortentwickeln können. So hinterließ er seinem Nachfolger ein stark geschmälertes Erbe, das dieser nicht mehr wesentlich verbessern konnte. Inzwischen waren Tendenzen wirksam geworden, die Barbarossa aus Mangel an Macht nicht mehr rückgängig machen konnte. Für das Kaisertum konnte Konrad vollends nichts tun; seine Schwäche hinderte ihn, es wahrzunehmen.

[34] Vgl. Th. Mayer, Friedrich I. und Heinrich der Löwe, in Kaisertum und Herzogsgewalt, MGH. Schriften 9 (1944) 365—444, 370.

Im Gegensatz zur Wahl Konrads und der Lothars soll die Friedrichs I. das Werk der weltlichen Fürsten, nicht der von Rom gelenkten Kirche gewesen sein.[35] Doch sind nach Gislebert von Mons und anderen die Dinge nicht ganz so glatt gelaufen, wie uns Otto von Freising glauben machen will.[36] Wenn Friedrich, an dessen Wahl selbstverständlich auch die geistlichen Fürsten beteiligt waren, schließlich so gut wie einstimmig gewählt wurde, so mag der von Otto behauptete allgemeine Wille zum staufisch-welfischen Ausgleich — den ich im übrigen für eine Interpretation im Interesse der von Otto gewollten symbolischen Überhöhung Friedrichs halte — eine Rolle gespielt haben. Aber so oder so mußte die Einhelligkeit, mußte vor allem der Ausgleich selbst mit Zugeständnissen erkauft werden. Sie lagen ganz offensichtlich in Richtung der großen Privilegien von 1156 und 1168, vor allem also in der weitgehenden Befriedigung welfischer Ansprüche. Das wird vor allem am Verhalten gegenüber Heinrich dem Löwen und Welf VI. deutlich.

Das könnte man bereits eine Wahlkapitulation nennen. Die Gründe dafür sind klar. Konrads Regierung, von Friedrich zunehmend kritisch betrachtet, hatte die Unmöglichkeit erwiesen, die Welfen im Kampf zu überwinden. Es fehlten dazu einfach die materiellen Mittel. So banal die Feststellung ist, so wichtig erscheint sie für Friedrichs Regierung; denn auch bei ihr muß unterschieden werden zwischen den objektiv vorhandenen Möglichkeiten und den persönlichen Versuchen Barbarossas zu retten, was noch zu retten war. Es spricht für Friedrich, Konrads Politik zunächst ein Ende gemacht zu haben. Der unmittelbare Erfolg war, daß Friede im Reich eintrat, der rund 30 Jahre hielt. Das war nicht wenig, aber auch der Preis war hoch. Er hat letztlich nicht einmal genügt, um die vorgefundene Situation zu fixieren.

Betrachten wir in aller Kürze die wichtigsten Probleme der Regierung Friedrichs im Sinne der Fragestellung, die uns auch bei Lothar Richtschnur war. Durch den Wechsel des Königtums von

---

[35] K. Jordan, in Gebhardt, Hdb. d. dt. Gesch. 1, 300; ders., Friedrich Barbarossa, Persönlichkeit und Geschichte 13 (1959) 17. Otto v. Freising, Gesta II, 1 ff.

[36] Vgl. H. Simonsfeld, Jahrbücher des Deutschen Reiches unter Friedrich I. 1 (1908), 26 ff. und Exkurs II, S. 667—673, bes. 668 f.

Lothar zu den Staufern stand das Problem der Neubegründung des Königtums noch immer oder besser schon wieder an. Barbarossas Lösung ist bekannt. Sie bestand in dem Versuch, unter Anerkennung, Billigung, auch privilegierter Förderung der Territorialisierung der Fürstenherrschaft die staatliche Macht gewissermaßen zu dezentralisieren bei größtmöglicher Zerkleinerung der Stammesherzogtümer in gleichsam handlichere Territorien. Diese Territorien, durch die die kleineren Dynasten nun vom König getrennt wurden, sollten durch das Lehnrecht an den König gebunden werden.[37] Der Erfolg war infolge der Vererbbarkeit und des praktischen Leihezwangs denkbar gering: Zumindest dem Ergebnis nach war die Förderung des Territorialisierungsprozesses nicht nur ein Kompromiß, sondern ein Zugeständnis als Gegengabe für die Duldung des staufischen Königtums. Das Lehnrecht war nur ein ungenügendes Gegengewicht gegen dies Zugeständnis.

Offensichtlich war Barbarossa bemüht, das Lehnrecht hinsichtlich dieses Zweckes materiell zu ergänzen durch seine Italienpolitik. Wir werden darauf noch zurückkommen. Nach ihrem Scheitern sollte offensichtlich eine entschiedenere Reichslandpolitik an ihre Stelle treten. Der an sich moderne Versuch, diese Länder durch Ministerialen verwalten zu lassen, brachte indessen nur beschränkten Erfolg. Da das Lehnrecht sich auch hier durchsetzte, entglitt das Reichsgut dem König bald wieder, ganz abgesehen davon, daß es schon wenige Jahre nach Friedrichs Tod nicht immer mehr ganz klar schien, wer von wem eigentlich abhängig war. Schon zu Lebzeiten vermochte die Reichslandpolitik den Norden und Westen des Reiches nicht mehr zu erfassen, und das Reichsgut und Reichsland boten beispielsweise keine ausreichende Macht, um etwa Philipp von Köln wirklich zu bändigen. Gerade Köln zeigt, wie wenig der König ein Übergewicht gegenüber der rücksichtslosen Interessenverfolgung einiger Reichsfürsten besaß. Die scheinbar erfolgreichen Bemühungen, in Sachsen den Frieden zu wahren, dienten nur Heinrich dem Löwen. Hier war der König Parteigänger, weniger Herrscher.

[37] Th. Mayer, Friedrich I. und Heinrich der Löwe, in Kaisertum und Herzoggewalt, MGH. Schriften 9 (1944) 434 ff.

Im Vergleich zu Lothar lassen sich zwei erste Feststellungen treffen. Gegenüber dem materiellen Übergewicht Lothars muß sich Friedrich weitgehend mit bloßen Rechtskonstruktionen, wenn nicht -fiktionen behelfen, wenn diese auch dem staufischen Staat einen Zug stärkerer Rationalität verleihen. Der König verzichtet überdies von allem Anfang an auf bisherige Rechte, auf bisher unmittelbare Beziehungen zu bestimmten Schichten des Adels zugunsten einer begrenzten Zahl von Fürsten. Diese an unmittelbarer Macht zu übertreffen, ist kaum mehr möglich, er kann allenfalls die größten nicht über sich hinauswachsen zu lassen versuchen. Schließlich hat das Bündnis mit Heinrich dem Löwen das Reich überdies in zwei Interessensphären geteilt, wobei allerdings nur die Heinrichs diesem unmittelbar unterstand, während die Friedrichs sich in zahlreiche Territorien aufsplitterte. Barbarossa bekam dadurch freie Hand für andere Ziele, aber die Leistungen des Welfen kamen dafür dem Reich kaum noch zugute.

Es ist schwer zu sagen, ob Friedrich von Anfang an glaubte, den Fürsten, denen er sich durch Stand, Herkunft und ritterliche Kultur verbunden wußte, Zugeständnisse machen zu können, weil er im bürgerlichen Oberitalien das richtigere und leichter zu gewinnende Objekt für eine Machtpolitik sah oder umgekehrt die Zwangslage in Deutschland ihn erst auf diesen Weg wies. An sich zeugt die Italienpolitik wie mancher Zug der Deutschlandpolitik von politischem Scharfsinn, von der Erkenntnis, daß dem Königtum neben dem Recht auch die Macht vonnöten sei. Dennoch hat die Verständnislosigkeit für die ganz anders gearteten sozialen und politischen Verhältnisse und ein von diesen völlig absehendes unbedenkliches Vertrauen auf alte Ansprüche und Rechte lediglich zu einem jahrzehntelangem Kampf geführt, mit großer Grausamkeit und beträchtlichem materiellen und politischen Schaden auf beiden Seiten. Es läßt sich nicht beweisen, daß das Ergebnis im geringsten über das hinausging, was auch ohne Kampf zu haben gewesen wäre. Damit soll die zeitgebundene Notwendigkeit der Italienpolitik nicht geleugnet werden, wie sie sich aus dem Anspruch und den Traditionen des Imperium zwingend ergab. Aber dennoch hat die Situation der Staufer in Deutschland Friedrich einerseits stärker als für das Königtum förderlich auf Italien verwiesen. Andererseits aber war Italien ein so schwieriges Objekt, daß es Barbarossa zwei Jahrzehnte gänzlich fesselte. Die Politik der Zugeständnisse in Deutschland führte in der Hauptsache doch nur zu einer indirekten Unterstützung des Königs durch die Fürsten. Infolgedessen reichten die Kräfte nicht aus, die gesetzten Ziele zu erreichen und die Ergebnisse zugleich in Deutschland nutzbringend einzusetzen. So ist bei allen Erfolgen im einzelnen Italien dennoch der Prüfstein, an dem Barbarossas Politik gemessen werden muß. Italien hat ihn 20 Jahre von Deutschland abgezogen, ihn veranlaßt, Heinrich dem Löwen und anderen Fürsten mehr nachzugeben als vorteilhaft, sie hat ihn 1176 gewissermaßen in die Abhängigkeit von Heinrich gebracht, dessen Hilfeverweigerung Friedrichs Schicksal in Italien mit besiegelte.[38] Friedrich beweist, daß ohne entsprechende Macht in Deutschland Italien nicht zu beherrschen war. Nach dem Scheitern in Italien brach aber auch in Deutschland im Jahre 1180 das 1156 geschaffene System zusammen. Die Situation war nicht unähnlich der des Jahres 1138, als sich Konrad und Heinrich der Stolze in ähnlichen Positionen gegenüberstanden. Heinrich der Löwe konnte dann zwar verhältnismäßig schnell ausgeschaltet werden, aber das Königtum hatte keinen Gewinn davon, ganz zu schweigen von dem Rückschlag in der Ostkolonisation.

Trotz aller Anerkennung für Friedrichs Bemühungen ergibt sich für die Deutschland- und Italienpolitik doch kaum eine positive Bilanz. Der Wille der Staufer zum Königtum mußte mit Zugeständnissen durchgesetzt und bezahlt werden, die zum Ausweichen nach Italien zwangen, aber Italien nahm den König so in Anspruch, daß er von Deutschland auf Jahre ausgeschlossen wurde. Die Zeit nach 1177 hat zu einer grundlegenden Veränderung nicht mehr ausgereicht, und so sind auch die staufischen Nachfolger Friedrichs nicht nur wegen der sizilischen Heirat Heinrichs VI. immer wieder auf Italien verwiesen worden.

Häufig ist bewundernd betont worden, daß mit Friedrich I. ein Mann das Königtum übernahm, den ein ausgeprägtes Bewußtsein von der Würde seines Amtes beherrschte, aber auch der energische

---

[38] Vgl. dazu jetzt auch K. Jordan, Goslar und das Reich im 12. Jahrhundert, in Niedersächs. Jb. f. Lg. 35 (1963) 63 ff.

Wille, die sich daraus ergebenden Ansprüche und Rechte durchzusetzen. Es bestehen aber meines Erachtens erhebliche Bedenken, Friedrichs Herrschervorstellung als eine von Anfang an fertige Konzeption zu betrachten und zu meinen, auch in dieser Hinsicht bedeute seine Wahl bereits eine grundlegende Wende. Man verfällt hierbei zu leicht der Suggestion Ottos von Freising und der Gefahr, Friedrichs Anfänge von späteren Ereignissen her zu interpretieren. Wohl mag es sein, daß Friedrich von Anfang an die Kaiserwürde selbständiger auffaßte als seine Vorgänger und sie energischer erstrebte als diese. Man könnte geneigt sein, hier eine unmittelbare und wechselseitige Verknüpfung mit der Italienpolitik zu sehen, wie andererseits schon die eine oder andere frühe politische Maßnahme in Deutschland darin begründet sein könnte, etwa der etwas zwielichtige Vertrag mit den Zähringern.[39] Aber es scheint mir nicht richtig, Friedrich von allem Anfang an allzu dezidierte Vorstellungen zuzuschreiben.[40]

Wenn er beispielsweise in seiner Wahlanzeige davon sprach, den Honor des Reiches wiederherstellen zu wollen,[41] so war das eine platte Selbstverständlichkeit; oder darf und soll man etwa daraus, daß von Lothar keine Wahlanzeige erhalten ist, schließen, dieser habe diesen Willen nicht gehabt? Bedenken scheinen mir auch an-

[39] MGH. Const. 1, 199 n. 141.

[40] Es ist kaum richtig zu sagen, anders als Lothar habe Friedrich von Anfang an das Königtum wieder unmittelbar und nicht wie seit Gregor VII. nur durch die Vermittlung des *Sacerdotium* auf Gott zurückgeführt (Th. Mayer, Friedrich I., a. a. O., S. 381). Einmal hat Gregor die Unmittelbarkeit nicht bestritten (vgl. F.-J. Schmale, Papsttum und Kurie zwischen Gregor VII. und Innocenz II., HZ. 193, 265—285), und selbstverständlich nannte sich Lothar „*Dei gratia*" wie Friedrich, und letzterer hat im Konstanzer Vertrag (MGH. Const. I, 201 n. 144) einen ähnlichen Satz hingenommen wie Lothar im Privilegium de regalibus episcoporum Teutoniae (MGH. Const. I, 168 n. 116). Hier scheint ein Problem aufgerichtet zu sein, das so zu diesem Zeitpunkt noch nicht existierte. Vgl. auch die Wahlanzeige (MGH. Const. 1, 191 f. n. 137): „... *omnium Christi sacerdotum oboedientiae devoti colla submittere parati sumus ...*".

[41] Ebda: „*imperii celsitudo in pristinum suae excellentiae robur Deo adiuvante reformetur.*"

gebracht, wenn immer wieder behauptet wird, Friedrich habe im Gegensatz zu seinen Vorgängern dem Papst seine Wahl nur mehr angezeigt, nicht aber um die Bestätigung gebeten. Ich fürchte, man ist hier dem Zufall der Quellenlage aufgesessen. Man kann nicht behaupten, Lothar habe tatsächlich um eine Bestätigung gebeten. Wir besitzen nur ein Schreiben Innocenz' II. an Lothar, das die Nachricht enthält, Honorius II. habe die Wahl bestätigt.[42] So mag die Bestätigung feststehen, aber keineswegs die Bitte Lothars. Das lehrt gerade der Fall Barbarossas; denn auch dieser erhielt eine Bestätigung,[43] obwohl er selbst seine Wahl nur anzeigte. Rückschlüsse aus einer Bestätigung sind also äußerst fragwürdig. Ganz abgesehen davon ist es zweifelhaft, ob die päpstliche *approbatio* oder *confirmatio* ein rechtlich relevanter Vorgang ist, in dem eine — wenn auch nur einseitige — konstitutive Mitwirkung des Papstes bei der Erhebung des deutschen Königs zum Ausdruck kommt. Sie kann durchaus den Sinn einer moralischen Unterstützung haben; ebenso kann man etwas gutheißen oder fördern, und der Papst kann durchaus eine Wahl bekräftigen, ihr die Kraft geistlicher Mittel versprechen — das ist die Bedeutung von *confirmare* in der biblischen und liturgischen Sprache —, ohne daß damit ein Rechtsanspruch erhoben wird. Der in allen Etikettefragen so überaus empfindliche Friedrich hat unseres Wissens an dem Gebrauch des Wortes *approbare* durch Eugen III. keinen Anstoß genommen.

Ebenso darf aus dem Konstanzer Vertrag nicht allzuviel, einseitig für Barbarossa Positives herausgelesen werden.[44] Als die diesbezügliche Schrift von Rassow erschien,[45] hat Grundmann bereits die wichtigsten Einwände erhoben, die bis heute nichts von ihrer

---

[42] JL. 7403. Die Narratio, die von der Gesandtschaft an den Papst berichtet, kann wegen der Gesinnung ihres Verfassers und wegen ihres Charakters als Bericht eines Privatmannes nicht als zuverlässiges Zeugnis gewertet werden.

[43] MGH. Const. 1, 913 f. n. 139.

[44] MGH. Const. 1, 201 f. n. 144.

[45] P. Rassow, Honor imperii. Die neue Politik Friedrich Barbarossas 1152—1159, ²1961.

Gültigkeit verloren haben.[46] Insgesamt waren die Vorteile des Papsttums größer als die des Königs. Während der Begriff des *Honor imperii* zu jeder Zeit ohne Bedenken vom Papst bejaht werden konnte, wurde die Erlangung der Kaiserkrone von ganz konkreten Bedingungen abhängig gemacht, wie sie in dieser Art noch nie geäußert worden waren. Trotz der Bilateralität des Vertrages war dieser nur vom Papst kündbar, und es ist nicht von der Hand zu weisen, daß die weitere Entwicklung auch von den konkreten Bedingungen des Vertrags beeinflußt war. War der Vertrag von Benevent vielleicht auch ein Verstoß päpstlicherseits gegen den Geist des Abkommens, so ist doch sicher, daß Friedrich die vertragsmäßige Gegenleistung für die Kaiserkrönung nicht erfüllt hatte, während der Frieden von Benevent keiner ausdrücklichen Bestimmung widersprach.

Weder die Wahl, noch die Anzeige an den Papst, noch der Konstanzer Vertrag beweisen einen besonderen politischen Höhenflug seitens Barbarossas, noch eine in seiner Person oder in der Lage begründete schlagartig einsetzende Besserung der königlichen Stellung. Aber schon bald setzen Wandlungen hinsichtlich der Reichs- und Kaiservorstellungen ein, die seit den Vorgängen von Besançon deutlicher werden. Das Unvermögen, die Verpflichtungen gegenüber dem Papst zu erfüllen, die Verknüpfung der Kaiserwürde mit sozusagen einklagbaren Gegenleistungen und die daraus resultierenden lästigen Mahnungen aus Rom, die Schwierigkeiten in Oberitalien, die Vorgänge um Eskil von Lund, aber auch andererseits die Einflüsse des römischen Rechts mögen zu diesen Wandlungen beigetragen haben. Ebenso haben sich aus der Auffassung von der Kaiserwürde als eines im Auftrag und im Rahmen der Kirche auszuübenden Amtes in Verbindung mit der konkreten Form der Verleihung, die noch der Konstanzer Vertrag mit Billigung Friedrichs als einen einseitigen Akt des Papstes hinstellte, der nur unter bestimmten Bedingungen vollzogen wurde, ganz offensichtlich auf päpstlicher Seite lehensrechtähnliche Vorstellungen vom Kaisertum entwickelt, gegen die sich Friedrich verständlicherweise zur Wehr

---

[46] H. Grundmann, Bespr. in Hz. 164 (1941) 577 ff. [In diesem Sammelband S. 26 ff.]

setzte. Es mag allerdings in Parenthese vermerkt werden, daß der einzige Berichterstatter über Besançon, Rahewin, bereits seine Zweifel an der Richtigkeit und Gutwilligkeit von Rainalds Übersetzung gehabt zu haben scheint.[47]

Alles das dürfte zu dem Versuch beigetragen haben und macht ihn auch durchaus verständlich, nämlich das Kaisertum auf eine andere Grundlage zu stellen. Aber wie diese Vorstellung formuliert wurde, bedeutete sie einen Bruch mit der bisherigen mittelalterlichen Tradition des Kaisertums und dessen Infragestellung überhaupt. Die Erklärung über die Gottunmittelbarkeit des Kaisertums, der für das Kaisertum konstitutive Charakter der Fürstenwahl, die Herrschaft über Rom, die Herabminderung des Papstes zum Bischof einer Reichsstadt und des französischen Königs zu einem *regulus* bilden zweifellos ein rationales, logisches Ganzes, das in sich und seiner vielfältigen Motivation verständlich ist. Es kann vielleicht sogar zugestanden werden, daß diese Vorstellungen eine notwendige Reaktion auf die Situation waren. Dennoch ist zu fragen, wie es zu dieser Situation kam, vor allem aber, wie eine solche Vorstellung in der gesamten Umwelt des Abendlandes stand und welche Reaktionen sie hervorrief.

Die zahlreichen Arbeiten, die sich mit dem Kaisertum und seinem universalen Inhalt beschäftigen, sind fast alle zu dem Ergebnis gekommen, auch Barbarossas Kaisertum habe auf *auctoritas* beruht und nicht nach Universal- und Weltherrschaft gestrebt.[48] Das mag richtig sein, zumal Friedrich seine Vorstellungen außer in Italien nicht mit militärischen Mitteln durchzusetzen suchte, sondern es bei Worten beließ. Dennoch kann die Frage nicht stillschweigend ausgeklammert werden, welcher Sinn solchen Äußerungen in Frankreich und an der Kurie unterlegt werden konnte, ob darin nicht ein

[47] Vgl. Gesta Friderici III, c. 12.
[48] Vgl. etwa R. Holtzmann, Der Weltherrschaftsgedanke des mittelalterlichen Kaisertums und die Souveränität der europäischen Staaten, Libelli 5 (1959); zuletzt H. J. Kirfel, Weltherrschaft und Bündnispolitik. Untersuchungen zur auswärtigen Politik der Staufer. Bonner Hist. Forsch. 12 (1959). Zu dem immer wieder als Zeugnis für Friedrichs Ansehen angeführten Brief Heinrichs II. von England (Rahewin, Gesta III, c. 8) vgl. jetzt einschränkend H. E. Mayer, in Festschr. K. Pivec (1966) S. 265 ff.

bisher unerhörter Anspruch lag. Man kann in diesem Zusammenhang weder das Wort des Johannes von Salisbury [49] noch das Diktum Innocenz III.[50] leicht nehmen. Neben persönlichem Wollen und subjektiven Vorstellungen muß auch die darauf erfolgende Reaktion gesehen werden. Sie hat dem Kaisertum und dem Imperium jedenfalls mehr Gegner als Freunde geschaffen.

Diese Auswirkungen verstärken sich durch die Verwicklung Friedrichs in das alexandrinische Schisma. So modern in mancher Hinsicht seine Kaiservorstellungen waren, sein Eingreifen in das Schisma zeigt insgesamt allzu konservative Züge und überdies solche eines ausgesprochenen politischen Kurzschlusses. Wenn Barbarossa vielleicht auch nicht unmittelbarer Urheber der Doppelwahl war,[51] so hat er sie doch in jedem Fall nutzen zu können gemeint und geglaubt, mit seiner Stellungnahme alle Schwierigkeiten, die das Papsttum ihm in den Weg zu stellen schien, und ebenso die Verhältnisse in Oberitalien zu seinen Gunsten zu entscheiden. Wieder einmal erschien der Kaiser als Gegner des von der Mehrheit gestützten Papstes und stellte den herkömmlichen Sinn des Kaisertums in Frage. Überdies mußte sein Verhalten in Verbindung mit nun erst fallenden scharfen Äußerungen Rainalds den Eindruck erwecken, als sollte wirklich eine Universalherrschaft aufgerichtet werden. Hier scheint mir eine wesentliche Wurzel des päpstlichen Mißtrauens gegenüber Heinrich VI. und Friedrich II. zu liegen. Andererseits hat Barbarossa sich ganz gewiß über seine eigenen Möglichkeiten gründlichst getäuscht.

Der Friede von Venedig ist angesichts der früheren Maßnahmen und des Einsatzes nur der Beweis dafür, daß mehr als 20 Jahre kaiserlicher Politik in Italien und gegenüber dem Papsttum weit-

---

[49] Johannes von Salisbury, Ep. 124: *Quis Teutonicos constitut iudices nationum? Quis hanc brutis et inpetiosis hominibus auctoritatem contulit, ut pro arbitrio principem statuant super capita filiorum hominum?* The letters of John of Salisbury, ed. C. N. L. Brooke (1955) S. 206.

[50] Dekretale ›Per venerabilem‹, Migne PL. 214. 1132 D n. 128: . . . *cum rex ipse superiorem in temporalibus minime recognoscat.* Vgl. auch H. J. Kirfel, S. 120 ff.

[51] Vgl. W. Holtzmann, Quellen und Forschungen zur Geschichte Friedrich Barbarossas, in NA. 48 (1938) 384—413.

gehend vertan waren. Es war gewiß ein ehrenvoller Frieden, in
dem sich der Papst als unbedingt friedenswillig zeigte, aber Friedrich hatte in ihm seinen bisherigen Standpunkt aufgeben müssen.
Erst das Einschwenken auf das ältere abendländische Kaisertum,
das Aufgeben hochfliegender Pläne und Vorstellungen — was
übrigens meines Erachtens zeigt, wie unrealistisch überzogen die
Vorstellungen der ausgehenden fünfziger und der sechziger Jahre
waren —, erst die Übernahme der Schutzfunktion gegenüber der
Christenheit auf dem Dritten Kreuzzug hat die Kaiserwürde noch
einmal in allem Glanz auch außerhalb des Reiches aufscheinen
lassen.

Das Thema wirft natürlich mehr Probleme auf, als hier behandelt werden konnten. Es sind hier vorerst eher thesenhaft einige
Gesichtspunkte herausgehoben worden, unter denen eine eingehen-
dere Betrachtung noch immer lohnend erscheint. Ganz bewußt
wurde dabei weniger von den Ideen der Herrscher ausgegangen, die
bei Lothar sowieso nicht unmittelbar erfaßt werden können, als
von den konkreten Umständen, unter denen Lothar und Friedrich
ihre Herrschaft jeweils aufnahmen und wie sie sich von hier aus im
Laufe ihrer Regierungen herausbildeten. Auf die objektive Struktur und die in ihr liegenden Möglichkeiten, wie sie tatsächlich konkret zu fassen sind, sowie die daraus resultierenden Wirkungen kam
es an. Dabei können die Wirkungen ganz anders als die Absichten
aussehen. Bei einer solchen Betrachtung scheint die Herrschaft Lothars in ihrem tatsächlichen Verlauf eine Reihe von wichtigen und
richtigen Ansätzen zur Lösung der damaligen deutschen Probleme
enthalten zu haben. Auf der anderen Seite bleibt Friedrich I. einer
der einprägsamsten deutschen Könige und Kaiser,[52] aber im Vergleich zu Lothar scheint doch deutlich zu werden, wieviel weniger
günstig die Ausgangsposition der Staufer angesichts der Aufgaben
war und wie diese schlechtere Situation auch die Herrschaft Friedrichs in ihren einzelnen Momenten wie auch in den vielfach erst
nach Friedrichs Tod sichtbar werdenden Ergebnissen bestimmte.

[52] Zuletzt H. Heimpel, Kaiser Friedrich Barbarossa, Neue Sammlung 2
(1962); K. Jordan, Friedrich Barbarossa. Kaiser des christlichen Abendlandes. 1959.

Man wird demnach nicht ohne weiteres sagen, daß es ein Glück für das Reich war, wenn das Königtum dank des unbedingten Ehrgeizes der Staufer, dem die Möglichkeiten keineswegs entsprachen, an Konrad und Friedrich überging. So ist zwar für die weitere deutsche Geschichte die Herrschaft der Staufer bestimmend geworden und nicht die Lothars. Dennoch bleibt dessen Regierung ein grundsätzlich über die staufische Epoche hinaus gültiger Weg mittelalterlicher deutscher Königs- und Reichspolitik, der große Aussichten geboten hat, unter den veränderten Bedingungen der Zeit nach der Kirchenreform und dem Investiturstreit eine starke Königsmacht wieder aufzubauen, und den das deutsche Königtum des Spätmittelalters immer wieder als den einzig möglichen zu beschreiten versuchte.

Vorträge und Forschungen. Hrsg. vom Konstanzer Arbeitskreis für Mittelalterliche
Geschichte. Bd. XII: Probleme des 12. Jahrhunderts. Reichenau-Vorträge 1965—1967,
Konstanz—Stuttgart 1965, S. 121—142. — Aus dem Italienischen übersetzt von Katharina
Arndt. Originaltitel: Federico Barbarossa e le città lombarde.

FRIEDRICH BARBAROSSA UND DIE LOMBARDISCHEN STÄDTE

Von Gina Fasoli

Die Geschichtsschreibung des Risorgimento hat, im Zusammenhang mit den patriotischen und freiheitlichen Idealen der Zeit, den
Kampf zwischen Friedrich Barbarossa und den italienischen Städten
zum Mythus erhoben, und diese Mythologisierung — die Dichter,
Schriftsteller und Maler inspiriert hat — scheint die modernen
Historiker davon abgehalten zu haben, das Problem wieder einer
Prüfung zu unterziehen. So unglaublich es auch erscheinen mag,
aber wir besitzen keine Geschichte der Lega Lombarda, die kritisch
angelegt ist und dem neuesten Stand der Forschung entspricht;[1] sie
wurde nur in allgemeinen Abhandlungen der italienischen Geschichte
besprochen oder in Werken, die ganz andere Probleme behandelten
als jene, für die sich die Historiker des vorigen Jahrhunderts begeisterten,[2] oder in Stadtgeschichten,[3] in denen die Ergebnisse von
Einzeluntersuchungen in Italien oder im Ausland ungefähr gesam-

---

[1] Storia diplomatica della Lega Lombarda von Cesare Vignati, 1866.
Die Werke über die Geschichte Italiens im allgemeinen, auf die im Text
hingewiesen wird, sind von Caggese, Candeloro, Cognasso, Rodolico,
Salvatorelli und Volpe sowie die erst kürzlich unter der Leitung von
N. Valeri herausgegebene Storia d'Italia (Turin, U. T. E. T., II, 1966);
die erwähnten Werke unterscheiden sich untereinander stark in Anlage
und Umfang.

[2] Z. B. P. Lamma, Comneni e Staufer, Rom 1955—1957.

[3] Von den zahlreichen alten und neueren Stadtgeschichten erwähnen
wir nur die großartige Storia di Milano der Fondazione Treccani per la
Storia di Milano; der Teil über die Beziehungen der Stadt zu Friedrich
Barbarossa wurde von L. Barni bearbeitet; ferner die auf Anregung und
unter der Leitung von G. Treccani degli Alfieri kürzlich erschienene
Storia di Brescia.

melt sind. Wen das nicht befriedigt, der muß noch immer auf die ›Storia della Lega Lombarda‹ von Cesare Vignati von vor hundert Jahren zurückgreifen, die eine Reihe von Dokumenten von höchster Bedeutung[4] enthält, deren Interpretation jedoch den Vorstellungen seiner Zeit verhaftet ist. So scheinen also jene ein leichtes Spiel zu haben, die die Bedeutung des langen Konfliktes verringern möchten im Interesse einer hypothetischen Einheitsgeschichte Europas und im Blick auf ein besseres Einvernehmen zwischen den Völkern,[5] als ob man dieses Einvernehmen leichter erreiche, wenn man von sich selbst und der eigenen historischen und nationalen Eigenart absieht, anstatt zu zeigen, wie und warum sich die politischen Systeme gebildet haben, die zu schärfsten Gegensätzen und Konflikten führten, bevor sie sich in einer neuen Harmonie zusammenfügen.

Die einzige historisch und historiographisch gültige Art, die Beziehungen zwischen Friedrich Barbarossa und den italienischen Städten zu deuten, ist dagegen ihre Interpretation als das unvermeidliche Aufeinandertreffen zweier verschiedener politischer Systeme, von denen das eine auf der jahrhundertealten Tradition des italischen Königreichs, das im Kaiserreich aufging, beruhte, während das andere aus der Machtlosigkeit dieses Königreichs infolge des Investiturstreits hervorgegangen war.

Es wäre gewiß eigenmächtig, wollte man die Italienpolitik Friedrichs I. nur unter dem einzigen Gesichtspunkt seines Kampfes mit den italienischen Kommunen sehen. Aber die Wiederherstellung der kaiserlichen Autorität über die italienischen Städte und die Verfügungsgewalt über die italienischen Finanzquellen bedingten den ganzen Rest des kaiserlichen Programms der Restauration, und man kann nicht leugnen, daß jenseits der diplomatischen Beziehungen, der Grundsatzerklärungen und der polemischen Behauptungen das Wiederaufflammen des Streits zwischen *regnum* und *sacerdotium*,

---

[4] Die von Vignati veröffentlichten Dokumente sind mit größerer philologischer Sorgfalt überarbeitet und erneut veröffentlicht, teils in den M. G. H., Constit., I und teils in Gli atti del Comune di Milano, hrsg. von C. Manaresi, Mailand 1919.

[5] Vgl. Tausend Jahre deutsch-italienischer Beziehungen (Schriftenreihe des internationalen Schulbuchinstituts 5), Braunschweig 1960, S. 10—11.

die Rivalität mit dem Ostreich und die feindselige Haltung gegenüber dem normannischen Königreich in der Praxis mit dem Streben
der italienischen Städte nach Selbständigkeit und mit ihrem Widerstand gegen die kaiserlichen Forderungen zusammentrafen. Die Be-
gegnung — oder der Zusammenprall — zwischen allen beteiligten
Kräften konnte nur in Norditalien stattfinden, und das nicht nur
aus geographischen Gründen. Denn die lebendigen und aktiven
Kräfte waren vor allem jene Norditaliens, wo sie aus den Bereichen
der Arbeit, des Handels und der Kultur erwuchsen und in der
Realität der Dinge, der Lehren und Ideen wirksam waren.

Dem, der die Frage wieder einer Prüfung unterziehen will, stellt
sich als erstes Problem das der Dokumentation, denn an Qualität
und Quantität übertrifft die Dokumentation über den Heiligen
Stuhl und das Kaiserreich bei weitem die über die Kommunen. Es
gibt keine Stadtchronik von gleichem Wert wie die ›Gesta Friderici‹
des Otto von Freising oder des Rahewin oder die ›Vita‹ Alexanders III. vom Kardinal Bosone oder das ›Chronicon‹ des Romualdo
Salernitano, und man hat sich zu fragen, ob die für die Politik
der Kommunen verantwortlichen Männer das politische Programm
Friedrich Barbarossas in seiner wahren Bedeutung so erfaßten wie
die Männer der römischen Kurie und die Diplomaten von Byzanz
und Palermo.[6] Auch jene Chronisten, deren Geburtsstadt sich mit
der Bitte um Schutz an den Kaiser gewandt hatte und die daher
das Werk Friedrichs verherrlichten, stellten es nicht als eine Wiederherstellung von Ordnung, Frieden und Gerechtigkeit dar, sondern
als eine Vergeltung, die alles andere ist als Wiederherstellung von
Frieden und Gerechtigkeit.[7]

Wir sind also sehr schlecht darüber informiert, welche Meinungsverschiedenheiten oder Übereinstimmungen es in den einzelnen

---

[6] Es ist nicht möglich, alle italienischen Chroniken aufzuführen, in
denen von den Schicksalen der italienischen Städte in Verbindung mit
Friedrich Barbarossa die Rede ist. Eine vollständige Liste darüber gibt
F. Cognasso, Avviamento agli studi di storia medievale, Turin, Ghironi
1951, S. 181.

[7] Das ist die gleiche Haltung wie bei Ottone Morena und seinen Nachfolgern (M. G. H., SS. rer. germ., Nova serie, VII), bei dem Anonymus,
dem Autor der Gesta di Federico I in Italia (F. I. S. I., n. 1, 1887) sowie

Städten gab und welche Richtung gegenüber der anderen vorherrschte,[8] aber es gibt keinen Zweifel daran, daß der Anspruch auf die kaiserlichen Rechte in ihrer Gesamtheit nicht als logische und praktische Folge von bestimmten abstrakten, rechtlich begründeten Voraussetzungen empfunden wurde, sondern als eine Anmaßung; und eine Anmaßung war dieser Anspruch, denn die Behauptung, eine Rechtslage wiederherzustellen, die historisch überwunden war, beleidigte Gefühle, Überzeugungen und Interessen, die auf seit Generationen verwurzelten Gewohnheiten beruhten, und das erklärt, warum seit 1158 auch die Städte sich nach und nach von Friedrich abwandten, die aus Tradition Anhänger des Kaisertums waren.

Friedrich Barbarossa war gewiß nicht der Doktrinär, den mancher in ihm hat sehen wollen,[9] aber er hatte einen sehr ausgeprägten Sinn für die königliche Autorität und Verantwortung. Sein Ausgangspunkt war die Wiederherstellung des Friedens in den Ländern des deutschen Königreichs, eine wesentliche Voraussetzung für die Festigung der Autorität des Staates und des Herrschers, soweit das in jenen Zeiten möglich war. Aufs engste verknüpft mit diesem Vorhaben war die Absicht, dem Wormser Konkordat eine Auslegung zu geben, die soweit als möglich zugunsten der Krone ging, sowie der Wille, die königlichen Rechte auf Italien in ihrem vollen Umfang wiederherzustellen, um das Werk des Wiederaufbaus in Deutschland zu festigen und um den Problemen zuversichtlich entgegentreten zu können, die dem Westreich durch die politische Un-

bei dem anderen Anonymus, dem Verfasser der Gesta Friderici imperatoris in Lombardia (M. G. H., SS. in us. schol.), um nur einige Beispiele zu nennen.

[8] Der Wechsel einiger Städte von einer Front zur anderen ist sicher nicht auf eine Verabredung zwischen den verschiedenen politischen Richtungen in den einzelnen Städten zurückzuführen, sondern auf das Übergewicht einer Partei oder einer Richtung, die sich den anderen gegenüber durchsetzte, oft sogar mit Gewalt.

[9] Vgl. die treffenden Bemerkungen von H. Appelt, Friedrich Barbarossa und die italienischen Kommunen, M. I. Ö. G. LXXII, 312. Vgl. auch H. Appelt, Friedrich Barbarossa und das römische Recht, Römische Historische Mitteilungen, 5, 1961/62.

ruhe des Ostkaisers Manuel Comnenos, durch die Existenz des Königreichs von Sizilien, das Vasall des Heiligen Stuhles war, und durch die Notwendigkeit, dem Königreich von Jerusalem und den anderen christlichen Staaten Syriens wirksame Hilfe angedeihen zu lassen, entstanden waren.

Für die Durchsetzung seiner Politik brauchte Friedrich Menschen und Geld. Das deutsche Reich konnte die Menschen liefern, das Königreich Italien mußte Menschen und Geld geben.[10]

Otto von Freising zeichnet ein Bild der italienischen Situation, das offensichtlich das Handeln seines Helden erläutern will. Um sich und seinen Lesern die Struktur der italienischen Kommunen klarzumachen, gab es für einen Menschen seiner Zeit nur den Vergleich mit der klassischen römischen Republik. Es liegt auch keine Spur von Mißbilligung in seiner Feststellung, daß die „Langobarden", wie er sie nennt, *libertatem tantopere affectant ut, potestatis insolentiam fugiendo, consulum potius quam imperantium regantur arbitrio.* Ihn überrascht es, daß jede Stadt ihre Herrschaft auf das ganze Gebiet ausdehnt, so daß „*vix ... aliquis nobilis vel vir magnus tam magno ambitu invenire potest, qui civitatis suae non sequatur imperium*". Aber nicht einmal dieses erweckt seine Mißbilligung, denn es ist ein Ordnungsprinzip. Genausowenig mißbilligt er die Tatsache, die er als die Ursache für den Reichtum und die Macht der italienischen Städte erkennt: daß Handwerker und Leute niederen Standes nicht für zu gering gehalten wurden, um *ad miliciae cingulum vel dignitatum gradus assumere.* Was Otto empört, ist, daß die Städte die lange Zeit, in der Italien nicht unter kaiserlicher Herrschaft stand, zu ihrem Vorteil genutzt hatten und infolgedessen nicht mehr gewöhnt waren zu gehorchen: *principem qui volontariam exhibere deberent subiectionis reverentiam, vix aut numquam reverenter excipiunt, vel ea quae secundum legum integritatem sanciverit obedienter excipiunt, nisi eius multi astipulatione coacti sentiant auctoritatem.*

Die Erklärung, die Otto von diesem Verhalten gibt, ist ziemlich

---

[10] Zu dieser ganzen Frage vgl. G. Deibel, Die italienischen Einkünfte Kaiser Friedrichs I., in: N. Heidelbergs Jahrbuch, 1932, S. 21—58, und in Zeitschrift d. Savigny Stift., Germ. Abt. (1934), S. 134—177.

einmalig für einen Deutschen: Die primitiven Langobarden hatten aus ihrer Verbindung mit den Frauen des Landes, aus der Erde, die sie besaßen und auf der sie lebten, und aus der Luft, die sie atmeten, *aliquid romanae mansuetudinis et sagacitatem* übernommen und *latini sermonis elegantiam morumque urbanitatem* bewahrt, aber in einem Punkte schienen sie der antiken römischen Vornehmheit uneingedenk und enthüllten die Spuren ihrer barbarischen Herkunft: *quod cum legibus se vivere glorientur, legibus non obsequuntur.*[11]

Otto fragt sich jedoch nicht, ob jene Gesetze, denen die „Langobarden" nicht gehorchten, die gleichen waren, nach denen zu leben sie sich rühmten.

Die italienischen Kommunen waren eine historische Erscheinung, die im Halbdunkel in jahrhundertelanger, ununterbrochener Entwicklung des städtischen Lebens herangereift war und zur Zeit des Investiturstreits ins Licht trat, als ein Teil der Bürgerschaft bewußt die Probleme in Angriff nahm, die sich eben als Folge des Investiturstreits durch das Fehlen einer Regierung, das die Stadt lähmte, gestellt hatten.[12] Es war die städtische „Elite", die sich dieser Aufgabe annahm: Männer, die schon Verwaltungserfahrung besaßen, weil sie mit dem Bischof oder dem Grafen zusammengearbeitet oder gelegentlich Aufträge der Stadtversammlung aus-

---

[11] Ottonis et Rahewini, Gesta Friderici I imperatoris, II, 13 und IV, 6.

[12] Vielleicht ist es nicht überflüssig, noch einmal darauf hinzuweisen, daß in fast allen Städten der Poebene der Bischof, auch wenn er nicht der „signore" der Stadt war, Immunitäten und Privilegien genoß, die ihm weitreichende Verwaltungsfunktionen verliehen in Konkurrenz zu dem Grafen, dem sehr wenige Kompetenzen und Vorrechte geblieben waren oder der auf mehr oder weniger gesetzwidrige Weise durch seine Nachkommen oder die seiner alten Vasallen ersetzt worden war. Zur Zeit des Investiturstreits leiteten die Doppelwahlen von Bischöfen — wobei es oft keinem der beiden gelang, sich in seiner Bischofsstadt Geltung zu verschaffen — im Leben der Stadt eine Krise ein, der die Eliten mit ihrer geistig eher konservativen als revolutionären Initiative als Heilmittel entgegenzuwirken suchten. Diese Erklärung für das Entstehen der Kommune habe ich ausführlicher in einem Universitätskursus dargelegt: Dalla „civitas" al Comune (Bologna, Patron, 1961).

geführt hatten; Männer, die die gemeinsamen Bedürfnisse kannten, die aber auch das Auftreten neuer sozialer Elemente aufmerksam verfolgten und fähig waren, ihrer Gruppe das Ansehen und die Vorrangstellung zu erhalten, deren sie sich seit Generationen erfreut hatte.

Die Religionskämpfe hatten in der Tat den Ständen des Volkes ein politisches Gewicht verliehen, das sie nie zuvor gehabt hatten, und die „Elite" brauchte eine solide Basis, um die neue Aufgabe, die sie übernommen hatte, erfüllen zu können. Sie bedurfte der Unterstützung und Mitarbeit von zuverlässigen Personen mit der Fähigkeit, die lokale Situation zu beherrschen und Frieden und Gerechtigkeit wiederherzustellen und zu behaupten, womit auch wir die beliebte Wendung unserer Vorfahren einmal benutzen wollen. Zu diesem Zweck und unter Umständen, die von Stadt zu Stadt verschieden waren, bildeten sich verschworene Gemeinschaften, die der „Kommune" zum Leben verhalfen als einer politischen Organisation, die fähig war, ihre Ziele energischer zu verfolgen als jene an Traditionen so reiche, aber in ihrer Struktur so schwache Gemeinschaft, wie es die *civitas* [13] war.

Die *cives* waren seit Jahrhunderten an einen Treueschwur dem Herrscher gegenüber gebunden, einen Schwur nach oben, dessen Formel keine Beziehungen in horizontaler Richtung vorsah; untereinander waren sie durch eine Reihe gewohnheitsmäßiger Bindungen in einem System lokaler und sozialer Formationen vereint.[14] Auf diesen baute sich ein Übereinkommen auf, das die einzelnen,

---

[13] Vgl. G. Fasoli, Che cosa sappiamo delle città italiane nell'alto M. E., in Vierteljahr. f. Sozial- und Wirtschaftsgesch., 47, 3, S. 280—305.

[14] Gemeint sind die Untereinteilungen der Stadt (Stadtviertel, Bezirke), in denen sich das religiöse Leben abspielte und die die Grundeinheit für die Verpflichtung zum Militärdienst und zur Steuerzahlung bildeten; ferner die Kreise von *milites* mit ihrem Mittelpunkt, der *curia vassalorum* ihres Herrn (oder ihrer Herren); die aus der Tätigkeit der Richter entstandene, juristisch klar umrissene Körperschaft der Richter; die Handelsgesellschaften, die die Kaufleute nach Gruppen zusammenfaßten; die religiösen Bruderschaften, in denen sich manchmal Menschen des gleichen Berufsstandes vereinigten; die Gemeinschaften des Klerus, die Kanonikerstifte etc.

die sich der Notwendigkeiten der Stunde bewußt waren, zu-
sammenschloß und die Gleichgültigen und Andersdenkenden nicht
miteinbezog, bis die neue Vereinigung stark genug war, sie zum Anschluß und zur Übernahme aller Verpflichtungen, die dieses Übereinkommen mit sich brachte, zu zwingen. Welches diese Verpflichtungen waren, das sehen wir aus den ältesten Eidesformeln der
Konsuln, den neuen frei gewählten Richtern, die die örtlichen Grafen oder Bischöfe ersetzen sollten, falls diese abwesend oder unfähig
waren.

Aus diesem Übereinkommen entstand die Kommune und auch die
Gesetze, die zu befolgen die Bürger sich rühmten. Aber die Kommunen, die wirklich existierten und denen es gelungen war, jene
politisch-administrative Einheit zwischen Stadt und Land herzustellen, die Otto von Freising in Erstaunen versetzt hatte, waren
niemals als neue politische Formationen anerkannt worden. Gewisse königliche und kaiserliche Urkunden, denen die Städte, für
die sie ausgestellt waren, großen Wert beimaßen — und die die
Historiker als Meilensteine in der Geschichte der städtischen
Selbständigkeit betrachten —, beschränkten sich darauf, an die
Gemeinschaften der *cives* reichliche Privilegien zu verteilen, ihnen
Vorrechte zu gewähren und Gewohnheitsrechte anzuerkennen, die
die Existenz einer örtlichen Verwaltung voraussetzten, von der die
Urkunden jedoch in Wirklichkeit nichts erwähnten.[15] Hinter solchen Zugeständnissen verbarg sich jedoch ein Mißverständnis: Der
König oder der Kaiser verstanden diese Gewohnheitsrechte als
einen Komplex von Richtlinien, die das lokale Privatrecht regelten,
sowie von überlieferten Privilegien, die ihre Vorgänger gewährt
hatten; die *cives* dagegen verstanden etwas ganz anderes darunter,
weil unter den besonderen Umständen, unter denen sich während
des Investiturstreits die Selbständigkeitsbewegung entwickelt hatte,
auf ihre zur Kommune gewordene Gemeinschaft die Ausübung von
Rechten und Funktionen öffentlicher Natur übergegangen war, die
Grafen und Bischöfe und deren Vasallen, als die Verwaltungsstruk-

---

[15] Bezeichnend dafür sind die Urkunden Heinrichs IV. für Lucca und
Pisa, Heinrichs V. für Bologna, Mantua und Turin sowie die Bestätigungen
Lothars II. und Konrads III.

turen im Königreich Italien nach der Zerstörung des Kaiserpalastes von Pavia im Jahr 1024 [16] zusammengebrochen waren, ungehindert besessen hatten, als gehörten sie ihnen.

Fast hundertdreißig Jahre lang war die politische Lage so gewesen, daß kein Kaiser an eine politisch-administrative Restauration hatte denken können; dagegen hatten die Städte sie im Diözesanbereich eingeleitet, indem sie mit Waffengewalt kleinere Ortschaften und Landherren unterwarfen. Auf der politisch-administrativen Ebene der „Regalien", der Justizverwaltung, der Lokalkriege und der Ernennung der städtischen Statthalter würde also der Zusammenprall erfolgen, sobald ein Mann den Thron bestieg, der entschlossen war, seinem Rang einen substanziellen Gehalt zu geben.

Im Jahr 1152 wußte Friedrich vielleicht, daß etwa fünfzig bis sechzig Jahre früher die Stellungnahme der italienischen Städte während des Investiturstreits erhebliches Gewicht gehabt hatte, doch konnte er von der politischen Wirklichkeit seiner Zeit keine genaue Vorstellung haben, so wenig wie Otto von Freising vor seiner Ankunft in Italien. Die Beschwerden der Auswanderer, die das Eingreifen des Kaisers erflehten, konnten keine gute Informationsquelle sein, wenn auch die Handelsbeziehungen zwischen Italien und Deutschland zuverlässigere Nachrichten über die wirtschaftliche Lage und die Finanzpolitik der Städte erbrachten.

Die Überlieferung sagt nichts darüber, ob Friedrich Barbarossa, wie Roger II. von Sizilien, Gefallen daran fand, Bilanzen und Voranschläge über die Einnahmen und Ausgaben des Staates aufzustellen; aber das Geld, das die Italiener der Schatzkammer hätten zahlen sollen und nicht zahlten, war sicher ein Thema, über das der Kaiser und seine Ratgeber häufig sprachen. Jedoch waren sie sich nicht bewußt, daß dieses der Schatzkammer vorenthaltene Geld das Wirtschaftsleben der Städte speiste und daß die Unterwerfung der ländlichen Gebiete nicht nur einem brutalen Machtstreben entsprang, sondern notwendige Voraussetzung war für den Bau von Straßen, Brücken und Kanälen, für die Freiheit und Sicherheit des Verkehrs, für die Versorgung mit Lebensmitteln und Rohstoffen,

[16] A. Solmi, L'amministrazione del regno italico, Pavia 1932, S. 193.

für Reserven an Arbeitskräften und für nahegelegene Absatz-märkte. Vor allem aber waren sie sich nicht über den leiden-schaftlichen Schwung des städtischen Patriotismus im klaren.

Die römische Kurie kannte die Lage in Italien sicher besser: sie wußte, daß die Hilfe und Unterstützung der Städte während des Investiturstreits zum Sieg der Reformbewegung und der papst-treuen Bischöfe entscheidend beigetragen hatte; aber sie wußte auch, daß die Bischöfe in den weltlichen Belangen eine Mitarbeit der *cives* hatten akzeptieren müssen, die viel weiter ging als die, die ihre Vorgänger hingenommen hatten, und daß sie stillschweigend oder ausdrücklich auf viele alte Vorrechte ihrer Kirche zugunsten der Stadt hatten verzichten müssen.

In steuerlichen Angelegenheiten und Gerichtsbarkeit zeigten die Kommunen wenig Respekt gegenüber den kirchlichen Immunitäten; jedenfalls war der Heilige Stuhl, der bereit war, sich der kaiser-lichen Macht gegen die Unabhängigkeitsbewegung Roms zu bedienen, auch bereit, sich der nach Unabhängigkeit strebenden Kräfte der lombardischen Städte zu bedienen, um die Ansprüche des Kaisers in Grenzen zu halten oder zurückzuweisen, wenn sie über das erträgliche Maß hinausgingen.

Manuel Comnenos suchte seinerseits bei den italienischen Städten Unterstützung für seine Westpolitik, während die Könige von Sizilien bei ihnen die Möglichkeit suchten, dem Kaiser den Weg zu ihrem Königreich zu versperren.

Jedoch waren die Kommunen nicht bloße Steine im Spiel der anderen; die führende Schicht war sich vielleicht nicht gänzlich der völligen Neuartigkeit des Verwaltungssystems bewußt, das ihre Vorfahren geschaffen hatten, und hatten Wesen und Grenzen ihrer Selbständigkeit in keiner Weise theoretisch definiert, aber sie wußten, daß sie kämpfen mußten, um ihre Selbständigkeit zu ver-teidigen, und wenn sie bald für den Kaiser Partei ergriffen, bald gegen ihn, dann hatten sie immer ihren eigenen Vorteil im Sinn und nicht den ihres Verbündeten, von dem sie den Bann oder Feld-züge gegen den Gegner — Freibriefe gegenüber Rivalen — erwarteten.

In der Lombardei konzentrierte sich die Sammlung der Kräfte auf Mailand und seine traditionellen Bündnisse und Feindschaften, in der Emilia auf Bologna und seine ständige Gegnerschaft zu

Modena und seine wechselnden Beziehungen zu den Städten der Romagna. Ancona entwickelte keine völlig selbständige Politik; es war ein Stützpunkt der byzantinischen Politik und erwartete von Byzanz eine Zunahme an Macht, um Venedig die Stirn bieten zu können, das den Anspruch erhob, das gesamte Adriatische Meer allein zu beherrschen und dort seinen Willen und seine Interessen durchzusetzen.

In einer Ausnahmesituation befanden sich Genua und Pisa, deren Flotten Friedrich zur Unterstützung seines seit langem geplanten Krieges gegen das Königreich Sizilien brauchte. Eine stärkere Ausnahme bildete Rom, dessen Streben nach Erlangung der kommunalen Selbstverwaltung mit dem Anspruch, über die Kaiserwürde zu entscheiden, verflochten war.[17]

Als Friedrich 1154 mit einem ziemlich kleinen Gefolge nach Italien kam, hatte er sich nur vorgenommen, die Kaiserkrone in Empfang zu nehmen und die Städte energisch zur Beendigung ihrer Kriege und Gewalttaten untereinander aufzufordern, doch hielt er sich seinerseits nicht von militärischen Unternehmungen zum Zweck der Einschüchterung zurück und gab, was noch schlimmer war, dem Druck von Städten und Herren nach, deren Ergebenheit er sich um jeden Preis erhalten wollte.

Friedrichs Erscheinen diesseits der Alpen ließ daher alle auf der Hut sein, die etwas zu befürchten hatten, falls er versuchen sollte, seine Herrschaft energischer zu behaupten. Die Kommunen befanden sich in Alarmzustand, der Papst, Wilhelm von Sizilien und Manuel Comnenos hatten ihre jeweiligen Positionen modifiziert und geklärt.[18] Friedrich selbst mußte sofort feststellen, wie schwierig es

---

[17] In diesem Zusammenhang sei an die schon zitierte Storia di Milano erinnert, an die Geschichte der Stadt Bologna von A. Hessel (Berlin 1910), das Brevario della Storia di Genova von V. Vitale (Genua 1955), die Istituzioni comunali a Pisa von G. Volpe (Firenze 1970²). Über Ancona vgl. P. Giangiacomi, Ancona e l'Italia contro Barbarossa, Ancona 1927; die Bemerkungen von G. Z. Zimolo zu De obsidione Anconae von Buoncompagno, RR. II. SS., VI, 3, und die spärlichen Artikel von M. Natalucci; über Rom s. P. Brezzi, Roma e l'impero medievale, Bologna 1947.

[18] P. Lamma, Comneni cit., I, S. 157 ff. Vom selben Verfasser, I Comuni italiani e la vita europea, in der von N. Valeri geleiteten Storia d'Italia,

war, sich gegenüber den örtlichen Kräften in Italien durchzusetzen, die Verteidigung der Schwachen zu übernehmen und den Frieden im Land zu erzwingen, ohne in die Streitigkeiten und Rivalitäten zwischen den Kommunen verstrickt zu werden und bestimmt ohne jene Unparteilichkeit zu erreichen, die in seiner Absicht, aber nicht in seinen Möglichkeiten lag, denn um mit den Widerständen der einen fertigzuwerden, mußte er sich der militärischen Kräfte der anderen bedienen, und um sich diese zu sichern, mußte er es sich schließlich gefallen lassen, daß sie sich für ihre Fehden und Rachegelüste seiner bedienten.

Als Friedrich ein Jahr später, mit knapper Not der von Verona drohenden Gefahr entgangen, nach Deutschland zurückkehrte, hinterließ er die rauchenden Trümmer von Chieri, Asti, Tortona, Rosate, Trecate, Galliate und Spoleto und von all den übrigen Kastellen, deren Namen die Chroniken nicht überliefert haben; vor allem aber hinterließ er von neuem aufgewühlte Leidenschaften und überall aufflammende Lokalkriege, und so nahm er die Überzeugung mit sich, daß es notwendig war, planmäßiger und systematischer vorzugehen und den bereits über Mailand verhängten Bann mit seinem ganzen Gewicht anzuwenden.

Während er zunächst keine vorgefaßte Abneigung gegen das Regime der Kommunen gehabt hatte, vorausgesetzt, der Friede würde gewahrt und dem Staat gezahlt, was ihm geschuldet wurde, so hatte er sich jetzt davon überzeugt, daß der einzige Weg, den Frieden zu erhalten und die Abgaben einzutreiben, in der unmittelbaren Kontrolle über die Verwaltung der Städte lag; aber er hatte auch begriffen — er selber oder seine Ratgeber —, daß man die Italiener mit den Waffen der Legalität einnehmen mußte, indem man jene Rechtsprinzipien anwandte, die die italienischen Juristen als Grundsätze des römischen Rechts hinstellten, ohne dabei deren praktische Anwendung in der jeweiligen Wirklichkeit in Betracht zu ziehen.

Die Städte ihrerseits hatten überhaupt nicht begriffen, mit wem

cit., vol. I, S. 281, und P. Brezzi, Caratteri, momenti e protagonisti dell'-azione politica di Federico I in Rivista storica italiana, VI, 5 (1940), S. 342 ff.

sie es zu tun hatten, und fielen während Friedrichs Aufenthalt in Mittelitalien und nach seiner Rückkehr nach Deutschland wütend übereinander her.[19]

In den verschiedenen Phasen seines ersten Italienzuges war vieles unerwartet und zufällig gewesen; anders war es bei seiner zweiten Ankunft, die von Rainald von Dassel und Otto von Wittelsbach diplomatisch vorbereitet worden war und von einem Heer unterstützt wurde, das zahlenmäßig das von 1154 bei weitem übertraf und dem ein schreckeneinflößender Ruf vorausging.[20] Friedrich selber erkannte die Notwendigkeit, das Auftreten des Heeres durch jene *lex castrensis* zu regeln, die — auch auf diesem Gebiet — den streng auf dem Boden des Gesetzes stehenden Geist bescheinigt, nach dem er, wie er sich rühmte, sein Vorgehen ausrichten wollte.

Das Hauptziel seines neuen Feldzuges war Mailand, das in der Literatur von kaiserlicher Seite die Bedeutung eines Symbols aller oppositionellen Kräfte angenommen hatte,[21] doch begann Friedrich, um ein erstes warnendes Beispiel zu geben — das überdies leichter durchzuführen war —, mit der Belagerung von Brescia, das beschuldigt wurde, Bergamo unterjocht zu haben und ein treuer Verbündeter der Mailänder zu sein. Kaum hatte Brescia sich ergeben, forderte Friedrich unter dem Beistand seiner Juristen die Mailänder auf, sich wegen ihrer ständigen Feindseligkeiten gegen Lodi und Como und wegen des Wiederaufbaus von Tortona und der von ihm zerstörten Kastelle um Mailand zu rechtfertigen. Da die Mailänder sich nicht rechtfertigten und sich nicht unterwarfen, verhängte der Kaiser, immer unter dem Beistand seiner Juristen, den Bann über die Stadt und belagerte sie.

Es ist nicht nötig, über die Geschichte der Belagerung Mailands im Jahr 1158 noch einmal zu berichten. Wichtig ist dagegen die Feststellung, daß sich unter den Klauseln der Kapitulation der Verzicht auf die Hoheitsrechte und die Verpflichtung zum Bau eines kaiserlichen Palastes in der Stadt befinden. Der kaiserliche Palast war das sichtbare und greifbare Zeichen der Autorität des Herr-

---

[19] Gesta Friderici I in Lombardia, S. 28.
[20] Gesta di Federico I in Italia, vv. 1806—18.
[21] Lamma, Comneni, II, S. 5.

schers und war den Städten wegen der damit verbundenen Belastungen äußerst verhaßt: Instandhaltung des Gebäudes und Unterhalt des Kaisers oder der kaiserlichen Bevollmächtigten und deren Gefolge, wann immer sie dort zu residieren wünschten. Verschiedene Städte hatten ihr Möglichstes getan, um von dieser Last befreit zu werden, und Mailand war eine der ersten Städte gewesen, die — einer städischen Überlieferung zufolge — sogar schon zur Zeit der Karolinger dieses wertvolle Zugeständnis erhalten hatte.[22] Die kaiserliche Auflage, zu der die Stadt jetzt gezwungen wurde, war eine schwere Demütigung, die nur zum Teil aufgewogen wurde durch die ihr gewährte Freiheit zur Wahl der Konsuln, wobei diese jedoch der Bestätigung durch den Kaiser oder einen seiner Legaten bedurften.[23]

Eine militärische Demonstration des Kaisers auf Veroneser Gebiet mit den üblichen Zerstörungen zum Zweck der Einschüchterung, sowie das plötzliche Erscheinen von Otto von Wittelsbach in Ferrara verstärkten die allgemeine Furcht, die infolge der Kapitulation Mailands um sich gegriffen hatte, und dienten als Einleitung zu dem Reichstag von Roncaglia.[24]

Ob die Rede, die Rahewin dem Kaiser zuschreibt, genau die von Friedrich ausgesprochenen Gedanken wiedergibt, soll hier nicht erörtert werden, dagegen muß die erwartungsvolle Atmosphäre mit der Hoffnung auf ein konstruktives Friedenswerk, das die Eröffnung des Reichstags kennzeichnete, besonders erwähnt werden. Die Vorkehrungen, die der Kaiser traf, damit seine Richter unparteiisch Gerechtigkeit übten, riefen bestimmt ein zustimmendes Echo hervor;[25] man versuchte auch keinen Widerstand zu leisten, als es sich um die Definition der Hoheitsrechte und den Anspruch, der auf sie erhoben wurde, handelte. Dieser Anspruch war bereits in der Formel des Treueschwurs enthalten, die Rainald von Dassel und Otto von Wittelsbach, als sie nach Italien kamen, um die Ankunft Friedrichs vorzubereiten, den Italienern vorgelegt hatten.[26] Ob die Defi-

[22] Solmi, cit., S. 193.
[23] Rahewin, Gesta, II, 47.
[24] Ibidem, III, 51—53.
[25] Ibidem, IV, 6.
[26] Ibidem, III, 20.

nition den Bologneser Juristen übertragen worden war und diese
sich geweigert hatten, sie ohne Mitwirken der Richter aus den
lombardischen Städten zu formulieren, ist eine Frage, die eine aus-
führliche Erörterung verdiente; in kurzen Worten sei gesagt, daß
die Bologneser Juristen sich nicht geweigert hatten, eine juristische
Verantwortung zu übernehmen, daß sie sich aber der möglichen
praktischen Konsequenzen ihrer Entscheidung und der Grenzen
bewußt waren, die der Widerstand der *cives* dem Willen des Herrschers setzen konnte, auch wenn dieser seine Bestätigung in den
abstrakten Normen des römischen Rechts fand. Daher wollten sie
sich die moralische Solidarität der von den einzelnen Städten bevollmächtigten Richter in ihrem Arbeitsausschuß — um einen
modernen Ausdruck zu gebrauchen — sichern, damit diese später
die Entscheidungen des Ausschusses vor den betreffenden Städten
erläutern könnten. Der Kaiser seinerseits pflichtete dem Antrag bei,
weil eine von den Bevollmächtigten aller Städte angenommene und
unterschriebene Anerkennung den Grundsätzen, die er verfolgen
wollte, gelegen kam.[27]

Friedrich, der die Legalität formal respektierte, bestätigte den
Besitz von Hoheitsrechten dem, der nachweisen konnte, daß sie ihm
von Königen oder Kaisern gewährt worden waren; doch der Er-
trag, der sich aus der Rückgewinnung der unrechtmäßig genossenen
Hoheitsrechte ergab, wurde auf dreißigtausend Silbermark ver-
anschlagt, was die Zähigkeit erklärt, mit der der Kaiser diese Ein-
nahme forderte.[28]

Die Bologneser Juristen beschränkten sich jedoch nicht auf die
Definition der Hoheitsrechte, sondern faßten drei weitere ebenso
bedeutsame Erklärungen ab, derer sich der Kaiser sofort bediente
— wie auch der Definition der Hoheitsrechte —, die aber von der
Entwicklung der politischen Lage überholt wurden, außer Gebrauch
gerieten und vergessen wurden; sie sind erst in jüngster Zeit wieder-
aufgefunden worden.[29] Da es sich um eine Neuerscheinung aus den

[27] Ottone Morena, cit., S. 59—60.
[28] Rahewin, Gesta, IV, 8.
[29] V. Colorni, Le tre leggi perdute di Roncaglia (1158) ritrovate in un
manoscritto parigino (Bibl. nat. cod. lat. 4677), Scritti in memoria di
Antonino Giuffrè, Mailand 1966.

letzten Monaten handelt, ist es angebracht, den Text an dieser Stelle noch einmal zu bringen, zur Information für die Wissenschaftler und zu Ehren des Mannes, der ihn auffand: Vittore Colorni.

I. Omnis iurisdictio et omnis districtus apud principem est et omnes iudices a principe administrationem accipere debent et iusiurandum prestare quale a lege constitutum est.

II. Palacia et pretoria hebere debet princeps in his locis in quibus ei placuerit.

III. Tributum dabatur pro capite, tributum dabatur pro agro. Pro capite dabatur denarius qui X denarios in se continebat, nomen et ymaginem Cesaris in se continens. Pro agro dabatur aut annona aut aurum aut argentum aut es aut vestes aut aurum coronarium aut navicularia functio; quia secundum diversa loca diversa erat prestatio. Pro annona decimam dari quedam leges insinuare videntur, Dabatur autem tributum secundum diversa tempora modo: alia per quinquennium, quo completo urbs romana lustrabatur unde lustrum dicitur, post per singulos annos, ex quo era ab Augusto fuit constituta; alia per singulas kalendas, unde kalendarium appellatur.

Das Gesetz, das dem Kaiser das Recht zurückgab, alle Vertreter der öffentlichen Macht zu ernennen, wurde, was die Kommunen betraf, so ausgelegt, daß die Gewählten dem Herrscher vorgestellt werden mußten, bevor dieser ihre Ernennung aussprach; so wird uns von Otto von St. Blasien und von Rahewin in zwei Abschnitten berichtet, die die Bedeutung des Gesetzes erklären, doch wird der Sinn aus dem jetzt wiederaufgefundenen Text des Gesetzes noch deutlicher.[30]

Unter den gegebenen Umständen konnten die Kommunen nichts anderes tun, als den kaiserlichen Willen zu akezptieren, Gehorsam zu geloben und die Geiseln auszuliefern, im Vertrauen auf die Möglichkeit, der von ihnen getroffenen Wahl einen ausschlaggebenden Einfluß zu verleihen oder aber das neue Gesetz einfach nicht zu befolgen.

Nachdem Friedrich seine Herrschaft über die Städte wiederhergestellt hatte, wandte er sich dem Problem der Festigung der feudalen Hierarchie zu, um jenen Prozeß der Auflösung und Zer-

---

[30] Ottone Morena, S. 60, Rahewin, Gesta, IV, 7 und IV, 9.

setzung aufzuhalten, den die Zerstörung des Königspalastes von Pavia und das Edikt *de beneficiis* stark gefördert hatten und den Lothar II. vergeblich zu bremsen versucht hatte, als er den *milites* verbot, Land, das sie zu Lehen erhalten hatten, zu veräußern, um sich den daraus entstehenden Pflichten zu entziehen; die größeren Feudalherren ihrerseits machten davon Gebrauch, wenn sie sich rechtfertigen wollten, weil sie dem Kaiser nicht die geschuldeten Dienste geleistet hatten.

Wie die Städte, so strebten auch die großen Landherren danach, sich der Kontrolle zu entziehen, der die Kaiser sie immer wieder zu unterwerfen suchten. In dieser Perspektive wurden die Erneuerungen von Belehnungen, die die Züge des Kaisers nach Italien begleiteten, nicht alle und nicht immer als Gesten des Wohlwollens verstanden, sondern vielmehr als Äußerungen der Absicht, die Verbindungen zwischen den großen italienischen Feudalherren und dem Kaiser zu festigen. Doch jene Verbindungen zwischen Lehnsherren und Städten, die bei Otto von Freising keinen Anstoß erregt hatten, dem Kaiser aber wie eine Absurdität erschienen, wollte er zerstören. Als er dem Land den Frieden auferlegte und seine Bewahrung mit den härtesten Strafen sicherte, verbot er auch *conventicula et omnes coniurationes . . . inter civitatem et civitatem et inter personam et personam, sive inter civitatem et personas*,[31] und nicht einmal dieses Verbot stieß auf Widerspruch oder Schwierigkeiten.

Die Schwierigkeiten begannen erst, als die Beschlüsse von Roncaglia in die Praxis umgesetzt werden sollten. Den toskanischen Städten, die sich seit August 1158 in einen allgemeinen Frieden gefügt hatten, fiel es leicht, die neuen Gesetze zu akzeptieren,[32] aber Genua verweigerte die Auslieferung der Geiseln und den Verzicht auf die Hoheitsrechte. Die Genueser behaupteten — und nicht zu Unrecht —, daß zehntausend Silbermark dem Kaiser nicht genügen

---

[31] M. G. H., Constit. I, n. 176. Vgl. P. Brancoli Busdraghi, La formazione storica del feudo lombardo, Mailand 1965, Kap. III und besonders S. 173.

[32] R. Davidsohn, Storia di Firenze, italienische Übersetzung, Florenz 1956, I, S. 693—694.

würden, um die wasserpolizeilichen Aufgaben zu erfüllen, die sie
übernommen hatten und um deretwillen sie nach ihrer Meinung
von jeder anderen Abgabe befreit sein müßten; nur um die Dinge
nicht zu weit zu treiben, fügten sie sich darein, die begonnenen Be-
festigungsarbeiten abzubrechen und ein Geschenk von tausen Silbermark zu machen, und Friedrich gab sich damit zufrieden, da er die
Stadt mit Rücksicht behandeln mußte, wenn er ihre Hilfe brauchte
für den Fall eines Krieges mit dem Königreich Sizilien.[33]

Piacenza fand sich mit der Zerstörung seiner Mauern ab und
fügte sich in den Willen des von Cremona aufgewiegelten Kaisers,
aber das kleine Crema weigerte sich, ein Gleiches zu tun, und zwang
die Abgesandten, die gekommen waren, um es einzuschüchtern, zur
Flucht.[34] Ernster noch — angesichts der Bedeutung der Stadt —
waren die Zwischenfälle in Mailand, wo die kaierlichen Legaten be-
droht und vertrieben wurden; sie waren gekommen, um der Stadt
einen Podestà oder vom Kaiser ernannte Konsuln aufzuzwingen,
womit über die Klauseln der Kapitulation von September hinausgegangen wurde und die in Roncaglia angenommenen Dekrete insgesamt auch auf Mailand angewandt werden sollten. Zwischenfälle gab es ebenfalls in anderen Städten; wie es scheint, waren sie
von den niederen Volksschichten ausgelöst worden, während die ge-
hobeneren Stände, wenn auch den kaiserlichen Ansprüchen gegenüber nicht gerade wohlwollend, so doch zu einer vorsichtig ab-
wartenden Politik bereit waren.[35]

Friedrich teilte den Großen des Reiches die neuen Vergehen Mailands mit und forderte die Mailänder auf, sich für die nicht erfüllte
Eidesleistung zu rechtfertigen. Ihre Rechtfertigung schien ihn nicht
zu befriedigen, und es wurde ein neuer Termin angesetzt: an der
formalen Gesetzmäßigkeit waren Bedenken vorgebracht worden,
vor allem aber wollte Friedrich Zeit gewinnen, um aus Deutschland

[33] Caffaro, Annali genovesi, F. I. S. I., n. 11, S. 50.

[34] Rahewin, Gesta, IV, 12 und Ottone Morena cit., S. 63.

[35] Ibidem, IV, 23 und 31; vgl. Vincentius Pragensis, in M. G. H., SS.,
XVII, 675; die Anregung, vom Kaiser ernannte Podestà einzusetzen,
stammt von den Mailändern, die an die Gültigkeit des Vertrags vom
September glaubten und annahmen, die neue Verfügung würde nicht auch
auf sie angewandt werden.

so viele Truppen kommen zu lassen, wie nötig waren, um die stolze
Stadt für immer gefügig zu machen.

Während die militärischen Operationen sich nach einem Plan entwickelten, der nur in großen Linien verstanden werden kann [36] —
die wir hier nicht verfolgen wollen —, reifte auch die politische
Lage heran.

Die Beschlüsse von Roncaglia berührten nicht nur die italienischen Städte. Der Anspruch auf die Hoheitsrechte traf auch Bischöfe
und Äbte, aber die Anerkennung der Rechte derer, die sich alter
königlicher und kaiserlicher Privilegien rühmen konnten, warf die
Frage der Belehnungen von neuem auf und bot dem Kaiser die Gelegenheit zu versuchen, auch in Italien die Klauseln des für Deutschland geltenden Wormser Konkordats anzuwenden. Darüber hinaus
zeigte der Kaiser die Neigung, seine Herrschaft auch auf solche Gebiete auszudehnen, die der Heilige Stuhl als ihm gehörige beanspruchte, und außerdem auf die Stadt Rom selbst; [37] Hadrian IV.
anderseits, beunruhigt über die Absichten Friedrichs und dessen Un-
nachgiebigkeit, feuerte insgeheim die Mailänder und die anderen
Städte zum Widerstand an. Zur selben Zeit knüpften byzantinische
Gesandte Beziehungen zu den lombardischen Kommunen an, und
auch Wilhelm von Sizilien reihte sich in die Front der Gegner
Friedrichs ein. [38]

So weitete sich der Gegensatz zwischen dem Kaiser und den
Städten der Poebene zu einem viel umfassenderen Gegensatz aus,
dessen Brennpunkte jedoch die Städte und besonders Mailand
blieben.

Der Beginn des Schisma und die Verhängung des Kirchenbanns
über den Kaiser und seine Verbündeten retteten Mailand nicht
mehr; am 7. März 1162 mußte sich die Stadt ergeben und wurde
buchstäblich dem Erdboden gleichgemacht.

Friedrich feierte den Sieg mit seiner Krönung in Pavia; erst jetzt
fühlte er sich wahrhaft als König von Italien und konnte daran

[36] Vgl. H. Meyer, Die Militärpolitik Friedrich Barbarossas im Zusammenhang mit seiner Italienpolitik, Berlin 1930.
[37] Rahewin, Gesta, IV, 34—35.
[38] Ibidem, IV, 21—22. Vgl. Lamma, Comneni, II, 41 und 49.

denken, sein Reich von Grund auf neu zu gestalten, um sich seiner für die Vorbereitungen des Krieges gegen den König von Sizilien zu bedienen. Aber der Sieg über Mailand rief in ganz Europa ein starkes Echo hervor; er verstärkte die allgemeine feindliche Haltung gegenüber Friedrich Barbarossa und gleichzeitig die Treue zu Alexander III. [39] und vollendete außerdem den Prozeß der Identifizierung zwischen der Verteidigung der *libertas ecclesiae* und der der städtischen Freiheiten.

Der von Rainald von Dassel entworfene Plan zur Neugestaltung des Königreichs Italien sah einen zentralistischen Staat vor, der auf den vom Kaiser ernannten Podestà und Burgvögten basierte, denen eine von ihnen abhängige Beamtenhierarchie als Mitarbeiter diente; dadurch wurden, nach dem Beispiel des normannischen Königreichs, Beamtenwesen, Lehnswesen und Sonderstellungen für die verbündeten Städte in unterschiedlicher Weise miteinander koordiniert. Aber die italienische Gesellschaft war durch Traditionen und Interessen ihrer urbanen Lebensweise vom äußersten Norden abwärts bis in den äußersten Süden hinein so tiefgehend differenziert, daß das, was in Sizilien und Süditalien möglich war, es nicht in der Toskana und noch weniger in der „Lombardei" war.

In der Toskana gelang es Rainald von Dassel, eine Ordnung einzuführen, bei der die Städte zwar die Freiheit zur Wahl ihrer eigenen Konsuln behielten, deren Autorität aber räumlich auf die Stadt und ihre Vororte begrenzt wurde; die Verwaltung der ländlichen Umgebung dagegen wurde kaiserlichen Beamten von verschiedenem Rang und Stand übertragen; anscheinend haben sich in der Toskana keine Gesetzwidrigkeiten steuerlich-administrativer Art, die die Situation hätten gefährden können, ereignet.[40]

In der Poebene unternahm man einen ähnlichen Versuch, indem man in den verschiedenen Städten die Bürgerversammlung und die Konsuln mit stark beschränkten Funktionen beibehielt und sie der Autorität der vom Kaiser ernannten Statthalter unterstellte. Aber alle Quellen, auch wenn sie sich mit größtem Wohlwollen über

[39] Vgl. F. Guterbock, Le lettere del notaio imperiale Burcardo ... in Bull. dell'Ist. Stor. Italiano, 61 (1947), S. 57 ff.

[40] Davidsohn, I, 711.

Friedrich äußern, sprechen einmütig von den Willkürakten, den Gewalttätigkeiten und Ungerechtigkeiten der kaiserlichen Beamten, und ihre Aussagen finden in den Dokumenten eine Bestätigung.[41]

Tatsächlich führte gerade diese unerträgliche Mißverwaltung durch die kaiserlichen Beamten — von denen nicht wenige Italiener waren — zum Aufstand von Verona, Vicenza, Padua und Treviso, die von Venedig und den byzantinischen Abgesandten, deren Stützpunkt Venedig war, angespornt und unterstützt wurden. Jedoch besteht kein Zweifel darüber, daß zu dem Entschluß der venetischen Städte zur Bildung einer Liga, um dem Kaiser Widerstand zu leisten, auch die Empörung über die Fortdauer des Schisma, für die der Kaiser eindeutig verantwortlich war, eine gewichtige Rolle spielte.[42]

Der Aufstand war um so ernster, als die lombardischen Städte, die den Kaiser mit den militärischen Mitteln zur Unterwerfung des verhaßten Mailands versorgt hatten, keineswegs bereit waren, ihn gegen Städte zu unterstützen, denen gegenüber sie keinen Grund zur Feindschaft hatten, während sie selbst die Last der kaiserlichen Verwaltung zu tragen hatten.[43]

Die Privilegien, die Friedrich einigen Städten, deren Treue er sich erhalten wollte, verliehen hatte, womit er von den in Roncaglia feierlich proklamierten Grundsätzen abwich, kränkten die anderen Städte um so mehr. Zwar wurden die Kommunen durch diese Privilegien wie auch durch die von Rainald von Dassel in der Toskana

---

[41] Ottone Morena, S. 178; Gesta Friderici I in Lombardia, S. 55 ff. Vgl. F. Guterbock, Alla vigilia della Lega Lombarda. Il dispotismo dei vicari imperiali a Piacenza, in „Arch. Stor. Italiano", XC (1937), S. 138 ff. Einigen kaiserlichen Stellvertretern gelang es, aus den Archiven der Kommune Dokumente zu entwenden, die den Nachweis für die Rechte und Bräuche der Stadt enthielten.

[42] Vgl. Lamma, II, 112.

[43] Bekannt ist der Absatz aus einem Brief an Thomas von Canterbury: „... urbes Italiae minus promptae solitae sunt obsequio eius, adeo quod Papienses et Cremonenses, per quos Italiam domuit et contrivit, ei in faciem resistunt, annunciaveruntque ei quod ab eo recedant omnino, nisi deponant tyrannidem et civiles induat mores ut liberi esse possint sicut in diebus aliorum imperatorum" (Réc. Hist. de Gaule, XVI, 210).

errichtete Ordnung zum ersten Mal in das öffentliche Recht des Kaiserreichs eingefügt und mit Verwaltungs- und Gerichtsgewalt ausgestattet,[44] aber es war ein Regime mit Privilegien, das vom Kaiser nach Belieben widerrufen werden konnte, der anderseits nicht dafür sorgte, daß seine Beamten in den seiner Herrschaft unterworfenen Städten keine Gesetzwidrigkeiten mehr begingen.

Seine Untertanen hatten große Hoffnung auf ein mäßigendes Eingreifen des Herrschers gesetzt, aber die Beschwerden, die sie auf dem Reichstag von Lodi im Herbst 1166 vorbrachten, wurden nicht gehört.[45] Und das war ein schwerer Fehler von seiten Friedrichs, der ganz von seinem Plan eingenommen war, Pasqual III. im Triumph nach Rom zu bringen und endlich den Krieg gegen das Königreich von Sizilien zu beginnen.[46]

Während er sich in Mittelitalien aufhielt, schoben die Städte Brescia, Bergamo, Mantua und Cremona allen Groll aufeinander beiseite und schlossen einen Bund, der in einer symbolischen und demonstrativen Geste die Stadt Mailand wiederaufbaute (April 1167). Wenn man bedenkt, daß zwei der Städte dieses Bundes — Mantua und Cremona — von Friedrich weitgehende Privilegien erhalten hatten, dann wird einem deutlich, daß sein Streben nach Restauration mit den ununterdrückbaren Erfordernissen der neuen Gesellschaft der Kommune zusammengeprallt war, der die Privilegs-

---

[44] In alphabetischer Reihenfolge seien hier die Städte aufgeführt, die zwischen 1158 und 1164 von Friedrich I. Urkunden erhielten, die mehr oder weniger von den Gesetzen von Roncaglia abwichen: Asti, 1159 (ST. 3844); Como, 1159 (ST. 3848); Cremona, 1162 (M. G. H., Constit., I, 212); Ferrara, 1158 (ST. 3832); Genua, 1162 (M. G. H., Constit., I, 211); Lucca, 1162 (M. G. H., Constit., I, 214); Mantua, 1162 (M. G. H., Constit., I, 221); Ravenna, 1162 (M. G. H., Constit., I, 213); Siena, 1158 (ST. 3830); Treviso, 1164 (ST. 4286). Die Liste könnte noch um die späteren Zugeständnisse des Kaisers verlängert werden, aber auch so bietet sie genug Stoff zum Nachdenken für den, der eine eingehende Analyse der damaligen Situation machen möchte. Vgl. Appelt, Friedrich Barbarossa und die italienischen Kommunen, S. 317 und 319, sowie Brancoli Busdraghi, cit., S. 174 ff.

[45] Ottone Morena cit., S. 178 und 181.

[46] Lamma, Comneni, II, S. 143 ff.

verhältnisse nicht mehr gefielen.[47] In diesem Punkt waren sich alle einig, Lombarden, Veneter und Romagnoli, und am 1. Dezember 1167 schloß sich die Liga der venetischen Städte mit der der lombardischen Städte zusammen und bildete so jenen großen einheitlichen Bund, der unter dem Namen Lega Lombarda in die Geschichte einging.[48]

Mehr als die Pest, die im kaiserlichen Heer, das mit dem Gegenpapst in Rom lagerte, ausgebrochen war, trugen die Ereignisse in der Poebene dazu bei, Friedrich zu bewegen, sein Süditalienunternehmen, noch bevor es begonnen hatte, abzubrechen und den Rückzug nach Norden zur Unterdrückung des Aufstandes anzutreten. Aber das gleiche Pavia, das er zum Mittelpunkt seines italischen Reiches gemacht hatte, wurde unzuverlässig, und so mußte er die Stadt verlassen und durch die Gebiete des Markgrafen von Monferrato und des Grafen von Biandrate ziehen, von Kastell zu Kastell verfolgt von den Truppen der Liga; aus der Falle, die sich bei Susa um ihn schloß, floh er verkleidet nach Deutschland (März 1168), und zwei Monate später gründete die Liga die Stadt Alessandria.

Die Gründung einer Stadt war ein königliches Recht, das die Liga sich jetzt anmaßte; der Name der neuen Stadt war eine Treueerklärung für den Papst, und die Wahl der Lage eine Kriegserklärung an den Markgrafen von Monferrato, einen der treuesten Anhänger des Kaisers. Aber die Kommunen hatten nicht so sehr die Absicht, sich gegen den Kaiser aufzulehnen, als vielmehr gegen seinen Anspruch auf Unterdrückung ihrer Freiheiten. Sie behaupteten in aller Aufrichtigkeit, die Treue, die sie ihm schuldeten, halten zu wollen, meinten jedoch, dies bedeute nur, ihm jene Rechte und Privilegien zuzubilligen, die die Kaiser in den letzten dreißig Jahren, seit Heinrich V., tatsächlich ausgeübt hatten. Den alten, außer Gebrauch gekommenen königlichen Rechten gegenüber, die Friedrich I. plötzlich wieder ins Leben gerufen hatte, beriefen sie sich zur Recht-

[47] Die Dokumente, die sich auf die Bildung der Lega Veronese und der Lega Lombarda beziehen, befinden sich in Gli atti del Comune di Milano, hrg. von C. Manaresi, cit.
[48] Vgl. Vorträge und Forschungen XII: G. Fasoli, La Lega Lombarda — Antecedenti, formazione, strutture.

fertigung ihres Widerstandes gegen den kaiserlichen Willen auf den
Rechtsgrundsatz von Brauch und Sitte als Rechtsquelle.[49]

In den folgenden Jahren war Friedrich völlig von der deutschen
Politik in Anspruch genommen und hatte keine Möglichkeit,
Schritte gegen die Liga zu unternehmen; inzwischen breitete sich

[49] Rahewin, Gesta, III, 48, schreibt mit Datum von 1158 diese Behauptungen den Mailändern zu: *„se non hostili animo nec ad oppugnandum
imperium arma cepisse, sed terminus patrum suorum iure omni modo suos
factos, vastari a suis gentilibus pati nequivisse . . ."* Die Gesta Friedrichs I.
in Italien waren zwar eindeutig für den Kaiser, schrieben aber den Bürgern
der verschiedenen Städte Betrachtungen zu, in denen sich diese auf die
Tradition und auf das Gewohnheitsrecht beriefen, in denen sie an Lothar II.
erinnerten, der vor den Mauern von Crema in die Flucht geschlagen worden war, mit denen sie des Volkes von Mailand gedachten *„per tot tempora liber"* und ihren Willen, *„decus libertatemque paternam"* zu verteidigen, zum Ausdruck brachten (vv. 2658—2772). Noch überzeugender
sind die Ausdrücke in den Eidesformeln, die die Städte aneinander banden:
*„. . . salva fidelitate imperatoris Federici . . . videlicet salvis rationibus et
bonis usibus quas et quos soliti sunt habere reges et emperatores a centum
annis retro, usque ad vitam regis Chunradi"* (1167, März bis Mai, in
C. Manaresi, Le LIII). Doch dann nahm dieser Gedanke deutlichere Gestalt an, im Dezember wurde die Bereitschaft zum Widerstand gegen jeden,
der mit Krieg drohen sollte, erklärt *„eo quod velit nos plus facere quam
fecimus a tempore Henrici regis usque ad introitum imperatoris Federici"*
(C. Manaresi, LVI), und 1175 im Lauf der Verhandlungen von Montebello
wurde die Formulierung noch deutlicher: *„. . . imperator habeat omnia
illa quae sui antecessores habuerunt a predictis civitatibus sine manifesto
metu et violentia a tempore postremi Henrici imperatoris"* (C. Manaresi,
XCVI und M. G. H., Constit., I, nn. 244—45). Dieselben Gedanken hegten,
nach dem farbigen und von rhetorischem Feuer getragenen Bericht des
Romualdo Salernitano aus dem Jahr 1177, die Lombarden (RR. II. SS., n.
ed., VII, 1, S. 275). Vgl. G. De Vergottini, La rinascita politica medievale,
in der von E. Pontieri geleiteten Storia universale, Bd. IV, 2, S. 82 und 86.
Unannehmbar sind die Behauptungen von M. Pacaut, Aux origines du
guelfisme: les doctrines de la ligue lombarde, 1167—1183, Revue historique, 230 (1963), S. 73—90. Der Autor legt das Entstehen der guelfischen
und der ghibellinischen Bewegung in die Jahre 1167—1183 und behauptet,
die unterschiedlichen politischen Vorstellungen der beiden Parteien präzis
herausgearbeitet zu haben (s. besonders S. 86—87 und 89—90): Die

diese weiter aus, festigte ihre Stellung und zog Städte der Lombardei, des Piemont, der Emilia und der Romagna an sich und entwickelte sich — als rein militärische Allianz — zu einer richtigen Föderation; ihre Mitglieder übernahmen die Verpflichtung, ihre wechselseitigen Beziehungen nach bestimmten Richtlinien unter der Kontrolle der frei gewählten Statthalter und des Rates der Liga zu regeln. Alexander III. erkannte sie als souveräne Macht an, während Friedrich versuchte, ihn von seinen Verbündeten zu isolieren, um Verhandlungen für einen Separatfrieden einleiten zu können.

Bei dem Zusammentreffen in Veroli weigerte sich Alexander III. in der Tat, mit den kaiserlichen Abgesandten zu verhandeln, ohne vorher die Meinung der Bevollmächtigten der Liga gehört zu haben, und erließ, nachdem er die Vorschläge Barbarossas zurückgewiesen hatte, eine Bulle (März 1170) mit einer ganzen Reihe bezeichnender Behauptungen: *vos divina tactos inspiratione, pro Ecclesia Dei et vestra etiam pace ac libertate tuenda, contra Fridericum dictum imperatorem et concordiae federa statuisse; et ita coiunctos fuisse quod servitutis iugum a cervicibus vestris viriliter excussistis, et omnia inimici machinamenta et vires etiam quibus per se prevalere credidit, enervastis. Nos autem qui tranquillitatem et pacem vestram nostram et Ecclesiae reputamus, et vos cum eadem Ecclesia ita novimus esse unitos, ut in bono et malo, quod Deus avertat, participes sitis, ... vestram et nostram causam unam reputamus ...* und fügte hinzu: *... pax et tranquillitas Lombardiae ad nostrum et Ecclesiae omnimodi spectat profectum ...* Die Bulle schloß mit der Androhung von geistlichen Strafen für die, die der Liga Scha-

guelfische Partei sei entschieden partikularistisch, während die ghibellinische « d'une façon générale ... réclama de plus en plus la cohésion politique et rêva très tôt de l'unification d'Italie ». Ende des 12. Jahrhunderts von Guelfen und Ghibellinen zu sprechen ist völlig ungerechtfertigt und anachronistisch; jedenfalls ist allgemein bekannt — und zwar seit Bartolo da Sassoferrato und seinem Traktat ›de guelphis et gebellinis‹ — daß im 13. und 14. Jahrhundert die Namen der beiden Parteien den örtlichen Uneinigkeiten und Rivalitäten entsprachen, sowie dem System von außerstädtischen und zwischenstädtischen Bündnissen, die ihrerseits diesen Rivalitäten und Uneinigkeiten entsprechen, ohne jeden ideologischen Inhalt; vgl. L. Simeoni, Le signorie, Mailand 1950, S. 39 ff.

den zufügten, sowie mit der Anordnung, die wirtschaftlichen Beziehungen der Toskana zu der Poebene und den Ländern nördlich der Alpen abzubrechen, falls jene nicht der Liga beitrete.[50]

Nach dem Tode Rainalds von Dassel und der Rückkehr Friedrichs nach Deutschland hatte sich in der Toskana vieles geändert; die Bevollmächtigten des Kaisers, die sich dort befanden, hatten eine nachgiebigere Haltung gegenüber den Städten einnehmen müssen, die ihre Handlungsfreiheit zurückgewannen und sich erneut Alexander III. zuwandten; jedoch hatten sie sich nicht — und mancher hatte sich dieser trügerischen Hoffnung hingegeben — in einer antikaiserlichen Liga, ähnlich der Lega Lombarda, zusammengeschlossen, sondern hatten, allein auf den eigenen unmittelbaren Vorteil bedacht, weiterhin untereinander Krieg geführt. In diese verwickelten lokalen Konflikte griff Christian von Mainz ein, der Ende 1171 nach Italien gesandt worden war, um die Lage zu stabilisieren, die Alexander III. zum Vorteil der Liga und des Heiligen Stuhles hatte wenden wollen. Doch der kaiserliche Legat machte durch seinen Mangel an Klugheit und Rechtschaffenheit die ohnehin schon verworrene Situation noch komplizierter. Ein Angriff auf Tuscolo, wo er Alexander III. glaubte überraschen zu können, scheiterte, und er zog weiter, um Ancona zu belagern, in der Absicht, diesen Stützpunkt der byzantinischen Politik, mit dem Friedrich bereits dreimal vergeblich zusammengeprallt war, zu vernichten.[51]

Ancona leistete erfolgreichen Widerstand, und Christian von Mainz mußte die Belagerung, die vom 1. April bis Mitte Oktober 1173 gedauert hatte, aufgeben. Er ging nach Deutschland zurück, um dem Kaiser über seine Tätigkeit Bericht zu erstatten; dieser entzog ihm nicht sein Vertrauen, sondern schickte ihn wieder nach Italien, um Friedrichs nächste Ankunft zu verkündigen.

Ereignisse vom fünften Italienzug Barbarossas sind die erfolglose Belagerung Alessandrias (27. Oktober 1174 bis 12. April 1175) und die Friedensverhandlung von Montebello, in der Friedrich nachgab, weil die lange, vergebliche Belagerung sein Heer zermürbt hatte und das Heer der Liga entschlossen schien, ihm den Rückzug nach

---

[50] Vignati sit., S. 201; vgl. Lamma, Comneni, II, S. 201 ff.
[51] Davidsohn, I, 786.

Pavia abzuschneiden. Die verbündeten Städte, die sich in einer starken Position befanden, hatten ihrerseits keinen Grund, eine Lösung des Konflikts auf diplomatischem Wege abzulehnen, ohne das Risiko eines Kampfes auf sich zu nehmen.

Durch die Vermittlung der Konsuln von Cremona, die in den alten Beziehungen zwischen der Stadt und der kaiserlichen Partei Erfahrung hatten, wurde sehr bald ein Vertrag geschlossen, der das Ende der Feindseligkeiten festsetzte und die Lösung aller offenen Fragen einem Ausschuß von sechs Mitgliedern — drei von jeder Partei — übertrug, dessen Diskussionsgrundlage die Forderungen waren, die die beiden Seiten ihm schriftlich vorgelegt hatten. Die Punkte, über die die Sechs zu keiner Einigung gelangen könnten, sollten durch den Schiedsspruch der Konsuln von Cremona entschieden werden.[52]

Die wichtigsten Vorschläge der verbündeten Städte waren folgende: 1. Der Kaiser sollte das Schisma beenden; sie selbst, alle Burgvögte und die Personen *qui sunt in unitate Ecclesiae Dei et nostra* sollten dem Kaiser alle jene Dienste leisten, die ihre Vorfahren *sine violentia et metu* den Nachfolgern Heinrichs V. geleistet hatten und die für jede einzelne Stadt nach dem von der Liga vorgeschlagenen Verfahren im einzelnen festgelegt werden sollten. 2. Sie verlangten, *more solito* ihre Konsuln wählen zu können; diese sollten den Einwohnern der Stadt und deren ländlicher Umgebung Gerechtigkeit verschaffen und außerdem etwaige zwischen dem Kaiser und der Stadt auftauchende Streitfragen beilegen; anderseits verpflichteten sie sich zur Zahlung von Futterzins und Ernteabgaben; 3. Sie verlangten die Rückerstattung der beschlagnahmten Güter an die Städte und Menschen der Liga und die Annullierung der Verträge und Abkommen, die einige Städte mit dem Kaiser abgeschlossen hatten, falls die betreffenden Städte sie nicht aufrechterhalten wollten; für die Städte und Personen der Liga

---

[52] M. G. H., Constit., I, n. 249. Der Bericht von Gottfried von Viterbo scheint die Formalitäten des Waffenstillstandes, den er in eine wirkliche Unterwerfung verwandelt, übertrieben prunkvoll ausgeschmückt zu haben. Vgl. L. Simeoni, Note storiche all'ode „Sui campi di Marengo", in Convivium, 1948, I, S. 37 ff.

forderten sie das Recht zum Bau und Wiederaufbau von Festungen, ferner die Unantastbarkeit von Alessandria und die Erhaltung der Liga; 5. Nach eingehender Darlegung der Rechte und Pflichten des Kaisers *cum Romam pergit, causa accipiendi coronam,* verlangten sie den unbehinderten Genuß der Hoheitsrechte, die Friedrich und seine Vorgänger Klerikern und Laien gewährt hatten, sowie die Aufrechterhaltung aller Gewohnheitsrechte, die die Städte besaßen, und aller alten Bräuche und Sitten.[53]

Die kaiserlichen Gegenvorschläge sind nicht bekannt, aber man weiß, daß der Kaiser Alexander III. aufforderte, Bevollmächtigte zur Teilnahme an den Verhandlungen zu entsenden; jedoch führten die langen Diskussionen zu keinem Erfolg, und die päpstlichen Gesandten zogen sich zurück.[54]

Nun wurden die Konsuln von Cremona aufgerufen, ihren Schiedsspruch zu verkünden; dieser umfaßte im wesentlichen alle Forderungen der verbündeten Städte und änderte nur die Modalitäten, nach denen die dem Kaiser in den einzelnen Städten zustehenden Regalien und Rechte festgelegt werden sollten; er erwähnte mit keinem Wort den Frieden zwischen dem Kaiser und dem Papst, sondern beschränkte sich darauf, den Städten das Recht zum Verbleib *„in unitate Ecclesiae"* zuzusichern; in der Frage Alessandrias gab er nach und akzeptierte die Zerstörung der Stadt; Leben und Hab und Gut der Einwohner sollten verschont bleiben und diesen die Rückkehr in ihre Heimatorte gestattet werden.[55]

Beim Beginn der Friedensverhandlungen waren Friedrich und die Liga voller Zuversicht; fest steht jedenfalls, daß beide Teile ihre Heere auflösten. Aber für den Kaiser war es schwierig, plötzlich auf das ganze Programm von Roncaglia zu verzichten und die weitere Existenz der Stadt Alessandria hinzunehmen, die eine militärische Festung war und kräftigen Widerstand zu leisten vermochte, wie er selbst erfahren hatte, die aber vor allem ein Symbol war. Und eben deswegen konnten die Kommunen und mit ihnen der Heilige Stuhl ihre Zerstörung nicht akzeptieren. Außerdem gab

---

[53] M. G. H., Constit., I, n. 249.
[54] Liber pontificalis, ed. Duchesne, I, S. 427.
[55] M. G. H., Constit., I, n. 245.

es immer noch die ernste Frage des Schisma, die für die verbündeten Städte von allergrößter Bedeutung war.

So zögerten diese nicht, den Schwur zu brechen, mit dem sie sich
zur Annahme des Schiedsspruchs der Konsuln von Cremona verpflichtet hatten; gegen diese erhoben sich im übrigen aus der eigenen
Stadt Anklagen wegen Verrats.[56]

Als die Friedensverhandlungen scheiterten, blieb Friedrich in
Pavia eingeschlossen, und die wenigen ihm verbliebenen Truppen
unternahmen vereinzelt Störaktionen gegen Alessandria, während
die Truppen der Liga ähnliche Angriffe gegen Como und Pavia
selbst durchführten, ohne sich jedoch dazu zu entschließen, die Stadt
abzuriegeln und den Kaiser zu belagern. Daran hinderte sie jene
Ehrfurcht vor der kaiserlichen Majestät, die ihnen zwar erlaubte,
sich zu verteidigen und — sogar — die kaiserlichen Truppen anzugreifen, sie aber vor der Person des Herrschers haltmachen ließ.

Friedrich, der auf die Verstärkungen wartete, die seine Anhänger
unter großen Schwierigkeiten in Deutschland sammelten, versuchte
inzwischen im Gebiet von Como die Alpenübergänge offenzuhalten,
indem er der Stadt Privilegien und Unterstützungen gewährte; in
der Toskana setzte er seinen Willen durch, und seiner Politik gegenüber dem Königreich Sizilien gab er eine andere Richtung, indem
er Heiratsverhandlungen mit Wilhelm II. einleitete und ihm eine
Tochter zur Frau anbot.[57] So verging ein Jahr.

Die Verstärkungen — wenig mehr als zweitausend Mann — trafen im Mai 1176 ein. Friedrich begab sich mit seinem kleinen Gefolge
nach Bellinzona, wo er sie empfing und von dort nach Como führte;
hier erwarteten ihn die Truppen der Stadt, und gemeinsam zogen
sie in die Ebene hinab, um sich mit den Truppen von Pavia zu vereinigen und gegen Mailand zu ziehen. Aber das in Eile zusammengezogene Heer der Liga schnitt ihnen den Weg ab und besiegte sie
in der Schlacht von Legnano, die militärisch nur von geringer Bedeutung, politisch jedoch von allergrößter Bedeutung war.

---

[56] Vgl. Lamma, Comneni, II, 259. Über den Frieden von Montebello
vgl. W. Heinemann, Der Friede von Montebello, in „D. A.", XI (1954) 1,
S. 101—139; unsere Darstellung stimmt mit der seinen völlig überein.
[57] Lamma, Comneni, II, 259 und 283.

Die verbündeten Städte waren sich sofort des politischen und ideellen Werts ihres Sieges bewußt und fanden die Bestätigung dafür in dem Brief, mit dem die Mailänder die Bologneser davon in Kenntnis setzten; auch wenn die uns überlieferte Fassung dieses Briefes von einigen Gelehrten überarbeitet worden ist, so bleibt er doch ein schönes Zeugnis für den Stolz der Kommunen.[58]

Die Schlacht von Legnano, in der der Kaiser selbst überrannt wurde, im Getümmel verschwand und erst einige Tage später, als alle ihn bereits tot glaubten, wieder auftauchte, fand den stärksten Widerhall und gewann die Bedeutung eines Gottesgerichts über den Kaiser, da er die Verantwortung für die Fortdauer des Schisma trug. Das nutzten die Cremoneser, um erneut ihre Vermittlung anzubieten. Der Kaiser stimmte zu und erklärte sich zur Annahme der Verträge von Montebello bereit. Doch die Verhandlungen scheiterten ein zweites Mal und wieder wegen des Streits um Alessandria und das Schisma.[59]

Der Kaiser änderte draufhin überraschend seine Politik; wenn er von seinen deutschen Untertanen die Mittel zur Fortführung des Kampfes gegen die Liga haben wollte, mußte er zunächst das Problem des Schisma lösen, und das hätte in der Praxis den Verlust der päpstlichen Unterstützung für die Kommunen bedeutet, derer er nicht mehr bedurfte, während sie dann keine ideelle und religiöse Rechtfertigung für ihren Aufstand mehr gehabt hätten.

Im Jahre 1170 hatte Alexander III. den Kaiser zur Teilnahme der Bevollmächtigten der Liga an den Friedensverhandlungen gezwungen; 1175 hatte die Liga die Anwesenheit von päpstlichen

---

[58] C. Manaresi, CII.

[59] Die Wiedergabe der Ereignisse stützt sich auf M. G. H., Constit., I, n. 248, wo über die Initiative der Cremoneser und die Zustimmung des Kaisers berichtet wird; ferner auf M. G. H., Constit., I, n. 247, über den neuen Schiedsspruch der Konsuln von Cremona, sowie auf den Bericht, den Romualdo Salernitano von dem Treffen in Ferrara (April 1177) gibt, das der Zusammenkunft in Venedig (Mai bis August) vorausging, außerdem auf die Erklärung, die die Abgesandten der lombardischen Städte in Ferrara über den Abbruch der Verhandlungen im Vorjahr nach der Schlacht von Legnano abgegeben hatten, und schließlich auf die neue Urkunde, die Friedrich im Juli 1176 Cremona ausgestellt hatte (St. 4181).

Vertretern bei den Verhandlungen von Montebello verlangt und hatte sich nach Legnano zum zweiten Mal geweigert, einen Separatfrieden abzuschließen, der nicht die Beseitigung des Schisma miteinbegriffen hätte; aber diesmal war Alexander III. zu Verhandlungen ohne Beteiligung seiner Verbündeten bereit, wenn er auch in den Präliminarvertrag von Anagni einen Paragraphen einfügte, der die Verpflichtung zum Friedensschluß mit den „Lombarden" durch vom Kaiser, vom Papst und von den Lombarden selbst benannte Vermittler vorsah.[60]

Alexander III. hatte ernste Gründe religiöser Art, um einen baldigen Frieden zu wünschen, aber die Lombarden fühlten sich verraten und verhehlten dem Papst nicht ihren Unwillen. Die Ereignisse schienen ihnen recht zu geben. Friedrich, den die Versöhnung mit der Kirche stark gemacht hatte, versuchte im Verlauf der Verhandlungen von Venedig erneut die Beschlüsse von Roncaglia durchzusetzen oder wenigstens eine Situation herzustellen, wie sie zur Zeit Heinrichs IV. bestanden hatte. Die Kommunen dagegen bestanden auf der Annahme der in Montebello vorgebrachten Forderungen,[61] das heißt, der Kaiser sollte die Verhältnisse aus der Zeit Heinrichs V. akzeptieren. Dies zeigt, wie sehr sich die Kommunen der Fortschritte bewußt waren, die in der Zeit dieses letzten Heinrich erzielt worden waren.

Der Kaiser beugte sich dem Frieden mit dem Papst, wofür er religiöse und moralische Gründe anführte; wenn er aber sein Ansehen wahren wollte, konnte er sich nicht den lombardischen Kommunen beugen und sich als besiegt erklären in Anwesenheit aller Großen seines Reiches in Deutschland und Italien und angesichts der Vertreter aller christlichen Könige, die in Venedig zusammengekommen waren. So war es zwar möglich, auf diesem ersten internationalen Kongreß in der Geschichte den Verträgen von Anagni über die Beziehungen zwischen Papsttum und Kaisertum den Charakter der Endgültigkeit zu geben, aber für die Kommunen wurde nur der Abschluß eines Waffenstillstandes von sechs Jahren erreicht, der keine Garantie dafür bot, daß der Kaiser — sobald seine Streit-

[60] M. G. H., Constit., I, nn. 249—50.
[61] Romualdi Salernitani, Chronicon, S. 272—273 und 275—276.

macht wiederaufgebaut war — nicht den Krieg wiederaufnehmen
wollte.[62]

In Wirklichkeit war Friedrich zum Frieden entschlossen, weil er
die Vergeblichkeit einer Fortsetzung des Krieges einsah, da vor-
sichtiges Verhandeln ihm gleicherweise beträchtliche Einkünfte
sicherte und ein großer Teil Italiens unter seiner Herrschaft ver-
blieb, und zwar Piemont, Ligurien, die Romagna und die Toskana,
wo die letzten Ungeschicklichkeiten Christians von Mainz für den
Gang der Dinge ohne jede Bedeutung geblieben waren.[63] Noch vor
Ablauf des Waffenstillstandes wurden die Friedensverhandlungen
wiederaufgenommen und ohne Schwierigkeiten zum Abschluß gebracht; der Kaiser selber hatte für die Beseitigung einer Schwierigkeit gesorgt, indem er eine symbolische Neugründung Alessandrias
vornahm, der er den Namen Cesarea gab.[64]

Formal gesehen ist der Friedensvertrag, der nach der Stadt Konstanz genannt wurde, kein Abkommen zwischen zwei Mächten, sondern eher ein huldvolles Entgegenkommen des Kaisers;[65] in
Wirklichkeit aber war er der volle Verzicht auf alle Beschlüsse von
Roncaglia sowie auf alle im Verlauf von neunundzwanzig Jahren
ergriffenen Strafmaßnahmen. Daraus ergaben sich zunächst Vorteile
für die Städte der Liga, doch wurden die Vorrechte, die sie erlangten, allmählich durch Sonderrecht — oder durch Rechtsmißbrauch
— auch auf die anderen Städte des Reiches ausgedehnt.

Doch muß betont werden, daß der Frieden von Konstanz in Zusammenhang mit einem sehr interessanten historischen Prozeß steht:
Die Regelung der Beziehungen zwischen Städten und Landesherrn
war kein ausschließlich italienisches Ereignis. Die Tatsache, daß
Friedrich nach dem Frieden von Konstanz mit Zugeständnissen an
die deutschen Städte ziemlich freigebig war,[66] ist noch kein Beweis

[62] M. G. H., Constit., I, 259.
[63] Davidsohn, I, 830 ff.
[64] Auf dem nächsten Kongreß in Alessandria (Oktober 1968) über das
Zeitalter Friedrich Barbarossas wird davon die Rede sein.
[65] M. G. H., Constit., I, n. 293. Die formale Seite des Friedens von
Konstanz bestätigt unsere Hypothese von dem nicht zustande gekommenen Vertrag von Venedig.
[66] Vgl. H. Planitz, Die deutsche Stadt in M. A., Graz-Köln 1954, S. 150.

dafür, doch sehr bezeichnend ist die Tatsache, daß Heinrich II. Rechte und Pflichten der Städte seines französischen Herrschaftsgebiets in den zwischen 1160 und 1170 verfaßten ›Établissements de Rouen‹ festlegte; daß Wilhelm II. von Sizilien eine gesetzgeberische Tätigkeit entfaltete, die die Gewohnheitsrechte und Privilegien der sizilianischen Städte in weitem Umfange betraf, und daß Philipp II. August von Frankreich die gleichen Sorgen hatte.[67]

Die Erörterung, ob der Frieden von Konstanz ein Erfolg des Kaisers oder ein Erfolg der Liga war, ist überflüssig; beide Teile hatten erhebliche Vorteile davon. Die Kommunen erlangten die Anerkennung ihrer Selbstverwaltung und ihrer Gewohnheitsrechte mit der Ermächtigung zur freien Wahl der Konsuln[68] — deren Tätigkeit nicht mehr begrenzt wurde —, mit der Anerkennung ihrer Bündnisse und der Aufrechterhaltung der Liga. Der Kaiser dagegen, der sich das Recht, die Konsuln mit einer Vollmacht zu versehen,

[67] Diese Betrachtung habe ich schon 1951 in meiner Arbeit Problemi di storia medievale siciliana, in Siculorum Gymnasium (1951), S. 13 ff. des Sonderdrucks angestellt. Über Heinrich II. und Philipp II. August vgl. Ch. Petit-Dutaillis, Les Communes françaises, Paris 1947, S. 105 ff. In Spanien gestalteten sich die Beziehungen zwischen König und Städten in ganz anderer Weise, vgl. J. M. Font y Rius, Les villes espagnoles au M. A., in La Ville, Brüssel 1954 (Récueils de la Société Jean Bodin, VI), S. 271 ff.

[68] Die Konsuln nahmen auf diese Weise den Charakter von kaiserlichen Bevollmächtigten an, so wie es die Grafen zur Zeit der Karolinger und die Podestà in den ersten Jahren von Friedrich Barbarossa gewesen waren. M. Pacaut, S. 90, behauptet, der Frieden von Konstanz beweise « le désir de Frédéric de donner satisfaction aux guelfes », und Friedrich habe danach gestrebt, mit diesem Frieden « établir un équilibre non seulement entre l'Empire et l'Italie, mais aussi entre les Italiens eux-mêmes »; doch kann man am Ende des 12. Jahrhunderts noch nicht von Guelfen sprechen, höchstens aus Bequemlichkeitsgründen; den Frieden von Konstanz auf ein Mittel zur Befriedigung der einen Richtung zu reduzieren, ist zumindest eigenmächtig, und was die Absicht betrifft, ein gewisses Gleichgewicht zwischen den Italienern herzustellen, so muß man sich vergegenwärtigen, daß der Frieden von Konstanz sich ausschließlich auf die Städte der Liga bezog und daß Friedrich eher ein Interesse daran hatte, sie in ihrer Uneinigkeit zu halten, als Beziehungen friedlichen Gleichgewichts zu fördern, was sich in der Politik, die er in den folgenden Jahren in Italien entfaltete, zeigte.

vorbehalten hatte, sicherte sich auch die Ausübung seiner besonderen Rechte als Landesherr auf juristischer und militärischer Ebene
und wandelte die verhaßte direkte Eintreibung der aus den Hoheitsrechten fließenden Abgaben in einen leichter erträglichen und
vielleicht mehr Gewinn einbringenden jährlichen Zins um. Dadurch
gelang es ihm, das Band der gegenseitigen Solidarität zu lockern,
das die Kommunen getrieben hatte, sich in einer Liga zusammenzu-
schließen und ihre Beziehungen untereinander durch die mäßigende
Tätigkeit des Gerichtshofes der Liga zu regeln. Die Kriege und die
Streitigkeiten zwischen den einzelnen Kommunen gingen weiter wie
zuvor, und der Kaiser mußte, um in Italien wirkliche Macht zu besitzen, sich auf Städte, Gruppierungen und Parteien stützen. Um die
Fortschritte der größeren Städte aufzuhalten, mußte er die kleineren begünstigen, soweit wie möglich die Autorität der Bischöfe und
die feudalen Kräfte wiederherstellen, Staatsländereien und kaiserliche Kastelle zurückgewinnen und alle Mittel aufwenden, um die
militärischen Verbindungsstraßen zwischen Deutschland und Italien
bis hinunter nach Rom offenzuhalten.[69]

Die kaiserliche Herrschaft erwies sich als besonders drückend in
der Toskana, worunter am meisten die Städte zu leiden hatten;[70]
doch wegen einer gewissen Unreife ihrer kommunalen Struktur, die
bezeichnend für sie war und ihre Erklärung in der ziemlich spät erfolgten Entstehung der toskanischen Kommunen infolge der langen
Lebenszeit der Markgrafschaft Toskana fand, kam es nicht zu
jenem offenen und heftigen Konflikt wie mit den lombardischen
Städten. Das erklärt, warum man, spricht man von Friedrich Barbarossa und seiner Politik gegenüber den Städten, sofort und fast
ausschließlich an die Städte der Lega Lombarda denkt.

In diesem Gegensatz begegnen und kreuzen sich in unterschied-
lichem Ausmaß die Motive der Politik Friedrichs, und hier enthüllt
sich auch seine ganze Persönlichkeit: Er war sich seiner Rechte und
seiner Pflichten bewußt, selbstsicher, mutig und entschlossen bis zu
tyrannischer Hartnäckigkeit und Unerbittlichkeit, aber er war auch

---

[69] Vgl. neben Heinemann cit., H. Kaufmann, Die italienische Politik
Kaiser Friedrichs I. nach dem Frieden von Konstanz, Greifswald 1933.
[70] Davidsohn, I, 848.

fähig, seine Politik den Umständen anzupassen, wenn er einsah, daß sie stärker waren als sein Wille. Doch enthüllt sich hier auch der heroische Wille der Kommunen, die es wagten, ihn herauszufordern und ihm die Stirn zu bieten, um Rechte und Privilegien zu verteidigen, die sich in einem einzigen Wort zusammenfassen lassen: *Freiheit*. Und dies ist immer ein großes, ein magisches Wort, auch wenn im Lauf der Jahrhunderte kein anderes Wort seine konkrete Bedeutung mehr verändert hat als dieses.[71]

[71] Vgl. auch folgende, inzwischen veröffentlichte Arbeiten: Popolo e stato in Italia nell'età di Federico Barbarossa — Alessandria e la Lega Lombarda. Relazioni e comunicasioni al XXXIII Congresso storico subalpino, Torino 1970 und I problemi della civiltà comunale. Alti del Congresso storico internazionale pes e'VIII° Centenario delle Lege Lombarda, Bergamo 1971.

Festschrift Pivec (Zum 60. Geburtstag) (= Innsbrucker Beiträge zur Kulturwissenschaft
Bd. 12; hrsg. von der Innsbrucker Gesellschaft zur Pflege der Geisteswissenschaften),
Innsbruck 1966, S. 265—278.

STAUFISCHE WELTHERRSCHAFT? *

Zum Brief Heinrichs II. von England an Friedrich Barbarossa von 1157

Von Hans Eberhard Mayer

Daß dem römischen Kaiser in der mittelalterlichen Staatstheorie
eine ganz besondere Stellung zukam, ist eine communis opinio, obwohl der Versuch, die Pflichten und Rechte eines Kaisers in der
Praxis genau zu definieren, immer wieder auf große Schwierigkeiten stößt. Besonders heftig ist seit langem umstritten, ob der
mittelalterlichen Kaiseridee ein Weltherrschaftsanspruch und ein
Weltherrschaftsstreben immanent waren. In dem lang andauernden
nationalen Rausch, der der Reichsgründung von 1871 folgte und der
die Frage einer Wiederaufnahme der mittelalterlichen Kaiserpolitik
gar zum Gegenstand einer ernsthaften Debatte des Reichstages [1]
werden ließ, konnte Hans Prutz [2] mit peremptorischer Sicherheit

---

* Geringfügig geänderte, mit Anmerkungen versehene Fassung meiner
am 27. Mai 1964 an der Universität Innsbruck gehaltenen Probevorlesung.
— Meinem Freunde Karl Leyser (Oxford) schulde ich Dank für ein vor
Jahren geführtes, förderliches Gespräch. Mr. Leyser äußerte schon damals,
also vor Trautz (s. Anm. 26) die Vermutung, es sei bei dem hier zu er-
örternden Brief Heinrichs II. um die Hand des Jakobus gegangen. Für
diese Erkenntnis gebührt ihm daher die Priorität.

[1] Debatte vom 30. März 1871 über eine Adresse auf die kaiserliche
Thronrede vom 21. März. Die Adresse, die eine deutsche Einmischung in
das innere Leben anderer Völker verwarf, wurde gegen die Stimmen des
Zentrums angenommen, das damals gern eine Intervention Deutschlands
zugunsten des 1870 an Italien angegliederten Kirchenstaates gesehen hätte.
Stenographische Berichte über die Verhandlungen des Deutschen Reichstages, 1. Legislaturperiode, 1. Session, Berlin 1871, S. 49—72.

[2] Hans Prutz, Kaiser Friedrich I., Band 1 (1871), S. 131.

schreiben: „Die deutsche Geschichte des Mittelalters wird ja nun einmal beherrscht, ist erfüllt und getragen von der gewaltigen Idee
imperatorischer Weltherrschaft", und viele dachten ähnlich, wenn
auch die Nüchternheit nie ausstarb. Die Hauptkontroverse ging um
den Nutzen und Schaden der deutschen Italienpolitik des Mittelalters, ein Streit, der vor allem mit den Namen Heinrich von Sybels
und des Innsbrucker Historikers Julius Ficker verknüpft ist, der aber
bis in die jüngste Vergangenheit andauerte und bei dem die Weltherrschaftsidee immer gestreift werden mußte.[3] Der Streit war ausgebrochen vor dem Hintergrunde des Krieges, den Österreich auf
den Schlachtfeldern von Magenta und Solferino verloren hatte
und in dessen Folge es seine Position in der Lombardei räumen
mußte. Ebenso war die Debatte aber überschattet von den Möglichkeiten, die sich für eine Einigung Deutschlands anboten, und
so standen die kleindeutsch-protestantisch denkenden Norddeut-
schen den großdeutsch-katholisch denkenden Süddeutschen gegenüber. Diese weltanschaulich-politische Färbung hat die Diskussion
nie verloren, obgleich der politische Hintergrund wechselte.

Die Auseinandersetzung war von vornherein dadurch belastet,
daß man mit einer unhistorischen, weil an der Gegenwart ausgerich-
teten Fragestellung an das Problem herantrat. Dem Mittelalter
waren die Romzüge der Kaiser viel selbstverständlicher. Der Stolz
der Deutschen fand seinen Kristallisationspunkt eben darin, daß es
ihrem und nur ihrem König vorbehalten war, Kaiser zu werden.
Dieses Recht ließ das deutsche Volk in besonderem Licht und von
besonderer Stärke erscheinen. Inwieweit sich dies aber in tatsächliches politisches Kapital ummünzen ließ, war eine Frage, die nicht
im Reich entschieden wurde, sondern dadurch, wie andere Völker
auf das Kaisertum reagierten. Kürzlich hat Heinz Löwe[4] diese
Reaktion in zusammenfassender Weise anläßlich der Tausendjahr-
feier der Kaiserkrönung Ottos I. für die ottonische und frühsalische

---

[3] Résumé der Diskussion bei Friedrich Schneider, Die neueren Anschauungen der deutschen Historiker über die deutsche Kaiserpolitik des
Mittelalters und die mit ihr verbundene Ostpolitik, 5. Aufl. (1942).

[4] Heinz Löwe, Kaisertum und Abendland in ottonischer und frühsalischer Zeit, HZ. 196 (1963), 529—562.

Zeit untersucht und deutlich herausgearbeitet, daß außerhalb des
Reiches kein Platz war für eine noch so allgemein gefaßte Oberhoheit des Kaisers, die grundsätzlich aus der Kaiserwürde abzuleiten gewesen wäre, daß andererseits die Könige in ihren Reichen
die Aufgaben des Heidenkrieges, der Mission und der Kirchenreform selbst wahrnahmen, Aufgaben, die besonders als kaiserliche
Pflichten galten. Es bleibe, so meinte Löwe, nur die Schutzpflicht
gegenüber der römischen Kirche, aber selbst diese war primär weniger universeller als lokalrömischer Natur und leitete sich nicht
eigentlich aus der Kaiserwürde, sondern aus der Patriziuswürde ab.
Mit der Ideologie und der faktischen Macht des fränkischen und
ottonischen Reiches konfrontiert, half man sich in Westeuropa vielfach dadurch, daß man das Kaisertum einfach nicht zur Kenntnis
nahm. Der Geschichtsschreiber Richer von Reims nahm von Ottos
des Großen Kaiserkrönung keinerlei Notiz, sondern bezeichnete
Otto weiterhin als König. Ähnlich hatten schon früher die Angel-
sächsische Chronik und Asser in seiner Lebensbeschreibung Alfreds
des Großen auf das karolingische Kaisertum reagiert.[5]

Dieser Schwebezustand konnte andauern, solange ein National-
gefühl in Westeuropa nicht vorhanden war. Seit dem Tage aber, da
Ludwig VI. von Frankreich 1124 die Oriflamme vom Altar von
Saint-Denis erhob und die Ritterschaft ihm zuströmte, um einen
drohenden Einfall Kaiser Heinrichs V. abzuwehren, mußten kaiserliche Universalansprüche als verletzend empfunden werden.

In besonders eingehender Weise hat sich die Forschung mit dem
staufischen Reichsbegriff befaßt, denn im Bereich der staufischen
Dichter, Chronisten und Legisten findet man eine Reihe von Quellen, die auf einen Weltherrschaftsanspruch hindeuten und gleichzeitig die westeuropäischen Könige abwerten. Ich erinnere nur an
den Kaiserhymnus des Archipoeta: *Salve mundi domine, caesar*

---

[5] Zu Frankreich Gian Andri Bezzola, Das Ottonische Kaisertum in der
französischen Geschichtsschreibung des 10. und beginnenden 11. Jahrhunderts (1956), S. 144. Zu England: Heinz Löwe, Von den Grenzen des
Kaisergedankens in der Karolingerzeit, DA. 14 (1958), 353 f. Vgl. zu
England auch Edmund E. Stengel, Kaisertitel und Suveränitätsidee, DA. 3
(1939), 1—56; derselbe, Imperator und Imperium bei den Angelsachsen,
DA. 16 (1960), 15—72.

noster ave. Vor allem der Germanist Konrad Burdach[6] trat mit seiner ganzen Autorität für einen solchen Anspruch ein. Die „armen künege" bei Walther von der Vogelweide, die *reguli*, die Kleinkönige, von denen der Kanzler Rainald von Dassel verächtlich sprach, die in den Quellen belegten *reges provinciarum*, die Provinzkönige, das alles erschien Burdach gleichsam als amtliche Terminologie, als Nomenklatur einer staufischen Reichstheorie, die in den west-, nord- und osteuropäischen, ja selbst den transmarinen Königreichen des Orients die abhängigen Provinzen des alten Römerreiches sah, die vom Überbau des Kaisertums zusammengefaßt wurden. Nur einzelne urteilten zurückhaltender als Burdach, während lediglich Richard Schlierer[7] einen staufischen Weltherrschaftsanspruch rundweg bestritt. Jüngst hat Hans Joachim Kirfel[8] die Frage nochmals in einem sehr klugen Buch aufgerollt, und er ist in der Sache selbst zu dem Ergebnis gekommen, es sei zwar nicht zu bestreiten, daß gewisse Dichter und Legisten die Vorstellung eines *dominium mundi* verfochten hätten, auch habe Barbarossa die Weltherrschaftsidee gelegentlich als diplomatische Waffe gebraucht, es liege auf der Hand, daß man im aufstrebenden Westeuropa die Politik Barbarossas gelegentlich so aufgefaßt habe. Aber ein tatsächliches politisches Ziel sei das *dominium mundi* nicht gewesen. Die staufische Außenpolitik sei unter Barbarossa vielmehr getragen gewesen von dem Bestreben nach einer auf die Freundschaft gegründeten Bündnispolitik und habe jeweils ganz reale, erreichbare Ziele verfolgt. Mit maßvoller Kritik im einzelnen haben die Experten Kirfels These im wesentlichen zugestimmt.[9]

Wer mit Burdach an einem Weltherrschaftsanspruch der Staufer festhalten will, dem müssen natürlich diejenigen Quellenzeugnisse besonders willkommen sein, in denen Westeuropa einen universalen Führungsanspruch des Kaisers anzuerkennen scheint. Solche Zeug-

[6] Konrad Burdach, Walther von der Vogelweide (1900), S. 175.

[7] Richard Schlierer, Weltherrschaftsgedanke und altdeutsches Kaisertum, Diss. Tübingen (1934).

[8] Hans Joachim Kirfel, Weltherrschaftsidee und Bündnispolitik. Untersuchungen zur auswärtigen Politik der Staufer (1959).

[9] Karl Jordan, HZ. 192 (1961), 120 ff.; Hans Martin Schaller, DA. 17 (1961), 297 f.

nisse liegen in der Tat aus England vor. Das ist auf den ersten Blick seltsam, denn nirgendwo begegnete der vermeintliche universale Anspruch der Staufer schärferer Kritik als gerade in England. Jedem Mediaevisten ist der berühmte Satz geläufig, den Johann von Salisbury [10] in einem seiner Briefe schrieb, als sich Friedrich Barbarossa vermaß, auf dem Konzil von Pavia 1160 über das Schisma der Kirche zu befinden: „Wer hat die Deutschen zu Richtern über die Völker gesetzt? Wer hat diesen rohen und gewalttätigen Menschen die Befugnis verliehen, nach ihrem Belieben einen Fürsten zu setzen zu Häupten der Menschenkinder?" Und der Satz *Rex imperator in regno suo*, mit dem Westeuropa den Kaiser in die Schranken wies, begegnet zuerst bei Heinrich II. von England, der sich rühmte, dasselbe Privileg zu besitzen wie sein Großvater, *qui in terra sua erat rex, legatus apostolicus, patriarcha, imperator et omnia quae volebat*.[11]

Aber aus England kamen auch ganz andere Äußerungen, die eine Anerkennung einer kaiserlichen Weltherrschaft, zumindest einer besonderen kaiserlichen Würde zu beinhalten scheinen. Wie vorsichtig man jedoch in der Interpretation dieser Belege sein muß, zeigt ein in der einschlägigen Literatur bisher nicht verwendeter Bericht William Fitzstephens.[12] Danach befand sich Heinrich II. von England 1166 in Angers, als einige Haushaltsmitglieder des im Exil lebenden Erzbischofs Thomas Becket von Canterbury zum König kamen, ihn um die Rückgabe ihrer Lehen zu bitten. Bekanntlich war der Streit zwischen dem König und seinem Erzbischof hauptsächlich deshalb ausgebrochen, weil der König den Klerus der allgemeinen Gerichtsbarkeit unterwerfen wollte und dies in den Konstitutionen von Clarendon schriftlich hatte niederlegen lassen. Gerade die schriftliche Fixierung der Beschlüsse tritt überall in den

---

[10] Ep. 59, ed. J. A. Giles, Joannis Saresberiensis, postea episcopi Carnotensis, opera omnia 1 (1848), 64.

[11] Ebd. ep. 239 (1, 114). Vgl. Walther Holtzmann, Das mittelalterliche Imperium und die werdenden Nationen (1953), S. 18 f. Anm. 20 und zuletzt Reinhard Elze, Zum Königtum Rogers II. von Sizilien, Festschrift Percy Ernst Schramm zu seinem siebzigsten Geburtstag 1 (1964), 113.

[12] Vita s. Thomae, ed. J. C. Robertson, Materials for the History of Thomas Becket 3 (Rolls Series, 1877), 100 f.

Quellen als das eigentliche Ärgernis hervor. Als die Reihe an Herbert von Bosham war, mit dem König in Angers zu verhandeln, hob Herbert diesen Punkt besonders hervor. Solange noch nichts niedergeschrieben sei, bestehe immer noch Hoffnung auf Änderung. Als Herbert vom König der Deutschen sprach, unterbrach ihn Heinrich und fragte, warum er nicht vom Kaiser der Deutschen rede, sondern diesen in seiner Würde mindere. Herbert antwortete: „König der Deutschen i s t er; aber wo er s c h r e i b t, schreibt er: Kaiser der Römer, immer Augustus." Da fuhr der König zornig auf, schimpfte ihn einen Priestersohn und warf ihm vor, sein Reich zu verwirren und den Königsfrieden zu stören. Es war aber nicht ängstliche Besorgnis um die kaiserliche Würde, die Heinrich II. so in Wut brachte, sondern die Perfidie von Herberts Antwort. Herbert wies den Kaisertitel zurück, weil ihm keine Realität innewohne, weil er nur auf dem Papier überhaupt zur Geltung komme, und da erweise er sich als hohl. Damit warf er dem König indirekt eben wieder die schriftliche Fixierung der Konstitutionen vor und markierte auch sie als eigentlich hohl und irreal. Wie sehr aber die antideutsche Haltung Herberts am Hofe imponierte, zeigt die Bemerkung eines der Barone, er würde, Priestersohn hin oder her, die Hälfte seines Landes darum geben, wenn Herbert sein Sohn wäre.

Wenn wir allerdings in die Zeit des dritten Kreuzzuges blicken, so finden wir damals eine unverhohlene Anerkennung von Barbarossas Führungsanspruch. Ein ausgerechnet in England fingierter Brief des Kaisers an Sultan Saladin [13] beansprucht für Barbarossa, sichtlich in Nachfolge der antiken Imperatoren, die Herrschaft über Länder wie Äthiopien, Mauretanien, Persien, Syrien, Arabien und Ägypten, daneben natürlich auch über das abendländische Kaiserreich. Unter diese abendländischen Provinzen hat man in einer englischen Textgruppe wie selbstverständlich auch England, Cornwall, Schottland und Frankreich daruntergemischt, und dem entspricht es, wenn Wilhelm von Newburgh beim Kreuzzug Barbarossa einfach als *imperator noster*, als unseren Kaiser bezeichnet. Die Anerkennung eines kaiserlichen Führungsanspruches kommt hier also

[13] Zu diesem Brief vgl. Hans Eberhard Mayer, Der Brief Kaiser Friedrichs I. an Saladin vom Jahre 1188, DA. 14 (1958), 488—494.

deutlich aus der Ausnahmesituation des Kreuzzuges, der die
Christenheit des Abendlandes zu einer politisch handelnden Einheit
zusammenfaßt, die sonst nicht besteht und die deshalb das sonst
eher schemenhafte Kaisertum mit einem realen Inhalt erfüllt, um
dem Kreuzzug die notwendige Führung zu geben; es ist aber ein
Ausnahmefall.

Das wichtigste Zeugnis für die englische Anerkennung einer uni-
versellen Stellung Barbarossas ist aber der Brief Heinrichs II. von
England an den Kaiser aus dem Herbst 1157, den Rahewin, der
Freisinger Propst von St. Veit, ein durchaus offiziöser Hofhistoriograph, überliefert.[14] Heinrichs in überschwenglichem Tone gehal-
tenes Schreiben gipfelt in den Sätzen:

*Quidquid ad honorem vestrum spectare noverimus, pro posse
nostro effectui mancipare parati sumus. Regnum nostrum et quidquid ubique nostrae subicitur dicioni vobis exponimus et vestrae
committimus potestati, ut ad vestrum nutum omnia disponantur
et in omnibus vestri fiat voluntas imperii. Sit igitur inter nos et
populos vestros dilectionis et pacis unitas indivisa, commercia tuta,
ita tamen, ut vobis, qui dignitate preminetis, imperandi cedat
auctoritas, nobis non deerit voluntas obsequendi.*

Also scheinbar eine vollständige Unterwerfung des Königs, eine
vollständige Anerkennung der kaiserlichen Oberherrschaft. Begreiflicherweise hat man dieses Schreiben immer wieder zitiert. In
besonderer Weise hat Robert Holtzmann[15] diesen Brief in den
Mittelpunkt seiner Überlegungen gerückt. Er hat daraus eine
auctoritas-potestas-Theorie konstruiert, nach der der Kaiser nur
eine Art moralischer Autorität über andere Völker ausgeübt habe.
Die Elemente dieser Theorie entnahm er einerseits der kirchlichen
Zweigewaltenlehre, wie sie Papst Gelasius I. mit seiner Gegenüber-
stellung von bischöflicher *auctoritas* und kaiserlicher *potestas* formuliert hatte. Andererseits stand Holtzmann stark unter dem Ein-

---

[14] Rahewin, Gesta Friderici III 7, ed. Georg Waitz, MG. SS. rer. Germ.
(³1912), S. 171 f.

[15] Robert Holtzmann, Der Weltherrschaftsgedanke des mittelalterlichen
Kaisertums und die Souveränität der europäischen Staaten, HZ. 159
(1939), 251—264.

druck des kurz zuvor gefundenen Monumentum Antiochenum, das eine Kopie des Rechenschaftsberichts des Augustus enthält. Hier und nur hier fand sich in Kapitel 34 der Satz, Augustus sei an *auctoritas* allen anderen überlegen gewesen, an *potestas,* an Amtsgewalt, habe er nie mehr besessen als seine Kollegen im Magistrat.

Die Lehre Holtzmanns ist bis heute die eigentlich herrschende geblieben, denn die Formel war so griffig und bequem, daß sie die Tatsache verdeckte, daß die *auctoritas* eines mittelalterlichen Kaisers ebenso schwer zu fassen ist wie die Natur des mittelalterlichen Kaisertums überhaupt. Auch die Parallele zu Augustus hinkt, denn wenn ich mich zureichend unterrichtet habe,[16] so hatte schon der Römer den wahren Sachverhalt etwas verfälscht. Seine Macht ruhte doch nicht auf der Stellung des republikanischen *princeps auctoritate,* obgleich er diese Illusion nährte, sondern einmal darauf, daß eine wirksame Opposition gegen ihn nicht zustande kommen konnte, weil er als Erfüller und Garant der Friedenssehnsucht des römischen Volkes nach einer langen Kriegsperiode galt, zum anderen ruhte seine Macht auf der Kumulation von Amtsgewalt bei gleichzeitiger Aushöhlung der verfassungsmäßig vorgesehenen Kontrollinstanzen; mit anderen Worten: seine *auctoritas* war nicht, wie Holtzmann glaubte, eine bloß moralische Kategorie, sondern eine außerhalb der herkömmlichen Verfassung stehende, eine neue Verfassungswirklichkeit bildende Gewalt, die durchaus amtlichen und sogar präzisen, wenngleich noch in republikanische Formen gehüllten Charakter hatte.

Der Widerspruch gegen Holtzmanns These blieb zunächst bescheiden;[17] ein so kritischer Kopf wie Carl Erdmann[18] hielt das Problem des Verhältnisses von Imperium und Nationalstaaten durch Holtzmann für grundsätzlich geklärt, und ich selbst hielt

[16] Vgl. zuletzt André Magdelain, Auctoritas principis (1947), besonders S. 76 ff.

[17] Fritz Rörig, Heinrich IV. und der „Weltherrschaftsanspruch" des mittelalterlichen Kaisertums, DA. 7 (1944), 200—203; vgl. auch Kirfel (oben Anm. 8), S. 15 f.

[18] DA. 6 (1943), 415.

vor einigen Jahren auch noch an dieser Meinung fest.[19] Erst in den letzten Jahren machte sich eine zunehmende Opposition bemerkbar.[20] Freilich hatten alle Opponenten mit der Schwierigkeit zu kämpfen, daß in dem Brief Heinrichs II. von England an Barbarossa nun einmal stand, dem Kaiser solle die Autorität des Befehlens zufallen und dem König werde der Wille zum Gehorchen nicht fehlen. Mit der einfachen und nicht näher begründeten Behauptung, dies seien höfische Schmeicheleien, ist die Stelle nicht aus der Welt geschafft; man hätte befriedigend erklären müssen, warum der König hier dem Kaiser schmeichelte. Es ist erstaunlich, daß weder Robert Holtzmann noch seine Kritiker bis einschließlich zu Kirfel den Brief des englischen Königs auf seinen tatsächlichen Gehalt untersuchten, sondern nahezu hypnotisiert nur um die Interpretation dieses einen Satzes kämpften. Es lohnt sich daher, sich mit diesem Stück nochmals genau zu befassen, denn nur nach einer genauen Interpretation des konkreten Zwecks, den der Brief verfolgte, werden wir das Schreiben als erledigt zu den Akten legen können.

Der Brief ist nach seinen (wenn auch bescheidenen) Formularbestandteilen echt, seine Echtheit ist auch niemals angezweifelt worden. Aber zwei Dinge sind auffallend, einmal der bemerkenswerte Mangel an konkretem Inhalt, zum andern die Tatsache, daß der Brief die Antwort auf ein nicht erhaltenes Schreiben Barbarossas darstellt. Warum der Hofhistoriograph Rahewin nur Heinrichs Antwort brachte, Barbarossas Schreiben aber unterdrückte, obwohl er sich dessen Text leicht hätte verschaffen können, ist vorerst nicht zu erkennen.

Mustern wir nun die maßgeblichen Handbücher durch, was sie zu dem Brief zu sagen haben. Wilhelm Giesebrecht [21] brachte Heinrichs Brief mit englischen Befürchtungen zusammen, Friedrich Barbarossa könne sich enger mit Ludwig VII. von Frankreich verbinden, was

---

[19] DA. 14 (1958), 494.
[20] Walther Holtzmann (oben Anm. 11); Heinz Löwe (oben Anm. 5), DA. 14, 346 Anm. 1; derselbe, HZ. 196, 531 f.
[21] Wilhelm Giesebrecht, Geschichte der deutschen Kaiserzeit 5 (1880), 119.

Heinrich II. von England wegen seines großen Besitzes in Frankreich unangenehm hätte sein müssen. Henry Simonsfeld [22] meinte, es stehe dahin, ob Giesebrecht recht habe; er betrachtete das Schreiben „voll honigsüßer Worte, triefend förmlich von unterwürfigen Ergebenheitsversicherungen", wie er sagt, als Antwort auf einen Brief Friedrichs vom 7. Mai 1157, in dem sich der Kaiser beim König von England für den Abt von Solesmes verwandte. Immerhin erkannte Simonsfeld an, daß die beiden Schreiben inhaltlich nicht miteinander harmonierten. Auch rechtfertigte die geringfügige Angelegenheit vom 7. Mai 1157 keinesfalls den devoten Ton Heinrichs im September. Karl Hampe [23] sprach geradezu davon, daß sich der englische König hier „gleichsam als Vasall des Kaisers" bekannt habe. Austin Lane Poole [24] bringt den Brief, dessen überflüssige Demut er bemängelt, in Verbindung mit Bemühungen Heinrichs, die englisch-deutsche Allianz von 1109 aufrechtzuerhalten. Auch Robert Folz [25] wich von der hier vorgeführten Generallinie nicht ab.

Soweit die Standardwerke, an denen sich die Forschung orientiert. Übersehen wurde dabei fast allgemein, daß Heinrichs Brief immerhin eine konkrete Mitteilung enthält, die lautet: *De manu beati Iacobi, super qua nobis scripsistis, in ore magistri Heriberti et Wilhelmi clerici nostri verbum posuimus.* Es ist für die Forschungslage bezeichnend, daß Robert Folz, als er den Brief ins Französische übersetzte, diesen letzten Satz einfach wegließ. Allein Fritz Trautz hat in seiner jüngst erschienenen Habilitationsschrift [26] diesem Satz eine Bedeutung für die Korrespondenz zwischen den Herrschern zuerkannt. Er hat auch eine Jakobshand in England festgestellt, hat sich aber durch die verworrene englische Über-

---

[22] Henry Simonsfeld, Jahrbücher des deutschen Reiches unter Friedrich I., Band 1 (1908), 563.

[23] Karl Hampe, Herrschergestalten des deutschen Mittelalters ([6]1955), S. 151 f.

[24] Austin Lane Poole, From Domesday Book to Magna Carta (1951), S. 327.

[25] Robert Folz, L'idée de l'Empire en Occident du Ve au XIVe siècle (1953), S. 123; ebd. S. 212 f. eine französische Übersetzung des Briefes.

[26] Fritz Trautz, Die Könige von England und das Reich 1272—1377 (1961), S. 65.

lieferung davon abhalten lassen, die Schicksale dieser Reliquie genau zu verfolgen, obgleich sich hier der Schlüssel zum Verständnis
des Briefes bietet, wie Trautz wohl ahnte.

Was hat es mit der Hand des Apostels Jakobus auf sich? Ihr
Geschick ist nicht unerklärbar, aber die Forschung hat ihren Weg
bisher nie von Anfang bis Ende verfolgt. Zum besseren Verständnis
wenden wir uns der bereits erwähnten englisch-deutschen Allianz
von 1109 zu.[27] Ihr Unterpfand war die Verlobung Kaiser Heinrichs V. mit Mathilde, der Tochter Heinrichs I. von England. Die
Ehe wurde 1114 geschlossen. Außer Mathilde hatte Heinrich I. noch
einen Sohn Wilhelm. Als dieser 1120 im Ärmelkanal ertrank, war
die Erbfolgefrage offen, denn die Bastarde kamen nicht in Betracht,
eine Nachfolge Mathildes hätte jedoch die Herrschaft des Kaisers
über England bedeutet. Da starb 1125 auch Heinrich V. Des Kaisers
Tod eröffnete zwar einen Ausweg aus dem englischen Dilemma,
machte aber das Thronfolgeproblem nunmehr im Reich akut, weil
die Sohnesfolge der salischen Dynastie abgerissen war. Der Kaiser
hatte auf dem Sterbelager seiner Gemahlin den Reichsschatz zur
Aufbewahrung auf der Burg Trifels übergeben und sie selbst der
Obhut seines Neffen, des staufischen Herzogs Friedrich II. von
Schwaben, anempfohlen. Ihn hatte der sterbende Kaiser, ohne
ihn förmlich zu designieren, sichtlich zum Nachfolger ausersehen,
doch wurde seine Absicht durchkreuzt durch Erzbischof Adalbert
von Mainz, der Mathilde zur Auslieferung der entscheidenden In-
signien an ihn bewog. Friedrich von Schwaben, der dies hätte verhindern können, erhob keinen Einspruch, da er selbst sicher mit
seiner Wahl rechnete. Es ist bekannt, daß statt dessen unter Um-
gehung der geblütsrechtlichen Ansprüche des Staufers der sächsische
Herzog Lothar zum König gewählt wurde. Die staufische
Historiographie[28] betonte später, wie sehr der Schwabenherzog ge-

---

[27] Vgl. dazu Karl Pivec, Die Bedeutung des ersten Romzuges Heinrichs V., MÖIG. 52 (1938), 220 und zuletzt die sehr förderlichen Ausführungen von Karl Leyser, England and the Empire in the Early Twelfth
Century, Transactions of the Royal Historical Society 5th Series 10 (1960),
61—83.

[28] Otto von Freising, Gesta Friderici I 16, ed. Georg Waitz, MG. SS.

prellt worden sei. Der König von England dagegen ließ seine Tochter Mathilde zurückholen; im September 1126 war sie wieder auf der Insel, 1127 wurde sie von den Baronen als Erbin anerkannt, 1128 ging sie die Ehe mit Gottfried Plantagenet von Anjou ein, die den Grundstein zu dem Festlandsreich der englischen Könige legte. Die Ereignisse der Folgezeit sind bekannt. Als Heinrich I. von England 1135 starb, bemächtigte sich sein Neffe Stephan in raschem Zugriff des Throns, es kam zum Bürgerkrieg zwischen Stephan und Mathilde, der mit dem Kompromiß endete, daß Stephan auf Lebenszeit König bleiben konnte, seine Nachfolge aber 1154 von Heinrich II., Mathildes Sohn aus zweiter Ehe, angetreten wurde.

Mathilde soll sich ihres großen Eigenbesitzes in Deutschland wegen, der ihr nun praktisch verlorenging, nur ungern nach England zurückbegeben haben.[29] Wie schon Josef Deér[30] erkannt hat, hielt sie sich dafür wenigstens teilweise an dem ihr anvertrauten Reichsschatz schadlos. Teils zu Lebzeiten, teils durch Testament, schenkte die Kaiserin, wie ein glaubwürdiges zeitgenössisches Schatzverzeichnis[31] berichtet, ihrer Grablege, der normannischen Abtei Le Bec, mehrere kostbare kaiserliche Gewänder, sowie eine große und eine kleine Krone. Die große benutzte nach der gleichen Quelle Heinrich II. von England bei seiner Krönung, und seit dieser Zeit blieb sie im englischen Kronschatz, wo sie vielleicht noch im 13. Jahrhundert bezeugt ist. Auch Handschriften der *capella imperatricis* gelangten nach Le Bec, darunter vermutlich ein Exemplar der Kaiserchronik Ekkehards von Aura, das heute in Cambridge liegt.[32]

rer. Germ. ([3]1912) S. 30, aber auch Albert von Stade, Annales Stadenses, MG. SS. 16, 322.

[29] Gerold Meyer von Knonau, Jahrbücher des deutschen Reiches unter Heinrich IV. und Heinrich V. Band 7 (1909), 325 Anm. 22.

[30] Josef Deér, Der Kaiserornat Friedrichs II. (1952), S. 35 ff.

[31] Stephan von Rouen, Draco Normannicus, ed. R. Howlett, Chronicles of the Reigns of Stephen, Henry II and Richard I, Band 2 (Rolls Series, 1885), 758 ff.

[32] Corpus Christi College 373; vgl. Percy Ernst Schramm und Florentine Mütherich, Denkmale der deutschen Könige und Kaiser (1962), S. 178 Nr. 167. Ebd. S. 30 einiges zur Jakobshand.

Nicht recht beachtet wurde bisher, daß Mathilde auch eine kostbare Reliquie mitnahm. Adam von Bremen berichtet in seiner Ham-
burgischen Kirchengeschichte,[33] Kaiser Heinrich IV. habe beim Tode
des mächtigen Erzbischofs Adalbert von Bremen (1072) seine Hand
auf dessen Nachlaß gelegt und unter anderem eine Hand des
Apostels Jakobus eingezogen, die der Erzbischof einmal in Italien
von einem venezianischen Bischof namens Vitalis[34] erworben habe.
Diese nunmehr zum Reichsschatz gehörende Reliquie nahm Mathilde, wie Roger von Hoveden[35] zu Ende des Jahrhunderts berichtet, nach England mit. Vor lauter Freude über das kostbare Stück,
berichtet er weiter, habe Heinrich I. von England, Mathildes Vater,
die Abtei Reading an der Themse gegründet und ihr die Hand
Jakobs anvertraut. So war es freilich nicht, aber es ist schwierig,
über die Umstände der Gründung von Reading überhaupt Klarheit
zu gewinnen, weil die urkundliche Überlieferung des Klosters nicht
zweifelsfrei ist. Die Readinger Chartulare überliefern zwar eine
Gründungsurkunde König Heinrichs I. von England aus dem
Jahre 1125, in der ausgeführt wird, der König habe anstelle eines
zerstörten Klosters in Reading eine Abtei gegründet, habe ihr die
ehemaligen Klöster Cholsey und Leominster inkorporiert und wolle
die Gründung nunmehr mit Land und Rechten ausstatten.[36] Aber
1125 kann schon deshalb nicht das Gründungsjahr sein, weil Heinrich I. von 1123 bis 1126 gar nicht in England war, sondern in der
Normandie.[37] Auch vom Formular her ist diese Urkunde ebenso unmöglich wie eine verkürzte Fassung, deren angebliches Original im
Britischen Museum liegt.[38] Beide Fassungen bezeichnen den König

[33] III 67, ed. Bernhard Schmeidler, MG. SS. rer. Germ. (³1917), S. 214.
[34] Vielleicht Vitalis Orseolo, Bischof von Torcello 1013—1048.
[35] Roger von Hoveden, Chronica, ed. William Stubbs 1 (Rolls Series,
1868), 181.
[36] Charles Johnson und H. A. Cronne, Regesta regum Anglo-Norman-
norum 2 (1956), n° 1427. William Dugdale, Monasticon Anglicanum. New
Edition 4 (1823), 40 n° 2.
[37] Johnson-Cronne (oben Anm. 36), S. 190—197.
[38] Brit. Mus. Add. Charters 19571. Faksimiliert und besprochen bei
Charles Johnson, Some charters of Henry I, in: Historical Essays in

mit der Devotionsformel *dei gratia*, und diese tritt in den englischen
Königsurkunden nicht vor 1172 auf, also erst unter Heinrich II.[39]
Ebenso verhält es sich mit dem Gerichtsprivileg *utfangthef*, das der
Abtei 1125 angeblich verliehen wurde. Es besagt, daß der Privilegierte Diebstähle, die auf seinem Land von Hörigen begangen wurden, auch dann aburteilen durfte, wenn die Diebe nicht eigene, sondern fremde Hörige waren. Vor dem Jahr 1177 ist kein glaubwürdiger Fall bekannt, in dem der König dieses Recht verliehen hätte.[40]
Wir haben also zweifellos zwei Urkunden vor uns, die in dieser
Form erst in der zweiten Hälfte der Regierungszeit Heinrichs II.
hergestellt wurden. Aber vom Jahre 1125 abgesehen, enthalten die
beiden Dokumente doch einen glaubwürdigen Kern. Eine Urkunde
dieser Art muß ergangen sein, denn die lange Zeugenliste ist unverdächtig und hätte in so präziser Form von einem freien Fälscher
kaum erfunden werden können.

Sehen wir uns also nach anderen Quellen über die Gründung
Readings um. Die Annalen von Reading enthalten einen knappen

Honour of James Tait (1933), S. 137—142. Johnson-Cronne (oben Anm. 36)
n° 1474 mit dem Datum 1127 ca. Januar 1. Die Zweitausfertigung erklärt
sich durch das Bestreben englischer Klöster, für Prozeßzwecke ein verkürz-
tes, leicht transportables Duplikat, die sogenannte *carta gestatoria*, zu
besitzen. Gegen die Echtheit hat Johnson auch den Lederstreifen ins Feld
geführt, an dem einst das Siegel befestigt war, doch hat er bereits, wenn
auch seltene, Parallelen in England namhaft gemacht, und in Deutschland
begegnen wir Leder (statt Pergament oder Schnur) als Befestigungsmittel
unter Konrad III.; vgl. DK. III. 6. Ein weiteres Argument gegen die
Echtheit ist eine Urkunde des Abtes Hugo II. von Reading (1180 bis
1199) (Monast. Anglic. 4, 42 n° 13), in der er erklärt, Heinrich I. habe das
Kloster auch als Pilgerunterkunft gegründet, *sicut ex ipsius carta penes
nos habita satis dilucide perpendi potest.* Davon ist aber in der verfälsch-
ten Gründungsurkunde nicht die Rede. Hugo bezog sich offenbar auf die
noch vorhandene echte Fassung. Bei der Verfälschung hat man die lästige
Verpflichtung zur Pilgerbeherbergung unter den Tisch fallen lassen.

[39] Léopold Delisle, Recueil des actes de Henri II roi d'Angleterre et
duc de Normandie concernant les provinces françaises et les affaires de
France. Introduction (1912), S. 12 ff.

[40] Johnson (oben Anm. 38), S. 139.

Gründungsbericht aus der zweiten Hälfte des 12. Jahrhunderts.[41] Danach schickte der Generalabt Pontius von Cluny im Jahre 1121 auf Bitten König Heinrichs I. den Prior Petrus mit sieben Brüdern nach England, wo sich noch einige Brüder aus dem cluniazensischen Priorat Lewes dazugesellten. Diese führten am 18. Juni 1121 in dem vom König neu gegründeten Kloster Reading das klösterliche Leben cluniazensischer Observanz ein. Zwei Jahre später wurde der Prior Hugo von Lewes zum ersten Abt von Reading geweiht, und Petrus kehrte nach Cluny zurück. Diese Überlieferung ist weit glaubwürdiger als diejenige der verunechteten Königsurkunden, denn der entscheidende Vorgang bei der Gründung ist doch offenbar die Bindung von Reading an die Kongregation von Cluny; gerade das hat man aber in den beiden Gründungsurkunden unterschlagen. Es läßt sich sogar die Quelle namhaft machen, aus der man bei der Herstellung der Falsifikate schöpfte; es waren zweifellos die *Gesta pontificum Anglorum* von Wilhelm von Malmesbury. In der 1125 vollendeten ersten Redaktion findet sich ein Gründungsbericht. Danach habe sich in Reading einst ein schon seit langem zerstörtes Nonnenkloster befunden; aus Gründen der Buße habe Heinrich I. beabsichtigt, es wiederherzustellen, und er habe gleichzeitig zwei ebenfalls zerstörte Klöster, Cholsey und Leominster, damit verbunden. Dann habe er Cluniazensermönche dort angesiedelt.[42] Dies ist genau die Darstellung der Gründungsurkunden, selbstverständlich unter Auslassung der cluniazensischen Bindung. Man hat also mit der Urkundenfälschung nicht nur Gerichtsprivilegien erstrebt, sondern gleichzeitig versucht, die ursprüngliche Unterstellung unter

[41] Felix Liebermann, Ungedruckte anglo-normannische Geschichtsquellen (1879), S. 10. Der Bericht ist ein späterer Zusatz, die Annalen selbst wurden bereits um 1130 angelegt. Den 18. Juni 1121 als Gründungstag nennen zu Anfang des 13. Jahrhunderts auch die Annalen von Waverley (Annales monastici, ed. H. R. Luard, Band 2, Rolls Series, 1865, S. 218).

[42] Willelmi Malmesberiensis monachi De gestis pontificum Anglorum libri quinque, ed. N. E. S. A. Hamilton (Rolls Series, 1870), S. 193 ohne Angabe eines Gründungsjahres. Die umgekehrte Annahme, Wilhelm habe die Gründungsurkunden für Reading benutzt, verbietet sich, da er dort nichts über die Besiedelung von Cluny aus finden konnte.

Cluny abzuschütteln,[43] und mit diesem Versuch steht Reading wahrlich nicht allein da.

Diese Darlegung der bisher nur ungenügend untersuchten Vorgänge bei der Gründung von Reading ist keineswegs eine Abschweifung vom Thema; die Fälschungsaktion hängt nämlich insofern aufs engste zusammen mit der Übergabe der Hand des Apostels Jakob an die Abtei, als die Chartulare von Reading eine Urkunde Heinrichs I. von 1126 überliefern, in der der König erklärt, er schenke der Abtei die Hand des Apostels Jakobus, die seine Tochter, die Kaiserin Mathilde, bei ihrer Rückkehr aus Deutschland ihm mit der Auflage übergeben habe, sie nach Reading zu stiften.[44] Auch

[43] Hadrian IV. bestätigte auf Wunsch des Abtes Rainald von Reading eine zwischen Reading und Cluny geschlossene Brüderschaft (Walther Holtzmann, Papsturkunden in England 3 [1952], 271 n° 127). Dabei treten die beiden Konvente als gleichberechtigt auf, und bei einer Unterstellung Readings unter Cluny wäre der ganze Vertrag ja nicht nötig gewesen. Cluny hatte zu diesem Zeitpunkt also wohl schon weitgehend resigniert. Unter diesen Umständen bleibt die Zuschreibung Readings an Cluny durch Innozenz III. am 23. März 1207 (Potthast n° 3057; Migne PL. 215, 1123 n° 28) ein isoliertes Zeugnis, das ungeachtet des Wortlautes nicht auf einen speziellen Wunsch des Abtes von Reading zurückgehen wird, zumal von einer Unterstellung unter Cluny in dem päpstlichen Gunsterweis vom 26. Februar desselben Jahres (Potthast n° 3021 [*Cluniacensis ordinis* ist hier ein Zusatz Potthasts]; Migne ebd. 1115 n° 16) ebensowenig die Rede ist wie in der langen Reihe der allerdings nicht einwandfreien Papsturkunden des 12. Jahrhunderts, die Holtzmann gedruckt hat (vgl. unten Anm. 49). Ob unter Heinrich II. ein konkreter Anlaß bestand, zur Abschüttelung Clunys Urkunden zu fälschen, könnte erst nach Veröffentlichung der Chartulare von Reading geklärt werden. Immerhin war aber Abt Wilhelm I. von Cluny (1177—1179), in dessen Amtszeit die Verfälschungsaktion vermutlich fällt (vgl. auch unten Anm. 66) und der selbst dem englischen Königshause angehörte, bestrebt, die Bindungen zwischen Cluny und seinen englischen Töchtern zu verstärken; vgl. Dict. d'Hist. et de Géogr. eccl. 13 (1956), 75. Das könnte den Anlaß zu den Fälschungen geboten haben.

[44] Johnson-Cronne (oben Anm. 36) n° 1448 mit dem Datum: (1126 Sept. 11); Monasticon Anglicanum 4, 41 n° 3 ohne Zeugenliste. Es werden genannt der Kanzler Ranulf (recte: Geoffrey; Ranulf starb 1123) und der Seneschalk Roger (recte: Hugo; Roger starb 1107) Bigod.

diese Urkunde ist fälschungsverdächtig, denn die Zeugenliste führt
einen falschen Kanzler und einen falschen Seneschal auf. Man gewinnt den Eindruck, daß versucht wurde, die Abtei kurz vor Mathildes Rückkehr gegründet sein zu lassen, um dann möglichst bald
nach der Gründung einen Besitztitel für die kostbare Reliquie vor-
weisen zu können. Genau dieser Tradition begegnen wir dann ja
auch zu Ende des Jahrhunderts in der bereits angeführten Stelle
Rogers von Hoveden, der Gründung und Reliquienübertragung
einfach zusammenwirft.

Wir können es also nicht ohne weiteres als glaubwürdig hinnehmen, daß die Reliquie bereits 1126 in den Besitz von Reading gekommen sei. Immerhin könnten die beiden falschen Zeugennamen
auf einen Fehler der Chartularschreiber zurückgehen, so daß die
Schenkungsurkunde nicht verfälscht sein muß. Wir werden ihr jedoch nur dann vollen Glauben schenken dürfen, wenn sich noch
weitere Anhaltspunkte finden, die für eine so frühe Schenkung der
Hand an Reading sprechen. Aber solche Anzeichen fehlen; es spricht
vielmehr alles dagegen. Die Annalen von Reading [45] berichten zwar
zu 1126, daß Mathilde aus Deutschland nach England zurückkehrte, aber sie schweigen von der Hand, deren Schenkung hier zu
gedenken doch der richtige Ort gewesen wäre. Aber es gibt auch
positive Hinweise, die für ein wesentlich späteres Stiftungsdatum
sprechen. Erst Heinrich II. bewilligte der Abtei ein leider undatier-
tes Marktprivileg für den 25. Juli, den Tag des Apostels Jakob.[46]
Ein ähnliches Privileg hatte Heinrich I. in den Jahren 1129 —1133
dem Kloster für das Fest des heiligen Lorenz bewilligt,[47] aber von
dem ungleich wichtigeren Jakob war damals nicht die Rede gewesen. Englische Bischöfe gewährten Ablässe für die Wallfahrt zur
Jakobsreliquie nach Reading, aber der erste erhaltene Ablaß
stammt von Bischof Gilbert von Hereford. Auch er ist undatiert,
muß aber in die Amtsperiode des Bischofs von 1148—1163 fallen.
Es folgen Ablässe der Bischöfe von Chichester und Exeter, die
gleichfalls in die Zeit kurz nach der Jahrhundertwende weisen.[48]

[45] A. a. O. S. 10 (Erstfassung; vgl. oben Anm. 41).
[46] Monasticon Anglicanum 4, 42 n° 10.
[47] Ebd. 4, 41 n° 4; Johnson-Cronnen n° 1864.
[48] Brit. Mus. Add. Charters 19587. 19598. 19605. Vgl. außerdem die

Man kommt jedenfalls mit den Ablässen nicht in die Zeit vor 1148 zurück.

Betrachten wir noch die Papsturkunden für Reading, so finden wir, daß ein Jakobspatrozinium erst unter Alexander III. in den Jahren 1173—1180 auftritt, während unter Hadrian IV. in den Jahren 1154—1158 lediglich von Maria und Johannes als Titelheiligen die Rede gewesen war.[49] Auf dem Konventssiegel haben wir gar erst 1328 eine Abbildung des Jakobus, während ein Siegel aus der Zeit 1180—1199 nur Maria zeigt.[50] Papst Alexander III.

Ablässe des Erzbischofs Theobald von Canterbury (Datum: 1150—1161; ebd. 19589, gedruckt bei A. Saltman, Theobald Archbishop of Canterbury [1956] S. 435 n° 213. Da Theobald schon den Legatentitel führt, kann die Urkunde nicht vor 1150 liegen), des Erzbischofs Bonifaz von Canterbury von 1253 (Add. Charters 19624) und des Erzbischofs Johann von Dublin von 1292 (ebd. 19635).

[49] Die Papsturkunden setzen 1123 ein mit einer echten Urkunde Calixts II. (Walther Holtzmann [oben Anm. 43] 3, 133 n° 9). Bereits das nächste Stück, eine Besitzbestätigung Honorius' II. (Holtzmann 3, 135 n° 12) muß verfälscht sein, denn es wiederholt die interpolierte Gründungsurkunde von 1125 einschließlich des *utfangthef*, liegt aber im Datum (13. April 1125) gleichwohl *vor* der Gründungsurkunde, die zum Oktober 1125 gehören muß, da sie vom päpstlichen Legaten Johann von Crema bezeugt ist, dessen Legation aber mit dem Tode Calixts II. im Dezember 1124 erloschen war und erst am 12. April 1125 erneuert wurde. Da Johann 1125 nachweislich nur zweimal beim König in der Normandie war, nämlich in der Fastenzeit (11. Februar bis 28. März) und im Oktober, kann die Legatenunterschrift nur zum Oktober gehören, obgleich als Kaiser noch Heinrich V. (gest. 23. Mai 1125) angeführt wird. Das *utfangthef*-Privileg wiederholt sich nun in den folgenden Papsturkunden für Reading (Holtzmann n° 28, 85, 126 [hier noch Patrozinium Maria und Johannes]). In n° 278 tritt dann das Konpatrozinium des Jakobus auf. Damit reißt auch die Kette der Besitzbestätigungen ab. Sie sind, da sie alle die Gründungsurkunde mit *utfangthef* zitieren, samt und sonders verfälscht, aber Holtzmann hat sie als echt passieren lassen. Das Formular ist also einwandfrei, und man wird echte Besitzbestätigungen als Vorlage unterstellen dürfen.

[50] Beschreibungen: The Victoria History of the Counties of England. Berkshire Band 2 (1907), 73. Abbildung des Siegels von 1328 ebd. Tafel 1.

war es auch, der die Gläubigen der Provinz Canterbury aufforderte, das Kloster Reading am Tage seiner Kirchweihe und zum
Fest des heiligen Jakobus zu besuchen, wie es Thomas Becket bei
der Kirchweihe 1164 bestimmt habe.[51] Auch hier kommen wir also
für den Beginn des Jakobkults in Reading nicht über die Jahrhun-
dertmitte zurück. Der Zeugnisse, die in diese Zeit weisen, sind so
viele, daß es uns kaum noch überrascht, wenn wir bei Matthaeus
Parisiensis, dem großen Geschichtsschreiber der Abtei St. Albans
im 13. Jahrhundert, zum Jahre 1155 lesen: *Manus sancti Jacobi
restituta est Radingo.*[52] Das würde bedeuten, daß die Reliquie schon
früher einmal dort gewesen wäre, aber wir sahen, daß alles dagegen
spricht. Eher wurde der Mönch von St. Albans, für dessen Satz sich
keine Vorlage namhaft machen läßt, durch die verschiedenen Traditionen verwirrt. Aus dem nicht weit entfernten Reading kannte
er die offizielle Version von der Stiftung der Hand durch Heinrich I. im Jahre 1126; anderswoher hatte er von einer Stiftung im
Jahre 1155 gehört. So kombinierte er vermutlich, daß es sich 1155
um eine Restitution gehandelt habe.

Halten wir fest, daß die Jakobshand um 1155 in Reading nach-
weisbar ist; ihre weiteren Schicksale liegen dann klar zutage. Gegen
Ende des 12. Jahrhunderts wird sie in einer Reliquienliste von
Reading erwähnt, die 234 Positionen umfaßte.[53] Zu dieser Zeit
ruhte sie in einem kostbaren goldenen Reliquiar, das Richard
Löwenherz entfremdete, um mit dem Schmelzerlös zur Finanzie-
rung seines Kreuzzuges beizutragen, ein Weg, den leider manche
Goldschmiedearbeit des Mittelalters gegangen ist. Sein Nachfolger
Johann ohne Land stiftete der Abtei als Entschädigung eine Mark
Gold jährlich, was von Heinrich III. in eine Zahlung von zehn

---

[51] Holtzmann, Papsturkunden (oben Anm. 43) 3, 429 n° 312. Zum
Datum der Kirchweihe s. Herbert von Bosham, Vita s. Thomae, ed. J. C.
Robertson, Materials for the History of Thomas Becket 3 (Rolls Series,
1877), 260 und Matthaeus Parisiensis, Chronica maiora, ed. H. R. Luard 2
(Rolls Series, 1874), 227.

[52] Mattheus Parisiensis, Chronica maiora 2, 210.

[53] S. Barfield, Lord Fingall's Cartulary of Reading Abbey, EHR. 3
(1888), 116.

Mark Silber kommutiert wurde.[54] Die letzte sichere Nachricht über
die Reliquie stammt von 1538, als sie anläßlich der Aufhebung des
Klosters in einem Reliquienverzeichnis an zweiter Stelle (hinter
zwei Kreuzpartikeln) erwähnt wurde.[55] Im Jahre 1786 grub man
auf dem Abteigelände das Skelett einer linken Hand aus, das heute
in der Sakristei von St. Peter's in Marlow-on-Thames aufbewahrt
wird, aber es war nicht mehr als antiquarisches Wunschdenken,
wenn man hierin die Hand des Apostels Jakobus sah.[56]

Eine Hand vom Apostel Jakobus gehörte nun zu den vornehmsten
und beliebtesten Reliquien, die man überhaupt besitzen konnte. Ihre
Beliebtheit erklärt sich aus der besonderen Stellung des Jakobus, der
zusammen mit seinem Bruder Johannes und Simon Petrus in den
Evangelien mehrfach als Lieblingsapostel des Herrn bezeugt ist
und der überdies als erster der Apostel das Martyrium erlitt.[57]
Jakobsreliquien waren ein wahrhaft kaiserlicher Schatz, und das
ist keine bloße Redewendung. Zwar war der Leichnam des
Apostels, der im 9. Jahrhundert in Santiago de Compostela aufgefunden wurde, nie im Besitze eines Kaisers, wohl aber wurde er im
12. Jahrhundert mit einem Kaiser in Verbindung gebracht. Der Codex Calixtinus im Kapitelarchiv zu Compostela enthält neben
Mirakeln, Offizien, einem Translationsbericht und einem Pilger-
führer, die sich alle auf den Apostel beziehen, auch die *Historia
Karoli Magni* des Pseudo-Turpin, die als raffiniert verfälschte Ge-
schichtsklitterung um 1150 entstand. Pseudo-Turpin beginnt nun
bezeichnenderweise mit einer Vision, in der Jakobus Karl den
Großen auffordert, nach Galicien in Spanien zu ziehen und sein
Grab zu befreien.[58] Damit wird der Anstoß zu Karls legendärem
Spanienzug gegeben. Noch um 1215 wurde diese Szene auf dem
Aachener Karlsschrein dargestellt. In Saint-Sernin in Toulouse, wo
man gleichfalls bedeutende Jakobsreliquien aufbewahrte, gab es eine
Tradition, der zufolge Karl der Große diese Partikel aus Spanien

---

[54] Monasticon Anglicanum 4, 44 n° 19—23.

[55] Victoria History (oben Anm. 50). Berkshire 2, 70.

[56] J. B. Hurry, The Octocentenary of Reading (1921), S. 40.

[57] Matth. 17, 1. Marc. 5, 37; 9, 1; 14, 33. Luc. 8, 51; 9, 28. Act. 12, 2.

[58] Historia Karoli Magni et Rotholandi ou Chronique de Pseudo-Turpin, ed. C. Meredith-Jones (1936), S. 90 f.

mitgebracht habe.[59] Der Aachener Reliquienhort Karls des Großen
enthielt den größten Teil des Körpers des Apostels Jakobus, allerdings ohne den Kopf.[60] Wahrscheinlich aus dem kaiserlichen Schatz
zu Aachen entführte Kaiser Karl der Kahle 876 einen Arm des
Jakobus, der dann die Vorderseite des Dreifaltigkeitsaltares in
Saint-Denis zierte, in dessen Schutz der Kaiser nach seinem aus-
drücklichen Wunsch bestattet wurde.[61] Das in Aachen fehlende
Haupt des Apostels verehrte man in Konstantinopel in der Apostel-
kirche, wo Kaiser Konstantin der Große begraben lag. Das nahebei
gelegene Pantokratorkloser, Grablege des zweiten und dritten
Komnenenkaisers, besaß unter seinen Reliquienschätzen auch einen
Arm des Apostels, den der elsässische Zisterzienserabt Martin von
Pairis 1204 für sein Kloster raubte; 62 Reliquien nennt Martins
Biograph Gunther als Beute seines Abtes, und den Apostelarm führt
er an vierter Stelle nach einer Spur des Blutes Christi, einer Kreuz-
partikel und einem nicht geringen Teil Johannes des Täufers mit
dem bezeichnenden Zusatz an: *brachium s. Jacobi apostoli, cuius
memoria per universam venerabilis habetur ecclesiam.*[62] Überall
finden wir die Inkonsequenzen also auf die eine oder andere Art in
Beziehungen zu Kaisern.

Nach diesen Darlegungen ist es nicht mehr besonder schwierig zu
erraten, worum es 1157 in dem Brief Heinrichs II. von England
an Barbarossa ging. Sicherlich hatte der Kaiser von dem englischen
König die Rückgabe der von Mathilde dem Reich entfremdeten
Hand des Apostels verlangt. Mancherlei Gründe mochten Barbarossa dazu veranlaßt haben. Die Wiedererlangung entfremdeten
Reichsgutes war der konkrete Inhalt der Politik des *honor imperii,*
wie Barbarossa sie seit dem Konstanzer Vertrag von 1153 betrieb.
Wenn er die Reliquie dennoch erst 1157 zurückverlangte, so ist dies

---

[59] Heinrich Schiffers, Karls des Großen Reliquienschatz und die Anfänge der Aachenfahrt (1951), S. 50.

[60] Ebd. S. 31, 46.

[61] Johannes Ramackers, Das Grab Karls des Großen und die Frage nach
dem Ursprung des Aachener Oktogons, Historisches Jahrbuch 75 (1955;
erschienen 1956), 124 ff.

[62] Guntheri Parisiensis Historia Constantinopolitana, ed. Comte Paul
Riant, Exuviae sacrae Constantinopolitanae 1 (1877), 121.

ein neuerlicher Hinweis darauf, daß sie erst 1155 nach Reading und damit an die Öffentlichkeit gekommen war. Barbarossa mußte nun alsbald davon erfahren, denn Reading war ein vielbesuchter Ort. Wilhelm von Malmesbury [63] schreibt, Reading habe fast allen als Herberge gedient, die den volkreichsten Städten Englands zureisten. Als Sohn Friedrichs II. von Schwaben mochte Barbarossa auch dessen Groll über die Ereignisse bei der Königswahl von 1125 geerbt haben; sein Vater hätte die Reliquie ja eigentlich dem Reich erhalten müssen. Vor allem mag es Friedrich I. gewurmt haben, daß er, obwohl Kaiser, keine Jakobsreliquie besaß, die doch, wie wir sahen, als durchaus kaiserlicher Schatz galt. Die Jakobsreliquien im Aachener Münster gehörten ja nicht mehr dem Kaiser, denn das dortige Marienstift war längst keine Residenzkapelle mehr. Die Hand von Reading aber hatte von 1072 bis 1125 dem Reichsschatz angehört. Gründe genug für Barbarossa, die Hand zurückzuverlangen.

Auf der anderen Seite wird Heinrich II. von England denkbar unwillig gewesen sein, die Hand herauszugeben. Sein Großvater Heinrich I. und dessen zweite Gemahlin lagen in Reading begraben, ebenso des Königs ältester Sohn Wilhelm, und der König mag gezögert haben, den Verwandtengräbern den Schutz der Reliquie zu entziehen. Außerdem kam nach dem Ausweis der bischöflichen Ablaßbriefe die Wallfahrt zur Jakobsreliquie nach Reading offenbar sehr rasch in Gang. Nicht umsonst führte Reading drei goldene Jakobsmuscheln auf blauem Grunde im Wappen. Santiago gehörte ja zu den beliebtesten Zielen der Fernwallfahrt überhaupt, aber für die Engländer war es zweifellos oft bequemer, zur Hand des Apostels in Reading zu pilgern als zum Apostelgrab in Compostela. Die Readinger Wallfahrt mußte um so rascher aufblühen, als Canterbury ja erst mit der Heiligsprechung Thomas Beckets 1173 zur Konkurrenz wurde. Schließlich aber wird Heinrich II. Bedenken gehabt haben, weil die Rückgabe der Hand in England sicher-

---

[63] De gestis pontificum Anglorum (oben Anm. 42), S. 193. Wilhelm kannte übrigens Schriften anderer über die in Reading verwahrten Reliquien. Unter Berufung auf sie glaubte er, darüber nichts mehr sagen zu brauchen. Diese Schriften sind leider verloren.

lich als Zeichen eines tatsächlichen kaiserlichen Eingriffsrechts in englische Angelegenheiten aufgefaßt worden wäre.

Wenn die Vermutung richtig ist — und sie ist außerordentlich wahrscheinlich —, daß Barbarossa die Rückgabe der Hand verlangt hatte, so hat Heinrich II. dieses Ansinnen abgelehnt, als vorsichtiger Diplomat nicht schriftlich, sondern mündlich durch seine Gesandten, wie der Brief ankündigt. Um so mehr Anlaß hatte er, Friedrich anderweitig zu beruhigen. Er gab den Gesandten daher ein Prunkzelt als Geschenk für den Kaiser mit, das in Deutschland großes Aufsehen erregte, denn es war so groß, daß es nur mit Hilfe von Hebebäumen aufgestellt werden konnte.[64] Barbarossa hat das Zelt in Ehren gehalten; in ihm hörte er vor Mailand im Schmuck der Krone am 8. September 1158 den Festgottesdienst zu Mariae Geburt nach Ambrosianischem Ritus und zeichnete vor den versammelten Reichsfürsten den Böhmenherzog mit der Königskrone aus.[65]

Mit der doppelten Papstwahl von 1159 verlor Friedrich gegenüber Westeuropa das Druckmittel seiner vorher starken Stellung, denn nun mußte er bemüht sein, England zur Anerkennung des jeweils kaisertreuen Papstes hinüberzuziehen. Ein Druck auf Heinrich II. wegen der Apostelhand kann seit dieser Zeit auf lange hinaus nicht mehr akut gewesen sein.[66]

So betrachtet enthüllt sich Heinrichs II. Schreiben von 1157 als eine höfliche, durch schmeichelhaft-unterwürfige Worte und kostbare Geschenke verbrämte, in der Sache jedoch entschiedene Absage

---

[64] Rahewin (oben Anm. 14) III 7, S. 171.

[65] Vinzenz von Prag, Annales, MG. SS. 17, 675. Vgl. auch Percy Ernst Schramm, Herrschaftszeichen gestiftet, verschenkt, verkauft, verpfändet, Göttinger Nachrichten 1957, Nr. 5, S. 197 Nr. 136.

[66] Da die Fälschung der Gründungsurkunden und der Papsturkunden ungefähr in die Zeit um oder kurz nach 1177 fallen muß (vgl. oben S. 197 und Anm. 43), ist es eine durch nichts zu beweisende, aber in sich nicht unwahrscheinliche Kombination, daß die Mönche von Reading damals gleich die Urkunde Heinrichs I. von 1126 als Besitztitel für die Jakobshand mitfabrizierten, weil sie Befürchtungen haben mochten, Barbarossa könnte nach der Beendigung des Schismas (24. Juli 1177) erneut seine Restitutionsforderung vorbringen.

an Friedrichs konkrete Forderung. So ist es auch durchaus begreiflich, daß Rahewin zwar den Brief des englischen Königs bringt, Friedrichs vorausgegangenes Schreiben aber unterdrückt. Die Publikation des ganzen Briefwechsels hätte Barbarossas Scheitern in diesem Punkt enthüllt und schlecht zur offiziös-glorifizierenden Historiographie Rahewins gepaßt. Der englische König aber machte ungeachtet seiner schmeichlerischen Worte, die Barbarossa das Gesicht zu wahren ermöglichten, klar, daß er weit davon entfernt war, einen wie immer auch gearteten kaiserlichen Oberherrschaftsanspruch anzuerkennen. Der Brief Heinrichs II. kann weder als Zeugnis für eine besondere *auctoritas imperandi* des Kaisers, noch für eine *voluntas obsequendi* der Nationalstaaten in Anspruch genommen werden.

Sitzungsberichte der Österreichischen Akademie der Wissenschaft, phil.-hist. Klasse, 252. Bd., 4. Abh., Wien 1967, S. 3—32.

DIE KAISERIDEE FRIEDRICH BARBAROSSAS *

Von Heinrich Appelt

Die bisherige Forschung hat sich so eingehend mit den Problemen der Kaiserpolitik Friedrich Barbarossas beschäftigt, daß es einer besonderen Begründung bedarf, wenn dieses Thema heute wieder aufgegriffen wird. Die Beobachtungen, die hier vorgetragen werden sollen, sind aus der Beschäftigung mit der kritischen Ausgabe der Diplome Kaiser Friedrichs I. für die Monumenta Germaniae Historica erwachsen, die am Institut für Österreichische Geschichsforschung seit langem vorbereitet wird. Mit aufrichtiger Dankbarkeit sei an dieser Stelle der großzügigen Unterstützung gedacht, die diesem Unternehmen, das eine der traditionellen Hauptaufgaben der Wiener historischen Schule weiterführt und seinem Umfang nach bisher bei weitem das größte seiner Art ist, seitens der Österreichischen Akademie der Wissenschaften zuteil wird. Die Vorarbeiten sind seit Jahrzehnten im Gange. Eine Reihe grundlegender Studien über einzelne Urkundengruppen und über kanzleigeschichtliche Fragen von Hans Hirsch, Heinrich Fichtenau, Friedrich Hausmann [1] und anderen Vertretern der Wiener Schule, aber auch von deutschen Diplomatikern haben unsere Erkenntnis auf diesem Gebiet vertieft

---

* Erweiterte Fassung des in der Sitzung der Philosophisch-Historischen Klasse am 23. November 1966 gehaltenen Vortrages. — Auf Einladung des Istituto di Storia Medioevale der Universität Rom behandelte der Verfasser das gleiche Thema am 25. März 1966 in einem Vortrag in italienischer Sprache: ›Il pensiero politico di Federico Barbarossa‹.

[1] Hier genüge ein Hinweis auf das Werk von Friedrich Hausmann, Reichskanzlei und Hofkapelle unter Heinrich V. und Konrad III. (Schriften der Monumenta Germaniae Historica 14, 1956) mit Verzeichnis des älteren Schrifttums; derselbe, Wortwin, Protonotar Kaiser Friedrichs I., Aschaffenburger Jahrbuch 4/1 (1957), S. 321 ff.

und bereichert. Nun aber darf die zeitraubende Sammlung des in den Archiven des alten Reichsgebietes nördlich und südlich der Alpen verstreut liegenden Materials als abgeschlossen gelten, so daß wir zum erstenmal in der Lage sind, uns ein Bild von den Verhältnissen in der Reichskanzlei unter Barbarossa zu machen, das auf einer vollständigen Kenntnis der Quellen aufgebaut ist.

Wir wenden dabei die von Theodor von Sickel begründete Methode der Schrift- und Diktatuntersuchung an. Sie ist allerdings in jüngster Zeit vielfach einer lebhaften, nicht immer gerechtfertigten Kritik unterzogen worden, indem man behauptete, die Untersuchung des Diktats von Urkunden des 12. Jahrhunderts führe zu keinem gesicherten Ergebnis, sie bleibe notwendigerweise im Subjektivismus stecken, denn die Schulverwandtschaft und die Anlehnung an Formulare sei damals bereits zu weit fortgeschritten, als daß es noch möglich wäre, die Verfasser der einzelnen Diplome mit hinlänglicher Sicherheit zu bestimmen. Demgegenüber muß festgestellt werden, daß die methodischen Voraussetzungen für die Anwendung der von Sickel aufgestellten Grundsätze bei den älteren Staufern nicht anders liegen als bei den Ottonen und Saliern. Die Reichskanzlei setzt sich noch immer aus ganz wenigen Persönlichkeiten zusammen; nicht selten ist es eine einzige Kraft, die die Hauptlast des Beurkundungsgeschäftes zu tragen hat, meist aber kommen kaum mehr als zwei oder drei gleichzeitig nachweisbare Notare als Verfasser der Diplome in Betracht. Zwischen ihnen hat man sich zu entscheiden, sofern es sich um Urkunden handelt, die in der Kanzlei verfaßt und geschrieben wurden. Der Versuch, jene Kriterien herauszuarbeiten, die für die individuelle Arbeitsweise einzelner Kanzleinotare charakteristisch sind, ist daher durchaus gerechtfertigt. Er muß natürlich nicht immer von Erfolg gekrönt sein; es wird vielmehr stets Fälle geben, in denen wir uns damit begnügen müssen, festzustellen, daß ein Diplom im damals üblichen Kanzleistil abgefaßt ist, ohne eine individuelle Zuweisung des Diktats an eine bestimmte Persönlichkeit durchführen zu können.

Selbstverständlich ist bei derartigen Untersuchungen größte Behutsamkeit am Platze. Man wird gesicherte Zuordnungen von bloßen Hypothesen sorgfältig zu scheiden haben. Aber im allgemeinen konnten gerade wieder in letzter Zeit erstaunlich verläßliche

Ergebnisse erzielt werden,[2] so daß der erste Teilband der Diplome Barbarossas, den wir in absehbarer Zeit veröffentlichen zu können hoffen, ein einigermaßen gesichertes Bild von der Arbeitsweise der Reichskanzlei in der ersten Phase der Regierung des Kaisers bieten wird.

Nicht ganz nach den gleichen Grundsätzen wie die Diplome sind in dieser Hinsicht die Briefe zu behandeln. Der Brief ist ja viel weniger an ein starres Formular gebunden und weit stärker von literarischen und rhetorischen Stilelementen beeinflußt als die Urkunde, aber seinem Inhalt nach ist er oft weit interessanter für die allgemeine Geschichte als die Masse der Privilegien, die in erster Linie für den Rechts- und Verfassungshistoriker sowie für den Wirtschafts- und Sozialhistoriker aufschlußreich sind. Nun läßt sich, wie die Untersuchungen Friedrich Hausmanns gezeigt haben, gerade die Tätigkeit des Abtes Wibald von Stablo, des leitenden Staatsmannes Konrads III., durch Bestimmung der Verfasserschaft der Schriftstücke, die er in seiner Briefsammlung, dem Codex Wibaldi, zusammengestellt hat, weitgehend rekonstruieren; es erhebt sich die Frage, inwieweit man aufgrund ähnlicher Studien der Briefe und Urkunden Barbarossas Schlüsse auf die Herkunft und

---

[2] Ich nenne hier folgende Untersuchungen meiner Schüler und Mitarbeiter: Rainer M. Herkenrath, Rainald von Dassel als Verfasser und Schreiber von Kaiserurkunden, MIÖG 72 (1964), S. 34 ff.; derselbe, Zur Lebensgeschichte des frühstaufischen Notars Albert, Deutsches Archiv für Erforschung des Mittelalters 20 (1964), S. 562 ff.; derselbe, Zwei Notare Friedrich Barbarossas und des Reichslegaten Christian von Buch, MIÖG 73 (1965), S. 247 ff.; Herkenrath ist mit abschließenden Arbeiten an einer umfassenden Monographie über Rainald von Dassel beschäftigt. Kurt Zeillinger, Zwei Diplome Barbarossas für seine römischen Parteigänger (1159), Deutsches Archiv 20 (1964), S. 568 ff.; derselbe, Die Notare der Reichskanzlei in den ersten Jahren Friedrich Barbarossas, Deutsches Archiv 22 (1966), S. 473 ff. Eine Fortsetzung bietet Josef Riedmann, Studien über die Reichskanzlei unter Friedrich Barbarossa in den Jahren 1156—1166, erscheint demnächst in den MIÖG; ferner bereitet Riedmann die Drucklegung seiner Dissertation über ›Die Beurkundung der Verträge Kaiser Friedrich Barbarossas mit den italienischen Städten‹ vor. Ich danke den genannten Herren für wertvolle Hinweise und Anregungen.

Eigenart der politischen Ideen zu ziehen vermag, von denen sich die kaiserliche Politik bestimmen ließ.

Wir mußten einleitend auf derartige methodische Fragen eingehen, die zwar nicht unmittelbar zum Thema gehören, aber doch den Weg aufzeigen, auf dem neue konkrete Aussagen erarbeitet werden können. Unsere Fragestellung bedarf aber auch noch in einer anderen Richtung einer näheren Präzisierung. Wenn wir von der Kaiseridee Friedrich Barbarossas sprechen, so suchen wir Grundlagen und Herkunft der Anschauungen zu erkennen, von denen sich seine Politik gegenüber den anderen großen Machtfaktoren seiner Zeit, also gegenüber der Kurie, den Königreichen der abendländischen Christenheit, den deutschen Reichsfürsten, den italienischen Kommunen und dem byzantinischen Reich leiten ließ. Nun war der Kaiser gleich den anderen Fürsten jener Jahrhunderte alles andere als ein Theoretiker.[3] Er bedurfte zwar wohldurchdachter Formulierungen, um seine Ziele in die Tat umzusetzen, aber er fand sie nicht selbst. Sogar die berühmte feierliche Erklärung über die Stellung des Kaisertums, die er im Anschluß an den Zwischenfall von Besançon 1157 veröffentlichen ließ, wurde nicht von ihm persönlich abgefaßt.

Fragen wir also zunächst, welchen Stand der Bildung und welchen Grad des Interesses an geistigen Dingen wir bei Barbarossa voraussetzen dürfen. Die älteste Schilderung seiner Persönlichkeit, die auf uns gekommen ist, findet sich in dem Schreiben, das Wibald von Stablo kurz nach der Königswahl an Papst Eugen III. richtete.[4] Der um die Aufrechterhaltung des bisher gepflegten engen Einvernehmens zwischen Kurie und Reich besorgte Staatsmann gibt dem Papst den Rat, die Anerkennung Friedrichs auszusprechen. Er charakterisiert den neuen Herrscher als tüchtigen und erfolgreichen Kriegsmann, der nach Ruhm und Ehre strebe und kein Unrecht dulde, nennt ihn zugänglich und freigebig (affabilis ac liberalis) und rühmt seine Beredsamkeit in der Muttersprache; er sei „splendide disertus iuxta gentile idioma linguae suae". Zwischen den

---

[3] Vgl. die glänzende Charakteristik des Herrschers durch Hermann Heimpel, Neue Deutsche Biographie 5 (1961), S. 459 ff.
[4] Mon. Germ. Const. 1, Nr. 138.

Zeilen kann man lesen, daß er diese Beredsamkeit im Lateinischen,
der Sprache der Gebildeten, nicht besaß. Damit stimmt es sehr gut
überein, daß ihn Siccard von Cremona als „illiteratus" bezeichnet [5] — im Gegensatz zu seiner zweiten Gemahlin, der Burgunde-
rin Beatrix, deren literarische Bildung Acerbus Morena hervor-
hebt.[6] Damit soll nicht der Eindruck erweckt werden, als hätte
Friedrich an den geistigen Problemen, die seine Zeit bewegten,
keinen Anteil zu nehmen verstanden. Mit dem gelehrten Propst
Gerhoch von Reichersberg, einem der originellsten Denker Deutschlands im 12. Jahrhundert, führte er ein eingehendes Gespräch über
das Schisma und über das Verhältnis zwischen Sacerdotium und
Imperium.[7] Sicherlich war er in der Lage, gesprochenes Latein und
wohl auch Italienisch in ausreichendem Maß zu verstehen, doch
dürfte es ihm einigermaßen schwergefallen sein, sich in diesen
Sprachen gewandt auszudrücken. Er gehörte einem Fürstentyp an,
der mit offenem Sinn stets bereits blieb, Anregungen zu empfangen
und nicht nur den geistigen Hintergrund der politischen Lage, sondern auch bis zu einem gewissen Grade gelehrte Zeitströmungen zu
erfassen, wenn man sie ihm in geeigneter Form darlegte — soweit
es nach damaliger Anschauung einem Kaiser geziemte und möglich
war. Der offizielle Auftrag an Otto von Freising, seine Taten in
einem Geschichtswerk zu feiern, darf als Beweis für sein lebendiges
Interesse an historischen Problemen gewertet werden. Er nahm es
gnädig auf, wenn der Archipoeta den Hof unterhielt und dabei den
Imperator als Herrn der Welt feierte oder wenn ihn die Professoren
der Universität Bologna über die Gesetze der alten Kaiser, als deren
Nachfolger er auftrat, und über Probleme des römischen Rechtes
belehrten. Aber er selbst wird sich nicht viel abgemüht haben mit

[5] Siccardi episcopi Cremonensis Cronica, MG SS 31 (1903), S. 165:
qui fuit miles strennuus et magnanimis, mitis et affabilis, illiteratus, sed
morali experientia doctus.
[6] Ottonis Morenae et continuatorum Historia Friderici I. ed. Güterbock, Script. rer. Germ. Nova Series 7 (1930), S. 168: litterata, Dei cultrix.
[7] Den eingehenden Bericht, den Gerhoch selbst über diese Unterredung
gegeben hat, interpretiert Peter Classen, Gerhoch von Reichersberg (1960),
S. 276 ff.

der Formulierung grundsätzlicher Erklärungen über die Stellung des Kaisertums in der Christenheit. Da bediente er sich der führenden Köpfe seiner Umgebung. An sie müssen wir uns halten, wenn wir etwas über Ursprung und Ausgestaltung seiner politischen Ideen aussagen wollen.

Bevor Rainald von Dassel entscheidenden Einfluß auf die Politik Barbarossas gewann, spielte Bischof Eberhard II. von Bamberg eine entscheidende Rolle.[8] Gleich nach dem Tode Konrads III. führte er mit Friedrich, damals noch Herzog von Schwaben, Verhandlungen „de reformando et componendo regni statu", an denen auch Bischof Herold von Würzburg teilnahm.[9] Es ging dabei zunächst um die Königswahl, aber doch wohl auch um die Frage, welche Richtung die künftige Reichspolitik einschlagen sollte. Vom ersten Tage an gewann Eberhard das besondere Vertrauen des neuen Herrschers, was doch nur verständlich ist, wenn wir annehmen, daß beide Persönlichkeiten gemeinsame Grundanschauungen vertraten. Eberhard zählte zu den Reichsfürsten, denen Friedrich den Thron verdankte. Er wurde dafür durch die Schenkung der Reichsabtei Niederaltaich großzügig belohnt und mit der wichtigsten diplomatischen Mission betraut, die damals zu erfüllen war, nämlich mit der Leitung der Gesandtschaft an den Papst, die die Wahlanzeige zu überbringen und Verhandlungen über den Romzug und die Kaiserkrönung anzuknüpfen hatte. Der Bischof von Bamberg verdrängte also den alternden Abt Wibald von Stablo aus der leitenden Stellung in der kaiserlichen Politik. Dieser Wandel fand darin seinen unmittelbaren Ausdruck, daß die Abfassung der Wahlanzeige [10] nicht einfach, wie das unter Konrad III. selbstverständlich gewesen wäre, Wibald als dem sachverständigen „Referenten" für die Beziehungen zur Kurie anvertraut wurde. Der Text ist vielmehr aus einer spannungsgeladenen Zusammenarbeit zwischen Wibald, Eberhard von Bamberg und Heinrich, dem damaligen notarius curiae und späteren Protonotar des Kaisers, hervorgegangen. Eine neuerliche Untersuchung

---

[8] Die beste Charakteristik Eberhards findet sich bei Classen a. a. O. S. 264 ff.

[9] Vgl. Simonsfeld, Jahrbücher 1, 21 f.

[10] Const. 1, Nr. 137.

des Diktats und des Stils, die die Ergebnisse von Zatschek [11] und
Föhl [12] berücksichtigt, sie jedoch anhand der nun vorliegenden vollständigen Materialsammlung zu ergänzen und in einigen Punkten
zu berücksichtigen vermag, ergibt, daß der diplomatische Rahmen
des Schriftstückes, also die Fassung des Titels und der Grußformel [13]
sowie die empfehlenden Worte für die kaiserlichen Gesandten [14]
Wibalds Werk sind, während sich in den grundsätzlichen programmatischen Erklärungen, die die Tendenzen der Politik des neuen
Herrschers kennzeichnen, ein ganz entscheidender Anteil Eberhards
von Bamberg deutlich erkennen läßt. Hingegen vermögen wir den
Stil des Notars Heinrich nicht recht zu greifen.[15] Eberhard ist vor
allem die Arenga zuzuweisen, die folgenden Wortlaut hat:

*Patrem patriae decet veneranda priscorum instituta regum vigilanter
observare et sacris eorum disciplinis tenaci studio inherere, ut noverit
regnum sibi a deo collatum legibus ac moribus non minus adornare quam
armis et bello defensare.*

[11] H. Zatschek, Wibald von Stablo, MÖIG 10. Erg. Bd. (1928), S. 418 ff.
mit berichtigendem Nachtrag S. 494 f.

[12] W. Föhl, Bischof Eberhard II. von Bamberg, ein Staatsmann
Friedrichs I., als Verfasser von Briefen und Urkunden, MÖIG 50 (1936),
S. 107 ff.

[13] Man vergleiche die gleichlautende Anrede, Intitulatio und Salutatio
in dem letzten Schreiben Konrads III. an Eugen III. (St. 3593, Jaffé,
Monumenta Corbeiensia Nr. 346), das nach Hausmann, Reichskanzlei,
S. 171 von Wibald verfaßt ist.

[14] Auch hier bietet das letztgenannte Schreiben Konrads III. an den
Papst eindeutige Parallelen. Zu attente committimus vgl. attente com-
mendamus; der Wendung ut eos pro nostrae dilectionis intuitu benigne
tractetis entspricht ut eum pro nostrae dilectionis et petitionis intuitu
excipiatis; zu in suis petitionibus clementer exaudiatis vgl. in ... suis
petitionibus benigne exaudiatis. Beide Texte enden mit dem Wort remit-
tatis.

[15] Vgl. N. Höing, Die „Trierer Stilübungen", Archiv für Diplomatik 2
(1956), S. 151 ff., der die Diktatanteile Eberhards und Heinrichs ebenfalls
nicht zu scheiden vermag, aber das Psalmenzitat „qui aufert spiritum
principum", das in der Wahlanzeige begegnet, der bambergisch-würzburgischen Schule zuweisen möchte.

Die Worte, in die diese feierliche Zusage des neuen Herrschers, die Gesetze der alten Könige zu halten, gekleidet ist, sind Justinian entlehnt.[16] Einen Ausdruck halten wir dabei für unsere weiteren Überlegungen besonders fest: die Gesetze sind hier als s a c r a e d i s - c i p l i n a e bezeichnet, was sich zwar zunächst auf ihre Übereinstimmung mit der Lehre der Kirche beziehen mag, aber es verdient doch besondere Beachtung, daß das Wort sacer in der ersten politischen Kundgebung, die Barbarossa erlassen hat, im Hinblick auf das Kaisertum gebraucht ist und daß diese Wendung auf Eberhard von Bamberg zurückgeht. Sie wurde geprägt, lange bevor von einem Einfluß Rainalds von Dassel oder gar der Rechtsschule von Bologna auf den Stil des kaiserlichen Hofes die Rede sein kann.

Dem gemeinsamen Programm Barbarossas und Eberhards entsprechend wurde auch nicht um die Bestätigung der Königswahl durch den Papst nachgesucht, wie dies Wibald gewünscht hatte. In diesem Sinne spricht die Arenga vom regnum a deo collatum; der Ablauf der Zeremonien wird kurz geschildert, um den Regierungsantritt eindeutig als vollzogene Tatsache hinzustellen. Den rhetorischen Höhepunkt der Wahlanzeige stellt gleichsam die sicherlich auch von Eberhard formulierte Erklärung dar, Friedrich wolle die Privilegien der Kirche achten und die Erhabenheit des Reiches wiederherstellen:

catholica ecclesia suae dignitatis privilegiis decoretur et Romani imperii celsitudo in pristinum suae excellentiae robur deo adiuvante reformetur.

Diesen Satz darf man in der Tat als den Leitgedanken der gesamten Politik Barbarossas bezeichnen. Es war nicht bloß Opportunität, Rücksichtnahme auf die Notwendigkeit, die Kaiserkrönung vorzubereiten und zur Erreichung dieses Zieles eine gemeinsame

[16] Vgl. die Eingangsworte zum Prooimion der Institutiones: Imperatoriam maiestatem non solum armis decoratam, sed etiam legibus oportet esse armatam. Wie Höing, Archiv f. Diplomatik 2, S. 173 gezeigt hat, findet sich eine Parallele dazu in der Urkunde für Augsburg, Stumpf 3747: Proinde pius et catholicus imperator utpote non solum armis ornatus, sed etiam legibus armatus. Sie ist von dem Notar Rainald C geschrieben, der möglicherweise auch als Diktator dieses jedenfalls kanzleigemäßen Satzes angesprochen werden darf.

politische Linie mit der Kurie festzuhalten, wenn Eberhard von
Bamberg die Wahrung der Privilegien der Kirche mit der Wiederherstellung der Macht des Reiches verknüpft. Eine solche Gedan-
kenverbindung entsprach vielmehr den innersten politischen Überzeugungen des Bischofs, der zwar mit höchster Energie für die Ziele
seines kaiserlichen Herrn eintrat, aber nie eine so radikale Haltung
einnahm, wie sie dann bald Rainald von Dassel beziehen sollte. Das
hängt nicht zuletzt mit der einzigartigen Stellung zusammen, die
das Bistum Bamberg in der Verfassung der Kirche und des Reiches
einnahm. Es stand als Stiftung Kaiser Heinrichs II. in einer besonders engen Beziehung zum Kaisertum. Andererseits bestand aber
auch eine nicht minder starke Bindung an die römische Kirche,
denn der kaiserliche Stifter hatte die Rechtsstellung seiner Gründung dadurch zu sichern verstanden, daß er das neue Bistum nicht
in den Mainzer Metropolitanverband einfügte, sondern die Exemtion, die unmittelbare kirchenrechtliche Unterordnung unter Rom,
erreichte. So waren gerade die Bamberger Bischöfe den beiden höchsten Gewalten der Christenheit auf eigentümliche Weise verpflichtet. Aus der Hand des Papstes hatte Eberhard II. die Bischofsweihe
und das Pallium empfangen, und er fand bei der Kurie verständnis-
volle Unterstützung, als der Erzbischof von Mainz den Versuch unternahm, die Exemtion Bambergs in Frage zu stellen. Eberhard war
es auch, der die Heiligsprechung Kaiser Heinrichs II. durch Papst
Eugen III. im Jahre 1147 erwirkte. Wieder erkennen wir einen
Unterschied gegenüber der extremeren Haltung Rainalds von Dassel, der die Heiligsprechung Karls des Großen nicht durch eine
Kanonisationsbulle des kaiserlichen Gegenpapstes, sondern mit dessen bloßer Zustimmung durch eine Kaiserurkunde verkünden ließ.
Fügen wir noch hinzu, daß Eberhard die Bestattung Konrads III.
im Dom zu Bamberg an der Seite des heiliggesprochenen Hein-
rich II. durchsetzte. Er tat dies im Interesse seiner bischöflichen
Kirche, aber doch auch zugleich im Dienst einer persönlich-religiösen
Vorstellung von der Heiligkeit des Reiches, die er mit seinem kaiserlichen Herrn teilte.

Aus alledem wird verständlich, daß Eberhard von Bamberg zwar
eine entschieden kaiserfreundliche Position bezog, daß er aber den
radikalen Bruch mit der Kurie ablehnte. Er war daher der geeig-

nete Mann, das Programm für den ersten Romzug des neuen Herrschers und für eine gemeinsame Politik der beiden Häupter der
Christenheit zunächst schriftlich niederzulegen und es dann als Führer der königlichen Gesandtschaft an der Kurie zu vertreten. Seiner
Person bediente sich der Kaiser, als er später einen Versuch unternahm, das Schisma zu überbrücken; als freilich dann die von Rainald verkörperte extreme Richtung endgültig das Übergewicht errungen zu haben schien, zog sich Eberhard 1163 weitgehend von der
großen Politik zurück, die er fast ein Jahrzehnt hindurch maßgebend beeinflußt hatte. Die Verbindung mit dem Erzbischof von
Salzburg, der im Schisma auf der Seite Alexanders III. stand, gab
er nie auf. Gegen Ende seines Lebens bemühte er sich noch einmal
vergeblich um einen Ausgleich zwischen Kaiser und Papst.[17]

Die Wahlanzeige enthält eine Äußerung über das Verhältnis
zwischen Sacerdotium und Imperium, die sich zwar wörtlich an die
berühmte Formulierung anlehnt, die Papst Gelasius I. in seinem
Schreiben an den oströmischen Kaiser Anastasius gefunden hatte,
um die Entscheidungsgewalt der kirchlichen Autorität in geistlichen
Angelegenheiten zu begründen, die aber in der Polemik des Investiturstreites im Sinne eines gleichberechtigten, nebengeordneten Zusammenwirkens beider Gewalten interpretiert wurde. Die Stelle
lautete folgendermaßen: Cum enim duo sint, quibus principaliter
hic mundus regitur, videlicet auctoritas sacra pontificum et regalis
potestas, omnium Christi sacerdotum obedientie devoti colla submittere parati sumus... Der Nebensatz geht auf die gelasianische
Formel zurück, aus der jedoch hier die Bereitschaft des Kaisers abgeleitet wird, allen Trägern priesterlicher Autorität schuldigen Gehorsam zu erweisen, ohne daß dabei die Autorität des Papstes besonders hervorgehoben würde. Die Lehre von den zwei Gewalten
ist also hier wie so oft im 12. Jahrhundert ins Treffen geführt, um
die Eigenständigkeit des Kaisertums gegenüber der römischen Kirche zu unterstreichen. Man wird die Prägung eines solchen Satzes
kaum auf Wibald zurückführen. Andererseits war die Kenntnis der
Gelasiusstelle damals so allgemein verbreitet, daß es nicht ohne weiteres erlaubt wäre, ihre Verwendung einer bestimmten Persönlich

---

[17] Vgl. Classen, Gerhoch, S. 264 f.

keit zuzuschreiben. In unserem besonderen Falle ist das aber trotzdem möglich. Zatschek hat darauf aufmerksam gemacht, daß sich
das Zitat in einem Diplom Kaiser Heinrichs II. für Bamberg vom
Jahre 1017 findet, von wo es 1127 in eine Urkunde Lothars III. für
dieses Bistum übernommen wurde.[18] Man wird daher nicht daran
zweifeln können, daß das Gelasiuszitat von Eberhard in die Wahlanzeige eingebaut wurde, um jene Auffassung von den beiden höchsten Gewalten der Christenheit vorzutragen, mit der sich Otto von
Freising im Prolog zum 4. Buch seiner Chronik auseinandergesetzt
hat.[19]

Aus vornehmer bairischer Familie stammend, hatte Eberhard II.
von Bamberg höhere Studien betrieben, denn bevor er zur bischöflichen Würde emporstieg, führte er den Titel magister. Wir dürfen
bei ihm eine literarische Kenntnis des Corpus juris civilis, besonders
der auf die Wahrung des Rechtes und der Gerechtigkeit durch den
Kaiser bezüglichen Textstellen, voraussetzen. Unter diesen Umständen liegt es nahe, der Frage nachzugehen, ob nicht auch die Einführung des Ausdruckes sacrum imperium in den Amtsstil der Reichskanzlei auf seinen Einfluß zurückgeht.

Der früheste Beleg für das Auftreten dieser berühmten Bezeichnung findet sich in einem Schreiben Barbarossas an den Bischof Otto
von Freising vom März des Jahres 1157.[20] Der Kaiser befiehlt dem
geistlichen Reichsfürsten, als Ersatz für die seinerzeit eidlich zu-
gesagte, aber dann nicht durchgeführte Heerfahrt gegen Sizilien
ein Aufgebot für den geplanten Feldzug gegen Mailand zu stellen.
Einschränkend fügt er hinzu, er werde keinen Fürsten zwingen,
den Apennin zu überschreiten. Wie man sieht, wurde der zweite
Italienzug, den Barbarossa im Sommer des Jahres 1158 antrat, auf
weite Sicht vorbereitet und es waren dabei erhebliche Widerstände
seitens der Fürsten zu überwinden. Daraus ist es zu erklären, daß
man es am Kaiserhof für empfehlenswert hielt, dem Schreiben an

[18] Zatschek, Wibald von Stablo, MÖIG 10. Erg. Bd., S. 418 Anm. 1.
Weitere Belege für die Zweigewaltenlehre im Kreise der Bamberger Schule
bei Höing, Arch. f. Diplomatik 2, S. 160 f.
[19] Ed. Buchner (1960), S. 290 f.
[20] Const. 1, Nr. 161.

Otto von Freising eine besonders feierliche Arenga voranzuschicken, die eine allgemeine Begründung der als drückend empfundenen Forderung enthielt: Da der Kaiser durch die Gnade Gottes die Herrschaft über die Ewige Stadt und über den Erdkreis innehat, muß er für das heilige Reich und Gemeinwesen Vorsorge tragen.

Quia divina providente clementia urbis et orbis gubernacula tenemus, iuxta diversos eventus rerum et successiones temporum sacro imperio et divae rei publicae consulere debemus.

Man beachte, daß hier neben sacrum imperium der offenbar synonyme Ausdruck diva res publica begegnet, während dann später im Text einfach vom Romanum imperium die Rede ist. Es unterliegt keinem Zweifel, daß dieser Arenga dieselben Anschauungen über die Zweigewaltenlehre zugrunde liegen, die Eberhard in der Wahlanzeige ausgesprochen hat. Unter der diva res publica ist das christliche Reich zu verstehen, an dessen Spitze der Kaiser von Gott berufen wurde. Die Aufgabe, die er zu erfüllen hat, greift ihrem Wesen nach weit hinüber in den geistlich-kirchlichen Bereich.

Es ist nicht möglich, das Diktat des Schreibens Barbarossas an Otto von Freising einem der damals tätigen Kanzleinotare mit Sicherheit zuzuordnen. Auch Versuche, den Notar Heribert oder Rainald von Dassel selbst als Verfasser nachzuweisen, entbehren der Durchschlagskraft.[21] Man kann nur sagen, daß sich Elemente des damaligen Kanzleistils deutlich feststellen lassen. Die Frage, wer den Ausdruck sacrum imperium in den offiziellen Sprachgebrauch eingeführt hat, läßt sich daher nicht eindeutig beantworten. Wir müssen mit der Möglichkeit rechnen, daß es sich überhaupt nicht um eine Einflußnahme einer hochgestellten Persönlichkeit, etwa Eberhards von Bamberg oder Rainalds von Dassel handelt, sondern ganz einfach um eine stilistische Wendung, die zwar die Vorstellungen des Kaisers und seines Hofes vom Reich in ungemein zutreffender Weise wiedergibt, aber in ihrer konkreten Fassung auf einen untergeordneten Notar zurückgeht.

Festeren Boden betreten wir, wenn wir den zweitältesten Beleg für sacrum imperium in der Reichskanzlei ins Auge fassen. Er findet

[21] Vgl. Herkenrath, MIÖG 72 (1964), S. 54 f.

sich in einem Diplom für das Zisterzienserkloster Walkenried von 1157 Juni 23,[22] ist also einige Monate jünger als das erste Vorkommen. Die Urkunde ist von der Hand eines damals vielbeschäftigten Notars der Reichskanzlei geschrieben, der mit besonderer Vorliebe Formulargut des Codex Udalrici verwendete.[23] In zwei Arengen seiner Diplome, die beide für deutsche Empfänger ausgestellt sind, finden sich Anklänge an das Prooimion der Institutionen des Justinian.[24] In dem Diplom für Walkenried aber verwendet er eine Arenga, die aus dem Codex Udalrici stammt und den Ausdruck sacrum imperium enthält:

Si religiosis personis, que sub obtentu sacre religionis iugiter divinis mancipantur officiis, aures serenitatis nostre benigno favore accommodaverimus et aliquid de imperialis munificentie indulgentia emolumentum eis contulerimus, liquido credimus eos promptiores in sustentatione nostri sacri imperii et devotiores in orationis constantia pro nobis semper permanere atque apud remuneratorem omnium bonorum divinis nos premiis remunerari.

Die Vorlage, die in den Codex Udalrici Aufnahme fand,[25] ist allerdings keine echte Kaiserurkunde, sondern ein im 11. Jahrhundert von dem gelehrten Regensburger Mönch Otloh gefälschtes Diplom Arnulfs für St. Emmeram.[26] Die Bezeichnung sacrum imperium geht also in diesem Falle nicht etwa auf den Sprachgebrauch

[22] Stumpf 3771.

[23] Es ist derselbe Rainald C, der auch das oben Anm. 16 zitierte Diplom für Augsburg mundiert hat. P. Acht, Studien zum Urkundenwesen der Speyerer Bischöfe, Archiv f. Urkundenforschung 14 (1936), S. 297 hat ihn als Schreiber im Dienst des Bischofs von Speyer nachweisen können. Diese Tatsache schließt seine Zugehörigkeit zur bambergisch-würzburgischen Schultradition, die man aus stilkritischen Gründen für höchst wahrscheinlich halten muß, nicht aus.

[24] Stumpf 3747 (siehe oben Anm. 16) und 3767 (Const. 1, Nr. 162); desuetudo inumbravit, vgl. Inst. Prooimion § 2, 5 und dazu das Schreiben Barbarossas an Otto von Freising, das ihm den Auftrag zur Abfassung der Gesta Friderici erteilt (ed. F. J. Schmale S. 82): desuetudine inumbrata in luculentam erexit consonantiam.

[25] Ed. Eccard 2, 39 Nr. 27; Hausmann, Formularbehelfe, Formel 6 (MIÖG 58, 1950, S. 74).

[26] Die Urkunden der deutschen Karolinger Bd. 3, D. Arn. 190.

eines kaiserlichen Notars der älteren Zeit zurück, sondern auf den Stil eines Fälschers, der diese Wendung offenbar aus seinen wissenschaftlichen Studien kannte. Der Notar der Kanzlei Barbarossas gebrauchte sie in einem Diplom, dessen Rechtsinhalt mit der großen Politik und mit der Auseinandersetzung zwischen Sacerdotium und Imperium in keinem Zusammenhang steht. Die Zisterzienser von Walkenried erhielten das Vorrecht, mit Reichsministerialen Tauschgeschäfte über Reichsgut abzuschließen. Solche Maßnahmen konnten für den Kaiser von Interesse sein, weil sie die wirtschaftliche Ausstattung der Reichsministerialen und damit deren militärische Leistungsfähigkeit betrafen.

Der Notar, der das Diplom für Walkenried mundierte, hat eine große Zahl von Kaiserurkunden verfaßt oder geschrieben, aber in den Diplomen des Jahres 1158 findet sich die Bezeichnung sacrum imperium nicht wieder. Man darf sich die Sache also nicht so vorstellen, als hätte Rainald von Dassel, als er die Leitung der Reichskanzlei im Jahre 1156 übernahm, diesen Sprachgebrauch eingeführt. Er entstammt vielmehr der bambergisch-würzburgischen Schultradition.

Überhaupt entwickelt sich damals, offenbar aus verschiedenen Quellen gespeist, immer deutlicher ein gehobener Kanzleistil, an dessen Weiterbildung auch der Mundator des Diploms für Walkenried beteiligt gewesen sein dürfte. Einen entscheidenden Ansatzpunkt für die Ausbildung dieser feierlichen Redeweise konnten wir in Eberhards Anteil an der Wahlanzeige erkennen. Rainald von Dassel nahm diese bereits in kräftiger Entwicklung begriffenen Tendenzen auf und führte sie energisch weiter. In den Jahren 1158—67 begegnet in der Reichskanzlei eine Persönlichkeit als Verfasser und Schreiber von Urkunden, die nicht der Bamberger Schule entstammt.[27] Es handelt sich dabei entweder um Rainald von Dassel selbst, wie Herkenrath annimmt, oder um einen Notar, der sich durch eine außerordentlich starke Bindung an den leitenden Staatsman der damaligen Zeit auszeichnete und als dessen engster Vertrauter angesprochen werden muß. Er arbeitet so gut wie ausschließlich für italienische Empfänger und verschwindet nach der

[27] Vgl. Herkenrath, MIÖG 72 (1964), S. 34 ff.

Katastrophe, die das kaiserliche Heer im Jahre 1167 vor Rom erleben mußte. Er steigert die Feierlichkeit des Stils, die schon in den
Tagen des Burgunderzuges im Jahre 1157 an Eleganz gewonnen
hatte, dadurch, daß er mit Vorliebe vom sacratissimum imperium
spricht und die kaiserlichen Verfügungen gern als sacra iussio,
sacrum edictum oder ähnlich bezeichnet. Auch der Ausdruck
augustalis für kaiserlich entspricht seinem Geschmack. Stärker noch
als seine zum Teil von der Bamberger Schule beeinflußten Vorgänger lehnt er sich in diesem Punkt an Justinian an; man hat ihn deshalb für einen Italiener gehalten.

Nach seinem Ausscheiden begegnen uns verschiedene Einzelbelege
für die Verwendung von sacer in der kaiserlichen Kanzlei; es kann
aber keine Rede davon sein, daß „sacrum imperium" zu einer feststehenden, amtlichen Bezeichnung, sozusagen zum offiziellen Titel
des Reiches geworden wäre, wie dies in der Literatur immer wieder
behauptet oder vorausgesetzt wird. Auf keinen Fall lag ein grundsätzlicher Befehl des Kaisers oder des Kanzleivorstandes vor, das
Reich als geheiligt zu bezeichnen. Es blieb vielmehr den stilistischen
Neigungen der einzelnen Notare überlassen, ob sie vom imperium
ohne Beiwort, vom imperium Romanum, sacrum oder sacratissimum sprechen wollten. Aber es ist vielleicht kein bloßer Zufall, daß
die Wendung sacrum imperium dann gerade wieder in den acht-
ziger Jahren des 12. Jahrhunderts von einem Kanzleinotar öfter gebraucht wird.[28] Denn der Kaiser hatte es verstanden, auf seinem
letzten Italienzug seine Autorität südlich der Alpen unter veränderten Umständen, diesmal sogar im Einvernehmen mit Mailand,
glanzvoll zur Geltung zu bringen. Wir stehen in der Zeit, da er
seinen Sohn Heinrich VI. mit der sizilischen Prinzessin Konstanze
vermählte und ihn in Mailand vom Patriarchen von Aquileja zum
König von Italien krönen ließ. Damals wurde der Thronfolger in
offenkundiger Anlehnung an antike Vorbilder als Caesar bezeichnet. In ähnlichem Sinne spricht die Urkunde des Jahres 1185, die
die Beziehungen des Kaisers zu Mailand zum Gegenstand hat, von
der sacra imperii maiestas.[29] Als sich im gleichen Jahre der Erz-

[28] Vgl. die von Herkenrath a. a. O. S. 59 zusammengestellten Belege.
[29] Const. 1, Nr. 303.

bischof von Lyon den prunkvollen antiken Ehrentitel eines Exarchen der burgundischen Pfalz verleihen ließ, hielt man es ebenfalls für angemessen, den Ausdruck sacrum imperium anzuwenden.[30] Allein die neunzehn unter der langen Regierung Barbarossas neu auftretenden Notare der Reichskanzlei haben ihn nie gebraucht und die Anlehnung an den Stil des Corpus iuris civilis des Justinian blieb durchaus in Äußerlichkeiten stecken. Dem Gleichklang der Worte entspricht keine Identität der staatsrechtlichen Vorstellungen. Es lassen sich vielmehr ganz bestimmte Unterschiede zwischen dem Sprachgebrauch der Reichskanzlei und den spätantik-byzantinischen Vorbildern feststellen, die geeignet sind, das Wesen der Kaiseridee Barbarossas deutlicher erkennen zu lassen, als dies in der Literatur bisher möglich gewesen ist.

In der Amtssprache der römischen Kaiserzeit, die von den Byzantinern in ihrem ideellen Gehalt übernommen und weitergebildet wurde, hatte „sacer" geradezu die Bedeutung „kaiserlich" angenommen. Nicht nur die Person des Herrschers und seine Erlässe, auch die kaiserlichen Behörden wurden mit diesem Beiwort ausgezeichnet. Im katholischen Frankenreich empfand man diesen byzantinischen Sprachgebrauch als unvereinbar mit dem religiösen Empfinden des Christentums. Niemand anderer als Karl der Große hat ihn in den Libri Carolini aufs heftigste kritisiert. Er nahm zwar die Idee des Gottesgnadentums in den Urkundenstil auf, aber als geheiligt sollte nur der Bereich des Religiösen gelten. Bis ins 12. Jahrhundert hielt sich die Kanzlei der römisch-deutschen Kaiser an diese fränkische Tradition, von der höchstens insofern abgewichen wurde, als man klassischen Mustern folgend verstorbene Herrscher als divi imperatores bezeichnete.

Eine Ausnahme bildete der diplomatische Schriftverkehr mit Byzanz, der gerade unter Konrad III. ein besonders reger war und dessen Erledigung weitgehend in der Hand Wibalds von Stablo lag.[31] Da wurde nicht bloß der römisch-deutsche König, der die

---

[30] Stumpf 4392.
[31] Zum Folgenden vgl. W. Ohnsorge, Kaiser Konrad III., in seiner Aufsatzsammlung: Abendland und Byzanz (1958), S. 364 ff. = MÖIG 46 (1932), S. 343 ff.

Kaiserkrone nicht empfangen hatte, mit dem Titel imperator bedacht, um die Gleichrangigkeit der beiden Verhandlungspartner zu unterstreichen, sondern Wibald selbst redete den Basileus nach dem Sprachgebrauch des oströmischen Hofes mit sanctum imperium vestrum an. Es unterliegt keinem Zweifel, daß dies in den Augen des deutschen Reichsabtes nur ein situationsbedingtes Zugeständnis war.

Der byzantinische Hofstil war Wibald bereits von der Zeit seines Wirkens als Abt von Montecassino bekannt. Im Jahre 1137 richtete er an Kaiser Lothar III. zwei Schreiben mit der Bitte um bewaffneten Schutz für die Mutterabtei des Benediktinerordens und sprach ihn ganz nach byzantinischer Sitte mit sacratissimum vestrum imperium, einmal sogar als sanctus imperator an.[32] In der Adresse häufen sich die Epitheta: *invictissimo caesari imperatori augusto ac triumphatori perpetuo; domino piissimo et serenissimo imperatori augusto Lothario caesari ac triumphatori perpetuo.* Als Verfasser der beiden Briefe hat allerdings nicht Wibald selbst zu gelten, sondern Petrus diaconus, der Chronist von Montecassino, der sich selbst als Diktator des ersten Briefes bezeichnet.[33] Wibald hat also in diesem Falle die byzantinisierende Ausdrucksweise nur toleriert und nicht selbst stilistisch geprägt.

Bei näherem Zusehen ergeben sich in dem hier untersuchten Sprachgebrauch einige charakteristische Differenzierungen. Auf der einen Seite steht die byzantinische, in die römische Spätantike zurückreichende Tradition, der alles geheiligt war, was mit der Person des Imperators in Zusammenhang steht. Sie wurde im Abendland unter kirchlichem Einfluß seit Karl dem Großen radikal abgelehnt, aber auch in der älteren Stauferzeit nicht einfach uneingeschränkt rezipiert, als man am Hofe Barbarossas dazu überging, das Reich und die kaiserlichen Gesetze als geheiligt zu bezeichnen. Denn man vermied es, die Person des Kaisers mit diesem Epitheton zu schmücken. Die Vorstellung von der Heiligkeit des Reiches, die sich unter Friedrich I. durchsetzt, ist nicht einfach eine Frucht gelehrter

[32] Jaffé, Mon. Corbeiensia Nr. 11 und 12.
[33] A. a. O. S. 86: ex verbis filii nostri Petri, huius epistolae diotatoris, vgl. E. Caspar, Petrus diaconus (1909), S. 63 Anm. 7.

Studien des römischen Rechtes, sondern sie geht auf die kaiserliche Interpretation der Zweigewaltenlehre zurück und betont die Gottunmittelbarkeit des Kaisertums gegenüber dem Anspruch einer Abhängigkeit von der Kurie. Sie wurzelt in den theoretischen Auseinandersetzungen des Investiturstreits über das rechte Verhältnis zwischen Sacerdotium und Imperium und in der spätsalischen Tradition, die von Barbarossa kräftig wiederaufgenommen und ausgebaut wurde.

Nicht alle Vertreter staufischer Reichspolitik des 12. Jahrhunderts verhalten sich in dieser Hinsicht vollkommen gleich. Wibald spricht zwar den eben erst zum König erwählten Barbarossa im Jahre 1152 in einem Brief, der ein Einschreiten des neuen Herrschers zugunsten des Klosters Corvei erbittet, mit einem prunkvollen, antikisierenden Kaisertitel an: Inclito triumphatori ac serenissimo domino suo Friderico dei gratia glorioso Romanorum imperatori augusto;[34] aber im übrigen vermeidet er den deutschen Herrschern gegenüber den byzantinisierenden Sakralstil. Auch seitens der Kurie hat man gelegentlich keinen Anstoß daran genommen, Konrad III. als Kaiser zu bezeichnen.[35] Für Eberhard von Bamberg ist es kaiserliche Pflicht, die sacrae disciplinae in Kirche und Reich aufrechtzuerhalten. Rasch verstärkt sich diese Tendenz, zum Teil nachweislich unter dem Einfluß der bambergisch-würzburgischen Schule, in der Reichskanzlei, und sie wird dann zeitweilig im Sinne Rainalds von Dassel besonders gepflegt, ohne daß man deswegen ihre Bedeutung für die Kanzleisprache und für die „Reichsideologie" überschätzen müßte. Die spätere Entwicklung

[34] Jaffé, Mon. Corbeiensia Nr. 384.
[35] A. a. O. Nr. 80, JL. 9213: Heinrico iuniori Romanorum regi, illustris imperatoris Cunradi filio. Daß man diese Höflichkeit nicht in ihrer Tragweite überschätzen oder staatsrechtlich werten darf, beweist das am gleichen Tage ausgestellte Schreiben des Papstes an den deutschen Klerus (a. a. O. Nr. 81, JL. 9214), das vom jungen Heinrich als regis illustris Cuonradi filio spricht. Eugen III. hat sich sehr wohl davor gehütet, den von ihm noch nicht gekrönten Konrad III. in einem offiziellen Rundschreiben an den deutschen Klerus als imperator zu bezeichnen, denn daraus hätte der Erzbischof von Köln, dem das Recht der Königskrönung zustand, für das Papsttum unerwünschte Schlüsse ziehen können.

unter Kaiser Friedrich II. steht freilich auf einem anderen Blatt. Wesentlich ist, daß die ideellen Grundlagen der Vorstellung vom Heiligen Reich nicht erst unter Barbarossa gelegt wurden, sondern in die spätsalische Epoche zurückreichen.

Besonders charakteristisch für den pathetischen, literarisch gepflegten Stil, der in den ersten Jahren der Regierung Barbarossas weiter ausgebildet wird, ist die Diktion eines Mandates an Erzbischof Wichmann von Magdeburg, das bald nach Weihnachten des Jahres 1156 ausgestellt wurde.[36] Der Erzbischof wird beauftragt, in der Streitsache zwischen Abt Wibald und Corvei und Bischof Philipp von Osnabrück zugunsten des ersteren einzuschreiten. Wichmann war zugleich delegierter päpstlicher Richter in dieser Angelegenheit. Das Schreiben bezeichnet den Papst als pontifex almę nostrę urbis Romę[37] und unterstreicht damit den kaiserlichen Anspruch auf die weltliche Hoheit über die Ewige Stadt. Es handelt sich um Zehentstreitigkeiten, die in die Kompetenz der geistlichen Gerichtsbarkeit fallen, in die aber der Kaiser eingreift, weil es seine Aufgabe ist, nach dem Beispiel seiner Vorgänger, die vom göttlichen Geist belehrt (divino edocti spiritu) die Rechte der Kirche verteidigt haben, insbesondere die Stiftungen des kaiserlichen Hauses zu schützen. Dieser Ausdruck domus imperialis mag sonst literarisch für jene Zeit mehrfach zu belegen sein. Im Stil der Reichskanzlei darf er als kennzeichnend für die am Hofe Barbarossas herrschenden Anschauungen gelten. Es handelt sich um Zehnten, die seinerzeit Ludwig der Fromme dem Kloster Corvei gestiftet hatte. Nun fühlten sich die Staufer nicht nur als Rechtsnachfolger, sondern auch als Nachkommen der Familie Karls des Großen. Sie sahen die Dynastien der Karolinger, Ottonen und Salier und ihr eigenes Haus gewissermaßen als eine große genealogische Einheit an, und in diesem Sinne konnte Corvei als kaiserliche Familienstiftung aufgefaßt werden, die in hervorragendem Maß Anspruch auf den Schutz des Reiches erheben durfte. Hinter der für Wibald günstigen Formulierung steht das literarische Vorbild der domus des römischen Impe-

---

[36] Stumpf 3760 a; Jaffé, Mon. Corb. Nr. 447.
[37] Vgl. dazu Stumpf 3993 für S. Pietro di Perugia: alme urbis nostre Rome pontificum. Freundlicher Hinweis von Dr. Herkenrath.

rators, als dessen Nachfolger Friedrich I. auftritt. Wenn man bedenkt, welche Bedeutung der Begriff des kaiserlichen und des Fürstenhauses im Spätmittelalter und in den neueren Jahrhunderten gewinnen sollte, wird man der Feststellung, daß die Bezeichnung domus imperialis etwa zur selben Zeit in der Reichskanzlei aufkommt wie sacrum imperium, gewiß keine geringe Beachtung schenken. Es zeigt sich hier doch, daß gerade in den Jahren, da Barbarossa seine Kaiserpolitik energisch in die Wege leitete, zugkräftige Formulierungen geprägt wurden, die in konservativem Gewande und in literarisch geformtem, antikisierendem Stil neue Anschauungen über die Grundlagen staatlichen Lebens zum Ausdruck brachten.

Es ist zwar allgemein bekannt, wie stark die Anknüpfung an das antik-römische Kaiserrecht in den Diplomen Friedrichs I. hervortritt. Eben konnten wir hervorheben, daß sie bereits in den von Eberhard von Bamberg verfaßten Partien der Wahlanzeige energisch einsetzt. Aber es wird gerade aus dem Studium der Urkundentexte besonders deutlich, daß die Staufer auch hier eine Tradition fortsetzen, die in die Tage des Investiturstreites zurückreicht. Auf vereinzelte Anklänge an römischrechtliches Gedankengut in Diplomen Heinrichs IV. hat bereits Stengel [38] aufmerksam gemacht. [39] Die Ausgabe der Diplome Konrads III. von Hausmann [40] ermöglicht uns nun einen Überblick, der lehrt, daß sowohl Wibald von Stablo als auch der Notar Heribert die berühmte Definition der Gerechtigkeit in Institutionen I, 1, 1 (= Dig. I, 1, 10) gekannt und verwertet haben. Sie liegt folgender Arenga zugrunde: Iusticię diffinitio est constantem ac perpetuam habere voluntatem tribuendi unicuique, quod sibi competit. [41]

[38] Vgl. die Hinweise in den Vorbemerkungen zu DD. H. IV. 301 und 313.

[39] Vgl. auch H. Fichtenau, Arenga (MIÖG 18. Erg. Bd.), S. 53 und 119.

[40] Herrn Kollegen Hausmann bin ich zu großem Dank dafür verpflichtet, daß er uns ein Umbruchexemplar seiner Ausgabe zur Verfügung gestellt hat.

[41] Sie findet sich in DD. K. III. 89, 93, 105, 106, 116, 117, 128, 136, wurde von Wibald eingeführt und dann vom Notar Heribert auch selb-

In dem nach Hausmann von dem Notar Albert verfaßten Diplom Konrads III. 237 finden wir die Wendung: unicuique iusticiam suam (vgl. Inst. I, 1, 1 = Dig. I, 1, 10). Die literarische Kenntnis dieser Stellen war also damals in der Reichskanzlei verbreitet. es ist allerdings ungemein charakteristisch, daß es sich dabei um einen ganz bestimmten Kreis von Zitaten handelt, deren moralische Grundtendenz einmal zusammenklingt mit dem Psalmenvers: iusticia et iudicium preparatio sedis (nostrae).[42] Sicher ist es kein Zufall, wenn unter Konrad III. die Verflechtung mit kirchlich-biblischem Zitatgut besonders intensiv wirkt, allein es muß doch mit Nachdruck daran erinnert werden, daß die Institutiones gerade in zwei Handschriften der Bamberger Bibliothek aus dem 9./10. und 11./12. Jahrhundert vollständig überliefert sind,[43] was bei den engen Beziehungen zwischen der Reichskanzlei und der Bamberger Schule, die in der Verwendung des Formulargutes des Codex Udalrici ihren sichtbarsten Ausdruck gefunden hat, stark ins Gewicht fällt. Die Neigung, Zitate römischrechtlichen Ursprungs in den Stil der Kaiserurkunden einzubauen, beruht also keineswegs erst auf dem Kontakt Barbarossas mit den Juristen von Bologna. Sie wurzelt vielmehr in einer deutschen literarischen Schultradition, die allerdings wohl auf italienische Einwirkungen zurückgeht und unter Friedrich I. zu einem vielfach recht hochtrabenden, das Kaisertum verherrlichenden Reichsstil ausgestaltet wurde.

Für die deutschrechtliche und feudale Praxis der Rechtssprechung am Kaiserhof bedeuteten diese Zitate freilich nicht das Einströmen römischrechtlicher Anschauungen.[44] Stellten sie doch den Kaiser

---

ständig weiterverwendet; vgl. Hausmann in den Vorbemerkungen zu den Diplomen und Fichtenau, Arenga S. 54.

[42] In der Arenga von DK. III. 237 heißt es: Quoniam iusticia et iudicium preparatio sedis nostre sunt, si unicuique iusticiam suam ... servaverimus. Die Wendung unicuique iusticiam suam wird man für einen Topos halten müssen, der zu den verschiedensten Zeiten auftritt und für besondere Vertrautheit mit römischrechtlichem Gedankengut nichts besagt.

[43] L. Wenger, Die Quellen des römischen Rechtes (1953), S. 609.

[44] Vgl. H. Appelt, Friedrich Barbarossa und das römische Recht, Römische Historische Mitteilungen 5 (1961/62), S. 18 ff.

nicht zuletzt als den Wahrer der subjektiven, feudalen Rechte des Einzelnen dar, die durch die Gewährung von Privilegien garantiert wurden.

Aufschlußreich für das politische Denken Friedrich Barbarossas ist in diesem Zusammenhang ein Hinweis auf die Klausel, die er in zahlreiche italienische und auch in manche burgundische Diplome aufnehmen ließ, um den Vorbehalt kaiserlicher Rechte auszusprechen. An anderer Stelle konnte gezeigt werden, daß ihre Anwendung gleich zu Beginn seiner Regierung einsetzt.[45] Die Fühlungnahme des Kaisers mit den Rechtsgelehrten von Bologna hat weder für das Aufkommen der Vorbehaltsklausel noch des Ausdrucks sacrum imperium eine entscheidende Rolle gespielt. Ist doch eine derartige Klausel dem antiken Kaiserrecht gänzlich fremd; in ihrer sprachlichen Fassung und in ihrem rechtlichen Gehalt ist sie vielmehr weitgehend von der analogen Formel der päpstlichen Privilegien beeinflußt: salva sedis apostolicae auctoritate. Ähnlich wie der Vorbehalt der Rechte des Apostolischen Stuhles in älterer Zeit hat sie die Wahrung konkreter Gerechtsame zum Ziel.

Die kaiserliche Vorbehaltsklausel ist keine Neuschöpfung der Kanzlei Barbarossas. Eine verwandte Erscheinung, die jedoch kaum als echte Vorstufe aufgefaßt werden kann, findet sich schon gelegentlich unter Heinrich II.[46] Unter Heinrich IV. hingegen hat der Notar Ogerius A in Diplomen für italienische Empfänger eine Formulierung angewendet, die eine gewisse Analogie zum Sprachgebrauch der Kanzlei Barbarossas darstellt. Die Schenkung der Hälfte der Burg Asti und anderer Güter an die bischöfliche Kirche zu Asti durch den Kaiser wird ausgesprochen salva nostra modis omnibus iusticia. In einem weiteren Diplom, das die gesamte Grafschaft Asti an die Kirche übereignet, wird dieser Vorbehalt nochmals ausdrücklich wiederholt und um die gleiche Zeit kehrt er in einer Schenkung an den Bischof von Mantua wieder.[47] Es sei hier noch ausdrücklich darauf aufmerksam gemacht, daß die Klausel

---

[45] Vgl. H. Appelt, Der Vorbehalt kaiserlicher Rechte in den Diplomen Friedrich Barbarossas, MIÖG 68 (1960), S. 81 ff.
[46] Vgl. zum Folgenden Appelt a. a. O. S. 83 Anm. 13.
[47] DD. H. IV. 427, 436, 437.

dann nicht nur einmal vereinzelt unter Lothar III. in einem Diplom für S. Tommaso di Acquanegra wiederkehrt,[48] sondern daß sie auch in einigen Fällen unter Konrad III. belegt ist.[49] Da alle diese Beispiele dem italienischen Bereich angehören, wird man nicht daran zweifeln können, daß der kaiserliche Vorbehalt mit Rücksicht auf die Rechtsverhältnisse Reichsitaliens geprägt wurde. Der Urkundensprache Deutschlands ursprünglich, von verschwindenden Ausnahmen abgesehen, fremd, hat er sich erst sehr allmählich in Diplomen für deutsche Empfänger eingebürgert. Barbarossa erscheint auch hier nicht eigentlich als Neuschöpfer, sondern als der tatkräftige Monarch, der vorhandene Ansatzpunkte kraftvoll zu entwikkeln verstand. Besonders während des zweiten Italienzuges werden die Vorbehaltsklauseln in den italienischen Diplomen häufiger. Ihre Formulierung, die naturgemäß den jeweiligen rechtlichen Tatbestand zu berücksichtigen hatte, blieb dem persönlichen Geschmack des Notars überlassen, der die Urkunde verfaßte. Ein unmittelbarer Zusammenhang mit der Regalienpolitik ist dabei nicht selten erkennbar. Er tritt besonders klar in Erscheinung, wenn in der Klausel das Fodrum eigens genannt wird: salva in omnibus imperiali nostra iustitia ac fodro.

Besonders interessant ist in dieser Hinsicht die Urkunde des Jahres 1155, durch die der Kaiser in Erfüllung des Konstanzer Vertrages Papst Hadrian IV. die Stadt Tivoli abtrat.[50] Offenbar hatte der Papst darlegen können, daß sie zu seinem weltlichen Herrschaftsbereich, zum honor papatus im Sinne des Vertragstextes, zählte. Friedrich entschloß sich nicht leichten Herzens, diesem recht-

---

[48] DL. III. 124.

[49] DK. III. 67 für das Bistum Treviso, verfaßt vom Notar Heribert: salvo per omnia et in omnibus iure regni ac nostro. DK. III. 71 für Guido Visconti: salvo tamen honore nostro et ... iure per omnia. Vgl. auch Th. Vienken, Die Geltungsdauer rechtlicher Dokumente im früh- und hochmittelalterlichen Reich (1941), S. 77 Anm. 113; A. Haverkamp, Die Regalien-, Schutz- und Steuerpolitik in Italien unter Friedrich Barbarossa bis zur Entstehung des Lombardenbundes, Zeitschrift für Bayerische Landesgeschichte 29 (1966), S. 16 Anm. 18. Die Vorbehaltsklausel begegnet unter Konrad III. nur in ganz vereinzelten Ausnahmefällen.

[50] Const. 1, Nr. 152.

lich wohlbegründeten Standpunkt Rechnung zu tragen. Er sprach die Abtretung aus, jedoch unter ausdrücklicher Beifügung der Klausel salvo tamen per omnia iure imperiali, und er entband die Bewohner des Treueides, den er ihnen noch kurz vorher abverlangt hatte. Aber auch dies tat er nur unter Wiederholung des gleichen Vorbehaltes, der zweimal in dem kurzen Urkundentext auftritt: salvo tamen in omnibus iure imperiali. Der Gedanke, der diesen Formulierungen zugrunde liegt, ist vollkommen klar. Die Abtretung der Stadt Tivoli an den Papst sollte nicht ihr gänzliches Ausscheiden aus der kaiserlichen Machtsphäre bedeuten.

Der Konstanzer Vertrag hatte die Frage, ob dem Kaiser in Rom und im patrimonium beati Petri weltliche Hoheitsrechte zustehen, eher umgangen als beantwortet, wenn dem honor imperii der honor papatus gegenübergestellt und die wechselseitige Achtung der Gerechtsame der beiden Gewalten zu einer der Grundlagen der Zusammenarbeit gemacht wurde, die in der Kaiserkrönung gipfeln sollte.[51] Nun hatte bereits das Wormser Konkordat eine ausdrückliche Anerkennung der regalia beati Petri seitens des Kaisers enthalten.[52] Auf der anderen Seite aber vertrat Barbarossa den Standpunkt, daß er nicht nur dem Namen nach Imperator sei. Worin seine kaiserlichen Rechte konkret bestanden, das erfahren wir aus einem Schreiben Bischof Eberhards von Bamberg vom Jahre 1159, aus der Zeit der Verschärfung der Spannungen zwischen Kurie und Kaiserhof. Da hören wir, die Kurie habe Protest dagegen eingelegt, daß der Kaiser ohne Wissen des Papstes bevollmächtigte Boten (missi) nach Rom entsandt habe. Alle obrigkeitliche Gewalt mit sämtlichen Regalien stehe dort dem hl. Petrus zu: cum omnis magistratus inibi beati Petri sit cum universis regalibus.[53] Es ist interessant, daß hier die magistratische Gewalt mit dem Regalienbegriff gekoppelt erscheint, wie ja auch die potestas constitu-

[51] Vgl. P. Rassow, Honor imperii. Die neue Politik Friedrich Barbarossas. 2. Aufl. 1961, der jedoch den Begriff zu eng gefaßt hat.

[52] Const. 1, Nr. 107: Possessiones et regalia beati Petri ... eidem sanctae Romanae ecclesiae restituo.

[53] Der Brief Eberhards, der diese von ihm als hart bezeichneten Formulierungen des päpstlichen Standpunktes enthält, ist überliefert in den Gesta Friderici (ed. Schmale S. 584).

endorum magistratuum ad iustitiam expediendam in die Definition der Rechtsgelehrten von Bologna [54] aufgenommen worden war. Es wird ferner Beschwerde darüber geführt, daß das Fodrum, ursprünglich eine Abgabe für die Verproviantierung des kaiserlichen Heeres, die sich zu einer regelmäßigen Steuerforderung zu entwickeln drohte, von den päpstlichen Gütern erhoben werde, was nur während des Zuges zur Kaiserkrönung gestattet sei:

de dominicalibus apostolici fodrum non esse colligendum nisi tempore suscipiendae coronae.

Daraus ergibt sich eindeutig, daß der Kaiser die ausschließliche weltliche Hoheitsgewalt des Papstes über die Stadt Rom und das patrimonium beati Petri nicht anzuerkennen bereit war. So interpretierte er den letzten Endes durch die Schenkungen der Karolinger begründeten Zustand. Er setzte sich in diesem Punkt über die Bestimmungen des Wormser Konkordates hinweg, das dem hl. Petrus die Regalien im Kirchenstaat zuerkannt hatte, und wir werden nicht fehlgehen, wenn wir annehmen, daß er die Schenkung aller kaiserlichen Rechte an den Papst durch Konstantin, die er vermutlich als historische Tatsache ansah, nicht für rechtskräftig hielt. Zwischen dem Römisch-Deutschen Kaiserreich und der Ewigen Stadt konnte es für den Staufer, der die Rechte des Imperiums wiederherstellen wollte, keine politische Grenze geben, an der seine Macht ihr Ende fand. Das bedeutete nicht die Leugnung der territorialen Gewalt des Papsttums, sondern das Verlangen nach ihrer Unterordnung unter eine politische und finanzielle Oberhoheit des Kaisers. Die weltpolitische Tragweite eines solchen Programms aber lag darin, daß aus der Zugehörigkeit Roms zum Imperium ein kaiserlicher Anspruch auf das Recht, strittige Papstwahlen zu entscheiden, abgeleitet wurde.

Wir verlassen den Boden der strengen Methoden der Urkundenkritik, wenn wir uns nun der großen, offenen Frage zuwenden, in welchem Sinne Barbarossa das dominium mundi für sich in Anspruch nahm. Bekanntlich sind darüber in neuerer Zeit ungemein wertvolle Untersuchungen angestellt worden. Man wollte den Be-

[54] Const. 1, Nr. 175.

griff der kaiserlichen „auctoritas", also eine literarisch weiterwirkende Vorstellung aus der römischen Antike,[55] oder den Anspruch auf „Hegemonie" in einem konkreten politischen Sinn als Schlüssel des Problems ansehen,[56] aber es läßt sich mit Leichtigkeit zeigen, daß damit für ein tieferes Verständnis der Haltung des Kaisers, die je nach den realen Gegebenheiten zwischen sehr elastischer Anpassungsfähigkeit und recht weitreichenden Forderungen schwankt, aber im Grunde doch immer einen bestimmten Standpunkt festhält, wenig gewonnen ist. Andererseits wurde neuerdings mit besonderem Nachdruck darauf aufmerksam gemacht, daß das staufische Imperium als Gemeinwesen mit festumrissenen Grenzen innerhalb der Christenheit neben den anderen Königreichen steht, mit denen es eine vielseitig abgestufte Bündnispolitik auf der Grundlage der Gleichberechtigung trieb.[57] Lehensabhängigkeit wurde nur dort erstrebt, wo sich dafür eine historische Begründung darbot. Demgegenüber ist freilich zu sagen, daß sich auch schon unter Barbarossa Ansatzpunkte zu einer weit weniger maßvollen Interpretation der Stellung des Kaisertums in der Welt erkennen lassen. Heinrich VI. aber war auf jeden Fall gesonnen, für sich grundsätzlich mehr als einen bloßen Ehrenvorrang unter den Königen der Christenheit in Anspruch zu nehmen. Bot doch das Lehenrecht eine ausgezeichnete Handhabe, über den eigentlichen Reichsverband hinauszugreifen.

Übrigens war auch eine gemäßigte Politik, die sich an vorgegebene Grenzen hielt, keineswegs unvereinbar mit dem Anspruch auf Weltherrschaft im Sinne der literarischen Überlieferung der Antike. Denn auch das Imperium der Römer hatte klare staatliche Grenzen; jenseits von ihnen bestanden Königreiche und Fürstentümer, die je nach der Gestaltung der Verhältnisse ihre Selbständigkeit zu bewahren vermochten oder in eine mehr oder minder ausgeprägte Abhängigkeit gerieten. Die Römer verwendeten dafür gern den

[55] Vgl. R. Holtzmann, Der Weltherrschaftsgedanke des mittelalterlichen Kaisertums und die Souveränität der europäischen Staaten, HZ 159 (1939), S. 251.

[56] Wie dies sehr zeitbedingt H. Triepel in seinem Werk Die Hegemonie, ein Buch von führenden Staaten, 2. Aufl. 1943, S. 507 ff. versucht hat.

[57] H. J. Kirfel, Weltherrschaftsidee und Bündnispolitik. Untersuchungen zur auswärtigen Politik der Staufer (1959).

Begriff der amicitia, den das mittelalterliche Kaisertum aus den antiken Quellen übernahm, um seine Beziehungen zu den Nachbarfürsten zu bezeichnen. Aber das war eine vieldeutige Formulierung, die ihrem Inhalt nach zwischen einem tributpflichtigen Vasallitätsband und einem Freundschaftsvertrag gleichberechtigter Mächte schwanken konnte. Gerade das Fließende dieser Begriffe charakterisiert die eigenartige Stellung des staufischen Imperiums in der Christenheit und erklärt die bunte Vielgestalt seiner zwischenstaatlichen Beziehungen, über die strenggenommen gar keine verallgemeinernden Aussagen möglich sind. Es muß vielmehr jeder Fall für sich aus seinen besonderen Voraussetzungen verstanden werden.

Dabei dachte Barbarossa sicherlich in manchen nicht unwesentlichen Punkten ganz anders als sein Enkel Friedrich II. Man kann diesen Unterschied vielleicht am besten am Beispiel der staatsrechtlichen Stellung Böhmens erläutern. Der König von Böhmen zählte zu den vornehmsten Vasallen des regnum Teutonicum, was darin seinen besonderen Ausdruck fand, daß es ihm gelang, das Ehrenamt eines Mundschenken beim feierlichen Krönungsmahl für sich in Anspruch zu nehmen. Im Jahre 1158, nicht lange vor dem Antritt des zweiten Italienzuges, der eine entscheidende Entfaltung staufischer Macht südlich der Alpen einleiten sollte, erneuerte Barbarossa die böhmische Königswürde, um Herzog Vladislav, einen seiner eifrigsten Parteigänger, für seine bisherigen Leistungen zu belohnen und sich seine weitere tatkräftige Unterstützung zu sichern.[58] Die Arenga des darüber ausgestellten Diploms preist die außerordentlichen Verdienste, die er sich um das Reich erworben hat: pro gloria imperii propaganda strennuissime decertando. Es kam allerdings Friedrich darauf an, die Herleitung der böhmischen Königswürde aus der imperialen Machtvollkommenheit sinnfällig zu unterstreichen. Daher beschränkte er das Vorrecht, den Kronreif zu tragen, auf jene Festtage, an denen sich der Kaiser mit dem Diadem zu schmücken pflegte, nämlich auf Weihnachten, Ostern und Pfingsten. Auf Vladislavs besonderen Wunsch fand er sich bereit, ihm das Recht festlicher Krönung auch für die Tage der heiligen Wenzel und Adalbert, der böhmischen Landespatrone, einzu-

[58] Const. 1, Nr. 170.

räumen, was zweifellos in Barbarossas Augen ein sehr großes Entgegenkommen bedeutete. Denn er wünschte, daß der Böhme die Krone nur anlege, wenn er selbst sie trug.

Diese Einschränkungen, die an analoge Bestimmungen der päpstlichen Pallienverleihungen erinnern, sind in der Bestätigung der böhmischen Königswürde durch Friedrich II. vom Jahre 1212 [59] fallengelassen. Nun wird es als ein besonderes Vorrecht des Kaisers bezeichnet, nicht nur die Fürstenwürde, sondern auch das königliche Szepter verleihen zu dürfen. Daß damit keine Schmälerung des Vorranges des Kaisertums verbunden sei, wird ausdrücklich hervorgehoben. Diese Unterschiede hängen gewiß mit der veränderten politischen Lage zusammen; sie erklären sich aber auch aus einem Wandel in der Auffassung von der Stellung der Königreiche zum Kaisertum.[60] Im Laufe der Regierung Friedrichs II. sind Pläne aufgetaucht, mehrere Gebiete des Reiches, darunter auch das Herzogtum Österreich, zu Königreichen zu erheben, die natürlich lehensabhängig vom Imperium sein sollten.[61] Es war der Kaiser selbst, der im Rahmen seiner Familienpolitik derartige Lösungen wünschte. Das Beispiel zeigt jedenfalls, daß die Staufer unter sehr verschiedenen Gesichtspunkten nach einer kaiserlichen Lehenshoheit über Königreiche streben konnten.

Die ritterlich-laienhafte Religiosität des Kaisers fand ihren unmittelbaren Niederschlag in der Urkunde über die Heiligsprechung Karls des Großen vom 8. Januar 1166,[62] die von dem späteren Protonotar Wortwin mundiert wurde. Ihr Diktat ist jedenfalls der Reichskanzlei zuzusprechen; an der Abfassung scheinen Rainald G (seinerzeit von Schum mit der Sigle N bezeichnet) und wohl auch Wortwin beteiligt gewesen zu sein.[63] Hier begegnen uns die ge-

---

[59] Const. 2, Nr. 43.

[60] Vgl. dazu H. Hirsch, Das Recht der Königserhebung durch Kaiser und Papst im hohen Mittelalter, jetzt in: Aufsätze zur mittelalterlichen Urkundenforschung (1965), S. 39 ff.

[61] Vgl. die Texte der Testamente Friedrichs II., die jetzt in der Ausgabe von G. Wolf, Stupor mundi (1966), S. 697 ff. vorliegen.

[62] Stumpf 4061.

[63] Vgl. H. C. Peyer, Friedrich Barbarossa, Monza und Aachen, Deutsches Archiv 8 (1951), S. 452 f.; Hausmann, Wortwin S. 338 f. Nicht für

meinsamen Vorstellungen, die Friedrich Barbarossa und Rainald von Dassel verbanden. Klar ist ausgesprochen, daß der Kaiser Karl den Großen als das Idealbild ansah, dem er in seinem Leben und in seiner Regierung nacheifern wollte: quasi formam vivendi atque subditos regendi. Die nähere Begründung, die im Text für die Heiligsprechung Karls gegeben wird, ist also als direkte Aussage über das christliche Herrscherideal Barbarossas aufzufassen. An erster Stelle wird da der Eifer für die Ausbreitung der christlichen Religion genannt, der sich besonders in der Gründung und Ausstattung vieler Bistümer, Abteien und Kirchen äußert. Auch in den überseeischen Gebieten habe Karl den Glanz seiner frommen Wohltätigkeit entfaltet — eine Anspielung auf die damals weit verbreitete Legende, die von einer Fahrt des großen Kaisers ins Heilige Land zu erzählen wußte. Wie man sieht, handelt es sich hier um mehr als um schwungvolle Rhetorik. Hier werden die tiefsten persönlichen Überzeugungen ausgesprochen, die Barbarossa in die Tat umgesetzt hat, als er, dem Beispiel des von ihm so hoch verehrten Vorgängers nachstrebend, zum Dritten Kreuzzug aufbrach. Man wird daher auch die folgende Aussage, die die eigentliche Motivierung der Heiligsprechung enthält, als Ausdruck persönlicher Religiosität des Staufers werten dürfen: Karl war in der Bekehrung der Heiden ein starker Kämpfer und ein wahrer Apostel. Er gewann die Ungläubigen durch das Wort und durch sein Schwert für die katholische Religion, und wenn auch seine Seele nicht das Schwert durchbohrte, so wurde er doch durch die Mühsal der Leiden, durch die Gefahren der Kämpfe, durch die tägliche Bereitschaft, um der Bekehrung der Heiden willen den Tod auf sich zu nehmen, zum Märtyrer.[64]

Hier sind Kaiseridee und Kreuzzugsgedanke zu einer lebendigen Einheit verbunden. Das ist der Geist, in dem Friedrich Barbarossa

zutreffend halten wir die Zuweisung des Diktats der Heiligsprechungsurkunde an den Protonotar Heinrich, die R. Foltz, La chancellerie de Frédéric Ier et la canonisation de Charlemagne, Le Moyen Age 4. sér. 19 (1964), S. 25 ff. im Anschluß an die ungedruckte Marburger Dissertation von Ch. Cramer-Vial, Die Aachener Karlsfälschung und die Heiligsprechungsurkunde Friedrichs I. in ihren Beziehungen zu Kaiserhof und Reichskanzlei (1944) vertreten hat.

von seinen Reichsbischöfen und Hofkaplänen über die Sendung des Kaisertums in der Welt und über den Sinn seines eigenen irdischen Lebens belehrt wurde. Am 29. Dezember, am Fest des heiligen Königs David,[65] wurde im Münster zu Aachen die Erhebung der Gebeine Karls des Großen feierlich vollzogen. Die Verehrung, die Rainald von Dassel den Heiligen Drei Königen erwies, ist aus der gleichen Haltung heraus zu verstehen. Andererseits ist es ungemein charakteristisch, daß die Urkunde über die Heiligsprechung Karls des Großen nichts von Wundern zu berichten weiß, obwohl dergleichen als Vorbedingung für die Kanonisation galt und die Legende Stoff genug dafür geboten hätte. Man begnügte sich mit einem allgemeinen Hinweis auf seine Taten und auf historische Darstellungen, gestorum volumina. Das bezieht sich offenbar auf die Vita Karoli Magni, die „de sanctitate meritorum et gloria miraculorum" des Kaisers berichtet.[66] Übrigens enthält auch die Vita manche Gedanken, die für Barbarossa besondere Anziehungskraft haben mußten. Karl wird als ventilator utriusque gladii, als der Schwinger des geistlichen und des weltlichen Schwertes, gefeiert.[67] Das steht in scharfem Kontrast zur kurialen Auffassung, die dem Papst auch ein Verfügungsrecht über das weltliche Schwert zuerkennt. Für die Vita ist Karl auch der wahre Schirmherr der Stadt Rom, vere urbis Romae patricius,[68] der der Pflege des Rechtes und der Gerechtigkeit sein besonderes Augenmerk zuwandte.

Damit sind wir wieder bei jenen Grundvorstellungen angelangt, die Eberhard von Bamberg in den ersten Jahren der Regierung Barbarossas vielleicht am reinsten verkörperte. Die gemeinsame Politik der beiden Häupter der Christenheit, die der Konstanzer

---

[64] diversarum tamen passionem tribulatio et periculosa certamina ac voluntas moriendi cottidiana pro convertendis incredulis eum martirem fecerunt.

[65] quarto kalendas ianuarii. David wurde teils am 29., teils am 30. Dezember gefeiert, vgl. Grotefend, Zeitrechnung des deutschen Mittelalters und der Neuzeit (1898) 2/2, S. 85.

[66] G. Rauschen, Die Legende Karls des Großen (Publikationen der Gesellschaft für rheinische Geschichtskunde 7, 1890), S. 17.

[67] A. a. O. S. 34.

[68] A. a. O. S. 35.

Vertrag in Aussicht nahm, hatte unter anderem ein Vorgehen des Papstes gegen die Feinde der Reichsgewalt vorgesehen. Man spürt freilich, daß die päpstlichen Unterhändler in die Formulierung dieser vom kirchlichen Standpunkt aus sehr weitreichenden Zusage einige Kautelen einzubauen verstanden. Der Papst verpflichtet sich, den Kaiser pro debito officii sui bei der Aufrechterhaltung und Mehrung der Rechte des Reiches zu unterstützen. Sein Einschreiten gegen die Feinde der Reichsgewalt soll sich im Rahmen des kanonischen Rechtes bewegen und ein diesbezügliches Ansinnen des Kaisers wird nicht als Befehl aufgefaßt, sondern als gütliche Mahnung: domnus papa a regiae dignitatis dilectione premonitus canonice ad satisfactionem eos commonebit.[69] Immerhin sollte schließlich den beharrlichen Verächter des Rechtes und der Ehre des Reiches die Strafe der Exkommunikation treffen. Diese päpstlichen Zusagen sind als Gegenleistungen für das Vorgehen Barbarossas gegen Arnold von Brescia und die stadtrömische Bewegung aufzufassen.

Vergleichen wir damit die Abmachungen, die ein Menschenalter später, nach Beilegung des großen kirchenpolitischen Konfliktes, 1183 zu Verona zwischen Papst Lucius III. und dem Kaiser hinsichtlich der Verfolgung der Ketzer getroffen wurden. Sie haben bekanntlich die Ketzergesetzgebung der mittelalterlichen Kaiser eingeleitet. Damals sagte Barbarossa die Verhängung der Reichsacht gegen die Häretiker zu; es sollte nach ihnen gefahndet werden, um sie der Bestrafung durch das weltliche Gericht zuzuführen.[70] Barbarossa erfüllte damit eine Forderung, die Alexander III. auf dem dritten Laterankonzil mit Nachdruck formuliert hatte, und er schloß sich der Haltung der anderen christlichen Monarchen an. Er mochte sich vielleicht sagen, daß er damit nur den Grundsatz, der ihn auf seinem ersten Romzug bei seinem Vorgehen gegen Arnold von Brescia geleitet hatte, als allgemein gültiges Prinzip verkündete. Hatten nicht die altrömischen Imperatoren die Häresie als Majestätsbeleidigung geahndet? War die Ausrottung der Ketzer nicht ebenso wie

---

[69] Const. 1, S. 202 und 203, § 5.

[70] Der Wortlaut des kaiserlichen Gesetzes, das im engsten Einvernehmen mit der Kurie erlassen wurde, ist nicht erhalten; vgl. Giesebrecht-Simson, Geschichte der deutschen Kaiserzeit 6, S. 92 und 622.

der Kreuzzug gegen die Heiden und der Kampf um die rechte Ordnung im Reich und in der Kirche ein gutes Werk im Dienste Gottes,
qui dat salutem regibus?[71] So oder ähnlich wird der alternde
Monarch wohl empfunden haben.

Freilich kann auch ihm selbst der Wandel nicht entgangen sein,
der sich seit den ersten Jahren seiner Herrschaft vollzogen hatte.
Seine Forderung nach vollkommener Gleichberechtigung der höchsten Gewalten im Sinne von Leistung und Gegenleistung im Kampf
gegen die beiderseitigen Widersacher hatte sich nicht verwirklichen
lassen. Es zeigte sich eben doch, daß das Kaisertum in der Defen-
sivstellung, in die es seit dem Investiturstreit gedrängt war, trotz
der Berufung auf die gelasianische Lehre entscheidende Konzes-
sionen machen mußte. Barbarossa hat sie elastisch gewährt, ohne die
Grundlagen seiner politischen Ideen preiszugeben. Seine Anpassungsfähigkeit ermöglichte es ihm, trotzdem immer wieder neue Erfolge erstaunlichen Ausmaßes zu erringen.

Versuchen wir die Ergebnisse unserer Überlegungen zusammenzufassen, die natürlich weit davon entfernt sind, Anspruch auf
Vollständigkeit erheben zu können. Unter dem Einfluß des Bischofs
Eberhard von Bamberg und der würzburgisch-bambergischen
Schule hat sich in der Reichskanzlei unter Friedrich Barbarossa ein
neuer, gehobener Stil ausgebildet, der den Vorstellungen des Herrschers und seines Hofes vom Kaisertum Ausdruck verlieh. Als
ideelle Grundlage muß die Interpretation der Lehre von den Zwei
Gewalten aufgefaßt werden, die auf kaiserlicher Seite während
des Investiturstreites entwickelt wurde, um die selbständige Stellung des Reiches in der Christenheit gegenüber dem hierarchischen
Prinzip zu betonen. Das geistige und sprachliche Rüstzeug für die
neue Auseinandersetzung war vorgegeben. Aber aus den vorhandenen Ansätzen formt sich nun mit großer Durchschlagskraft eine
Wiedergeburt der Kaiseridee; ein unverkennbar neuer Ton unterscheidet Eberhards Anteil an der Wahlanzeige von der bisherigen,
von Wibald verkörperten Richtung. Klar wird jetzt der Standpunkt vertreten, daß Barbarossa als Rechtsnachfolger der antiken
Imperatoren geheiligte Gesetze erlasse. Man entlehnt dem Corpus

---

[71] Jaffé, Mon. Corbeiensia Nr. 339.

juris civilis, vor allem dem Prooimion der Institutionen, feierliche Redewendungen, die geeignet sind, den Kaiser als Herrn der Welt und Wahrer des Rechtes zu preisen. Das von Angehörigen der Familie Karls des Großen gestiftete Kloster Corvei wird aus dieser Sicht als Gründung des kaiserlichen Hauses aufgefaßt, denn man empfindet die Kaiser von den Staufern über die Salier und Ottonen zurück bis zu den Karolingern als dynastische Einheit. Auch hier war Konrad III. vorangegangen, wenn er sich in seinen Urkunden als der zweite seines Namens bezeichnete und nur den mächtigen Salier als seinen würdigen Vorgänger ansah, aber den schwachen Konrad I., der weder die Kaiserkrone trug noch in Italien herrschte, überging.

Es ist nicht sicher, wer in der Kanzlei Barbarossas als erster auf den Gedanken verfiel, vom sacrum imperium zu sprechen. Nur so viel steht fest, daß auch diese Ausdrucksweise eine ihrer Wurzeln in der bambergisch-würzburgischen Schultradition, im Codex Udalrici, hat. Rainald von Dassel aber, der aus einer anderen Schule hervorgegangen war, nahm diese Tendenzen, die so sehr seiner eigenen Denkungsart entsprachen, voll Begeisterung auf. Allein ein amtlicher Titel des Reiches, wie man wohl gemeint hat, ist die Wortverbindung sacrum imperium unter Barbarossas Regierung nicht geworden. Vielmehr blieb es den einzelnen Notaren der Reichskanzlei durchaus überlassen, inwieweit sie sich des neuen Stils bedienen wollten.

Wenn man sich immer wieder eindrucksvoller Wendungen bediente, die dem Sprachgebrauch des Corpus juris civilis entlehnt waren, so handelte es sich dabei um literarische Nachbildungen, nicht etwa um lebendige Einwirkungen des römischen Rechtes und der Schule von Bologna auf das Rechtsdenken des kaiserlichen Hofes. Ist doch sogar die berühmte Regaliendefinition von Roncaglia alles andere als ein reines Produkt römischrechtlichen Denkens. Der Regalienbegriff selbst entstammt nicht Justinian, sondern den Auseinandersetzungen des Investiturstreites und dem Bedürfnis, die auf den König zurückgehenden weltlichen Rechte der Kirche vom Bereich des geistlichen Amtes und des Spirituellen zu scheiden. Königs-, nicht Kaiserrechte werden die Regalien genannt, und ihre Aufzählung ist eröffnet durch die Arimannien, eine Institution der

Langobarden. Anderes hinwiederum ist eindeutig römischrechtlich formuliert, nicht zuletzt die Gewalt, Magistrate zu ernennen (potestas constituendorum magistratuum ad iusticiam expediendam). Kam es doch darauf an, alle alten Rechte des Herrschers wiederherzustellen, gleichgültig, ob sie aus der Zeit der antiken Imperatoren, der Langobardenkönige oder der anderen Rechtsvorgänger stammten.

In diesen Zusammenhang gehört auch die Klausel, die in Barbarossas italienischen Diplomen so häufig den Vorbehalt kaiserlicher Rechte ausspricht. Auch sie hatte schon vorher existiert, aber sie war doch nur ganz ausnahmsweise angewendet worden. Jetzt aber symbolisiert sie aufs stärkste den Willen des Kaisers, seinen Anspruch auf die obersten Hoheitsrechte, insbesondere auf die Regalien, zu wahren. Sie steht in engstem Zusammenhang mit dem Begriff des honor imperii, den man geradezu als das Kernstück der persönlichen Kaiseridee des Herrschers auffassen darf. Geboren aus dem ritterlichen Geist des Feudalismus, bezeichnet der Ausdruck nicht bloß die Ehre die Reiches, sondern auch den Rang und die Würde, den äußeren Glanz und die Machtentfaltung, das Amt und die mit ihm verbundene innere Verpflichtung des Kaisers, keine Minderung seiner Gerechtsame zu dulden. So fern uns Heutigen jene Denkungsart liegen mag, so scharf sie auch von gegnerischen Zeitgenossen und geistlichen Kritikern gerügt wurde, weil sie sich recht organisch mit rücksichtsloser Wahrung politischer Interessen und mit einem Übermaß an Hoheitsansprüchen verbinden konnte — in dieser Kaiseridee offenbart sich eben doch die historische Größe ihres Trägers. Zum honor imperii gehört unter anderem die Forderung, Herrschaftsrechte in der Ewigen Stadt und im Bereich des Patrimonium beati Petri wahrzunehmen. Es ist ein müßiges Beginnen, die Staufer von Weltherrschaftsgedanken reinwaschen zu wollen, aber mit der Würde des Kaisertums war es durchaus vereinbar, andere christliche Könige in der ihnen von alters zustehenden Rechtstellung zu achten.

Hinter alledem steht die persönliche Religiosität des Kaisers, die das Gottesgnadentum und den moralischen Auftrag, das Recht jedes Einzelnen zu wahren, mit den Idealen des christlichen Rittertums und des Kreuzzugsgedankens verbindet. Nichts veranschaulicht

deutlicher die innere Einstellung Barbarossas, als das legendenum-
wobene Bild Karls des Großen, das uns in der Kaiserurkunde über
seine Heiligsprechung entgegentritt.

Man hat in unserer Zeit immer wieder gern darüber diskutiert,
ob Barbarossas Politik als konservativ oder gar als reaktionär zu
werten sei oder ob sie, vom 12. Jahrhundert her betrachtet, nicht
vielmehr moderne, fortschrittliche Züge erkennen lasse. Die Frage
kann nicht mit einem Wort beantwortet werden. Wer vom Ideengeschichtlichen ausgeht, wird sagen müssen, daß Friedrich I. und
seine Mitarbeiter keine neuartigen Anschauungen über das Kaisertum in die Welt gesetzt haben. Bewußt in einer Kontinuität wur-
zelnd, die in die Epoche der späten Salier zurückreicht, haben sie die
traditionellen Auffassungen zu einem einheitlichen Aktionspro-
gramm von großer Durchschlagskraft ausgestaltet. Das Stichwort
sacrum imperium ist dafür ebenso symptomatisch wie die antikisierende Tendenz. Anders stellen sich die Dinge für denjenigen dar,
der sich mit der Verwaltung der Hoheitsrechte des Reiches beschäftigt. Erfolgreich bemüht sich die Urkundenforschung seit Fickers
grundlegenden Untersuchungen um den Nachweis, daß die Politik
des Staufers auf dieser Ebene in vieler Hinsicht eine wahrhaft schöpferische gewesen ist, gerade auch südlich der Alpen
und keineswegs immer in einem Sinne, der für die fernere Entwicklung staatlichen Lebens in Italien bloß negative Folgen ge-
zeitigt hat.

Zum Schluß noch eine Bemerkung für den Rechtshistoriker. Beschränkt sich die Einwirkung des römischen Rechtes von rein literarischen Erscheinungen abgesehen auf ganz engumgrenzte Gebiete,
so bleibt der Einfluß der Kanonistik auf die Anschauungen und auf
die Rechtspraxis des Kaiserhofes und der Kanzlei noch näher zu
untersuchen.[72] Barbarossa war ein echter Sohn seiner Zeit, die die
Kanonistik des Hochmittelalters geschaffen und nicht bloß das
Sacerdotium, sondern auch das Imperium als eine Angelegenheit
des Rechtes aufgefaßt hat. Gerade er pflegte nahezu jeder seiner
politischen Entscheidungen eine formalrechtliche Begründung zu

---

[72] Einen interessanten Hinweis bietet W. Ullmann, Über eine kanonistische Vorlage Kaiser Friedrichs I., ZRG kan. Abt. 46 (1960), S. 430—33.

geben.[73] Die Art, wie er dabei vorging, entsprach der feudalen eben- so wie der kirchenrechtlichen Denkungsart. So suchte das Kaisertum der Staufer seine Rechtfertigung in der durch den Investiturstreit geprägten hierarchisch-aristokratischen Welt, die seine höchste Ehre, die unmittelbare Verleihung der Herrschaft durch Gott, in Frage stellte.

Nachtrag 1974

Die wichtigste Arbeit, die seit dem Erscheinen dieses Aufsatzes zu dem hier behandelten Thema erschien, ist das Buch von Gottfried Koch, ›Auf dem Wege zum Sacrum Imperium. Studien zur ideolo- gischen Herrschaftsbegründung der deutschen Zentralgewalt im 11. und 12. Jahrhundert‹ (1972). Gerade das Aufkommen und die ur- sprüngliche Bedeutung der Bezeichnung sacrum imperium hat Koch S. 260 ff. in weiterführenden Darlegungen ausführlich und unge- mein kenntnisreich erörtert. Immer mehr verstärkt sich dabei der Eindruck, daß die Ausbreitung dieser Ausdrucksweise, die man frei- lich nicht als „Reichstitel" im strengen Sinne des Wortes interpre- tieren sollte und die auch in Wahrheit nur eine neue Bezeichnung für eine bereits seit Karl dem Großen beziehungsweise Otto dem Großen bestehende Vorstellung ist, nicht auf den Einfluß einer Ein- zelpersönlichkeit zurückgeführt werden darf.

R. M. Herkenrath, ›Regnum und Imperium. Das „Reich" in der frühstaufischen Kanzlei‹ (in diesem Sammelband S. 323 ff.) konnte den Nachweis erbringen, daß nicht Eberhard von Bamberg, sondern Wibald von Stablo als Verfasser der Wahlanzeige Friedrich Bar- barossas an Papst Eugen III. anzusehen ist; vgl. dazu demnächst die abwägende und zusammenfassende Erörterung in der Vorbemer- kung zur Ausgabe des Textes der Wahlanzeige in dem im Druck

---

[73] Über die Beobachtung bestimmter Rechtsformen bei politischen Ent- scheidungen im Mittelalter und besonders durch Barbarossa vgl. H. Appelt, Friedrich Barbarossa und die italienischen Kommunen, MIÖG 72 (1964), 311 ff. [in diesem Sammelband S. 83 ff.]. Gina Fasoli, Federico Barbarossa e le città Italiane, Convivium N. S. 1 (1962), S. 13 f. spricht mit Recht von dem „spirito rigorosamente legalitario" des Kaisers, der allerdings dem Geist des 12. Jahrhunderts durchaus kongenial war.

befindlichen ersten Teil der Diplome Friedrichs I. (Mon. Germ. Hist., Diplomata X/1, Nr. 5).

Die S. 210 Anm. 2 zitierte Arbeit von Josef Riedmann, ›Studien über die Reichskanzlei unter Friedrich Barbarossa in den Jahren 1156—66‹ ist erschienen in MIÖG 75 (1967), S. 322 ff. und 76 (1968) S. 23 ff. Derselbe, ›Die Beurkundung der Verträge Friedrich Barbarossas mit italienischen Städten‹, Sitzungsberichte der Österreichischen Akademie der Wissenschaften, Phil.-Hist. Kl. 293/3 (1973). Walter Koch, ›Die Reichskanzlei in den Jahren 1167—74, eine diplomatisch-philologische Untersuchung‹, Denkschriften der Österreichischen Akademie der Wissenschaften, Phil.-Hist. Kl. 115 (1973). Eine Fortsetzung dieser kanzleigeschichtlichen Studien von R. M. Herkenrath ist in Vorbereitung. Vgl. ferner Kurt Zeillinger, ›Friedrich Barbarossa, Wibald von Stablo und Eberhard von Bamberg‹, MIÖG 78 (1970), 210 ff.

Annalen des historischen Vereins für den Niederrhein 171 (1969), S. 5—44.

STUDIEN ZUR GEISTIGEN WELT
RAINALDS VON DASSEL.

Von Werner Grebe

Der Grafensohn

Rainald [1] von Dassel entstammt dem niedersächsischen Geschlecht
der Grafen von Dassel. Seine Geburt soll etwa um 1120 erfolgt
sein. [2] Er ist der Sproß eines verhältnismäßig jungen Geschlechts.

[1] In der Schreibweise seines Namens herrscht keine Einheitlichkeit. In
der modernen Literatur sind hauptsächlich die Schreibweisen Reinold,
Reinald und Rainald vertreten. Eine Untersuchung über die Schreibweise
seines Namens in den Quellen ergibt, daß in den Hildesheimer Bischofs-
und Papsturkunden die niederdeutsche Version Reinoldus vorherrscht, die
oberdeutsche Schreibweise Reinaldus meist in den das deutsche Reichsgebiet betreffenden Urkunden der Reichskanzlei bevorzugt wird, in den
italienischen und ausländischen Quellen aber die Namensform Rainaldus
dominiert. R. M. Herkenrath, Reinald von Dassel. Reichskanzler und Erzbischof von Köln. Graz, Diss. 1962. (Maschinenschr.) S. 416 ff., der die
gleiche Untersuchung durchführte, entschied sich für die Schreibweise der
deutschen Reichskanzlei, wir möchten jedoch der Schreibweise der italienischen und westeuropäischen Quellen folgen, weil wir die Bedeutung
Rainalds vor allem in der Papst- und Italienpolitik und damit kausal-
verknüpft in der Politik zu den Westmächten sehen.

[2] Anläßlich der Gesandtschaftsreise Rainalds und Ottos von Wittelsbach
im Jahre 1158 spricht Rahewin, Gesta Friderici I. Imperatoris, ed.
G. Waitz. — Script. rer. Germ. i. u. S. Bd. 46³. Hannover und Leipzig
1912. S. 190, Cap. III, von der „etas iuvenilis" der beiden kaiserlichen
Beauftragten. Nach den Forschungen von A. Hofmeister, Puer, iuvenis,
senex. In: Papsttum und Kaisertum. Festschrift f. P. Kehr z. 65. Geb. 1926.
S. 287 ff., umfaßt die aetas iuvenilis ein Alter von 28—50 Jahren. Rück-
gerechnet müßte dann Rainald in den Grenzen 1108, als dem Terminus
post quem, und 1130, als dem Terminus ante quem, geboren sein. Sicherlich

Der erste urkundlich sichere Beleg über die Grafen von Dassel
datiert aus dem Jahre 1113.[3] Dort wird ein comes Reinoldus genannt, höchstwahrscheinlich identisch mit dem nobilis Reinold in
dem Helmarshausener Schenkungsregister.[4] Wir dürfen in ihm den
Vater Rainalds und den Stammvater der Grafen von Dassel sehen.
In dem Helmarshausener Schenkungsregister findet sich auch der
Name des Vaters des nobilis Reinold. Er wird mit nobilis Thiede-

haben wir nicht mit Extremwerten zu rechnen. J. Ficker, Reinald von
Dassel. Reichskanzler und Erzbischof von Köln. 1156—1167. Köln 1850.
S. 4, setzt Rainalds Geburt frühestens in das Jahr 1115; W. Föhl, Studien
zu Rainald von Dassel I. — Jahrbuch d. Kölnischen Geschichtsvereins 17,
1935, S. 235, entscheidet sich ohne überzeugende Begründung für 1118
bis 1120. Für einen Ansatz um 1120 spricht, daß Rainald für das Jahr
1146 als Subdiakon überliefert ist. Vgl. K. Janicke, Urkundenbuch des
Hochstiftes Hildesheim und seiner Bischöfe. Teil 1. Leipzig 1896 = Publ.
aus d. Kgl.-Preuß. Staatsarchiven. Bd. 65, S. 224, nr. 239 und S. 227,
nr. 241. Seine gräfliche Abstammung und seine Fähigkeit sollten ihm
bald das Diakonat eingebracht haben. Allgemein wurde im MA der ordo
eines Diakons frühestens mit dem 20.—25. Lebensalter erworben. Vgl.
Kirchenlexikon. Hrsg. von J. Wetzer und B. Welte. 3. Aufl. Bd. 3,
Sp. 1670. Das würde für einen Ansatz um 1120 sprechen.
   [3] Regesta Historiae Westfaliae. Hrsg. von H. A. Erhard. Münster 1851.
Teil 1, S. 140, nr. 182.
   [4] H. B. Wenck, Hessische Landesgeschichte. Bd. 2. Frankfurt und Leipzig
1889/97, S. 65, nr. 44. Es liegt bereits eine ältere urkundliche Nachricht
über den nobilis Reinold vor. Aber diese Urkunde aus dem Jahre 1097 =
R. Williams, Addidamenta zum Westfälischen Urkundenbuch. Münster
1877. Bd. 2, S. 276, nr. 211, ist zumindest, was ihr Datum und ihren
Charakter als Kaiserurkunde betrifft, als Fälschung nachzuweisen. Vgl.
Joh. Schildhauer, Die Grafen von Dassel. Herkunft und Genealogie.
Greifswald, Diss. 1949 (Maschinenschr.), S. 145 ff. Ihre inhaltliche Aussage
besitzt ein beschränktes Maß an Wahrscheinlichkeit. Danach schenkte eine
nobilis matrona Cunihildis mit Zustimmung ihres Sohnes Reinold Güter
in Sutmeshere (= Südmeißer im hess. Amt Zierenberg) an das Kloster
Helmarshausen. Reinold erhielt dafür 30 Mark, um sich am Kreuzzug
Gottfrieds von Bouillon beteiligen zu können. Diese Angaben werden in
etwa durch das um 1120 entstandene Schenkungsregister des Klosters
Helmarshausen bestätigt, vgl. a. a. O. S. 65, nr. 44, wo diese Schenkung
mit kleinen Abweichungen berichtet wird.

ricus angegeben.[5] Weiter läßt sich die Linie der Vorfahren Rainalds nicht zurückverfolgen. Die in der wissenschaftlichen Geschichtsschreibung verbreitete und von dort auch in die schöngeistige Literatur eingeflossene Darstellung einer Abstammung der Dasseler Grafen von den mächtigen und berühmten Grafen von Northeim ist seit den Arbeiten Schildhauers[6] und K. H. Langes[7] als unhaltbar widerlegt.

Bei den Grafen von Dassel handelt es sich höchstwahrscheinlich um ein aus dem Stand der Nobiles durch persönliche Tüchtigkeit aufgestiegenes Geschlecht, das zu Beginn des 12. Jh.s die Grafenwürde erwirbt und sich nach seinem Stammsitz Dassel nennt. Der Aufstieg des Geschlechts vom Stand der Nobiles in den der Grafen erfolgte unter Rainalds Vater Reinold. Er ist ab 1113 als comes zu belegen.[8] Die Grafenwürde der Dasseler ist nicht die alte, vom König verliehene, sondern die neue, im Zuge der Auflösung der alten Grafschaftsverfassung vom mächtigen Grundherren eigenrechtlich erworbene. Nach herrschender Rechtsanschauung konnte eine solche Standeserhöhung durch Landesausbau, d. h. durch Rodung, gewonnen werden.[9] Die ausgedehnten Forsten des Solling boten den Dasselern dazu die gegebenen Voraussetzungen. Ge-

---

[5] Wenck, Landesgeschichte 2, S. 66, nr. 56: „In villa qui dicitur Astuflon quidam nobilis Thiedericus nomine eiusque coniux Cunlhild cum consensu filii scilicet heredis sui Reinoldi . . .“

[6] Schildhauer a. a. O.

[7] K. H. Lange, Die Grafen von Northeim. Kiel, Diss. 1958 (Maschinenschr.).

[8] Außer den Angaben in der gefälschten Kaiserurkunde und dem Helmarshausener Schenkungsregister, die für Rainalds Vorfahren den Stand der Nobiles angeben und wohl die Gegebenheiten vor 1113 bezeugen, wird Rainalds Vater seit 1113 stets als comes bzw. als advocatus in den Urkunden geführt. Erhard, Register Hist. Westf. 1, S. 140 f., nr. 182 (1113) „comes“; O. Dobenecker, Regesta diplomatica necnon epistolaria historiae Thuringiae. Bd. 1. Jena 1896, S. 236, nr. 1125 (1117) „advocatus“; Erhard a. a. O., S. 143, nr. 185 (1119) „in cuius comitatus“, Erhard a. a. O. 2, S. 4, nr. 198 (1126) „comes“; Willmanns, Addid., S. 35, nr. 34 (1126) „Reinoldus de Dassele“ in der Zeugenreihe nach „comes Conradus de Everstein“.

[9] Vgl. Th. Mayer, Fürsten und Staat. Weimar 1950, S. 310.

richtsbezirk der Dasseler Grafen war der alte Suilberggau,[10] der kirchenorganisatorisch dem Bistum Hildesheim eingegliedert war. Im Suilberggau lag auch der größte Teil des Dasseler Hausbesitzes, daneben waren sie noch im heutigen Hessen zwischen Weser und Diemel reich begütert. Als Geschlechtsname wird Dassel erstmals 1126 erwähnt.[11] Wir dürfen die Dasseler Grafen zu den bedeutenden Familien im Weser-Leine-Raum zählen. Für Rainalds späteren glanzvollen Aufstieg waren die Grafenwürde des Geschlechts und ihr nicht unbeträchtlicher Einfluß zweifellos gute Voraussetzungen.

Rainald von Dassel, ein vir litteratus

Der Gewohnheit seiner Zeit entsprechend, wird Rainald bis zu seinem 5.—7. Lebensjahr auf der väterlichen Burg geblieben sein und dort, vorzüglich unter der Obhut der Frauen, die übliche Erziehung eines jungen adeligen Knaben genossen haben. Als zweit- oder zumindest nachgeborener Sohn — sein Bruder Ludolf erbte das Grafenamt — zum Geistlichen bestimmt, wird er etwa 1130 in das Hildesheimer Domstift eingetreten sein. Er ist dort zunächst Stiftsschüler, *scolar canonicus*.[1] Mit der Domschule zu Hildesheim besuchte er die zwar räumlich nächste, jedoch zugleich eine der anerkannt besten Schulen Deutschlands.[2] Bereits im 11. Jh. durch Thangmar und unter den berühmten Bischöfen Bernward, Godehard und Hezilo zu Ansehen gelangt, hatte sich der vorzügliche Ruf der domstiftlichen Schule im 12. Jh. noch verbreitet. Ein besonders verdienter Lehrer der Domschule war Bischof Bernhard I. (1130—1153) gewesen.[3] Zahlreiche Schüler, z. T. von fernher, zog

[10] Vgl. Erhard, Regesta Hist. Westf. 1, S. 140 f., nr. 182; S. 143, nr. 185.

[11] Willmanns, Addid. a. a. O. S. 35, nr. 34: „Reinoldus de Dassele".

[1] Chronicon Montis Sereni, ed. E. Ehrenfeuchter. MG SS XXIII, S. 153: „cum in scolis Hildenesheimensis puer nutriretur".

[2] Vgl. C. Erdmann, Studien zur Briefliteratur Deutschlands im elften Jahrhundert. = Schriften der MG I. Leipzig 1938. S. 220 ff.; F. A. Specht, Geschichte des Unterrichtswesens in Deutschland. Stuttgart 1885. S. 342 f.

[3] Bernhard war erst Scholaster, dann Propst, ehe er 1130 zum Bischof

der Ruf der Schule an, darunter manche später zur Berühmtheit gelangte Persönlichkeit. Rainald dürfte hier das erste Rüstzeug zu seiner gerühmten rhetorischen Begabung erhalten haben, denn Hildesheim war eine der Hauptpflegestätten grammatisch-rhetorischer Studien.[4] Einer wenig sicheren Quelle zufolge soll sich Rainald auf Rat des Goslaer Kanonikers Adelhog dem wissenschaftlichen Studium zugewandt haben und es bald zu vorzüglichen Leistungen gebracht haben.[5] Daß Rainald ein begabter Schüler war, nehmen wir dabei der Quelle gern ab. Eine anekdotenhafte Erzählung aus seiner Schulzeit wollen wir nicht übergehen. Während der gewöhnlichen Ruhezeit der Schüler um Mittag soll Rainald im Schlafe ausgerufen haben: „Ego sum!" Auf die Frage des aufsichtführenden Scholasters: „Quid es tu?" lautete dann Rainalds Antwort: „Ego sum ruina mundi." Von da an soll er im Kreise seiner Mitschüler den Spitznamen Ruina Mundi geführt haben.[6]

Nach Abschluß des Grundstudiums wird Rainald, einem Brauch der lernbegierigen Jugend seiner Zeit folgend, sich zur weiteren

gewählt wurde. Vgl. A. Bertram, Geschichte des Bistum Hildesheim. Bd. 1. Hildesheim 1899. S. 146 f.

[4] So Adalbert von Saarbrücken, Bischof Eskil von Roeskilde, Gerhoh von Reichersberg und später Konrad von Querfurt. Vgl. A. Hofmeister, Studien über Otto von Freising. — Neues Archiv 37, 1912, S. 130. Vgl. Specht, Unterrichtswesen. S. 348. Von den Scholastern, die z. Z. Rainalds in Hildesheim lehrten, sind uns nur die Namen bekannt: Bruno und Bertold; vgl. K. Janicke, Urkundenbuch des Hochstifts Hildesheim und seiner Bischöfe. T. 1. Leipzig 1896. = Publ. aus d. Königl. Preuß. Staatsarchiven. Bd. 65, S. 179, nr. 196 und S. 236, nr. 253.

[5] Vgl. R. Knipping, Regesten der Erzbischöfe von Köln im Mittelalter. Bd. 2. Bonn 1901 = Publ. d. Ges. f. Rhein. Geschichtskunde, Bd. 20, S. 111, nr. 675.

[6] Chronicon Montis Sereni, ed. E. Ehrenfeuchter. MG SS XXIII, Hannover 1874, S. 153. Herkenrath, Reinald von Dassel S. 14 stellt die Erzählung als Tatsache hin. Er übersieht das „fertur enim", das die Anekdote einführt, und er beachtet nicht die Rainald feindliche Haltung der Quelle, die ihn Zeilen zuvor als „schismatis auctor et roborator" brandmarkt, dann, ihn gleichsam als einen von Jugend Gezeichneten darstellend, diese Schulanekdote berichtet.

Fortbildung an eine der berühmten Lehrstätten Frankreichs be-
geben haben. An welche ist durchaus unsicher. Es ist ebensogut an
Paris wie an Reims zu denken,[7] aber auch Chartres oder Laon
könnten in Frage kommen.[8] Bislang hält die Forschung an Paris
fest,[9] ohne einen eindeutigen Beweis liefern zu können. Sehr wahrscheinlich ist nur, daß er in Frankreich studiert hat. Des Französischen war er mächtig. Auf der Synode von St. Jean de Losne im
September 1162 hat er u. a. Ausführungen in gallischer, d. h. in
französischer Sprache gemacht.[10] Für ein Parisstudium Rainalds bemüht man als „Kronzeugen" einen Brief des späteren Abtes Ekbert
von Schönau, des Bruders der hl. Elisabeth, worin dieser Rainald zu
seiner Wahl zum Kölner Erzbischof gratuliert und dabei auch an
die gemeinsame Studienzeit erinnert.[11] In dem Brief nennt er den
Namen ihres Philosophielehrers; es ist der *amabilis doctor Adam*,
ein *vir ementissimus*. Es bleibt ungesagt, wer dieser Philosphielehrer
genauer war und wo er lehrte. Nun gab es im damaligen Paris
immerhin zwei berühmte Männer dieses Namens: Adam von Parvoponte,[12] einen Engländer, Gründer und Leiter der Schule am
Petit Pont, der ein vorzüglicher Dialektiker war und vielbesuchte
Vorlesungen hielt, und den Sequenzdichter Adam von St. Viktor.
Die Ähnlichkeit in der Sequenzdichtung Ekberts mit der Adams[13]

---

[7] Reims war in der ersten Hälfte des 12. Jh.s ein ebenso beliebter
Studienort wie Paris; u. a. hat Petrus Lombardus dort studiert, und Erzbischof Adalbert I. von Mainz empfiehlt seinem Neffen Adalbert von
Saarbrücken nachdrücklich, Reims zu besuchen. Vgl. Hofmeister, Studien
über Otto von Freising S. 130.

[8] Über die Bedeutung dieser Schulen vgl. H. Denifle, Die Entstehung
der Universitäten des Mittelalters bis 1400. Berlin 1885, S. 42 f.

[9] Ficker, Reinald von Dassel S. 5; Hofmeister, Studien über Otto von
Freising S. 146; Föhl, Studien zu Rainald von Dassel 1, S. 237 ff.;
Herkenrath, S. 15, schließt sich den vorgenannten Forschern an.

[10] Saxo Grammaticus, Gesta Danorum. MG SS XXIX, S. 114.

[11] F. W. E. Roth, Die Visionen der hl. Elisabeth und die Schriften der
Äbte Ekbert und Emedo von Schönau, Brünn 1884, S. 311 f.

[12] Vgl. M. Grabmann, Geschichte der scholastischen Methode. Bd. 2.
Freiburg i. Br. 1911. S. 67, 112, 439.

[13] Roth, Visionen, Anhang S. XXVI, verweist darauf.

könnten auf eine Schülerschaft des Schönauer Abtes bei dem Vik-
toriner hindeuten. Gleichzeitig könnte er auch bei Adam von Parvoponte gehört haben, dessen dialektische Kunst dem rationalen
Geiste Rainalds mehr entsprochen haben sollte. Eine Schülerschaft
Rainalds und seines Studiengenossen Ekbert bei Adam von Parvoponte ist jedoch kaum zu vertreten, denn in einer Vision der
Elisabeth von Schönau (gest. am 18. Juni 1164) tritt ein seit 5 Jahren verstorbener *famosus magister Adam* — mutmaßlich der Lehrer
ihres Bruders — auf.[14] Adam von Parvoponte ist aber erst 1181 als
Bischof von St. Asaph in Wales verstorben.[15] Auch eine Schülerschaft Ekberts oder Rainalds bei Adam von St. Viktor ist gänzlich
ungesichert. Wir dürfen lediglich ein Frankreichstudium Rainalds
annehmen und seine Schülerschaft bei einem Philosophielehrer
Adam feststellen.

Die Quellen sprechen allgemein von Rainalds herausragender
Klugheit und Bildung.[16] Schmeichler und kurzer annalistischer Ver-
merk reden in dieser Hinsicht die gleiche Sprache. Der eifrige Brief-
schreiber Philipp von Harvenge betont in seinem Glückwunschschreiben an Rainald, anläßlich dessen Wahl zum Kölner Erzbischof, daß Rainald an wissenschaftlicher Bildung seine adeligen
Standesgenossen überrage: *... supra morem nobilium scientiam
addidit litteralem*.[17] Die Annales Egmundani halten fest: *Iste ab
adolescentia vir erat strenuissimus tam liberali quam seculari
sciencia praeditus*.[18] Der kaisertreue Lodenser Pfalzrichter Acerbus
Morena hebt seine *sagacitas* hervor,[19] und die Chronica Regia

---

[14] Roth, a. a. O. S. 50.

[15] P. B. Gams, Series Episcoporum Ecclesiae Catholicae. Regensburg
1873. S. 180.

[16] Fügt man noch sein Mäzenatentum hinzu, so ist auf Rainald die
ehrenvolle Bezeichnung eines vir illustris anwendbar. Zum Idealbild eines
vir illustris vgl. W. Berges, Die Fürstenspiegel des hohen und späten
Mittelalters. Leipzig 1938. S. 51.

[17] J. P. Migne, Patrologiae cursus completus seu Bibliotheca universalis,
Series latina. Tom. 203. Paris 1855, Sp. 160, nr. 19.

[18] Annales Egmundani. MG SS XVI, ed. G. H. Pertz. Hannover 1859.
S. 464.

[19] Acerbus Morena. MG SS Nova Ser. VII. S. 168.

Coloniensis nennt ihn einen *vir sapientia et industria mirabilis*.[20] Der Archipoet, dessen Dichtung eindeutig panegyrischen Charakter trägt und so stark von der konventionellen Topik des Helden- und Fürstenlobes durchzogen ist, preist Rainalds literarische Bildung mit den Worten:

in humanis artibus et divinis litteris cum sis maior omnibus, nullo minor crederis.[21]

Wie sehr auch Parteigunst die einzelnen Stimmen gefärbt oder be- rechnende Schmeichelei die Feder geführt haben mag, Klugheit und eine überdurchschnittliche Bildung dürfen Rainald zuerkannt wer- den.

In einem Brief an Rainald, zu dieser Zeit schon Reichskanzler, hebt Otto von Freising insbesondere dessen Interesse und Kenntnis der Philosophie hervor.[22] Der Anlaß zu diesem Brief war Ottos Wunsch, daß Rainald die Weltchronik des gelehrten Bischofs dem Kaiser in rechter Weise vorstellen sollte. Rainald erschien dem Frei- singer Bischof besonders geeignet, Barbarossa sein großes Werk dar- zubieten und auszulegen. Der Reichskanzler war ihm nämlich kein Ungelehrter, sondern gleichsam ein Philosoph. *Eapropter non ut rudi, sed ut philosopho de libro, quem domino imperatori transmisi, vestrae industriae confidentius scribo petens, ne in quibusdam ibidem positis sinistrum, sed bonum vos interpretem experiar*.[23] In

[20] Chronica Regia Coloniensis, ed. G. Waitz. Script. rer. Ger. i. u. S. Hannover 1880. S. 95.

[21] H. Watenphul und H. Krefeld, Die Gedichte des Archipoeta. Heidel- berg 1958. S. 66, VII, 3. Die „humanis artibus" weisen auf die 7 Artes Liberales hin. Vgl. auch Catalogus Archiepiscoporum Coloniensium I. MG SS XXIV. Hannover 1879. S. 342, wo Rainald ein „litteris sufficienter instructus" genannt wird.

[22] Otto v. Freising, Chronica sive Historia de duabus civitatibus, ed. A. Hofmeister. Script. rer. Ger. i. u. S. Bd. 45. Hannover & Leipzig 1912. S. 3. Die aufschlußreiche Stelle: „Cum iuxta Boetium in omnibus philo- sophiae disciplinis ediscentis atque tractandis summum vitae positum solamen existimen, vestrae nobilitatis personam eo familiarius ac iocundiu amplector, quo ipsius studio vos hactenus insudasse in eaque adprime eruditum esse cognosco."

[23] Otto v. Freising, Chronica S. 3.

dem gleichen Brief gibt Otto zwei Philosophen an, mit denen Rainald vertraut sein soll: Boethius und Aristoteles. Letzterer gewinnt im 12. Jh. zusehends an Bedeutung, dem 13. Jh. ist er sogar schlechthin der *philosophus*. Dem gelehrten Kanzler Theoderichs des Großen aber gebührt das Verdienst, den universalen Griechen dem lateinischen Mittelalter zunächst vermittelt zu haben,[24] bis dann im 12. Jh. über Spanien — bewahrt und überliefert von arabischen Gelehrten (Averroes) — eine erste Aristotelesrenaissance einsetzte. Wir gehen sicher nicht fehl, wenn wir auf eine gute philosophische Bildung Rainalds schließen. Leider gibt es in der weiträumigen Arena einer solchen allgemeinen Feststellung für uns in Boethius und Aristoteles nur zwei erkennbare Metae. Welche weiteren Philosophen Rainald speziell gekannt hat, wissen wir nicht.

Besser unterrichtet sind wir über sein Interesse an der antiken Literatur. Ein Vers des Archipoeten, Rainalds Hofdichter, scheint die geistreiche Mahnung an seinen Gönner zu enthalten, nicht zu sehr geliebter antiker Lektüre zu frönen. Ähnlich dem *göttlichen* Florentiner macht der Erzdichter in einer Traumvision einen Ausflug in den Himmel, doch dort sieht er weder Aristoteles noch Homer. *Hic nec vidi Aristotelem nec Homerum.*[25] Dieser Vers ist nun nicht, wie es Ficker[26] und in seinem Gefolge Föhl[27] und Herkenrath[28] taten, wörtlich zu fassen. Wir haben es vielmehr mit einem Topos zu tun, der allgemein die Kenntnis oder das Interesse an der antiken Literatur ausdrückt. Homer war nämlich dem Mittelalter nur namentlich bekannt. Erst in der Renaissance liest man die großen Epen wieder. Hinweise auf Rainalds spezielle Literatur können wir seinem Briefwechsel mit dem berühmten und gelehrten Diplomaten, dem Abte Wibald von Stablo und Corvey, entnehmen. Der Briefwechsel fällt in das Ende des Jahres 1149.

[24] Boethius übertrug jedoch lediglich Teile des Organon. Mehr war dem Mittelalter zunächst von Aristoteles nicht bekannt. Vgl. Grabmann, Geschichte der scholastischen Methode. S. 67.
[25] Watenphul-Krefeld, Archipoeta. S. 62, V, 7.
[26] Ficker, Reinald von Dassel. S. 6.
[27] Föhl, Studien zu Rainald von Dassel 1. S. 239.
[28] Herkenrath, Reinald v. Dassel. S. 18.

Rainald ist bereits zum Dompropst von Hildesheim aufgestiegen.[29]
Insgesamt sind uns vier Briefe überliefert.[30] Die beiden ersten
epistolae sind für uns in diesem Zusammenhang von Interesse. In
dem ersten teilt Rainald Wibald mit, daß er ihm von den erbetenen
Schriften Ciceros lediglich die Reden über das Ackergesetz, die phi-
lippischen Reden und Briefe, welche, bleibt ungesagt, überlassen
könne. Mehr Werke Ciceros seien in der Hildesheimer Dombiblio-
thek nicht vorhanden. Jedoch soll Wibald seinerseits als Sicherheit,
wie es in Hildesheim Brauch ist, einige Schriften nach Hildesheim
senden,[31] und zwar bittet er: *mittite igitur nobis Aggelium* [32] *Noc-
tium Atticarum et Originem super cantica canticorum.*[33] Ohne Be-

---

[29] Wahrscheinlich ist Rainald bereits im März 1148, als er als Vertreter
seines Bischofs am Konzil zu Reims teilnimmt, Dompropst. Sicheren Beleg
über seine Würde als Dompropst gibt erst die Urkunde vom 10. Okt. 1149.
Janicke, UB Hildesheim 1. S. 236, nr. 253. Herkenrath, Reinald v. Dassel,
S. 27, stellt es als sicher hin, daß Bischof Bernhard selbst am Konzil teilgenommen habe und Rainald nur sein Begleiter gewesen sei. Die Teilnahme
des Hildesheimer Oberhirten ist aber äußerst unwahrscheinlich. Er war
alt und blind, vgl. Annales Palidenses, ed. G. H. Pertz. MG SS XVI.
Hannover 1859. S. 81 zum Jahr 1144. Überdies gibt ihm Wibald von
Corvey einen Bericht über das Reimser Konzil, was überflüssig gewesen
wäre, hätte der Bischof persönlich teilgenommen. Vgl. Ph. Jaffé, Monumenta Corbeiensia = Bibl. rer. Ger. Tom. 1. Berlin 1864. S. 245, nr. 150.
Die Schutzurkunde Papst Eugens für das Kloster Helmarshausen, am
30. 3. 1148 zu Reims ausgestellt, Migne, Patrologiae Latinae, Bd. 180,
Sp. 1717, in der Bischof Bernhard als Intervenient auftritt, ist, wie die
eklatanten Fehler in der Angabe der übrigen intervenierenden Bischöfe
nahelegen, als Fälschung anzusehen. Bernhard ist zudem nur Intervenient,
nicht Zeuge; seine Intervention erforderte ja seine Anwesenheit in Reims
nicht.

[30] Jaffé, Monumenta Corbeiensia. S. 326, nr. 207; S. 327, nr. 208;
S. 331, nr. 212; S. 331, nr. 213.

[31] Diese Stelle zeigt aufschlußreich, welchen Wert man im Mittelalter
Büchern zumaß. In Hildesheim ist man darauf bedacht, kein Buch ohne
entsprechenden Unterpfand auszuleihen.

[32] Die Schreibweise Agellium beruht offensichtlich auf einem Lesefehler:
A(ulus) Gellius zu Agellius.

[33] Jaffé, Monumenta Corbeiensia. S. 326, nr. 207.

dingung will Rainald Wibald eigene, erst kürzlich in Frankreich erworbene Bücher überlassen.[34] Die Titel führt er nicht an. In einem
Antwortbrief gibt Wibald seinen Plan bekannt, die Schriften Ciceros, soviel er deren bekommen könne, in einen Band zu schreiben.[35]
Deshalb also seine Bitte um die Hildesheimer Ciceroschriften.
Wibald schreibt ferner in diesem Brief, daß er Rainald als Unterpfand den Origineskommentar zum Hohen Lied und für die At-
tischen Nächte des Aulus Gellius, die er nicht besitzt, Frontins Strategematon[36] schicken werde. Das Werk des Militärschriftstellers
Frontin war sicherlich eine fesselnde Lektüre für Rainald, der sich
in seinem Leben ja noch als Heerführer auszeichnen sollte. Ein weiterer Hinweis auf spezielle Lektüre Rainalds kann aus seinem in
Brief Nr. 207 zitierten Senecawort erschlossen werden. Dabei kann
es sich aber auch lediglich um einen allgemein geläufigen Ausspruch
des Stoikers handeln. Zum besseren Verständnis führen wir den
Satz zuvor mit auf: *Quamvis Tullii libros habere desideres, scio
tamen christianum te esse, non Ciceronianum. Transis enim et in
aliena castra, non tanquam transfuga, sed tanquam explorator.*[37]
Zweifellos eine geistreiche Rechtfertigung für die Lektüre heidnisch-
antiken Schrifttums. Das Zitat stammt aus dem ersten Buch der
Epistolae Morales ad Lucilium, die im Mittelalter viel gelesen wurden.[38] Damit erschöpft sich unser Wissen um spezielle und geliebte

[34] Jaffé, Monumenta Corbeiensia, S. 326, nr. 207. „Nostros autem, quos
nunc adduximus de Francia, si quis vobis placent, vobis mittemus." In
Frankreich war Rainald während des Konzils zu Reims 1148 gewesen.
Vgl. Johannes von Salisbury, Historia Pontificalis, ed. E. R. L. Poole.
Oxford 1927. S. 9.

[35] Jaffé, Monumenta Corbeiensia. S. 327, nr. 208.

[36] Dieses Werk Frontins führt Kriegslisten auf, die meist antiken
Historiographien entnommen sind; vornehmlich werden Beispiele aus der
römischen Kriegsgeschichte geboten.

[37] Bei Seneca lautet er: „. . . soleo enim et in aliena castra transire, non
tamquam transfuga, sed tamquam explorator." Seneca, Epistolae morales
ad Lucilium, Lib. I, ep. 2, 5. Bei Jaffé Monumenta Corbeiensia. S. 326 f.,
nr. 207, ein geringfügiger Fehler, er gibt Ep. 2, 4 an.

[38] Vgl. M. Schanz und C. Hosius, Geschichte der Römischen Literatur,
Bd. 3, 4. Aufl. München 1959. S. 705; K. Münscher, Senecas Werke. Leip-

Lektüre Rainalds. Bezüglich seiner Sprachkenntnisse gewinnen wir aus dem Briefwechsel mit Abt Wibald noch einen kleinen Aufschluß. Rainald ist der griechischen Sprache nicht mächtig. Wibald sieht sich nämlich bemüßigt, ihm das griechische Wort Strategematon zu erklären.[39] Die gebildete Welt des Mittelalters bediente sich durchweg der lateinischen Sprache; nur wenige konnten griechisch. Der gelehrte Abt, mehrfach von Konrad III. und Friedrich Barbarossa mit diplomatischen Missionen an den byzantinischen Hof beauftragt, ist eine der Ausnahmen.

Der geistliche Fürst (vir illustris)

Es wirft auf die Person Rainalds von Dassel ein zwar konventionelles, doch nichtsdestoweniger bezeichnendes Licht, wenn er sich wie so mancher geistliche Fürst des Mittelalters als ein begeisterter Bauherr, großzügiger Stifter und Freund der Poesie zeigt. Schon als Dompropst von Hildesheim und Propst mehrerer anderer Stifte [1]

zig 1922. S. 74 ff. Wibald greift in seinem Antwortbrief, Ep. nr. 208, das Zitat auf. Er nennt auch Senecas Namen: „tuus Seneca." Wibald führt dann die Rechtfertigung für das Lesen heidnischer Lektüre noch weiter aus.

[39] Jaffé Monumenta Corbeiensia. S. 328, nr. 208: „quem grece Strategematon vocant, quod militare est."

[1] Rainald hatte die Würde eines Dompropstes von Hildesheim inne, dazu war er Propst von St. Moritz in Hildesheim, von St. Peter in Goslar (vgl. Janicke, UB Hildesheim, Bd. 1, S. 227 f., nr. 293) und Dompropst zu Münster (vgl. Erhard Regesta Hist. Westf. 2. S. 84, nr. 307 und S. 85, nr. 309). Als Reichskanzler gewinnt er noch die Würde eines Propstes von St. Servatius in Maastricht hinzu, die traditionelle Pfründe des deutschen Reichskanzlers, vgl. P. Doppler, Lijst der Proosten van het vrije Rijkskapittel van St. Servaas te Maastricht (800—1797). — Publications de la Société historique et archéologique dans le Limbourg 72, 1936, S. 177. Ebenfalls hatte er zeitweilig die Propstei des Xantener Viktorstiftes inne. Bis auf die Propstei von St. Viktor in Xanten, vgl. das „et quia adhuc Xantensis prepositura in manu nostra fuit ..." in der Urkunde Rainalds von 1165, L. A. J. W. Sloet, Oorkondenboek der Graafschappen Gelre en Zutfen tot op den Slag van Woeringen. s-Gravenhage 1872. S. 306 f.,

zeichnete sich Rainald in dieser Hinsicht aus. Ritterliche Freigebigkeit und geistlich-fromme Fürsorge werden seinem verständlichen
Wunsch, an der Stätte seiner Jugend, seines frühen Wirkens und
erster Erfolge in guter Erinnerung zu bleiben, sekundiert haben.
Beträchtliche Einnahmen aus seinen Propsteien, die er auch als
Reichskanzler und Elekt von Köln bis zu seiner Weihe nach kano-
nischem Recht beibehielt, gaben ihm die Möglichkeiten dazu. Ein
die Zeiten überdauerndes Denkmal setzte er sich mit dem Neubau
des St. Johannishospitals, seiner unbestreitbar würdigsten Hildesheimer Stiftung. Eine Urkunde Bischof Brunos von 1161 gibt uns
darüber Auskunft.[2] Wie bei jedem Kloster oder Stift, so befand sich

nr. 311, dürfte Rainald diese Propsteien bis zu seiner Bischofsweihe
(2. Okt. 1165) in Verwaltung und Nutznießung gehabt haben, vgl.
K. Schambach, Das Verhalten Rainalds von Dassel zum Empfang der
höchsten Weihen. — Zeitschr. d. hist. Vereins f. Niedersachsen 80, 1915,
S. 173 ff.; Herkenrath, Reinald v. Dassel. S. 159 f. So erklärt sich Rainalds
Verhalten, den Empfang der höchsten Weihen herauszuschieben, daher,
daß er auf die reichen Einkünfte aus seinen Propsteien nicht verzichten
wollte, noch gut konnte. Man vgl. die angespannte finanzielle Lage des
Kölner Erzstifts.

[2] Zu diesen und folgenden Angaben vgl. Joh. Gebauer, Die Stiftungsurkunde des St. Johannishospitals zu Hildesheim von 1161. — Neues
Archiv 49, 1932, S. 194 ff.; Janicke, UB Hildesheim, S. 308 ff., nr. 323;
Hildesheimer Donationsbuch, G. W. Leipniz, Scriptores rerum Brun-
svicensium, Hannover 1707. S. 770; Catalogus Archiepiscoporum Coloniensium, MG SS XXIV. Hannover 1879. S. 342. Gebauer bringt die Original-
urkunde, die man erst 1932 gefunden hat. Ausgestellt ist sie wie die zuvor
bekannten Abschriften im Jahre 1161. Bischof Bruno von Hildesheim
bestätigt darin die Hildesheimer Stiftungen und Schenkungen Rainalds.
Rainald wird nur als Dompropst und Kanzler genannt, wiewohl er seit
1159 gewählter Erzbischof von Köln ist. Ficker, Rainald von Dassel S. 7,
Anm. 6 und S. 8, hat sich schon mit diesem Problem auseinandergesetzt.
Er erwägt 1155 bzw. 1159 als Ausstellungsjahr der Urkunde. 1155 entfällt
von vornherein, da Rainald erst 1156 Kanzler wurde. Gegen 1159 steht
das Ausstellungsdatum 1161. Gebauer spricht sich für 1161 mit dem
Argument aus, Rainald sei 1161 nur Elekt von Köln gewesen, für Bischof
Bruno habe somit keine Veranlassung bestanden, Rainald als Erzbischof
anzugeben. Das Argument überzeugt nicht. Es wäre ein kaum vertretbarer

auch beim Domstift in Hildesheim ein Hospital. Es entsprach aber schon seit langem nicht mehr den Bedürfnissen. Rainald nahm sich der Sache an und errichtete *ob anime sue remedium* mit Zustimmung von Bischof und Kapitel am Ufer der Innerste in Hildesheim *in loco patenti aquisque circumfluo*, das neue Hospital. Zu seinem Schutzpatron wählte er den hl. Johannes. Eine kleine Kapelle wurde dem Hospital angegliedert und über die Innerste eine steinerne Brücke geschlagen. Reiche Schenkungen³ sicherten den Bestand des neuen Hospitals, das auch kranken und alten Domherren offenstand. Als Propst von St. Moritz ließ Rainald den verfallenen Kirchturm des Stiftes auf eigene Kosten renovieren.⁴ Als Kölner Erzbischof erbaute er einen neuen erzbischöflichen Palast mit mehreren Kapellen und ließ am Dom zwei neue Türme errichten. Zehn Turmknäufe ließ er vergolden. Seinen kühnen Plan, eine steinerne Brücke mit Unterstützung der Kölner Bürgerschaft über den Rhein zu schlagen, vereitelte sein viel zu früher Tod.⁵

Neben seinen Bauten fließt ein reicher Strom von Stiftungen. Wie sehr auch bei den einzelnen persönliche Motive mitgespielt haben mögen, wir sehen, Rainald behielt seine beträchtlichen Einkünfte und die durch die Eroberung Mailands (1162) erworbenen Schätze nicht allein der eigenen Nutznießung vor. Er besaß die wohlange-

Formfehler gewesen, Rainalds volle Titulatur nicht aufzuführen. Wir meinen, Rainald habe diese Schenkungen wie angegeben als Dompropst und Reichskanzler gemacht, und Bischof Bruno bezeugt 1161 lediglich diesen Sachverhalt.

³ Rainald stiftete den Hauptteil. Was nun die Orte anbelangt, in denen sich die von Rainald gestifteten Güter befinden, so liegen diese, sowie sie sich lokalisieren lassen, durchweg in der Nähe von Hildesheim. Wir haben es bei ihnen vermutlich nicht mit Erbgütern Rainalds zu tun, sondern es dürfte sich um Güter handeln, die er mit Überschüssen seiner pröpstlichen Einkünfte erwarb.

⁴ Catalog. praep. Eccl. St. Mauritii, S. 5—6, zit. nach Joh. M. Kratz, Der Dom zu Hildesheim. Teil 2. Hildesheim 1840. S. 151, Anm. 23. Wir sind nicht bestrebt, eine vollständige Liste seiner Bauten und Stiftungen zu geben, sondern heben nur einige zur Kennzeichnung heraus.

⁵ Annales Egmundanis. MG SS XVI. S. 465; Catalogus Archiepiscoporum Coloniensium. MG SS XXIV. S. 343; R. Knipping, Regesten der Erzbischöfe von Köln im Mittelalter. Bd. 2, S. 134, nr. 808.

sehene Freigebigkeit des hohen, reichen Prälaten und bezeugte in seinen ansehnlichen Stiftungen seine Großzügigkeit und seinen priesterlich-samaritischen Sinn. Rainald besitzt die vielgerühmte *milte*. Oder wie es ein unbekannter Dichter aus dem Kloster Grafschaft formulierte:

> *Et nunquam miseros despexit amabilis heros*
> *Illis munificus erat, illis largus amicus.*[6]

Sein größter Panegyriker, der unübertreffliche Erzpoet, aber reimt:

> *Commendetur largitus presulum largorum*
> *Electus Colonie primus est eorum.*[7]

Bereits in Hildesheim stiftete er ein Anniversarium. An seinem Todestag sollten sich die Kanoniker der Domkirche zu einem stillen Mahl im Refektorium versammeln. Überdies sollte an seinem Todestag und am Gründonnerstag eine bestimmte Spende an 150 Arme verteilt werden.[8] Der gleichen Gesinnung entsprach die Einrichtung einer Memorie in Köln,[9] eines Anniversars zu Soest,[10] die Stiftung des Johannishospitals *ob anime sue remedium*[11] und die Verfügung zugunsten des Domkapitels zu Münster, die er vornahm, *ut igitur in eadem ecclesia in perpetuum memoria nominis nostri habeatur.*[12] Man war bestrebt, sowohl auf Erden seinen Namen guter Erinnerung anvertraut zu haben und Gebetsfürsprache zu erwirken als auch dem ewigen Seelenheil durch gute Werke Vorsorge

---

[6] Das Zitat entstammt einer laudatio funebris auf Rainald. F. W. E. Roth, Handschriften zu Darmstadt. — Annalen d. Hist. Vereins f. d. Niederrhein 62, 1896, S. 180.

[7] Watenphul-Krefeld, Archipoeta S. 60, IV, 26.

[8] Vgl. Gebauer, Stiftungsurkunde S. 194 ff.; Janicke, UB Hildesheim S. 308 f., nr. 323.

[9] Vgl. Th. J. Lacomblet, Urkundenbuch für die Geschichte des Niederrhein. Bd. 1, Düsseldorf 1840. S. 370, nr. 531, in einer Urkunde Philipps von Heinsberg.

[10] Joh. S. Seibertz, Urkundenbuch zur Landes- und Rechtsgeschichte des Herzogtums Westfalen. Bd. 1 (799—1300). Arnsberg 1839. S. 76, nr. 56.

[11] Gebauer, Stiftungsurkunde S. 194 ff.

[12] Erhard, Regesten Hist. Westf. 2, S. 85, nr. 309.

zu leisten. Dahinter verbirgt sich der einfache, aber verbreitete Gedanke des *do ut des*. Für das Anniversarium und die Armenspende in Hildesheim stiftete er zwölf Mansen; von deren Einkünften sollte zudem am Fest der hl. Maria Magdalena (22. Juli) ein gemeinsames Essen für die Kanoniker der Domkirche, von St. Moritz, vom Kreuzstift und ihre Pröpste ausgerichtet werden. Diese Stiftung vollzog er als Erzbischof von Köln.[13] Ein feierlicher Gottesdienst ging dem Mahl voraus.

Bislang hatte man in Hildesheim der hl. Maria Magdalena keine besondere Verehrung angedeihen lassen. Erst Rainald setzte sich auf diese Weise nachdrücklich für die vieldeutige und interessante Heilige ein, die er, wie das Donationsbuch berichtet, *ipse pio quodam ac singulari venerabatur affectu*. Welche tieferen persönlichen Beweggründe dahinterstanden, läßt sich nur vermuten. Das eigentliche Stammland des Magdalenenkultes war Frankreich, insbesondere Burgund und die Provence. Kloster Vèzelay im französischen Burgund und Saint-Baume waren die berühmtesten Kultorte der Heiligen.[14] Rainald mag nähere Kenntnis von ihrem Kult während seiner Studienzeit in Frankreich oder wahrscheinlicher noch bei seinen späteren Aufenthalten in Burgund[15] gewonnen haben. Die Veranlassung aber, eine Stiftung zu Ehren der Heiligen einzurichten, könnte mit der Überführung der Heiligen Drei Könige von Mailand nach Köln in Zusammenhang stehen. Die Reise erwies sich als äußerst gefährlich. Sowohl von seinem alten Feind, dem Pfalzgrafen Konrad,[16] als auch von der Partei der Alexandriner droh-

---

[13] Hildesheimer Donationsbuch S. 770.

[14] G. Schreiber, Maria Magdalena als Volksheilige und Bergwerksinhaberin. In: Festschrift f. Karl Eder. Innsbruck 1959. S. 259 ff.

[15] 1157 Besançon und Burgund, vgl. K. F. Stumpf-Brentano, Die Reichskanzler vornehmlich des 10., 11. und 12. Jahrhunderts. Bd. 1 u. 2, Innsbruck 1865—81 (weiterhin zit. St.), nr. 3779 ff.; 1162 in St. Jean de Losne, vgl. Knipping, Regesten d. Erzbischöfe von Köln 2, S. 122 ff., nr. 749 ff.; 1164 bei der Überführung der Heiligen Drei Könige; er hielt damals auch einen Hoftag zu Vienne ab, vgl. Knipping a. a. O. S. 131 f., nr. 800 ff.

[16] Vgl. Rainalds Brief an die Kölner 1164. J. D. Mansi, Amplissima Collectio Conciliorum. Bd. 21. Paris u. Leipzig 1903. Sp. 865 f.

ten Rainald Anschlag und Gefangenschaft.[17] Am 23. Juli 1164 langte Rainald allen Fährnissen zum Trotz glücklich in Köln an,[18] am 22. Juli aber sollte er wohlbehalten Kölner Gebiet erreicht haben. Der 22. Juli aber ist die Nativitas der Maria Magdalena. Aus Dankbarkeit, den Gefahren entronnen zu sein, mag er der Tagesheiligen eine Stiftung gelobt haben. Für die Verbindung der Translatio der Heiligen Drei Könige mit der Maria-Magdalenen-Stiftung könnte zudem sprechen, daß in der Prozession am Magdalenenfest die von Rainald der Hildesheimer Kirche geschenkten drei Finger von den Reliquien der Heiligen Drei Könige vom pontifizierenden Prälaten vorangetragen wurden.[19]

Wenn bei der Maria-Magdalenen-Stiftung nur eine Wahrscheinlichkeit mitspricht, so steht seine Stiftung zur Feier des Epiphaniasfestes (6. Januar) einsichtsvoll mit der Translatio der Heiligen Drei König in Verbindung.[20] Die Reliquien der *Tres Magi ac Reges* für Köln erworben zu haben, bleibt Rainalds große Tat für seine Metropole. Diese Reliquien besaßen für Mailand keineswegs die Bedeutung, die sie in Köln erlangen sollten.

Zu dem Bauherrn und Stifter gesellt sich der Mäzen. Nichts legt darüber ein so schönes Zeugnis ab wie die Tatsache, daß er der Gönner des genialen Archipoeten war, dessen Gedichte zu den unvergänglichen Juwelen der mittelalterlichen lateinischen Vagantenpoesie gehören. Etwa seit 1160 finden wir den Erzpoeten in der Umgebung Rainalds.[21] Er entstammte dem Ministerialenstand und

---

[17] Vgl. den Brief Alexanders III. an Erzbischof Heinrich von Reims. E. Martène et U. Durand, Veterum scriptorum et monumentorum amplissima collectio. Vol. 2, Paris 1724. S. 710.

[18] Vgl. Knipping, Regesten d. Erzbischöfe von Köln 2, S. 132 f., nr. 804.

[19] Chronik Abb. Monast. St. Godehardi bei Kratz, Dom zu Hildesheim 2, S. 153, Anm. 28. Es ist vielleicht noch bemerkenswert, daß mit Rudolf von Worms ein Kanoniker von St. Moritz von Hildesheim die erste Genossenschaft der Magdalenerinnen gründete, ca. 1224.

[20] Catalogus Archiepiscoporum Coloniensium S. 343.

[21] Vgl. Watenphul-Krefeld, Archipoeta S. 22 f., dort auch die ältere Literatur.

war ein Deutscher.[22] In beinahe allen der wenigen erhaltenen Gedichte kommt Rainald vor. Sei es, daß der Poet ihn mit Lob umschmeichelt, sei es, daß er ihn direkt um eine Gabe bittet, doch immer geistreich und gekonnt. Wir dürfen ihn als den Hofdichter Rainalds ansprechen. Er nennt sich selbst den *vates* [23] bzw. den *servus et poeta* [24] seines huldvollen Erzbischofs.

In Rainalds Mäzennatentum leuchtet die gewinnende Seite seines Wesens hervor. Gleichsam das freundliche, heitere Revers [25] zu dem meist düsteren Avers, das den stolzen, kühlen und hochfahrenden Mann zeigt.[26]

Bei aller Weltzugewandtheit und Prachtliebe [27] ist Rainalds

[22] Wattenphul-Krefeld, a. a. O. S. 56, III, 14. Er nennt sich ein „vir transmontanus", was im Zusammenhang des Verses nur Deutscher bedeuten kann. S. 57 f., IV, 18.

[23] Watenphul-Krefeld, a. a. O. S. 56, II, 86.

[24] Watenphul-Krefeld, a. a. O. S. 57, IV, 3.

[25] Vgl. auch A. Morena. MG SS XVIII, S. 640: „erat ... illaris, affabilis;" Annales Egmundani, MG SS XVI, S. 464: „iocundus et affabilis omnibus."

[26] Die verschiedenen Seiten seines Wesens spiegelt die Rainaldplastik am Dreikönigsschrein sehr schön wider. Sie gibt uns im ganzen das Bild eines klugen, selbstbewußten, noch jugendlichen Mannes, der weltzugewandt und diesseitsfreudig ist, doch zugleich sehr reserviert, überlegen und voll Ironie.

[27] In diesem Zusammenhang sei Rainalds Auftreten auf dem Konzil zu Reims 1148 erwähnt. Vgl. Johannes v. Salisbury, Hist. Pont. S. 9, wo Rainald sich nachdrücklich gegen das Dekret wendet, das den Klerikern das Tragen des beliebten bunten Pelzwerkes verbieten soll. Eine gewisse Einschränkung ist hier allerdings zu machen. Man trug Pelzwerk ja nicht nur zur modischen Zierde; auch kostbares Pelzwerk betont meist nicht nur die Bedeutung des Trägers, sondern dient zugleich als Schutz gegen die Kälte. Bezeichnenderweise sind es ja Rainald und die anderen deutschen Prälaten, die sich gegen das Verbot wenden und nicht die auf dem Konzil gleichfalls anwesenden, jedoch aus wärmeren Ländern als Deutschland stammenden Franzosen, Spanier oder Italiener. Dieser simple Aspekt wurde bislang in der Rainaldforschung übersehen. Die Stelle von den „seidenen Gewändern, teuren russischen Pelzen" im Glückwunschschreiben Ekberts von Schönau an Rainald, Roth, Visionen, a. a. O. S. 316, kann keinesfalls, wie Oediger es tut (W. Neuss und F. W. Oediger, Das Bistum

Lebensführung bescheiden gewesen,[28] sein sittliches Leben makellos. Er bot seinen Gegnern keinen Angriffspunkt für zersetzenden Tadel. Er ist im wahrsten Sinne des Wortes ein geistlicher Fürst gewesen.[29] Fürstlich waren seine Bauten, seine Hofhaltung und sein Auftreten, einem Geistlichen geziemend sein persönlicher Lebenswandel, d. h. rein in den Sitten und bescheiden in den Bedürfnissen.

Officium et Cura

Während die ältere Diplomatik den Aussagewert der Arengen als gering betrachtete,[1] haben neuere Forscher ihre Bedeutung nachdrücklich hervorgehoben.[2] Dem weiten Feld der *Herrschaftszeichen* eingeordnet, werden in ihnen die *wichtigsten Maximen ethischen und politischen Handelns der Regierenden*[3] zum Ausdruck ge-

Köln von den Anfängen bis zum Ende des 12. Jahrhunderts. Bd. 1. Köln 1964. S. 225), so aufgefaßt werden, als wenn Rainald sich täglich damit schmückte. Davon steht in der Quelle kein Wort. Es handelt sich dort lediglich um eine allgemeine Ausführung über den Lebenswandel von Prälaten. — Daß Rainald nicht altmodisch war, zeigt die Büste am Dreikönigsschrein. Er trägt einen modischen Vollbart. Herkenrath, Reinald v. Dassel S. 405 irrt, wenn er diesen auf Rainalds Kriegs- und Lagerleben zurückführt. Man vgl. nur andere zeitgenössische Bildnisse, z. B. das Kopfreliquiar Barbarossas in Kappenberg, wo das gleiche modische Attribut zu finden ist.

[28] Vgl. Annales Egmundani. MG SS XVI. S. 464: „parcus in victu"; man vgl. auch den Vers des Archipoeten, wo er von dem mit Wasser vermischten Wein von Rainalds Mundschenk spricht. Watenphul-Krefeld, Archipoeta S. 75, X, 13.

[29] Und nicht das „Ideal eines geistlichen Ritters" wie Herkenraths, Reinald v. Dassel S. 415, Schlußformel über Rainald lautet.

[1] Vgl. H. Fichtenau, Arengen, Spätantike und Mittelalter im Spiegel von Urkundenformeln. — Mitteilungen d. Instituts f. Österr. Geschichte, Ergänzungsband 18, 1957, S. 11 ff.

[2] Vgl. besonders Fichtenau, a. a. O.; K. Helleiner, Einfluß der Papsturkunde auf die Diplome der deutschen Könige im zwölften Jahrhundert. — Mitteilungen d. Instituts f. Österr. Gesch. 44, 1930, S. 21—56.

[3] Fichtenau, a. a. O. S. 8.

bracht. Ihr Ursprung reicht weit in die Antike zurück, und so ist es nicht verwunderlich, daß die Topoi[4] sich ihrer bemächtigten, die meisten Gedanken zu stereotypen Formeln erstarrten. In den Kanzleien gab es fertige Muster, die den Urkunden nur aufgepfropft zu werden brauchten. Aber da im Mittelalter das Generelle den Vorrang vor dem Individuellen hatte, Alter und Verbreitung wertende Attribute waren, so verdienen diese Formeln, die dabei dem Eigenen noch manchen Raum ließen, Beachtung. Es ist zudem nicht unbedeutend, welche Formeln oder wie oft eine bestimmte von einem Papst, König, Fürst oder Bischof verwandt wurden. Darin spiegeln sich Gesinnungen, sprechen sich möglicherweise Bekenntnisse aus.

Den Arengen der Urkunden Rainalds von Dassel dürfen wir um so mehr Beachtung schenken, als sie den *Urkundenkörpern* nicht nur als beliebige Formeln aufgesteckt sind, sondern, einer alten Forderung der Rhetorik gemäß, im Sachzusammenhang mit dem Rechtsinhalt der Urkunden stehen. Nur zwei Arengen weisen den gleichen Wortlaut auf,[5] beide in Urkunden für kirchliche Einrichtungen im Bonner Raum; und eine, die Bestätigungsurkunde für Medebach, wiederholt Teile der Arenga der berühmten Stadtrechtsurkunde Erzbischof Arnolds I. für die westfälische Handelsstadt.[6] Der Charakter strenger Sachlichkeit, der bei allen seinen Briefen hervorsticht, zeichnet auch die Arengen seiner Urkunden aus. Weder weitgeführte, tiefsinnige Erörterungen sind beliebt, noch starke Anleihen bei der Bibel.[7] Ganz anders etwa unter seinem Vorgänger auf dem Kölner Erzstuhl: Arnold I. (1137—1151).

---

[4] Zur Topik vgl. E. R. Curtius, Europäische Literatur und Lateinisches Mittelalter. 4. Aufl. Bern & München 1963; G. Simon, Untersuchungen zur Topik der Widmungsbriefe mittelalterlicher Geschichtsschreiber bis zum Ende 12. Jh.s — Archiv f. Diplomatik 4, 1958, S. 73—153.

[5] W. Günther, Codex Diplomaticus Rheno-Moselanus. Bd. 1. Coblenz 1822. S. 383, nr. 181 (Urkunde für Kloster Dietkirchen) und S. 387, nr. 183 (Urkunde für das St. Cassiusstift in Bonn).

[6] Seibertz, UB Westfalen 1, S. 60, nr. 46.

[7] Zweifellos sind, wie im Mittelalter allgemein, viele Einzelbegriffe der Bibel entnommen, darüber hinaus aber nur ein vollständiges Zitat, und zwar das vielgebrauchte aus Eccl. I, 4 über den Fluß der Generationen,

Zahlenmäßig häufig findet sich in den Arengen Rainalds der Topos *Schriftlichkeit schützt vor Vergessen.*[8] Die *oblivio* wird näher erläutert mit dem Hinweis auf die *debilitas* oder *fragilitas humanae memoriae,*[9] den *fluxus generationum,*[10] die *revolutio temporum*[11] oder die *brevitas humanae vitae* und die *mutabilitas temporalis cursus.*[12] Dabei liegt keine Zeitklage im Sinne von *O tempora, o mores* vor, sondern sachliche Feststellung der Hauptgründe, die zur Vergeßlichkeit führen und so die Inanspruchnahme des *suffragium* oder *ministerium scripturae* notwendig erscheinen lassen. Dahinter steht letztlich die aus dem Amt erwachsene Verpflichtung, die getroffenen Rechtshandlungen durch schriftliche Aufzeichnung abzusichern. Ein sachliches Motiv. Überhaupt tritt die Person Rainalds weitgehend hinter der Sache, dem Amt zurück. Das ist als ein wesentliches Charakteristikum festzuhalten.

Das sehr persönliche und populäre Motiv des irdischen und himmlischen Lohnes[13] erscheint selten. Wir haben es angetroffen in der Urkunde über die Stiftung des Johannishospitals, die er *ob*

Sloet, Oorkondenboek Gelre S. 306, nr. 311; eine näher ausgeführte Wendung aus Apost. XX, 28, P. Joerres, Urkundenbuch des Stifters St. Gereon zu Köln. Bonn 1893. S. ??, nr. 18; und ein durchgeführtes Bild vom Weinberg des Herrn, Th. J. Lacomblet, Urkundenbuch für die Geschichte des Niederrhein. Bd. 4. Düsseldorf 1858, S. 780, nr. 630.

[8] Wir ordnen die Urkunden nach ihrem Datum. Sloet, Oorkondenboek Gelre, S. 306, nr. 311; Lacomblet, UB Niederrhein 1, S. 282, nr. 410; M. Guesnon, Un cartulaire de l'Abbaye de Saint-Vaast d'Arras codex du XIIe siècle. Bulletin hist. et phil. du comité des travaux hist. et scient. 1896, S. 281; Lacomblet, a. a. O. S. 285, nr. 414; Erhard, Regesta Hist. Westf. 2, S. 103, nr. 335; Lacomblet, a. a. O. S. 289, nr. 418; die Legatenurkunde für Anghiari, J. Ficker, Forschungen zur Reichs- u. Rechtsgeschichte Italiens. Bd. 4. Innsbruck 1874. S. 172, nr. 131.

[9] Lacomblet, a. a. O. S. 282, nr. 410; Guesnon, St. Vaast S. 281; Lacomblet, a. a. O. S. 285, nr. 414.

[10] Sloet, Oorkondenboek Gelre S. 306 f., nr. 311; Lacomblet, a. a. O. S. 282, nr. 410.

[11] Lacomblet, a. a. O. S. 289, nr. 418.

[12] Ficker, Forschungen 4, S. 172, nr. 131.

[13] Vgl. Fichtenau, Arengen S. 137 ff.

anime sue remedium vollzogen hatte;[14] als Dompropst von Münster
hatte er eine Entscheidung zugunsten des dortigen Domkapitels getroffen, um seinen Namen guter Erinnerung anzuvertrauen;[15] eine
Urkunde für das Kloster Siegburg stellte er aus in der Hoffnung
nobis ad perpetuitatem profuturum.[16] Wenn er aber die *virorum
illustrium gesta* für nützlich hält aufzuschreiben, *quatenus et eorum
beneficia commendetur memorie, et benefactorum exemplis ad
imitationem viri deum diligentes animentur*,[17] so handelt es sich hier
*nicht so sehr um den Ruhm in der Nachwelt, als um die Belehrung
der Nachfolger über das geltende Recht und ein gutes Beispiel für
sie*.[18] Insgesamt sollte Rainald nicht als ein allzu konsequenter Verfechter des reinen Amtsgedankens betrachtet werden, das traditionelle Gedankengut persönlicher Prägung hat durchaus Raum bei
ihm, wenn auch einen sehr zurückgedrängten.

Das Officium steht im Vordergrund, es ist *iniunctum* oder
commisum[19] und der tiefste Grund, aus welchem alle Pflichten und
Rechte hervorgehen. Sicherlich liegt auch hier der weitverbreitete
und schon gar nicht mehr als solcher aufgefaßte Einfluß der päpstlichen Kanzlei und ihrer Formel *ex iniuncto nobis a deo officio* vor.[20]
Auffällig nur, daß bei Rainald das *a deo* fehlt, obgleich es gedank-
lich unzweifelhaft dahintersteht. Dieses Amt ist herausgehoben, es
trägt das Epitheton ornans *excellens*,[21] verfügt wird *pro nostri*

[14] Gebauer, Stiftungsurkunde S. 194 f.

[15] Erhard, Regesta Hist. Westf. 2, S. 85, nr. 390.

[16] Lacomblet, UB Niederrhein 1, S. 292, nr. 421. E. Wisplinghoff,
Urkunden und Quellen zur Geschichte der Stadt und Abtei Siegburg. Bd. 1.
Siegburg 1964. S. 140 f., nr. 63.

[17] Lacomblet, a. a. O. S. 282, nr. 410 S. 286, nr. 415: „ad exemplum
virtutis."

[18] Fichtenau, Arengen S. 132.

[19] Seibertz, UB Westfalen 1, S. 73, nr. 55; Günther, Codex diplom. 1,
S. 387, nr. 183 und S. 383, nr. 181. Der Officium-Gedanke ist ein weit-
verbreitetes Kanzleigut, vgl. Fichtenau, Arengen S. 65 ff. Auch bei den
Amtsvorgängern und Amtsnachfolgern Rainalds von Dassel ist diese Formel
häufig anzutreffen.

[20] Vgl. Helleiner, Papsturkunde S. 50.

[21] Lacomblet, UB Niederrhein 1, S. 284, nr. 413.

exigentia officii.[22] Hier spiegelt sich etwas wider von der Würde und der Bedeutung, die dem Amte zugemessen wird. Inhaltlich wird das Officium durch *iustitia*[23] und *cura*[24] näher bestimmt. Kardinaltugenden eines jeden Amtsinhabers. Damit werden wir hineingeführt in den großen, bei Rainald allgemein festumrissenen Aufgabenbereich des geistlichen Amtsträgers: der Amtsfürsorge.

In seinen Arengen taucht der Gedanke der Amtsfürsorge am häufigsten auf.[25] *Cura et iustitia* sind die geistigen Pole, um die sich die einzelnen Aufgabenbereiche drehen. Die *iustitia* wird nicht selten vertreten durch die ihr nahe verwandte Vorstellung vom *debitor*. Der Bischof ist der Schuldner der ihm Anvertrauten. Es besteht sozusagen ein Rechtsanspruch auf seine Hilfe und Fürsorge.[26] Er gewährt keine Gnade, gibt kein Geschenk, sondern ein ethischer Imperativ, der im Amtsdenken wurzelt, fordert von ihm eine schuldige Pflicht. Man sieht den starken Niederschlag, den das institutionelle Denken in Rainalds Arengen gefunden hat. Für *iustitia* kann auch die *equitas* stehen,[27] die Billigkeit, die eine bestimmte Maßnahme erheischt.

Die Cura kann durch ein beigefügtes *pervigil*[28] gesteigert werden, oder durch die *sollicitudo*[29] vertreten oder erweitert werden.

[22] Lacomblet, a. a. O. S. 289, nr. 418.

[23] Lacomblet, UB Niederrhein 4, S. 780, nr. 630: „Sicut nostri officii iustitia exigit."

[24] Seibertz, UB Westfalen 1, S. 79, nr. 57: „... pastoralis officii cura constringit." Hier tritt noch das biblische Bild vom Hirten im Attribut hinzu.

[25] Erhard, Regesta Hist. Westf. 2, S. 85, nr. 390; Joh. Ramackers, Niederrheinische Urkunden und Briefe des 12. u. 13. Jh.s aus franz. u. belg. Archiven und Bibliotheken. — Annalen d. hist. Ver. f. d. Niederrhein 121, 1932, S. 69 f.; Lacomblet, UB Niederrhein 1, S. 284, nr. 413 und S. 286, nr. 415; Günther, Codex diplom. 1, S. 387, nr. 183; Joerres, UB St. Gereon S. 22, nr. 18; Lacomblet, a. a. O. S. 290, nr. 419 und S. 294, nr. 423; Günther, a. a. O. S. 383, nr. 181.

[26] Vgl. Günther, a. a. O. S. 387, nr. 183; Lacomblet, a. a. O. S. 294, nr. 423; Günther, a. a. O. S. 383, nr. 181.

[27] Lacomblet, a. a. O. S. 290, nr. 419 und Bd. 4, S. 780, nr. 631.

[28] Seibertz, UB Westfalen 1, S. 73, nr. 55.

[29] Seibertz, a. a. O. S. 79, nr. 57; Joerres, UB St. Gereon S. 22, nr. 18.

Einen bestimmten Kreis von Hauptaufgaben mißt Rainald seiner Sorgepflicht zu. Wenn er auch hin und wieder gesteht, daß er, dem Charakter seines bischöflichen Amtes entsprechend, *omnibus fidelibus* [30] seine Fürsorge angedeihen lassen müsse, so schränkt er sie doch meist auf die *universos sub nostro regime constitutos*,[31] auf die in seinem Amtsbereich konstituierten Kleriker und Kirchen ein. Der Amtsbereich der Sorgepflicht wird also genau umrissen, damit sein institutioneller Charakter betont. Als wichtigste Aufgaben zeichnen sich ab: die Verbreitung der Religion anzustreben,[32] *ad excellentum domus dei decorem* [33] zu wirken, dessen Ansehen zu vergrößern,[34] die *lites dirimere, discordes ad concordiam renovare* [35] und besonders die Rechte und Einrichtungen der anvertrauten Kirchen und Kleriker in ihren alten Zustand *revocare*, sodann für ihre *reformatio* [36] und *conservatio* Sorge zu tragen. Betont wird so besonders der Schutz und Schirm der Geistlichen und ihrer Einrichtungen, auch in der bedeutsamen Formel des *patrocinium et munimentum*.[37] Hier sprechen sich sowohl die traditionellen Gedanken aus, für die kirchliche Lehre zu sorgen, Hüter der Eintracht zu sein, wie sie auch in der großen Canonessammlung des Dekretum Gra-

---

[30] Joerres, a. a. O. S. 22, nr. 18.

[31] Lacomblet, UB Niederrhein 1, S. 294, nr. 423; Joerres, a. a. O. S. 22, nr. 18; Lacomblet, a. a. O. S. 290, nr. 419; Ramackers, Niederrhein. Urkunden, S. 61 f.; Günther, Codex diplom. 1, S. 387, nr. 183; Lacomblet, a. a. O. S. 294, nr. 423; Günther, a. a. O. S. 383, nr. 181.

[32] Erhard, Regesta Hist. Westf. 2, S. 103, nr. 335: „religioni propagande." Hier wäre auch der Katharerprozeß anzuführen, der 1163 in Köln stattfand. Rainald hat an ihm nicht persönlich teilgenommen — er weilte damals in Italien —, aber der Prozeß fand ja in seinem Amtssprengel statt. Vgl. Knipping, Regesten d. Erzbischöfe von Köln 2, S. 124 f., nr. 760 f. Nicht nur die Verbreitung der rechten Religion, auch ihr Schutz war eine bischöfliche Pflicht.

[33] Lacomblet, UB Niederrhein 1, S. 286, nr. 415.

[34] Erhard, Regesta Hist. Westf. 2, S. 103, nr. 335: „speciei domus Dei ampliande".

[35] Lacomblet, UB Niederrhein 1, S. 284, nr. 413.

[36] Joerres, UB St. Gereon S. 22, nr. 18; Lacomblet, UB Niederrhein 4, S. 780, nr. 630.

[37] Günther, Codex diplom. 1, S. 387, nr. 183 und S. 383, nr. 181.

tiani verankert sind,[38] als auch mit Patrocinium und Munimentum Vorstellungen auftauchen, die zwar alt sind,[39] aber seit ca. 1100 mit durchaus neuem verfassungsrechtlichem Inhalt gefüllt sein konnten. Die Bestrebung zielte darauf ab, unter dem ehrwürdigen Banner des Schutzgedankens eine rechtliche Handhabe zum Eingreifen bei Übergriffen oder ungelegenen Maßnahmen anderer Amtsinhaber, etwa des Vogtes, zu gewinnen. Ein herrschaftliches Motiv also. *Die defensio aber war rasch weiterentwickelt zur positiven Aufgabe des regere et ordinare und damit zur Anordnungs- und Herrschaftsgewalt, zur potestas gestaltet und fortentwickelt.*[40] Nicht nur die geistlichen Fürsten griffen diese Möglichkeit auf, auch die weltlichen Großen bedienten sich gern der *defensio*, um ihren Einfluß auf die Klöster und ihre Insassen zu steigern. Eine stattliche Anzahl von Schutzdiplomen der staufischen Herrscher für Klöster in den verschiedensten Gebieten ihrer Ländertrias legt dafür ein beredtes Zeugnis ab.

Die Bemühungen Rainalds, den zerrütteten Zustand vieler erzbischöflicher Güter zu beheben, sind uns bekannt.[41] Auch sonst setzte er sich dafür ein, die bischöflichen Einkünfte wieder zu ordnen und zu fördern.[42] In diesen Zusammenhang gehört auch die von Barbarossa erwirkte Vergünstigung, daß man in Zukunft bei Sedisvakanz geringere Abgaben an den königlichen Hof zu leisten habe.[43] Sein von der Vernunft beherrschtes Denken kam ihm ent-

---

[38] J. P. Migne, Patrologiae cursus completus seu Bibliotheca universalis. Series Latina. Tom. 187. Paris 1891. Sp. 425, D. XC. C. I. „Discordantes clericos episcopus vel ratione vel potestate ad concordiam trahat."

[39] Vgl. ebenfalls das Dekretum Gratiani, a. a. O. Sp. 413, D. LXXXVII. C. I. „Implorantibus patrocinium episcopi debent adesse."

[40] H. Büttner, Das Erzstift Mainz und das Reich im 12. Jh. — Hessisches Jahrbuch f. Landesgeschichte 9, 1959, S. 24 f.

[41] Vgl. Knipping, Regesten d. Erzbischöfe von Köln 2, S. 115, nr. 680.

[42] Vgl. Knipping, a. a. O. S. 118, nr. 705; S. 143 f., nr. 840 f.

[43] Lacomblet, UB Niederrhein 1, S. 288, nr. 417. Erzbischof Arnold II. hatte schon einen großen und im ganzen erfolgreichen Kampf gegen die zerrüttete wirtschaftliche Lage des Erzstifts geführt. Vgl. Knipping, a. a. O. S. 85, nr. 498; vgl. auch Otto v. Freising, Gesta S. 15. 47, der Erzbischof Arnold II. als „suae ecclesiae reparator" würdigt. Der Reichsdienst for-

gegen, wirtschaftlichen und fiskalischen Belangen die ihnen gebührende Aufmerksamkeit zu widmen. Als Legat in der Lombardei
und der Toskana hat er in dieser Hinsicht verdienstvoll für das
Reich gewirkt. In den Arengen zweier Bischofsurkunden kommt
nun der auf Nutzbringung ausgerichtete Sinn des Ökonomen zum
Ausdruck. Der Eifer um den Nutzen der Kirche und die Amtsfürsorge fordere, daß die Güter nicht *sine fructu* [44] brachliegen,
vielmehr können sie, wie es in der Urkunde über die Verurbarung
des Waldes Altholt heißt, durch *congrua cultura et subiectorum
laboribus fructuose valet respondere et honesta redituum summa
fiscum dominicum adaugere.* [45]

Vergleicht man in einer Überschau die Arengen der Kölner
Erzbischöfe von Arnold I. bis Philipp von Heinsberg, so ergibt sich,
daß das Amtsdenken und die damit verbundene Sorgepflicht, dem
Zuge der Zeit entsprechend, allgemein einen starken Niederschlag
gefunden hat. Rainalds Arengen heben sich nun besonders von
denen Arnolds I. durch strengere Sachlichkeit und prägnantere
Kürze ab. Er verzichtet weitgehend darauf, seine Aussage durch
die Autorität der Bibel zu stützen. Begriffliches Denken herrscht
vor. Längere Ausführungen sind selten. Die Vorliebe für Kürze und
Sachlichkeit, das Meiden längerer theoretischer Erörterungen sprechen sich auch in Rainalds Briefen aus. [46] Insofern trifft Buffons be-

derte jedoch stetig sehr große finanzielle Aufwendungen. Unter Rainalds
Amtszeit kam noch die aufwendige Fehde gegen den Pfalzgrafen Konrad
hinzu, vgl. Knipping, a. a. O. S. 129, nr. 794 f.; vgl. auch die Urkunde bei
Seibertz UB Westfalen 1, S. 79, nr. 57, wo Rainald den Mangel an barem
Gelde mit den Aufwendungen „contra palatinum Conradum" begründete.

[44] Seibertz, a. a. O. S. 79, nr. 57.
. [45] Seibertz, a. a. O. S. 76 f., nr. 56.
[46] E. Ottos Analyse des Rainaldschen Stiles (E. F. Otto, Friedrich
Barbarossa in seinen Briefen. — Deutsches Archiv 5, 1941, S. 72 ff.) ist
höchst ungenau und verwirrend; seine Aufstellung der von Rainald verfaßten Briefe Barbarossas sehr fehlerhaft und deshalb unbrauchbar. Vgl.
dazu N. Höing, Die „Trierer Stilübungen", ein Denkmal der Frühzeit
Kaiser Friedrich Barbarossas. — Archiv f. Diplomatik 2, 1956, S. 136 f.
Herkenrath, Reinald v. Dassel S. 450 ff., geht bei dem gleichen Unternehmen zu leichtsinnig vor, seine Ergebnisse sind deshalb kritisch zu beurteilen,

rühmtes Wort *le style c'est l'homme même* m. E. auf Rainald zu. Er pflegt sein Ziel unmittelbar anzusteuern und operiert mit Vernunftsgründen.[47] Gegenüber den anderen Inhabern des Stuhles des hl. Maternus im 12. Jh. wird bei Rainald verhältnismäßig häufiger der Sorgepflicht gerade gegenüber den im eigenen Sprengel liegenden kirchlichen Einrichtungen und ihren Insassen hervorgehoben. Die auf die Allgemeinheit ausgerichtete Dienstpflicht des geistlichen Amtsträgers wird auf den bestimmten Zuständigkeitsbereich festgelegt.[48] Diese Auffassung ist als ein Indiz für ein ausgesprochen institutionelles Denken bei Rainald zu werten.

Regnum und Sacerdotium

Zentrale Bedeutung für die Beurteilung Rainalds von Dassel kommt der Zeit seines Wirkens im Dienste des Reiches zu. Etwa elf-einhalb Jahre seines Lebens, von der Berufung zum Reichskanzler im Frühjahr 1156[1] bis zu seinem frühen Tod am 14. August 1167 vor Rom,[2] hat er sich als treuer Gefolgsmann und Ratgeber Barbarossas energisch und im nimmermüden Einsatz darum bemüht, *honor* und *gloria* des Heiligen Reiches wiederherzustellen und zu erhöhen.[3] Seine vielseitigen und bedeutsamen Tätigkeiten im Auf-

---

z. B. wenn er die Salutatio der Briefe Rainalds in Briefen der Reichskanzlei wiederfindet, so stammen seiner Meinung nach die Briefe oder doch zumindest die Grußformel von Rainald. Er bedenkt oder weiß nicht, daß die gleiche Grußformel sowohl vor der Zeit Rainalds als auch danach durchaus gebräuchlich ist.

[47] Vgl. m. E. Besançon 1157; vgl. St. Jean de Losne 1162; vgl. m. E. Reichstag zu Würzburg 1165.

[48] Auch in den wenigen uns erhaltenen Legatenurkunden Rainalds wird immer wieder gesagt, daß er die Handlung laut dem Auftrage oder in Vertretung des Kaisers vollziehe.

[1] Die erste sichere Nachricht liefert das Diplom vom 10. Mai 1156, das Rainald als Kanzler rekognoszierte. St. 3740.

[2] Vgl. Knipping, Regesten d. Erzbischöfe von Köln 2, S. 160 f., Nr. 902.

[3] In den Quellen wird Rainalds Eifer um Kaiser und Reich herausgestellt. Vgl. die Angaben bei Knipping, a. a. O. S. 112 f., nr. 675.

trage von Kaiser und Reich boten ihm rein zeitlich wenig Gelegenheit, sich intensiv um die Belange seines Erzstiftes kümmern zu können. Nur knapp eineinhalb Jahre weilte er während seiner acht-
jährigen Amtszeit als Erzbischof in Köln bzw. in seinem Diözesanbereich. Daß er insgesamt gesehen seine Pflichten als Metropolit,
d. h. als Priester und geistlicher Fürst für sein Erzbistum in förder-
licher Weise erfüllte und das uneingeschränkte Lob seines Nachfol-
gers erntete,[4] wirft ein zwar rühmliches Licht auf seine erstaunliche
Leistungskraft und bischöfliche Amtsauffassung, ändert aber nichts
an der Tatsache, daß sein Handeln und Denken vor allem von
Kaiser und Reich in Anspruch genommen waren.

Als Rainald im Frühjahr 1156 in die Reichskanzlei eintrat, hatte
Barbarossa schon einen Kreis gleichgesinnter Männer und Gefolgs-
leute um sich geschart. Wie verschieden die einzelnen nach Charakter, Herkunft und Würde auch waren, wie sehr mancher von ihnen
auch Sonderinteressen verfolgte, in dem Bestreben, die Ehre und die
Macht des Reiches wiederherzustellen und zu erhöhen, waren sie
mit ihrem hochherzigen jungen Kaiser eines Sinnes. Rainald tritt
dem Kreise dieser Männer bei, in allem ihr Gesinnungsgenosse, an
Bildung und konsequenter Haltung aber den meisten überlegen. Er
wird bald die maßgebliche Persönlichkeit in des Kaisers Umgebung.
Barbarossas bislang erster politischer Berater, der auf Ausgleich be-
dachte Bischof Eberhard II. von Bamberg,[5] verliert an Einfluß.

---

[4] Lacomblet, UB Niederrhein 1, S. 370, nr. 531. Urkunde Erzbischof
Philipps von Heinsberg, der kundtut, „quod benignissimus pater domnus
Reinaldus Coloniensis archiepiscopus ... domum tamem dei commissam
sibi sanctam Coloniensem ecclesiam vigili custodia observavit, edeficiis
ecclesiasticis et episcopalibus infra et extra civitatem decoravit, ampliavit,
et quasi bonus pater filio successori in quibusdamque potuit, paterne
caritatis sollicitudine providere pie et prudenter in omnibus curavit."
[5] Über Eberhard II. von Bamberg vgl. E. Frhr. v. Guttenberg, Das
Bistum Bamberg. 1. Teil = Germania Sacra. Bd. I, 2. Berlin und Leipzig
1937. S. 141 ff.; W. Föhl, Bischof Eberhard II. von Bamberg, ein Staatsmann Friedrichs I., als Verfasser von Briefen und Urkunden. — Mitteilungen d. Inst. f. Österr. Gesch. 50, 1936, S. 73—131.

1. Die politische Konzeption Barbarossas und die Rainalds v. Dassel

Mit der Thronbesteigung, Wahlanzeige und dem Konstanzer Vertrag [6] hatte Friedrich I. schon den Weg seiner Politik angezeigt, den er zu gehen gewillt war. Das Ziel war die Wiederaufrichtung der kaiserlichen Macht und ihres Ansehens, eine umfassende *renovatio imperii*. Den Primatanspruch des Papstes galt es zurückzuweisen und die Herrschaftsrechte über Reichsitalien, die mit bedeutenden Einnahmen für den Fiskus verknüpft waren,[7] gegenüber den aufstrebenden und eigensüchtigen italienischen Kommunen [8] wieder zur Geltung zu bringen. Unerläßliche Vorbedingung zur Verwirklichung dieser großen politischen Ziele aber war die Befriedung und Konsolidierung der Verhältnisse in Deutschland, der Machtgrundlage des deutschen Kaisertums. So söhnte sich Barbarossa mit den Welfen aus und bannte das Gespenst eines weiteren verheerenden Bürgerkrieges. Dem Primatanspruch des Papstes aber war Barbarossa begegnet, indem er seine Wahl nur anzeigte und nicht wie seine beiden Vorgänger um die päpstliche Approbatio bat.[9] Als Kaiser aber stellte er sich in die Nachfolge eines Karls des Großen und Ottos des Großen,[10] wie er sich auch als Rechtsnachfolger der römischen Cäsaren fühlte.[11] Eine solche Auffassung

---

[6] Vgl. P. Rassow, Honor Imperii. Die neue Politik Friedrich Barbarossas 1152—1159. 2. Aufl. Darmstadt 1961; H. Zatschek, Beiträge zur Geschichte des Konstanzer Vertrages vom Jahre 1153. Sitzungsb. d. Akad. d. Wiss. in Wien. Phil. hist. Kl. Bd. 210, Abh. 3, 1930.

[7] Vgl. G. Deibel, Die finanzielle Bedeutung Reichsitaliens für die staufischen Herrscher des zwölften Jahrhunderts. — Zeitschrift f. Rechtsgeschichte, Germ. Abt. 54, 1934, S. 134 ff.

[8] Vgl. H. Appelt, Friedrich Barbarossa und die italienischen Kommunen. — Mitteilungen d. Inst. f. Österr. Gesch. 72, 1964, S. 311 ff.

[9] Vgl. seine Wahlanzeige, Constitutiones et Acta publica imperatorum et regum. Tom. I. MG Legum Sectio IV, Tom. I., ed. L. Weiland. Hannover 1893. S. 191, nr. 137.

[10] Vgl. Friedrichs berühmte Antwort an die Römer anläßlich seines Romzuges, Otto v. Freising, Gesta II, S. 137.

[11] Vgl. Constitutiones I S. 322, nr. 227. Friedrich I. stellt sich in die Nachfolge Konstantins des Großen, Justinians und Valentians. Der Beleg

bedeutete keine Rückwendung in die Vergangenheit, sondern ein Ausnutzen dieser geschichtstragenden Kräfte für die Gegenwart. Unter diesem Gesichtspunkt bediente er sich auch des römischen Rechtes; schon auf seiner ersten Romfahrt knüpfte er Verbindungen mit der berühmten Rechtsschule von Bologna an.[12] Die Straffung der Reichsregierung und die Schaffung einer eigenen Territorialmacht[13] waren weitere Maßnahmen, die Friedrich in Angriff genommen hatte.

Barbarossa hatte klar und unmißverständlich die Richtung seiner Politik angezeigt und bereits erste Schritte unternommen, sie zu verwirklichen. Während der Kanzler- und Erzkanzlerschaft Rainalds von Dassel sollten die Auseinandersetzungen mit dem imperialen Papsttum und das Bestreben, die Herrschaft über Italien wiederherzustellen, die Hauptaufgaben der staufischen Politik sein. Rainalds geschichtliche Bedeutung ist unlöslich mit dieser ereignisreichen Phase der staufischen Papst- und Italienpolitik verbunden. Er ist während dieser Zeit als der leitende Staatsmann für diese beiden *Ressorts* anzusprechen.[14] Von der Ostpolitik hielt er sich fern, wie er sich auch der deutschen Innenpolitik nur insofern zuwandte, als sie Belange seines Kölner Erzbistums betraf. Mit der Papst- und Italienpolitik waren aufs engste die politischen Beziehungen zu den beiden Westmächten, England und Frankreich, verknüpft. Es ist daher nicht verwunderlich, daß Rainald auch auf diesem wichtigen außenpolitischen Sektor während seiner Amtszeit als die maßgebliche Persönlichkeit in der Umgebung Barbarossas anzusehen ist.

Insgesamt begann mit Rainald von Dassel kein neuer Abschnitt in der staufischen Politik, nur ein konsequenterer, kompromißlose-

stammt allerdings aus dem Jahre 1165, aus einer Zeit also, als diese Bestrebungen stärker als vor 1156 verfolgt wurden.

[12] Vgl. P. E. Schramm, Kaiser, Rom und Renovatio. Leipzig 1929. S. 289.

[13] Vgl. H. Büttner, Staufische Territorialpolitik im 12. Jahrhundert. — Württembergisch Franken 47, 1963, S. 5 ff.

[14] Bezeichnenderweise galt Rainalds erste nachweisbare Betätigung am staufischen Hofe einem italienischen Bischof, Gerhard v. Bergamo, für den er sich als Intervenient einsetzte, St. 3743.

rer. Illusionen jagte man auch jetzt nicht nach, doch den Bogen spannte man bis zum Zerreißen. Rainalds politische Konzeption war faszinierend einfach und schlug Barbarossa und seine Gefolgschaft in den Bann. Sie war aber bei dem äußerst differenzierten Gefüge der damaligen Gegebenheiten auf die Dauer zum Scheitern verurteilt. Der Tod hat Rainald davor bewahrt, ihren völligen Zusammenbruch zu erfahren. Er ist auf dem scheinbaren Höhepunkt seines Lebens von der politischen Weltbühne abgerufen worden. Seine politische Auffassung war weder originell noch neu. Sie war im Grunde nichts als die massive Steigerung der Konzeption Barbarossas. Das Jahrzehnt, in dem Rainald die treibende politische Kraft war, hebt sich von den zuvorliegenden und späteren Regierungsjahren Barbarossas, die sich durch eine im ganzen maßvolle und elastische Politik auszeichnen, durch seine größere Systematik, Härte und Kompromißlosigkeit ab. Rainald war kein *archaisches Faktum*,[15] er sprach auch nicht *die brutale Sprache des niederdeutschen Junkers*.[16] Im Gegenteil, seine geistige Haltung ist in ihrem Kern von der Ratio bestimmt, er strebt nach Klarheit und begrifflicher Faßlichkeit.[17] Auch die Steigerung der Hoheit von Kaiser und Reich und die Weihe des Religiösen, die gerade mit seinem Amtsantritt planmäßig einsetzte, darf als rationale und konsequente Ausschöpfung der vorhandenen Möglichkeiten gewertet werden.

2. Ad sublimandum et coroborandum imperii

Rainalds rationale und zielstrebige Geistigkeit schenkt der Reichskanzlei neue Impulse, manche der überholten Bindungen an die Vergangenheit werden zerschnitten.[18] Schrift und Stil erfahren

---

[15] F. Heer, Die Tragödie des Heiligen Reiches. Stuttgart 1952. S. 52.
[16] Heer, a. a. O. S. 62.
[17] Vgl. Rainalds Briefe und Arengen.
[18] Rainald war direkt zum Reichskanzler berufen worden. Er hat nicht, wie so mancher seiner Vorgänger, erst der Hofkapelle angehört oder in der ihr angeschlossenen Reichskanzlei, die sich im Zuge der allgemeinen Institutionalisierung mehr und mehr verselbständigte, eine subalterne Funk-

eine Änderung. Etwa seit 1158 gibt man die traditionelle, verschnörkelte Minuskelschrift auf und befleißigt sich einer vereinfachten, vereinheitlichten Diplomschrift.[19] Der erste Schreiber, der sie in Vollkommenheit anwendet, ist bezeichnenderweise der „Schreiber 8", wahrscheinlich ein Italiener, dessen besondere Verbindung zu Rainald nicht zu leugnen ist.[20] Rainald ist nicht der Erfinder dieser neuen Schrift der Reichskanzlei — auch hier zeigt er sich nicht als Neuschöpfer —, italienische Kanzleien bedienten sich dieser Schrift schon, aber Rainald führt sie ein. Was den Stil anbetrifft, so befreit man sich von dem kurialen Einfluß und bildet eine eigene, selbständigere Diktion aus.[21] Vorstellungen und Ausdrucksformen des römischen Rechts und Kaisertums, die früher schon vereinzelt vorkamen, werden systematisch in den Formelschatz der Reichskanzlei aufgenommen.[22] Die Epitheta *sacer, sanctus, sacratissimus, divus* werden dem Kaiser, dem Reich, seinen Gesetzen und Institutionen zugelegt. Erstmalig im November 1158 wird Rainald in der Rekognitionszeile einer Urkunde mit *ego Rainaldus sacri palitii imperialis cancellarius* benannt.[23] Die Bezeichnung Sacrum Imperium, eine Station auf dem Wege zum *Heiligen Römischen Reich Deutscher Nation* [24] wird schon vor dem Reichstag zu Besançon im März

tion ausgeübt. So konnte er auch unbelastet sein Amt antreten und war Neuerungen eher aufgeschlossen.

[19] Vgl. R. Egger, Die Schreiber der Urkunden Kaiser Friedrich Barbarossas. Vorstudien zu einer Kanzleigeschichte. Wien, Diss. 1961. Maschinenschr. S. 35 ff.

[20] Vgl. Egger, a. a. O. S. 98 ff. Der Schreiber 8 ist von 1158—1167 nachzuweisen. Er schreibt insbesondere Rainaldurkunden. Mit Rainalds Tod hört auch seine Tätigkeit auf.

[21] Vgl. Helleiner, Papsturkunde S. 50 f.; F. Hausmann, Formularbehelfe der frühen Stauferkanzlei. — Mitteilungen d. Inst. f. Österr. Gesch. 58, 1950, S. 90.

[22] Vgl. Arengenanhang bei A. Jost, Der Kaisergedanke in den Arengen der Urkunden Friedrichs I. Münster, Diss. 1930. S. 42 ff.

[23] St. 3831; dann in zahlreichen weiteren Diplomen.

[24] Vgl. K. Zeumer, Heiliges Römisches Reich deutscher Nation. Weimar 1910; A. Diehl, Heiliges Römisches Reich Deutscher Nation. — Historische Zeitschrift 156, 1937, S. 457 ff.

1157 in den Formelschatz der Reichskanzlei aufgenommen.[25] Bezeichnenderweise findet sich die Formel *sacratissimum imperium* nur während der Zeit Rainalds im Gebrauch der Reichskanzlei, zuletzt in ST. 4090.[26] Rainald verwendet diese Formel selbst in seinen Briefen[27] und in seinen Legatenurkunden.[28] Die höchste Steigerungsform ist überhaupt ein auffälliges Charakteristikum des Rainaldschen Stiles. Er liebt es, besonders Kaiser und Reich durch den Superlativ herauszuheben. Ob mit den altbekannten Attributen *gloriosissimus, invictissimus, serenissimus,* wie sie auch zahlreich in seinen Legatenurkunden auftauchen, oder in der selteneren Form *christianissimus.*[29] Falsch wäre es, hinter diesem Stilmerkmal die simple Natur eines Gewaltmenschen zu vermuten, der alles auf die Spitze treibt. Das würde dem Persönlichkeitsbild Rainalds von Dassel nicht entsprechen. Dahinter offenbaren sich vielmehr dialektische Gedankengänge. Folgernd wird der Möglichkeiten höchste Form und Grenze gewonnen und festgehalten. Kaiser und Reich haben auf Erden nichts Vergleichbares. Heilig war das Reich, heilig der Kaiser. Zum Jahresende 1165 nahm Rainald als der zuständige Metropolit die elevatio der Gebeine Karls des Großen vor, dessen Kanonisation hatte der kaiserliche Papst Paschal III. ausgesprochen. *Ad corroborationen Romani imperii*[30] wurde die

---

[25] Constitutiones I S. 224, nr. 161.

[26] Sie findet sich nach 1167 noch in einer Bischofsurkunde Philipps v. Heinsberg. Lacomblet UB Niederrhein 1, S. 370, nr. 531.

[27] Vgl. H. Sudendorf, Registrum oder merkwürdige Urkunden für die deutsche Geschichte. Teil 2. Berlin 1851. S. 146 ff., nr. 62; J. F. Böhmer, Acta Imperii Selecta. Urkunden deutscher Könige und Kaiser. Innsbruck 1870. S. 599, nr. 887.

[28] Constitutiones I, S. 309 f., nr. 218; Ficker, Forschungen 4, S. 175, nr. 133; auch in der Barbarossaurkunde für Rainald 1167, Lacomblet UB Niederrhein 1, S. 296, nr. 426, St. 4086, geschrieben vom Schreiber 8.

[29] Brief an die Kölner 1167, Sudendorf, Registrum 2, S. 148, nr. 62: „imperium christianissimum."

[30] G. Rauschen, Die Legende Karls d. Großen im 11. u. 12. Jh. = Publ. der Ges. f. Rhein. Geschichtskde. Bd. 7. Leipzig 1890. S. 155; vgl. allgemein R. Folz, Le Souvenir et la Légende de Charlemagne dans l'Empire germanique médiéval. Paris 1950.

heilige Handlung vollzogen. Der Translator des Reiches und Ideal-
kaiser des Mittelalters war damit gegen etwaige Ansprüche Frankreichs dem Sacrum Imperium gewonnen. Die Heiligkeit Karls des
Großen strahlte auf seine Successores über. So mächtig war das Ansehen des großen Karolingers, so tief im Bewußtsein von Volk und
Reich verwurzelt, daß der rechtmäßige Papst Alexander III. die
von dem Gegenpapst Paschal verkündete Kanonisation nie bestritt.

3. Reges provinciarum et reguli. Weltherrschaftsgedanke bei Rainald von Dassel

Der Höhe des Reiches entsprachen auch seine Einrichtungen und
Gesetze. *Sacratissima iura imperii quanto studio investiganda
quantaque reverentia et devotione ab omnibus sunt honoranda
licet nec lingua nec scripto sufficenter valeat exprimi,*[31] lautet die
Arenga einer Legatenurkunde Rainalds. Und *Salve mundi domine,
Caesar noster ave* oder *Princeps terre principum, Caesar Friderice,*[32]
ertönte hymnisch die Stimme des begnadeten Archipoeten. Wir geraten in den fesselnden Problemkreis des staufischen Weltherrschaftsgedankens. Man kann nicht ableugnen, daß sich mit der
großartigen Vorstellung des universalen Kaisertums sakraler Prägung die Idee eines *dominium mundi* verbunden hat[33] und daß
die Stimmen, die sie verkündigen, dem staufischen Hause nahe-
standen.[34] Auffällig genug setzt die Entfaltung dieses die ganze
Christianitas umfassenden Gedankens etwa z. Z. Rainalds von

---

[31] Schutzurkunde für S. Sepolchro vom 7. Sept. 1163; J. B. Mittarelli,
Annales Camaldulenses. Tom. IV. Venedig 1759. Ap. S. 6, nr. 5.

[32] Watenphul-Krefeld, Archipoeta S. 68; Kaiserhymnus.

[33] Vgl. R. Holtzmann, Dominium mundi und Imperium merum. —
Zeitschr. f. Kirchengesch. 61, 1942, S. 191 ff.; R. Schlierer, Weltherrschafts-
gedanke und altdeutsches Kaisertum, Tübingen, Diss. 1934; G. Tellenbach,
Germanentum und Reichsgedanke im frühen Mittelalter. — Historisches
Jahrbuch 69, 1942—49, S. 109 ff.; H. J. Kirfel, Weltherrschaftsidee und
Bündnispolitik. Bonn 1959 = Bonner Hist. Forsch. Bd. 12.

[34] Vgl. K. Langosch, Politische Dichtung um Kaiser Friedrich Barbarossa. Berlin 1943.

Dassel ein. Aber der Gedanke eines Imperium mundi des deutschen Kaisers war nie ein offizielles politisches Programm, hat nie die geschichtliche Wirklichkeit voll beherrscht, *sondern war mehr ein geschichtlicher Mythos, ein Symbol oder Plan, den Menschen zu verwirklichen strebten, den deshalb ihr Glaube in liebender Willkür mitschuf.*[35] So findet sich der Gedanke eines Imperium mundi vor allem im Bereiche der Dichtung, vereinzelt auch in der Legistik.[36] Rainald war dieser Gedanke zweifellos bekannt, und unbestreitbar hat er ihn gefördert. Der Kaiserhymnus des Archipoeten ist Auftragsdichtung. Ein weiteres Gedicht zur Verherrlichung Barbarossas zu verfassen, hat der Erzdichter seinem Gönner Rainald wegen der Kürze der Zeit in recht launiger Weise abgelehnt.[37] *Zu vieldeutig und begrifflich zu wenig fixiert* aber sind die in diesen Zusammenhang gehörenden Bezeichnungen *reges provinciarum* oder *reguli, als daß ihnen allgemeingültige und feststehende Bedeutungen im prägnanten Sinne unterschoben werden können.*[38] Beide Begriffe stammen von Rainald selbst oder aus seiner Umgebung und haben eine Reihe von Forschern dazu verleitet,[39] ihm den Gedanken eines staufischen Weltimperiums im besonderen Maße zuzuschreiben. Der vielgewandte Friedrich Heer stellte sogar eine regelrechte *reguli-Theorie* auf, und spricht von einer *Reguliprogrammatik* Rainalds.[40] Rainald gebraucht das berühmt-berüchtigte Wort von den *reges provinciarum* auf der Synode zu St. Jean de Losne (September 1162). Der wenig deutschfreundliche Saxo Grammaticus berichtet darüber.[41] Die Synode war einberufen worden, um das verhängnisvolle Schisma zwischen Alexander III. und Viktor IV. endgültig beizulegen, allerdings sollte dies im staufischen Sinne geschehen. Man hatte die Synode diplomatisch vorbereitet und über den Gra-

---

[35] Tellenbach, Germanentum S. 110.

[36] Vgl. Kirfel, Weltherrschaftsidee S. 92 ff.

[37] Watenphul-Krefeld, Archipoeta S. 57, IV.

[38] Kirfel, Weltherrschaftsidee S. 82 f.

[39] Vgl. die räsonierende Bibliographie bei Kirfel, Weltherrschaftsidee S. 12 ff.

[40] Heer, Tragödie S. 240; derselbe, Aufgang Europas. Wien & Zürich 1949, S. 336.

[41] Saxo Grammaticus, Gesta Danorum. MG SS XXIX. S. 114.

fen Heinrich von Troyes [42] ein Treffen mit dem französischen König vereinbart. Siegesgewiß hatte man von staufischer Seite schon
vor der Synode die Anerkennung Viktors IV. als des rechtmäßigen
Papstes verkündet.[43] Am hartnäckigen Widerstand Alexanders III.,
der fest den Standpunkt vertrat, daß Papst und Kirche keines Menschen Urteil unterworfen seien,[44] und an der von politischen und
persönlichen Gründen bestimmten, schwankenden Haltung Ludwigs VII. von Frankreich scheiterte dann das geplante Treffen an
der Reichsgrenze und damit zugleich ein endgültiges Urteil über
das Schisma. Dies aber war gleichbedeutend mit einem empfind-
lichen Rückschlag für die seit der Zerstörung Mailands auf so stolzen Höhen vorwärtsstürmende staufische Politik. In einem *diplomatischen Rückzugsgefecht,* so hat Kirfel einleuchtend dargelegt,
suchte man die erschütterte Stellung wieder zu festigen.[45] Die Synode fand statt, begreiflich, um die diplomatische Niederlage nicht
allzu offen zugeben zu müssen, und Barbarossa und Rainald legten
dar: *quanto iniuriae pondere Romani imperatoris aequitatem
provincialium regum temeritas attemptaret, argumentando demon-
strare pergebat (Reynaldus). Nam si controversiam in eorum
civitatibus de pontificatu ortam cesar suis suffragiis finire vellet,
haud dubie id gravium iniuriarum loco ducerent, cum ipsi simile in
urbe Roma prepetrare conentur.*[46] Rainald hält seine Ausführung
tam valido rationis presidio unterstützt, daß er sie nacheinander in
Latein, Französisch und Deutsch vorträgt. Spiritus rector dieses Ge-

[42] Heinrich von Troyes neigte der Partei Viktors IV. zu, dessen Ver-
wandter er war. Vgl. J. Haller, Das Papsttum. Idee und Wirklichkeit.
2. Aufl. Bd. 3. Stuttgart 1952. S. 157 ff.

[43] Vgl. Constitutiones I, S. 289, nr. 207.

[44] Vgl. Alexanders Ablehnung des Konzils zu Pavia; Boso, Vita
Alexandri III. In: J. M. Watterich, Pontificum Romanorum. Tom. 2.
Leipzig 1862. S. 383. Alexander hatte sich eifrig bemüht, die Zusammen-
kunft Friedrichs I. mit Ludwig VII. zu verhindern. Vgl. seine Briefe an
Hugo v. Soissons, Migne, PL 200, S. 164; an Erzbischof Heinrich v. Reims,
den Bruder Ludwigs VII., Migne PL 200, S. 166.

[45] Kirfel, Weltherrschaftsidee S. 22 ff.

[46] Saxo Grammaticus, Gesta Danorum. MG SS XXIX. S. 114. Der
Kaiser hatte sich zuvor in ähnlicher Weise geäußert.

dankens ist zweifellos Rainald. Das ergibt sich daraus, daß er nach dem Kaiser, dem, seiner Würde entsprechend, das Wort zuvor gebührte, die Darlegung erweitert und präzisiert. Barbarossa und Rainald sprechen sich für das selbständige Entscheidungsrecht des Kaisers bzw. Königs bei zwiespältiger Papst- bzw. Bischofswahl aus. Wie Kirfels Untersuchung gezeigt hat,[47] kommt der hier im Rahmen des Weltherrschaftsgedankens wichtigen Bezeichnung *reges provinciarum* [48] keine feste und eindeutige Ausprägung zu. *Der rex in provinciae spielte zu Beginn des Mittelalters bei der Erörterung von kirchenrechtlichen Fragen eine Rolle, wurde dann von den Kanonisten in die staatsrechtliche Sphäre übertragen und gab hier den Anstoß zur Ausbildung der Lehre von der königlichen Souveränität.* [49] Rainalds Darlegung war frappierend und auf den ersten Blick einleuchtend. Die versammelten Reichsbischöfe und Fürsten lassen ja auch einen begeisterten Applaus hören.[50] Königliches Entscheidungsrecht bei zwiespältigen Bischofswahlen bestand ja und war jedem bekannt, und der Papst war de iure Bischof, nämlich Bischof von Rom. Man übersieht geflissentlich, daß Rom nicht irgendeine civitas regni oder caput regni ist, sondern caput mundi und das Papsttum eine universale, die ganze Christianitas umfassende Institution darstellt. Mag ein gewisses Wunschdenken dahintergestanden haben, die eigentliche Erklärung ergibt sich jedoch aus der Situation heraus. Barbarossa und Rainald waren nicht so überheblich, die Universalität des Papsttums glatt abzuleugnen, was bei der engen Verflochtenheit von *regnum* und *sacerdotium* die Wesensgrundlage des Imperiums im übernationalen Sinne auch erheblich gestört, wenn nicht vernichtet hätte. Die staufische Politik war in St. Jean de Losne in einen Engpaß geraten; um das Gesicht nicht zu verlieren, wandte man einen *Kunstgriff* an. Im folgenden hat man diesen Gedanken nie zu verwirklichen gesucht, sondern hat sich vielmehr darum bemüht, die Westmächte zur Anerkennung des Gegenpapstes

---

[47] Vgl. Kirfel, Weltherrschaftsidee S. 22 ff.
[48] Das Wort von den „reges Provinciarum" wird von Barbarossa gebraucht. Vgl. Saxo Grammaticus, Gesta Danorum. MG SS XXIX. S. 114.
[49] Kirfel, Weltherrschaftsidee. S. 43.
[50] Saxo Grammaticus, Gesta Danorum. MG SS XXIX. S. 114.

zu gewinnen. Mit den *reges provinciarum* waren zweifellos die Könige von Frankreich und England gemeint. Der Begriff kann in der Tat nur im kirchenrechtlichen Sinne verstanden werden, denn die Souveränität gerade dieser beiden Königtümer hat man von staufischer Seite aus beachtet.[51] Dafür spricht einmal, daß man sich an der beiderseitigen Landesgrenze treffen wollte, die staatsrechtliche Gleichstellung des anderen also anerkannte. Des weiteren hat sich gerade Rainald für die *amicitia* gegenüber dem französischen König ausgesprochen,[52] und nach Boso soll Rainald bei dem Treffen mit Ludwig VII. nach der Synode von St. Jean de Losne zum französischen König gesagt haben, er solle zum Kaiser *tamquam amicum et socium kommen*.[53] Die paritätische Basis wird also betont.

Stärker noch als der Begriff der *reges provinciarum* werden die *reguli* mit imperialistischen Ideen und Tendenzen gerade Rainalds in Verbindung gebracht.[54] Nun weisen in der Tat alle drei bekannten Belegstellen auf Köln und damit auf Rainald hin. Der kaiserliche Notar Burchard, wahrscheinlich ein Kölner und Rainald nahestehend, berichtet in einem Brief an Abt Nikolaus von Siegburg: *Unde et omnes reguli timore et odio magis imperatoris quam intuiti iustitiae illum (Alexander III.) in papam suscipere praesumunt.*[55] Zeilen zuvor hatte Burchard schon den wankelmütigen Ungarn-

[51] Der vielzitierte Brief Heinrichs II. an Barbarossa (1157), Rahewin, Gesta III, S. 171, mit der bekannten Stelle: „Regnum nostrum et quidquid ubique nostrae subicitur dicioni vobis exponimus et vestrae committimus potestati …" ist von der Kennzeichnung dieses Briefes von Rahewin her zu verstehen: „Litteras quoque mellito sermone plenas." Man hat also die „honigsüßen Worte" des englischen Monarchen am Stauferhof durchaus richtig verstanden und keine Commendatio des Plantagenets daraus gelesen.

[52] Brief Rainalds an Hugo v. Soissons, den franz. Kanzler, M. Bouquet, Recueil des Historiens des Gaules et de la France. Tom. XVI. Paris 1878. S. 202 f.

[53] Boso, Vita Alex. bei Watterich, Pontificum 2, S. 392.

[54] Vgl. Heer, Tragödie. S. 240 ff. — Heers „reguli"-Theorie ist auch insofern falsch, als er die beiden Begriffe „reges provinciarum" und „reguli" gleichsetzt.

[55] Sudendorf, Registrum II, S. 134 ff., nr. 55. Zeit etwa Wende 1161/1162.

könig einen *regulus* genannt. Der Bericht Burchards wird in etwa von der Kölner Königschronik übernommen. Danach erkannten Friedrich I. und das Imperium Viktor als Papst an, *aliarum autem provinciarum reguli et populi* entschieden sich jedoch für Alexander.[56] Der dritte Beleg stammt aus einem Brief Johanns von Salisbury an den Magister Giradus Puella, der damals in Köln weilte und Zugang zu Rainald hatte.[57] Danach soll Rainald den französischen König einen *regulus* genannt haben: *ipsum ut audivit, impudenti scurillitate verborum consuevit regulum appellare.*[58] Wir sehen, keine der angeführten Quellen kann als offizielles Dokument der staufischen Reichskanzlei gelten. Rainalds Wort vom *regulus* ist zudem nur vom Hörensagen zu Ohren des französischen Königs gekommen. Nun ist der Begriff *regulus* äußerst schillernd. Kirfel bringt eine Skala der verschiedensten im Mittelalter gebrauchten Bedeutungen. Sie reicht vom *Stammesfürsten, Kleinkönig, schwachen König* bis zum *Basilisken, Teufel, Antichristen* und *sündigen Menschen.*[59] Eine feste Theorie wäre also nur sehr schwierig mit diesem Terminus aufzubauen. Nun sprechen sich immerhin gewisse Überheblichkeitsgefühle beim Notar Burchard und, von dort übernommen, in der Kölner Königschronik aus. Sie sind zu verstehen aus der unvergleichlichen Stellung des Imperiums und besonders aus dem Stolz und dem Hochgefühl über die neugewonnene Stärke und den Glanz des Reiches — der Fall Mailands steht kurz bevor. Rainalds Ausspruch weist dagegen einen gewissen wortspielerischen Sarkasmus auf. *Impudenti scurillitate verborum*, mit unverschämtem possenreißerischem Spiel der Worte hat er den französischen König einen *regulus* genannt. Es liegt also nahe, daß Rainald, im engen Kreis von Freunden und Gesinnungsgenossen, seinen ganzen Spott und Hohn mit dem vielschichtigen Wort vom *regulus* über den wankelmütigen Ludwig VII. ausgegossen hat. Allgemein läßt sich jedoch sagen, daß der Gedanke einer Weltherrschaft, von

[56] Chronica Regia Coloniensis S. 107, zum Jahr 1161.
[57] Vgl. Knipping, Regesten d. Erzbischöfe von Köln 2, S. 149, nr. 856 f.
[58] J. P. Migne, Patrologiae cursus completus seu Bibliotheca universalis. Ser. Lat. Tom. 199. Paris 1900. S. 200, ep. 185.
[59] Kirfel, Weltherrschaftsidee S. 63.

dem Wesen des Imperiums her wie natürlich gegeben, dem Kreise um Barbarossa und damit auch Rainald wohlbekannt war. Wie sehr man ihn aber in inoffiziellen Kreisen pflegte und Dichtung und Legistik zu seiner Verbreitung und Definition anregte, die politische Wirklichkeit hat er nie voll beherrscht. Eine Oberherrschaft des Kaisers *super gentes et super regna* [60] wurde nie offiziell proklamiert. Es wäre politischer Illusionismus gewesen, eine Hoheit gerade über die an materieller Macht dem Imperium durchaus gleichwertigen Westmächte England und Frankreich zu beanspruchen. Daß man auf einen Vorrang an *auctoritas* im Sinne von Ansehen und Würde gegenüber den anderen regna bestand, ist nicht zu bestreiten und wurde auch nicht bestritten. Nur das Reich von Byzanz konnte diese Primatstellung des deutschen Kaisers anfechten bzw. die gleiche Rangstellung fordern. Bevor aber der vierte Kreuzzug und die ehrgeizige Rachsucht des greisen Dogen Enrico Dandolo Byzanz erobern, ein lateinisches Kaiserreich gründen und damit de facto die Existenz des universalen griechischen Kaisertums aus dem Bewußtsein des Abendlandes löschen, war Friedrich Barbarossa schon auf diplomatischer Bühne dem Paritätsanspruch des griechischen Kaisers entgegengetreten. Für Barbarossa gab es nur einen christlichen Kaiser, den römischen, und keine *diviso imperatoris* Byzanz-Rom. In einem Brief vom Jahre 1159 schreibt Barbarossa, daß es nur *unus Deus, unus Papa, unus Imperator* gäbe.[61] Folgerichtig nennt sich der gleiche Friedrich I. in einem späteren Antwortschreiben an Kaiser Manuel (1178) Caesar Grecorum und begrüßt Manuel nur als *rex*.[62] Nur die erste Quellenangabe betrifft die Zeit der politischen Wirksamkeit Rainalds. Welche Stellung er ansonsten in der Reichsideologie dem griechischen Kaisertum zumaß, bleibt uns verschlossen. Gegenüber Frankreich wahrt er stets die höhere Würde des Kaisers. Das spiegelt sich sinnfällig in der

[60] Heer, Tragödie S. 242.
[61] Constitutiones I, S. 253, nr. 182. An Bischof Hartmann von Brixen.
[62] H. von Kap-Herr, Die abendländische Politik Kaiser Manuels. Straßburg, Diss. 1881. Quellenanhang, S. 156 ff. Die angeführte Stelle von 1159 weist nur indirekt einen Anspruch des byzantinischen Kaisertums zurück. Barbarossa geht es in dem Brief vor allem um das „unus papa", er will auf dem Konzil zu Pavia das Schisma beendet wissen.

Titulatur wider, wie er sie in seinen Briefen an den französischen Kanzler und den französischen König verwendet. Barbarossa ist für ihn der *serenissimus Augustus*,[63] der *invictissimus Romanorum imperator* und der *Princeps serenissimus*;[64] Ludwig von Frankreich dagegen der *illuster Francorum rex* oder der *praenobilis dominus Ludevicus gloriosus Rex Francorum*.[65] Darin drückt sich keine gezielte Herabminderung des französischen Königs aus, sondern man gibt die gebräuchliche Terminologie der damaligen Zeit wieder.[66] Trotzdem darf es nicht verwundern, wenn gerade Alexander III. und seine Anhänger den Weltherrschaftsgedanken, der ja der Idee nach vorhanden war, als diplomatische Waffe gegen Barbarossa ausspielen, ihn also als ein Mittel eigener Propaganda auswerten.[67] So wirft Alexander Friedrich vor, er strebe die Gewalt über beide Schwerter an,[68] und Johann von Salisbury fragt entrüstet: *Quis Teutonicos constituit iudices nationum?*[69] Eine offizielle Erklärung Englands oder Frankreichs ist nicht bekannt. Die Hoheit und Heiligkeit des Reiches zu propagieren, seinen Vorrang vor den anderen *regna* herauszustellen, darf aber auch als ein Mittel der staufischen Innenpolitik gewertet werden, die Macht und das Ansehen von Kaiser und Reich im Imperium, jetzt in einem engeren, territorial begrenzten Sinne verstanden, zu festigen. So konnten mit diesem m. E. irrealen Gedanken auch durchaus reale Ziele verfolgt werden.

[63] Rainald an Hugo v. Soissons, Bouquet, Recueil 16, S. 202 f.

[64] Rainald an Ludwig VII. (1165), Bouquet, Recueil 16, S. 120 f.

[65] Bouquet, a. a. O. S. 120 u. 202 f.

[66] Diese Titel werden auch von der Reichskanzlei und der Kurie gebraucht. Serenissimus ist im 12. Jh. noch als imperiales Epitheton anzusehen. Vgl. H. Hofmann, Serenissimus. — Hist. Jahrbuch 80, 1961. S. 240 ff.

[67] Vgl. H. Karge, Die Gesinnung und die Maßnahmen Alexanders III. gegen Friedrich I. Barbarossa. Greifswald, Diss. 1914.

[68] Bouquet, Recueil 15, S. 761 = Ph. Jaffé u. S. Loewenfeld, Regesta Pontificum Romanorum. Tom. 2. Leipzig 1888, nr. 10627; vgl. auch ebenda nr. 10628, 10629.

[69] Johann v. Salisbury, Letters. Bd. 1, ed. Miller and Butler. London 1955. S. 206, nr. 124.

4. Debellare superbos. Die neue Kriegführung

Die Hoheit und Heiligkeit des Reiches forderte *fidelitas* und *obsequium* [70] von den *Untertanen*. Wer sie verletzte oder ihm nicht nachkam, beging gleichsam ein crimen laesae maiestatis und verfiel der Reichsacht. Gerade in Ober- und Mittelitalien, von seiner römischen Vergangenheit her besonders gut dazu geeignet, hat man versucht, die kaiserliche Macht mit allen Mitteln durchzusetzen. Die alten Königsrechte, die sich in der langen Schwächeperiode des deutschen Königtums kleinere und größere örtliche Herrschaftsträger angemaßt hatten, wollte man in altem Umfange wiederherstellen. Die legale Handhabe war unbestritten und wurde durch das Weistum der Bologneser Juristen auf dem Reichstag zu Ronkalia bestätigt.[71] Erbarmungslos ging man gegen die erklärten Reichsfeinde vor. Rainald haben wir als einen der Wortführer bedingungsloser Kriegführung anzusehen. Für ihn, der *ad sublimandum imperatoris honorem cupidissimus*,[72] konnte es kein *parcere* geben, sondern nur ein *debellare superbos*.[73] Rainald ist das *caput* einer *magna pars principum*, die 1162 für die bedingungslose Kapitulation Mailands plädieren,[74] und er ist es, der später die *deditio* festsetzt.[75] Die Niederwerfung Mailands und früher schon die Cremas nahm die Reichskanzlei, der Rainald vorsteht, in das Datum auf, und verkündigte so den Triumph über die Feinde des Reiches.[76]

---

[70] Beide Begriffe finden sich sehr oft in den Arengen von Urkunden Friedrich Barbarossas.

[71] Zu Ronkalia vgl. P. W. Finsterwalder, Die Gesetze des Reichstags von Ronkalia vom 11. Nov. 1158. — Zeitschrift f. Rechtsgeschichte. Germ. Abt. 51, 1931, S. 1 ff.; A. Erler, Die Ronkalischen Gesetze des Jahres 1158 und die oberitalienische Städtefreiheit. — Zeitschrift f. Rechtsgeschichte, Germ. Abt. 61, 1941, S. 127 ff.

[72] A. Morena, MG SS XVIII. S. 640.

[73] Rainald ist als Verfechter des alten Grundsatzes aus dem Staatsdenken anzusehen, den Virgil in die bekannte poetische Formel goß: „parcere subiectis et debellare superbos."

[74] Chronica Regia Coloniensis S. 109.

[75] Chronica Regia Coloniensis S. 111.

[76] Z. B. zu Crema: St. 3880 „in triumpho Cremae"; St. 3892 „post

Während man in früheren Kriegen im üblichen guerre d'usure nur die Jahresernte niedertrat und verbrannte, vernichtete man jetzt die Existenzgrundlagen des Feindes gänzlich, indem man die Ölpflanzungen und Weinstöcke völlig zerstörte.[77] So war die nächste Ernte für Jahre in Frage gestellt. Über die *superbia* des kleinen Crema war man so empört, daß das blutige Wüten schreckliche Exzesse feierte. Mit den Köpfen der Erschlagenen wurde Ball gespielt,[78] und die großen Belagerungsmaschinen versuchte man mit lebenden Geiseln zu schützen.[79]

5. Besançon 1157 (homo politicus)

Die Überzeugung von der Hoheit und Heiligkeit des Reiches, verbunden mit einer Amtsauffassung, die letztlich im Geistigen wurzelt und als leidenschaftliche Pflichterfüllung gegenüber dem *honor* der eigenen Person und der zu vertretenden Sache begriffen werden kann, sind auch die tieferen Gründe, die Rainalds feindliche Haltung gegenüber dem imperialen Papsttum erklären. Er hat keine neuen geistigen Momente in die bestehende Auseinandersetzung hineingetragen, er machte vielmehr die Auffassung Barbarossas zu seiner eigenen und setzte, seiner Art entsprechend, alle gegebenen Mittel und Kräfte bis zur Grenze des Möglichen ein. Es geht um die Zurückweisung jeglichen Primatanspruches des Papstes, um die Behauptung der eigenen selbständigen und gleichwertigen Stellung, um die Durchsetzung der Hoheit des Reiches im ganzen Imperium, also auch in Mittelitalien und Unteritalien mit Sizilien, einschließlich der angrenzenden Meeresgebiete.[80] Damit war rein territorialpolitisch schon mancher Konfliktstoff mit dem

destructionem Cremae"; zu Mailand: St. 3931 „post dedicionem Mediolani"; St. 3940 f. „post destructionem Mediolani".

[77] Rahewin, Gesta III, 44, S. 217 f.

[78] Rahewin, Gesta, IV, 55, S. 292 f.

[79] Rahewin, Gesta, IV, 57, S. 294.

[80] Vgl. St. 3949, Urkunde für Genua: „... quo non solum in terra, sed etiam in mari gloriam et honorem Romani imperii dilatare modis omnibus et corroborare intendimus et desideramus."

Papsttum gegeben. Spätestens 1157 hatte die Kurie erkannt, welch gefährlicher Gegenspieler ihr in dem neuen Reichskanzler erwachsen war und wie sehr sein und seiner Gesinnungsgenossen Einfluß das politische Klima zwischen Papst und Kaiser verschlechterte. Papst Hadrian IV. forderte so Wibald von Stablo [81] in einem Brief vom 19. Januar 1157 auf, sich den kurienfeindlichen Ratgebern in des Kaisers Umgebung entgegenzustellen und den Kaiser zur Ehrerbietung gegenüber dem Apostolischen Stuhl zu ermahnen.[82] Haben wir Rainald hier noch in einer Gruppe kurienfeindlicher Politiker zu vermuten, so hebt er sich im Herbst 1157 schon aus dieser heraus. In dem berühmten Brief des Papstes, der den Tumult auf dem Reichstag zu Besançon auslösen sollte, wird nicht mehr eine Gruppe angeklagt, sondern einem einzigen *perversus homo* und seiner Einflüsterung die gespannte Lage zwischen Kaiser und Kurie als Schuld zugeschoben.[83] Damit aber war Rainald gemeint.[84]

In der Beurteilung des Politikers Rainald von Dassel spielt der berühmte Reichstag von Besançon [85] eine nicht unerhebliche Rolle. Fast keine deutsche Geschichtsschreibung übergeht dies spektakuläre Ereignis, zahlreiche Einzeluntersuchungen liegen darüber vor.[86] Zwei Gedanken herrschen vor: 1. Rainald habe die Absicht der

[81] Wibald von Stablo und Corvey hatte unter Friedrich I. weitgehend an Einfluß eingebüßt. Er war zu kurienfreundlich. Man verwandte ihn zwar noch zweimal als Gesandten an den Hof von Byzanz, drängte ihn aber mehr und mehr in den Hintergrund. Vgl. Wibalds Brief an Friedrich I., worin er darüber Klage führt. Jaffé, Monumenta Corbeiensia. S. 577, nr. 446.

[82] Jaffé, Monumenta Corbeiensia. S. 585, nr. 454.

[83] Rahewin, Gesta, III, 9, a. a. O. S. 175 f.

[84] Vgl. dazu zwei weitere Briefe der Kurie, die unsere Darlegung erhärten. Rahewin, Gesta, III, 16, S. 186 und III, 23, S. 195 f.

[85] Wir beschränken uns in bezug auf den Reichstag zu Besançon auf die Frage Papsttum — Kaisertum.

[86] Wir greifen heraus: W. Ribbeck, Kaiser Friedrich I. und die Römische Kurie in den Jahren 1157—1159. Leipzig Diss. 1881; R. Jordan, Die Stellung des deutschen Episkopats im Kampf um die Universalmacht unter Friedrich I. bis zum Frieden von Venedig. Erlangen, Diss. 1939; K. Schambach, Zwei Bemerkungen zu dem päpstlichen Schreiben von 1157. — Historische Vierteljahrsschr. 14, 1911, S. 414 ff.; H. Schrörs, Untersuchungen zu

Kurie, die in versteckter Form eine Lehnsoberhoheit des Papsttums über das Kaisertum erheben wollte, erkannt und durch seine Übersetzung des Begriffs beneficium mit Lehen vereitelt;[87] 2. Im Kreise um Barbarossa habe man seit langem eine Auseinandersetzung mit dem Papsttum vorbereitet, und Rainald habe in Besançon die Gelegenheit wahrgenommen und das Signal zum offenen Ausbruch gegeben.[88] Beiden Versionen liegt der Fehler zugrunde, ihr Urteil nicht von der einmaligen Situation Besançon gewonnen zu haben, sondern es von der politischen Gesamtlage bestimmen zu lassen. Ausgangspunkt einer jeglichen Interpretation hat das Schreiben Hadrians zu sein.[89] Dieses betrifft nun, außer der knapp gefaßten Empfehlung der beiden päpstlichen Legaten und ihrer weiteren Aufträge zum Schluß des Schreibens, fast ausschließlich den Fall Eskils von Lund. Dieser dänische Prälat war auf dem Rückweg von Rom in Burgund überfallen, ausgeraubt und eingekerkert worden. Es kann kein Zweifel bestehen, daß Barbarossa davon wußte und somit seine Defensor-Pflicht gröblich verletzte,[90] da er nicht eingriff. Hinter Barbarossas Haltung taucht die vielschichtige Frage des Ostseeraumes auf, die hier nur angedeutet werden kann. Eskil von Lund war der zweite Mann des Nordens, gerade mit der Würde eines

dem Streite Kaiser Friedrichs I. mit Papst Hadrian IV. (1157—1158). Freiburg i. Br. 1916; W. Ullmann, Cardinal Roland and Besançon. — Miscel. hist. Pont. 18, 1954, S. 107 ff.

[87] So etwa Ribbeck und Schambach. Haller, Papsttum 3, S. 136, spricht sogar davon, die Kurie habe eine offene Demütigung des Kaisers beabsichtigt.

[88] So Ficker, Rainald v. Dassel, a. a. O. S. 17 ff.; K. Lamprecht, Deutsche Geschichte, Bd. 3. Berlin 1913, S. 133 ff.; F. Heer, Tragödie S. 61.

[89] Rahewin, Gesta III, 9, S. 174 ff. Zu beachten ist auch, daß uns die Vorgänge von Rahewin, also einem staufischen Parteigänger, geschildert werden.

[90] Rahewin, a. a. O.: „et tua serenissima celsitudo cognoscit, atque ad longinquas et remotissimas regionis fama tanti sceleris iam pervenit." Barbarossa hatte nicht eingegriffen, im Gegenteil: „Tu vero id ipsum ita dissimulasse diceris seviciam neglexisse, quod eosdem non est quare penitat commisisse reatum, quia inpunitatem sacrilegii quod gesserunt iamiam sentiunt invenisse."

Apostolischen Vikars geehrt. Das bedeutete größere kirchenpoli-
tische Selbständigkeit der skandinavischen Länder, über die der bei
Barbarossa wieder in Gnaden stehende Erzbischof Hartwich von
Hamburg-Bremen alte Metropolitanrechte geltend machte.[91] Der
Fall Eskil von Lund betraf aber auch die großangelegte Ostsee- und
Ostelbepolitik Heinrichs des Löwen, der wiederum in einem ab-
und anschwellenden Gegensatz sowohl zur Hamburg-Bremer Kirche als auch zu Rainalds Verwandten, den Schauenburger Grafen,[92]
stand. Insgesamt durfte dem staufischen Hofe daran gelegen sein,
wenn Eskil von Lund nicht allzubald seine Amtsgeschäfte im Norden übernahm, man also Zeit gewann, die Probleme zu lösen. Wort
und Zeile nun, die die Forschung vor allem interessieren, stehen in
einem engen Zusammenhang zum Fall Eskils von Lund. Der Papst
kann sich Barbarossas Haltung nicht erklären. Er ist sich keiner
Schuld bewußt, den Kaiser irgendwie gegen sich eingenommen zu
haben. Vielmehr *debes enim, gloriosisime fili, ante oculos mentis
reducere, quam gratanter et quam iocunde alio anno mater tua
sacrosancta Romana aecclesia te susceperit, quanta cordis affec-
tione tractaverit, quantam tibi dignitatis plenitudinem contulerit et
honoris, et qualiter imperialis insigne coronae libentissime conferens
benignissimo gremio suo tuae sublimitatis apicem studuerit confo-
vere, nichil prosus efficiens, quod regiae voluntati vel in minimo
cognosceret obviare. Neque tamen penitet nos tuae desideria volun-
tatis in omnibus implevisse, sed, si maiora beneficia excellentia tua
de manu nostra suscepisset, si fieri posset, considerantes, quanta
aecclesiae Dei et nobis per te incrementa possint et commoda*

---

[91] Vgl. K. Jordan, Die Bistumsgründungen Heinrichs d. Löwen = Schriften der Mon. Ger. Leipzig 1939. S. 81 f.

[92] Bei Helmold, Slawenchronik, ed. B. Schmeidler. Script. rer. Ger. i.
u. S. 3. Aufl. Hannover 1937. S. 170, wird Adolf II. von Schauenburg als
„cognatus" Rainalds bezeichnet. Herkenrath, Reinald v. Dassel S. 11,
schließt vorschnell auf Schwägerschaft. Cognatus bedeutet jedoch allgemein
Verwandtschaft. Zudem wird bei Arnold von Lübeck, Chronica, ed.
M. Lappenberg. MG SS XXI. Hannover 1869. S. 180, Rainalds Neffe
Adolf I. von Dassel einmal als „nepos" Adolfs III. von Schauenburg bezeichnet, was gegen die Schwägerschaft spricht.

provenire, non inmerito gauderemus.[93] So fürchtet und vermutet der Papst, daß Barbarossa den Einflüsterungen eines bösen Menschen erlegen sei und nichts zur Sühnung der verruchten Tat unternommen habe. Da die meisten weltlichen Fürsten wie der Kaiser selbst des Lateinischen gar nicht oder doch nur ungenügend mächtig waren, fiel Rainald die Aufgabe zu, den Brief in deutscher Übersetzung vorzutragen.[94] Er tat dies nach Rahewin in *fida satis* bzw. *nimis interpretatione,*[95] in ziemlich bzw. allzu treuer Weise. Keinesfalls nur in *fida interpretatione* oder wie Otto von Freising bei einem späteren Brief des Papstes in *benigna interpretatione.*[96] Er übersetzte also, um es scharf zu formulieren, in staufischem Sinne. Er hatte allen Grund dazu. Der Papst erhob massive und berechtigte Klagen gegen das Verhalten Barbarossas, und er sprach zudem von einem *perversus homo,* der Unheil stiftet, womit sehr wahrscheinlich Rainald gemeint war. Der Brief warf ein höchst ungünstiges Licht auf Barbarossa und seine Umgebung. Sein Inhalt mußte, wurde er unverfälscht wiedergegeben, auf einem Reichstag, der zudem in einem Lande stattfand, dessen Loyalität man gewinnen wollte, einen bestürzenden Eindruck machen. Das hat Rainald erkannt, den Spieß umgedreht, das latente Problem Kaiser-Papst aufgegriffen und zum Gegenstoß geführt. Eine politische Glanzleistung. Rainald hatte das Problem der Kaiserkrönung, das seit den Tagen Gregors VII. bestand, als Konterwaffe benutzt. Gewohnheitsrechtlich war der gewählte deutsche König der *rex idoneus* für die Kaiserwürde, die allerdings nur eine ideelle Erhöhung seines Ranges bedeutete. Faktisch war er bereits im Besitze der *imperatura,* der kaiserlichen *potestas,* und herrschte über die Ländertrias Deutschland, Burgund und Italien.[97] Mit der Wahl zum deutschen

---

[93] Rahewin, Gesta III, 9, S. 175.

[94] Er hat ihn wahrscheinlich zuvor in Latein vorgelesen, wie es auch Otto von Freising beim späteren Entschuldigungsschreiben des Papstes tat. Rahewin, Gesta III, 24, S. 197. Rainald fand so Zeit, sich für eine dem Kaiser und ihm genehme Übersetzung zu wappnen.

[95] Handschrift B und B'.

[96] Rahewin, Gesta III, 24, S. 197.

[97] Vgl. allgemein F. Kempf, Das mittelalterliche Kaisertum. In: Vorträge und Forschungen. Bd. 3, 1954, S. 225 ff.

König war er der *rex in imperatorem promovendus.*[98] Die Kaiserkrönung aber konnte nach herrschender Sitte nur in Rom, der *Sinn-
mitte* des Imperiums, durch den Papst erfolgen. Imperium und
Sacerdotium waren untrennbar miteinander verbunden. Im Kreise
um Barbarossa betonte man den Traditionsgedanken: die *plenitudo
dignitatis* kam dem deutschen König kraft Erbrecht zu, als dem
successor der römischen und christlichen Kaiser und durch das durch
Karl den Großen und Otto den Großen erworbene Eroberungsrecht.[99] Man erkannte dementsprechend dem Papst kein eigenes
freies Recht zur Kaiserkrönung zu, sondern die Kaiserkrönung war
eine Zeremonie, die der Papst zu erfüllen hatte. Gregorianisch gesinnte Kreise der Kurie vertraten dagegen den Translationsgedan-
ken.[100] Der Papst übertrug das Kaisertum, das entsprach seinem
Primatanspruch.[101] Rainald gab seiner Übersetzung diesen letzten
Sinn und erreichte, was er wollte. Der Fall Eskils von Lund ver-
blaßte vor dem erregenden Gedanken: das Kaisertum ein *beneficium*, ein Lehen des Papstes. Aufruhr und Tumult brachen los, die
noch durch einen in dieser Situation unglücklichen Ausruf eines
päpstlichen Legaten gesteigert wurden: *A quo ergo habet, si a
domno papa non habet imperium.*[102] Die Kurie hatte keinesfalls
eine Beleidigung des Kaisers beabsichtigt. Vielmehr lagen ihr an
dem Wohlwollen und der Hilfe Barbarossas. Auch sollte ein solches
diplomatisches Schreiben nicht der rechte Ort gewesen sein, den Anspruch des Papstes auf Lehnshoheit offiziell zu proklamieren. Im
Sprachgebrauch der Kurie bedeutete *beneficium* Wohltat, *bonum*

---

[98] Aus dieser Sicht ist es verständlich, wenn sich Konrad III., obwohl
nie zum Kaiser gekrönt, im diplomatischen Verkehr als Kaiser bezeichnete,
vgl. Jaffé, Monumenta Corbeiensia S. 377, nr. 218, und Friedrich I. sich
schon vor der Kaiserkrönung mit der kaiserlichen Titulatur schmückte.
Doch das waren bis zur Goldenen Bulle Ausnahmen.

[99] Vgl. Barbarossas Antwort an die Römer, Otto v. Freising, Gesta II,
30, S. 157.

[100] Vgl. allgemein W. Goez, Translatio imperii. Tübingen 1958.

[101] Vgl. das Laterangemälde u. seine Unterschrift bei Rahewin, Gesta
III, 10, S. 177.

[102] Rahewin, Gesta III, 10, S. 177.

factum,[103] wie es auch Hadrian in seinem späteren Schreiben darlegte.[104] Der Terminus technicus für Lehen war damals an der Kurie
wie im übrigen Europa feudum.[105] Nur in Deutschland gebrauchte
man noch beneficium im Sinne von Lehen. Die Bedeutung beneficium gleich Wohltat war aber auch hier geläufig. Selbst Rainald
verwendet den Begriff in diesem Sinne.[106] Er hat also sehr gezielt
maiora beneficia mit größeren Lehen übersetzt, und er scheint den
irrealen Bedingungssatz *si fieri posset* unterschlagen zu haben.[107]
Größere Lehen als die Kaiserwürde vermochte der Papst sowieso
nicht zu vergeben. Der Satz ist als höfliche Wendung zu verstehen.
Auch das vorsichtigere *imperialis insigne coronae libentissime conferens* Hadrians scheint Rainald sehr deutlich im Sinne der Lehns-
vorstellungen mit *insigne imperialis coronae de manu eius imperatorem suscepisse* [108] übersetzt zu haben. Rainald hat gleichsam eine
Emser Depesche aus dem Stegreif geschaffen und den erwünschten
Propagandaerfolg erzielt.[109] Bezeichnenderweise behält Rainald als

---

[103] Vgl. Ullmann, Cardinal Roland S. 108 ff.

[104] Rahewin, Gesta III, 23, S. 195 ff.

[105] Vgl. F. L. Ganshof, Was ist das Lehnswesen? Darmstadt 1961. S. 120.

[106] Rainalds Brief an die Kölner 1164. Mansi, Amplissima collectio 21,
Sp. 865: „Inter cetera enim liberalitatis suae (Friedrichs I.) beneficia,
quae in nos affluentissime contulit, nunc tria nobis munera donavit
pretiosissima." Arenga der Urkunde für die Dompropstei, Lacomblet
UB Niederrhein 1, S. 282, nr. 410, dort heißt es: „Expedit enim ut
virorum illustrium gesta scribantur, quatenus et eorum beneficia commen-
dentur memorie, et benefactorum exemplis ad imitationem viri deum
diligentes animentur."

[107] Rahewin (Gesta III, 10, S. 176 f.) zählt noch einmal die Satzpartien
auf, die die Gemüter besonders entflammt hatten. Hier wird wohl die
Version wiedergegeben, wie sie Rainald vorgetragen hatte. Dabei fehlt
das „si fieri posset".

[108] Rahewin, Gesta III, 10, S. 177. Auch in dem kaiserlichen Manifest,
Rahewin, Gesta III, 11, S. 179, überinterpretiert man das päpstliche conferre mit suscipere. Die Kurie scheint z. Z. Innozenz' II., als die Abhängigkeit des deutschen Königtums vom Papsttum besonders groß war, con-
cedere im Sinne von „zu Lehen geben" verwandt zu haben. Vgl.
Constitutiones I, S. 168 f., nr. 116 u. S. 169 f., nr. 117.

[109] Wir möchten nicht auf die Frage der „belastenden Papiere" eingehen,

der Inszenator des Entrüstungssturmes von Besançon kühlen Kopf
und beschützt sogar die päpstlichen Legaten vor der aufgebrachten
Menge.[110] Er war viel weniger emotionaler Draufgänger als mehr
ein verhaltener Rationalist.

Von kaiserlicher Seite nutzte man die Stimmung aus. Barbarossa
erläßt ein feierliches Manifest,[111] in dem er die Vorgänge auf dem
Reichstag schildert, anprangert und in dem er seiner Auffassung
vom Kaisertum programmatischen Ausdruck verleiht. Die allgemein verbreitete Lehre von den beiden Gewalten, symbolisiert in
den beiden Schwertern, wird anerkannt, doch die Unabhängigkeit
von König- und Kaisertum hervorgehoben. Sie verdanken ihre Existenz allein der Wahl der Fürsten und der Gnade Gottes: *per
electionem principum a solo Deo regnum et imperium nostrum
sit. . .*[112] Wer aber im besonderen Wahl und Weihe vorzunehmen
hat, wird in dem Brief der deutschen Bischöfe an Hadrian ausgeführt. *Debitam patri nostro reverentiam libenter exhibimus, liberam
imperii nostri coronam divino tantum beneficio ascribimus, elec-
tionis primam vocem Maguntino archiepiscopo, deinde quod
superest caeteris secundum ordinem principibus recognoscimus
regalem unctionem Coloniensi, supremam vero, quae imperialis est,
summo pontifici.*[113] Die Kaiserweihe wird dem Papst nicht bestritten, aber als Zeremonie von ihm erwartet. Der wesentliche Akt
vollzieht sich in der Wahl. So wird die staatsrechtliche Seite vor der
religiösen betont, damit aber zugleich die Unabhängigkeit des

die die päpstlichen Legaten bei ihren Auftragsreisen üblicherweise mit sich
führten.

[110] Rahewin, Gesta III, 17, S. 189.

[111] Das Diktat stammt nicht, wie Otto, Friedrich Barbarossa in seinen
Briefen S. 72 ff., meint, von Rainald. Es widerspricht in seiner prunkvollen
Rhetorik so ganz dem nüchternen, sachlichen Stil Rainalds. Wir schließen
uns deshalb Höing, Trierer Stilübungen 2, S. 136 ff., an, der in dem
Diktator Eberhard II. von Bamberg vermutet.

[112] Rahewin, Gesta III, 11, S. 179.

[113] Rahewin, Gesta III, 17. a. a. O. S. 188. Die deutschen Bischöfe hatten
eine Antwort Barbarossas mit aufgenommen. Die einfachen, klaren Ausführungen könnten gut von Rainald stammen.

Kaisertums vom Papsttum. Das war die Auffassung vom Kaisertum, die Rainald teilte und für die er mit letzter Kraft kämpfte.

Dieser Gedanke, verbunden mit dem Willen, die Hoheit des Reiches in allen drei Regna des Imperiums vollkommen durchzusetzen, trägt die Auseinandersetzung Friedrichs I. und seines ersten Beraters, Rainald von Dassel, in den folgenden Jahren mit dem imperialen Papsttum eines Hadrian IV. und Alexander III. So begünstigte man die Wahl des stauferfreundlichen Viktor IV. und verteidigte sie in einem *diplomatischen Rückzugsgefecht* zu St. Jean de Losne; so versuchte man im eigenen Machtbereich unter rücksichtslosem Vorgehen, die Anerkennung des jeweiligen Gegenpapstes durchzusetzen [114] und manövrierte sich selbst durch den von Rainald erzwungenen, äußerst undiplomatischen Eid von Würzburg (Mai 1165) in eine politische Sackgasse. Insgesamt blieben die geistlichen und weltlichen Reichsfürsten zwar loyal zum staufischen Haus, boykottierten aber durch ihre zunehmende Passivität die Handlungsfähigkeit Barbarossas und seines Erzkanzlers. Welch scharfen Kurs man auch steuerte, eine Hoheit über das Papsttum, die illusionär gewesen wäre, strebten Barbarossa und Rainald nicht an, seine Gefügigkeit wollte man erreichen. Das kommt in Rainalds Gesandtschaftsbericht zum Ausdruck, wenn er schreibt, Barbarossa solle den Wunschen der an ihn abgesandten päpstlichen Legaten nicht geneigt sein, *quia in tali statu deus vos in praesenti constituit, quod si vultis et Romam destruere et de papa et cardinalibus omnem vestram voluntatem habere.* [115]

Rainalds starre Haltung, die kein Einlenken kannte, immer das Letzte wollte, führte ihn im Schisma unabdingbar in einen scharfen Gegensatz zu Papst Alexander III., für Rainald der *haereticus et schismaticus Rolandus,* der *hostis imperii Romani.* [116] Als im Früh-

---

[114] Man denke etwa an die zahlreichen Amtsenthebungen und Neuwahlen, die Rainald als kaiserlicher Legat in Mittel- u. Oberitalien vornehmen ließ; vgl. allgemein A. Morena Continuator. MG SS XVIII. S. 640.

[115] Sudendorf, Registrum II, S. 132, nr. 54.

[116] Brief an Ludwig VII. Bouquet, S. 120 f. Die Partie findet sich wieder in der Enzyklika über den Reichstag zu Würzburg, Constitutiones I, nr. 223 ff.

jahr 1164 der Gegenpapst Viktor IV. starb, wurde auf Rainalds Betreiben [117] Guido von Crema als Paschalis III. mit der Tiara geschmückt. Barbarossa deckte nachträglich das eigenmächtige Vorgehen seines Erzkanzlers. Mehr noch als Barbarossa galt Rainald, der 1163 aus der Synode von Tours von Alexander gebannt wurde, als der *scismatis auctor et roborator*,[118] das *caput turbationis ecclesiae*,[119] als *contemptor ecclesiae semper, quatenus incentor et auctor schismatis, ex quo potuit, fuit ille Coloniensis praesumptor ecclesiae maximus inter locustas bestiae, quarum potestas est in linguis et caudis earum*.[120] Für die unter dem Banner der *libertas ecclesiae* streitende Kirche ist Rainald der Erzschismatiker, ein gottloser, der Kirche und dem rechtmäßigen Papste zutiefst feindlich gesinnter Mensch, der böse Geist Barbarossas.[121]

Rainald errang manchen Einzelerfolg, steuerte aber insgesamt in einen gefährlichen Engpaß, so daß zuletzt nur noch pure Gewaltmaßnahmen Rettung bringen konnten. Bei Tuskulum (1167) lächelte ihm das Kriegsglück, die Pestkatastrophe von Rom verschlang ihn und bewahrte ihn davor, den Zusammenbruch seiner Politik erleben zu müssen. Barbarossa, der für ein Jahrzehnt in seinem Banne stand, hat ihn hochgeschätzt und ihn mit Lob und Gütern überhäuft. Er war für ihn, und das mit Recht, der *fidelissimus princeps noster Rainaldus*,[122] der sich in nimmermüdem Dienst um die Erhöhung der kaiserlichen Macht und ihres Ansehens bemühte.[123]

[117] Romoaldi Annal. MG SS XIX, S. 434. „Cui Guido Crem. auctoritate Rainaldi cancellarii imperatoris successit."

[118] Chronicon Montis Sereni. MG SS XXIII. S. 153.

[119] Alexander an Erzbischof Heinrich von Reims, Bouquet, Recueil 15, S. 818.

[120] Johann von Salisbury an Girardus Puella. Migne, Patrologia latina, Bd. 199, S. 200, Ep. 189.

[121] Vgl. ebenda: „... tyrannus vester ecclesiae redditurus, nisi eum Colonia etiam adhuc adversus ecclesiam incitaret."

[122] Schenkungsurkunde Friedrichs I. für Rainald, St. 4086, Lacomblet UB Niederrhein 1, S. 296, nr. 426.

[123] Vgl. St. 4018, Lacomblet, a. a. O. S. 280, nr. 407. Urkunde Friedrichs I. für Rainald in Anerkenntnis seiner großen Verdienste, „... quod karissimi principi nostro Rainaldo ... pro immensis et innumerabilibus servitiis, que nostre sublimati excellenter impendit."

Miscellanea Mediaevalia 6 (Lex et Sacramentum), Berlin 1969, S. 189—207.

DER „HONOR IMPERII"
ALS SPANNUNGSFELD VON LEX UND SACRAMENTUM
IM HOCHMITTELALTER

Von GUNTHER WOLF

I

Im Jahre 1940 veröffentlichte Peter Rassow „in einer breit begründeten Auseinandersetzung"[1] mit Heinz Zatscheks zehn Jahre zuvor erschienener Abhandlung[2] über den Konstanzer Vertrag von 1153 seine umfassende Studie über ›Die neue Politik Friedrich Barbarossas‹ 1152—1158, der er den Obertitel ›Honor imperii‹ gab.[3] Er hat nach seinen Darlegungen diesen Obertitel nicht ohne Grund gewählt: „Unter Heinrich V. war ein Ansatz zur Juristizierung von kaiserlicher Seite gemacht worden, insofern es gelang, für den kaiserlichen Anteil an der Investitur die juristische Form der Verleihung des Zepters zu finden. Auf dieser Linie ist Friedrich fortgeschritten. Zum juristischen Zentralbegriff seiner Reichspolitik erhob er den ‚honor imperii‘. Ihn in dem Konstanzer Vertrag mit dem Papst rechtlich zu verankern, war seine erste politische Tat. Wenn wir diesen Schritt in der Entwicklung der Ideen vom Investiturstreit her betrachten, so war es ein Schritt nach vorwärts, nicht nach rückwärts",[4] schreibt Rassow, und weiter: „Friedrich . . . hat offenbar als moderner Mensch seiner Zeit gerade in der Juri-

[1] So Rassow selbst (vgl. Anm. 3), S. 8.
[2] H. Zatschek: Beiträge zur Geschichte des Konstanzer Vertrags vom Jahre 1153. In: Sitzungsber. d. Ak. d. Wiss. in Wien 210, 3 (1930).
[3] P. Rassow: Honor imperii. Die neue Politik Friedrich Barbarossas 1152—1159. Durch den Text des Konstanzer Vertrags ergänzte Neuausgabe. Wiss. Buchges. Darmstadt 1961. Diese Ausgabe wurde im folgenden benutzt.
[4] Ebd., S. 91.

stifizierung seiner Politik den entscheidenden Vorteil auch für sich gesehen. Denn in dem ‚honor imperii' des Vertrages, dem Hoheitsrecht des Reiches und der Bindung des Papstes an die Erhaltung und Ausgestaltung dieses Hoheitsrechtes glaubte er eine Waffe geschmiedet zu haben, mit der er sich im Konfliktsfalle siegreich durchsetzen könne." [5]

Ich darf die hier interessierenden drei Thesen bezüglich des „honor imperii" zusammenfassen: 1. Rassow zentriert dabei auf den Begriff des „honor imperii" die gesamte Politik der ersten Zeit Friedrich Barbarossas, 2. er faßt weiter den Begriff als „Hoheitsrecht",[6] als „politischen Rechtsanspruch",[7] also als Manifestierung der auch sonst feststellbaren Juristifizierung und interpretiert ihn somit gewissermaßen als „Vorläufer" von Roncaglia,[8] 3. sieht Rassow in dem Begriff ein politisches Novum, insoweit ihn Friedrich zum „juristischen Zentralbegriff seiner Reichspolitik" „erhoben" haben soll.[9]

Damit impliziert Rassow Friedrichs I. Herrscherauffassung, sie sei (um mit einem von E. Kantorowicz [10] geprägten Begriff zu sprechen) wohl eindeutig „law-centered" gewesen, auf die „lex" gegründet.

Diese Gesamtinterpretation Rassows hat weitgehend Zustimmung gefunden. Robert Holtzmann,[11] Friedrich Baethgen,[12] ja selbst — mit verständlicher Einschränkung — Heinz Zatschek [13]

[5] Ebd., S. 91 f.
[6] Ebd., S. 91 unten.
[7] Ebd., S. 60.
[8] Ebd., S. 92 oben.
[9] Ebd., S. 91 Mitte.
[10] E. H. Kantorowicz: The kings two bodies. A study in mediaeval political theology. Princeton (New Jersey) 1957.
[11] R. Holtzmann: Rezension zu Rassow: Honor imperii. In: Deutsches Archiv f. Gesch. d. Mittelalters 4 (1941), 596 f. Vgl. auch G. Tellenbach: Rezension zu Rassow. In: Zeitschr. d. Savigny-Stift. f. Rechtsgesch., Germ. Abt. 62 (1942), 441.
[12] F. Baethgen in: K. Hampe: Deutsche Kaisergeschichte in der Zeit der Salier und Staufer. 10. Aufl. bearb. von F. Baethgen. Heidelberg 1949. S. 154.
[13] H. Zatschek: Rezension zu Rassow. In: Mitt. d. öster. Inst. für Geschichtsforschung 54 (1942), 543—545, bes. 545 oben.

pflichteten Rassow bei. Allein Herbert Grundmann [14] hat in seiner
ausführlichen Rezension schon bald, vor nunmehr 25 Jahren, bei
aller Würdigung der Untersuchungen Rassows zu den Anfängen
der Politik Friedrichs I. insgesamt, schwerwiegende Bedenken gegen
die oben dargelegten drei Thesen erhoben:

„Dieser Überblick über die Anfänge Friedrichs I. bleibt auf jeden
Fall sehr lehrreich, lesenswert und anregend, auch wenn die vermeintlich damit begründete Auslegung des Konstanzer Vertrags,
die sich auf eine Deutung des Begriffs ‚honor imperii' zuspitzt, sich
nicht als stichhaltig erweist" (zu These 1).[15] Weiter: „Der Begriff
‚honor regni' oder ‚imperii' war ja überhaupt keineswegs neu geprägt; er hatte eine große Rolle gespielt in der Auseinandersetzung
zwischen Papsttum und Kaisertum im Investiturstreit, dessen Dokumente nach Zatscheks von Rassow übernommenem Nachweis
zum Teil dem Konstanzer Vertrag zugrunde lagen" (zu These 2),[16]
und zur 3. These: „Man darf daher schwerlich in diesen vieldeutig
unbestimmten Begriff alles das hineinlesen, was Friedrich I. unter
der Parole einer ‚Wiederherstellung des Reichs' verfocht. Wenigstens wurde es damit gerade nicht ‚juristifiziert, handhaft gemacht,
konkretisiert'." [17] Damit waren die gesamten Ausführungen Rassows zum Begriff des „honor imperii" in Frage gestellt; eine eingehende Diskussion dieses wichtigen Begriffs hätte folgen müssen.
Sie fand bis heute nicht statt. Ich möchte sie mit den folgenden
Ausführungen, die damit als Versuch gekennzeichnet sein mögen, in
Gang zu setzen versuchen.[18]

---

[14] H. Grundmann: Rezension zu Rassow. In: Hist. Zeitschr. 164 (1941),
577 ff. [in diesem Sammelband S. 26 ff.]. Rezension zur Neuauflage von
G. Opitz in: Deutsches Archiv f. Gesch. d. Mittelalters 18 (1962) 600. Vgl.
jetzt auch H. Appelt: Die Kaiseridee Friedrich Barbarossas. In Sitz. Ber.
Wien Bd. 252 Abh. 4. Wien 1967. S. 22. Anm. 51.

[15] Grundmann, a. a. O., S. 578.

[16] Ebd., S. 580.

[17] Ebd., S. 581.

[18] Die vorliegende Arbeit ist die unveränderte, lediglich um die Nach-
weise ergänzte Fassung eines auf der 15. Mediävistentagung am 24. September 1966 in Köln gehaltenen Referats. Anderweitige Aufgaben haben
mich gehindert, die Arbeit, was wünschenswert gewesen wäre und von mir

II

Wenden wir uns zunächst der eigentlichen Beweisführung Rassows zur Interpretation des Begriffs „honor imperii" zu. An der entscheidenden Stelle steht [19]: „Die Antwort [auf das Objekt päpstlicher Rechtshilfe] kann nur in der Interpretation des Wortes ‚honor imperii‘ liegen. Und dieses Wort ist vieldeutig genug. Kehr sagt, ‚honor‘ bedeute im älteren Mittelalter alles: die Ehre, das Recht, den Besitz, das Lehen, den Anspruch. An unserer Stelle ist es nur zu deuten als politischer Rechtsanspruch in einer Ebene, wo die päpstliche Bannsentenz in Verbindung mit der kaiserlichen Reichsgewalt treten konnte." In den genannten Anmerkungen zitiert Rassow Paul Kehr [20] in einer Äußerung von 1934 und Dietrich Schäfer [21] in einer Abhandlung von 1921. Was bieten nun diese Zitate? Kehr äußert sich über die Bedeutung von „honor" im Privileg Anaclets II. für Roger II. vom 27. Sept. 1130 ausgesprochen vorsichtig und zurückhaltend: „Was unter ‚honor Neapolis‘ zu verstehen sei, ist so einfach nicht zu sagen, da das Wort ‚honor‘ im älteren Mittelalter alles bedeutet: die Ehre, das Recht, den Besitz, das Lehen, den Anspruch." [22] Anschließend, wiederum zur Beweissicherung offenbar, beruft sich auch Kehr auf jenen Akademievortrag Dietrich Schäfers von 1921, auf den sich auch Rassow selbst beruft.

In dieser Abhandlung nun, in der ein „Beitrag zum richtigen Verständnis des Wortes ‚honor‘ geliefert werden" [23] soll, bringt

beabsichtigt war, unter Heranziehung möglichst des gesamten, umfangreichen Quellenmaterials auszubauen. So muß, bis mir oder einem anderen dies möglich ist, der Versuchscharakter der Studie bestehen bleiben.

[19] P. Rassow: Honor imperii. A. a. O. (Anm. 3), S. 60 oben.

[20] P. Kehr: Die Belehnungen der süditalienischen Normannenfürsten durch die Päpste (1059—1192). In: Abhand. d. Preuß. Ak. d. Wiss. zu Berlin. Phil.-hist. Kl., 1934, Nr. 1.

[21] D. Schäfer: Honor, citra, cis im mittelalterlichen Latein. In: Sitzungsber. d. Preuß. Ak. d. Wiss. zu Berlin. Phil.-hist. Kl., 1921. S. 372—378.

[22] P. Kehr: Die Belehnungen, a. a. O., S. 40, Anm. 1.

[23] So Schäfer selbst, a. a. O., S. 372.

Schäfer etwa drei Dutzend Belege für die von ihm unterstellte, in der Teilüberschrift „Honor = Recht, Besitz, Lehen" [24] angeführte Bedeutung von „honor", deren ältester zum Jahr 859 gehört.[25] Dabei ist festzuhalten, daß sich selbst hier bei Schäfer die Wortverbindung „honor regni" scil. „imperii", aber auch „honor sacerdotii" schon für das 11. Jahrhundert nachgewiesen findet.

Damit erscheint zunächst einmal die These von der Neuheit des Begriffs als solchen widerlegt, wenngleich wir einstweilen noch den Vorbehalt machen wollen, daß sich der Bedeutungsakzent verschoben haben könnte.

Betrachten wir aber die von Schäfer zusammengestellten Belegstellen, so untermauern sie schon prima vista nicht alle die von Schäfer immer wieder apodiktisch postulierte Interpretation allein durch Begriffe der rechtlichen Sphäre, insoweit „staatliche Verhältnisse" [26] betroffen seien.

Auf diesen Aufsatz Schäfers gründen Kehr und Rassow. Es leuchtet ein, daß, da der Begriff des „honor regni" scil. „imperii" offensichtlich schon früher vorhanden ist und an zentraler Stelle Verwendung findet, die Bedeutung von „honor" in der Tat wesentlich ist.

Dabei möchte ich bei der Betrachtung und Untersuchung mit Schäfer die Belegstellen mit eindeutiger Bedeutung von Amt und Ehre im inneren Sinne des „honestum" ausscheiden.[27] Ich möchte aber auch alle im Plural stehenden „honor"-Stellen außer acht lassen, da sie, soweit ich sehe, alle der Amts- oder doch eindeutig der Rechtsbedeutung zuzurechnen sind (Schäfer macht da zwischen Singular- und Pluralstellen keinen Unterschied), und alle Anrede-Belege („honor tuus", „honor vester"), deren Zahl — allerdings unbeachtet bislang — Legion ist.[28] Freilich sei schon hier die An-

---

[24] Ebd., S. 372.
[25] Ebd., S. 377 (Annales Fuldenses zu 859. In: Mon. Germ. hist., Script. rer. Germ. 7.)
[26] Ebd., S. 372.
[27] Vgl. dazu F. Maurer (unten Anm. 34), S. 344.
[28] Den Gebrauch der Anrede bzw. Titulatur zu untersuchen wäre sicher recht lohnend.

merkung gegenüber Schäfer gestattet, wie man denn in seinem Sinne
„honor vester" übersetzen sollte. Etwa „Euer Recht!", „Euer Besitz!" oder „Euer Lehen!"? Es leuchtet ein, daß eine solche Übersetzung unmöglich ist; es bliebe „Euer Ehrwürden!" oder „Euer
Herrlichkeit!" als Anrede für Könige, Fürsten, Bischöfe.[29] Auch sei
ausgeklammert jene Fülle der auch bei Schäfer u. a. gebotenen Belege, die, wie etwa „honor Musan" = das Lehen Mouzon oder
„honor Montis sancti Angeli" = das Lehen Monte Gargano [30] usw.,
eindeutig dem Rechtsbereich in dinglicher Weise zugehören.[31] Hier
ist Schäfers Befund ja auch unstreitig. Es bleibt aber eine große
Anzahl von Stellen, deren Deutung durch Schäfer mir zweifelhaft
scheint. Auch scheint es mir prima vista recht bedenklich, daß Schäfer einmal seine Belege weder chronologisch noch nach anderen
erkennbaren Gesichtspunkten ordnet und zum andern für einen
Nachweis eines Wortgebrauchs im gesamten Mittelalter doch eine
recht bescheidene Auswahl von Belegstellen bietet.[32] Auch wird
weder eine sprachliche noch inhaltliche Ableitung des lateinischen
Begriffs „honor"[33] = Recht, Besitz, Lehen gegeben, noch ein Hinweis auf etwaige althochdeutsche oder mittelhochdeutsche Lemma-
ta.[34]

Wir müssen daher ab ovo versuchen, den Begriff des „honor
imperii" (oder promiscue gebraucht: „regni", auch „regis" oder

[29] Z. B. Registrum Gregorii VII. In: Mon. Germ. hist., Ep. sel. II,
1 u. 2, Lib. I c. 16; Lib. III c. 14; Lib. IV c. 27; Lib. VI c. 29; Lib. IX c.
2 u. 8.
[30] Schäfer, a. a. O. (Anm. 21), S. 377.
[31] Ebd., S. 377 f.
[32] Schäfer bringt insgesamt nur wenig mehr als 30 Belegstellen.
[33] Für den Gebrauch von honor im römischen Recht u. a. H. G. Heu-
mann: Handlexikon zu den Quellen des römischen Rechts. Bearb. von
E. Seckel. 9. Aufl. Jena 1926. S. 237 f.
[34] Zum althochdeutschen und mittelhochdeutschen Begriff ‚Ehre' u. a.
F. Maurer: Tugend und Ehre. In: Wirkendes Wort 2 (1951/52), 72—80
(Abdr. in: Ges. Aufsätze. Bern, München 1963. S. 335 ff.); E. Karg-
Gasterstädt: Ehre und Ruhm im Althochdeutschen. In: Beiträge zur
Geschichte der deutschen Sprache und Literatur 70 (1948) passim; G. F.
Jones: Honor in German literature. Chapel Hill 1959. passim.

„imperatoris") zu klären. Dabei läßt sich schon ohne große Mühe, fast auf den ersten Blick feststellen, daß die Wortgruppe nicht erst seit dem Investiturstreit nachweisbar ist.[35]

III

Zunächst aber sollen die Belege Schäfers betrachtet werden, die mir in der Bedeutung „Recht, Besitz, Lehen" zumindest zweifelhaft erscheinen.

Die Salvierungsklausel im Papstwahldekret von 1059 „salvo debito honore et reverentia dilecti filii nostri Henrici . . .",[36] den Eid Erzbischof Alberos von Trier von 1132,[37] der sich vor der königlichen Investitur vom Papst hatte weihen lassen und dann versichert, er habe es nicht „ad deminutionem regii honoris" getan, ähnliche Formulierungen bei Ekkehard von Aura,[38] auch die Fürstenerklärung von 1121 in Würzburg „ut in hoc [Investitur] regnum honorem suum retineat",[39] ja selbst den Bericht Friedrichs II. an den Papst vom 13. Juli 1220 über die Königswahl Heinrichs (VII.) „donec super hoc sanum et utile consilium pro conservando honore imperii haberemus" und „Vestrum est, pater et domine, in absentia nostra de imperio curam et sollicitudinem obtinere, ut filius vester in honore seu dignitate sua nullum pati debeat

[35] Vgl. auch E. Ewig: Zum christlichen Königsgedanken im Frühmittelalter. In: Vorträge und Forschungen. Mainau-Vorträge 1954. Hrsg. Th. Mayer. Bd. 3. Wiss. Buchges. Darmstadt 1965. S. 34, besonders S. 59 mit dem Ansatz einer plausiblen Deutung.

[36] Mon. Germ. hist., Const. 1. S. 537 ff. (Zitat S. 540); Schäfer, a. a. O., S. 372; vgl. auch H. G. Krause: Das Papstwahldekret von 1059 und seine Rolle im Investiturstreit. In: Studi Gregoriani 7 (1960) 271 ff. (Text), zur Stelle besonders S. 286 ff. und 288 ff.

[37] Schäfer, a. a. O. (Anm. 21), S. 373 (Gesta Alberonis. In: Mon. Germ. hist., Script. 8. S. 250).

[38] Schäfer, a. a. O., S. 373 (Ekkehardi Urangiensis chronica. In: Mon. Germ. hist., Script. 6 S. 260).

[39] Schäfer, a. a. O., S. 373 (Mon. Germ. hist., Const. 1. Nr. 106, S. 158, Z. 26).

detrimenti" [40] — alle diese Fälle mag man eben noch für die Bedeutung von „honor" = Recht gelten lassen, obwohl man das nicht erweisen kann.

Wenn aber Schäfer den Schwur Ottos I. von 962 „Et numquam vitam aut membra neque ipsum honorem, quem nunc habes et per me habiturus eris, mea voluntate aut meo consensu aut meo consilio aut exortatione perdes" [41] als Sicherung von Leben, Leib und Besitz übersetzt, so vermag ich dem nicht zu folgen: Das „ipsum" wird unterschlagen! Gerade dieses „ipsum" aber macht, ohne daß ich irgendwelche Vorbilder dieser Stelle kenne, per se diese Stelle meines Erachtens zu einer Klimax wie einer Antiklimax. Ist es von einfacher menschlicher Sicht eine Antiklimax: Verlust des Lebens als Schlimmstes, Verstümmelung als weniger Schlimmes, Verlust des „honor" als relativ Erträglichstes — so ist es vom Geistlichen und vom kanonischen Recht her eine erkennbare Klimax: Verlust des Lebens als „minimum detrimentum", Verstümmelung und dadurch gegebenenfalls Verlust der Idoneität als „maius detrimentum", Verlust gar des „honor" als „maximum detrimentum". [42] Jedenfalls drängt gerade durch das betonende „ipsum" alles in diesem Satz auf den „honor papae" hin als auf den Kern — und das sollte zur Zeit Ottos I. nun tatsächlich Besitz meinen? Ich möchte das schon hier einstweilen in Zweifel ziehen, den Lösungsvorschlag aber auf später verschieben, wenn noch mehrere ähnliche und vielleicht noch augenfälligere Stellen vorgelegt und behandelt sind.

Bei der Ladung der Bischöfe nach Worms zum 15. Mai 1076 schreibt Heinrich IV.: „ut ita de alio in alium caritate tenderetur, dum nec sacerdotii regnum nec sacerdotium regni honore privaretur." [43] Schäfer übersetzt wiederum „daß weder das Reich seines kirchlichen, noch die Kirche ihres Reichsrechts beraubt werde". Untersuchen wir aber gerade diese Stelle einmal genau, und gehen wir dabei streng philologisch vor: Von dem Satz „ut ... tendere-

[40] Schäfer, a. a. O., S. 375 (E. Winkelmann: Acta imperii inedita Seculi 13. Bd. 1. Innsbruck 1880. S. 158).
[41] Schäfer, a. a. O., S. 376 (Mon. Germ. hist., Const. 1. S. 21).
[42] Vgl. P. Hinschius: Kirchenrecht der Katholiken und Protestanten in Deutschland. Bd. 2. Berlin 1878. S. 446 ff.
[43] Schäfer, a. a. O., S. 374 (Mon. Germ. hist., Const. 1, S. 113).

tur" ist ein durch die Konjunktion „dum" eingeleiteter bedingter
Wunschsatz abhängig: „wofern nur weder das ‚regnum' des ‚honor
sacerdotii' noch das ‚sacerdotium' des ‚honor regni' beraubt wird".
Das heißt doch wohl, daß nach Heinrichs Meinung das „regnum"
den oder vom „honor sacerdotii", das „sacerdotium" den oder vom
„honor regni" hat. Damit aber sind wir genau an jenem Punkt, wo
sich immer wieder der Begriff des „honor" findet: an der Grenz-
linie von „regnum" und „sacerdotium".[44]

Dasselbe gilt etwa auch für den Bericht der *Annales Patherbrunnenses*[45]: „Legati regis (Heinrichs V.) . . . omnem obedientiam salvo
regni honore ex parte regis exhibentes. Papa regi remandat, nil ab
eo se nisi que ad honorem ecclesie pertinent exigere." Ich möchte
hier und noch mehr in der folgenden Stelle aus dem Schreiben Gregors VII. an die deutschen Fürsten vom Januar 1077[46]: „ . . . in
his eum de nobis sperare dixerimus, in quibus eum ad salutem et
honorem suum, aut cum iustitia aut cum misericordia, sine nostrae
et illius animae periculo adiuvare possimus" „honor" nicht als Recht
in irgendwelchem materiellen Sinne verstehen. Gerade im letzten
Beleg scheint mir das die enge Verbindung von „salus" und „honor" einerseits, die „honor" aber chiastisch im Satzbau zugeordnete
„iustitia" andererseits zu verbieten.

Diese von Schäfer gebotenen Belege lassen sich jedoch vermehren.
Neben einer Unmenge von Belegen der Bedeutungen, wie wir sie
oben ausgeklammert haben, gibt es auch eine große Anzahl — wobei ich keinerlei Anspruch auf Vollständigkeit erhebe[47] — von ein-

---

[44] Siehe Anm. 36 ff.; vgl. auch Hincmarus: De ordine palatii. In: Font.
iur. Germ. ant. 3. Cap. 1, S. 7; Registrum Gregorii VII. A. a. O. (Anm.
29), Lib. I c. 9, S. 15, Z. 1; Mon. Germ. hist., Const. 1. Nr. 121, S. 177;
Ottonis et Rahewini Gesta Friderici I. imp. Lib. III c. 11. In: Mon. Germ.
hist., Script. rer. Germ. 46. S. 178 f.

[45] Schäfer, a. a. O. (Anm. 21), S. 374 (Annales Patherbrunnenses. Ed.
P. Scheffer-Boichorst. Innsbruck 1870. S. 112; Chronica regia Coloniensis.
Ed. G.Waitz. Hannover 1880. S. 46).

[46] Schäfer, a. a. O., S. 374 (Registrum Gregorii VII. Lib. IV c. 12.
A. a. O. [Anm. 29], S. 314).

[47] Es wäre, wie oben (Anm. 18) betont, sehr zu wünschen, daß das
ganze Material, das recht umfangreich ist, aufgearbeitet würde.

schlägigen „honor"-Stellen, oft — nicht nur — in herrscherlichen und geistlichen Schriftstücken. Die mir bekannten Belege sollen nun zuerst in einer gewissen Ordnung aufgeführt werden, und dann soll versucht werden, daraus, soweit das ohne eine umfassende und erschöpfende Materialsammlung möglich ist, gewisse Schlüsse zu ziehen.

IV

1. Die erste und bei weitem größte Gruppe von Belegen stellen die einfachen Verbindungen „honor regni", „honor imperii", „honor regis", „honor imperatoris", wobei sehr häufig, wie gesagt, der abstrakte Genetiv mit dem Konkretum austauschbar gebraucht wird.[48]

Zeitlich finden sich besonders viele Belege bei Barbarossa,[49] sie sind im sonstigen 12. Jahrhundert etwas seltener,[50] im Zeitalter des Investiturstreits relativ häufig,[51] in frühsalischer und

---

[48] Vgl. zur Austauschbarkeit auch H. Hoffmann: Die Krone im hochmittelalterlichen Staatsdenken. In: Festschr. H. Keller. Darmstadt 1963. S. 77.

[49] Z. B. K. F. Stumpf-Brentano: Die Kaiserurkunden des 10., 11. und 12. Jahrhunderts. Innsbruck 1865—1883. Nr. 3927, 3939, 3937, 3957, 3960, 3965, 3965, 3998 (honor imperii); 3929, 3937 (honor imperatoris); 4849, 3919 (honor imperialis) und oft. Auch: Rahewin, a. a. O. (Anm. 44), Lib. III c. 11, S. 178 f.; Mon. Germ. hist., Const. 1. Nr. 137, S. 192; Otto von Freising, a. a. O. (Anm. 44), Lib. II c. 25, S. 127 ff.; Lib. I c. 69, S. 97 f.

[50] Z. B. Konrad III. (Stumpf-Brentano, a. a. O., Nr. 3599; Monumenta Boica 29, 1: Diplomata imperatorum authentica. München 1831. S. 307, Nr. 483; Mon. Germ. hist., Const. 1. Nr. 124, S. 179); König Ludwig VII. von Frankreich 1154/55 (A. Luchaire: Etudes sur les actes de Louis VII. Paris 1885. S. 398, Nr. 330); Lothar III. 1136 (Mon. Germ. hist., Const. 1. Nr. 176, S. 245 ff.).

[51] Z. B. Ph. Jaffé: Bibl. rer. Germ. 2: Monumenta Gregoriana. S. 535 ff.; Bertholdi annales (a. 1076). In: Mon. Germ. hist., Script. 5. S. 283, Z. 5 u. 13; Registrum Gregorii VII. A. a. O. (Anm. 29), Lib. I c. 24, S. 40 f.; Lib. III c. 10, S. 268 ff.; Ep. Hann. (a. 1075). S. 18, Z. 12. Ed. H. Sudendorf: Berengarius Turonensis oder eine Sammlung ihn betreffender Briefe.

ottonischer Zeit wieder seltener,[52] in karolingischer Zeit recht häufig.[53]

„Ob honorem regni",[54] heißt es da, „omnia, que ad honorem imperii spectare videntur",[55] oft auch in der Salvierungsklausel,[56] die sich für Heinrich II. schon bei Thietmar,[57] ja sogar schon 896 beim Eid der Römer für Arnulf von Kärnten[58] findet. In allen

1850. (demnächst in: Mon. Germ. hist.: Hann. Briefsammlung); vor allem auch in: Die Briefe Heinrichs IV. Hrsg. C. Erdmann. Leipzig 1937. In: Deutsches Mittelalter 1. S. 26, Z. 2; S. 31, Z. 5; S. 31, Z. 10; S. 32, Z. 1; S. 34, Z. 10; S. 34, Z. 15; S. 35, Z. 20; S. 36, Z. 1; S. 45, Z. 5; S. 47, Z. 25; S. 48, Z. 20; S. 48, Z. 25; S. 49, Z. 30; S. 50, Z. 10, 15 u. 25; S. 52, Z. 1; S. 53, Z. 10; S. 54, Z. 15; S. 59, Z. 1; S. 61, Z. 20 (honor regis u. ä.) — S. 19, Z. 10; S. 20, Z. 10; S. 27, Z. 10; S. 32, Z. 5; S. 35, Z. 25; S. 44, Z. 15; S. 59, Z. 10; S. 60, Z. 5; S. 61, Z. 15; S. 62, Z. 1, 5, 15, 20, 25; S. 63, Z. 15; S. 64, Z. 5 (honor regni). Besonders interessant S. 15, Z. 10 (Nr. 12—1076 an Hildebrand), wo honor als Begriffsgegensatz zu confusio auftaucht.

[52] Z. B. Vita Maximini Treverensis. In: Mon. Germ. hist., Script. rer. Mer. 3. S. 75, Z. 4; Annales Quedlinburgenses. In: Mon. Germ. hist., Script. 8. S. 68 (ad 991); Mon. Germ. hist., Dipl. reg. 4. Nr. 140, S. 190, Z. 25; Mon. Germ. hist., Dipl. reg. 5. Nr. 226, S. 300 f.; Nr. 239, S. 318 ff.; Nr. 248, S. 331 f., Widukindi Corbeiensis rerum gestarum Saxonicarum libri tres. In: Mon. Germ. hist., Script. rer. Germ. 60. Lib. III c. 74, S. 151.

[53] Z. B. Mon. Germ. hist., Conc. 2 pars 2. S. 842, Z. 5 (a. 838); Poetae Saxonis annalium de gestis Caroli Magni imperatoris. In: Mon. Germ. hist., Poetae lat. 4, pars 1. Lib. IV Vers 309, S. 53; Lib. IV Vers 333, S. 54; Lib. V Vers 413, S. 65.

[54] Diplomata Konrads II. In: Mon. Germ. hist., Dipl. reg. 4. Nr. 140, S. 190, Z. 25 (verunechtet!).

[55] Vgl. auch Hoffmann, a. a. O. (Anm. 48), S. 77, der allerdings das juridische Moment m. E. zu sehr betont, freilich ohne die Begriffsgeschichte als solche zu erwägen. Dagegen sieht er den Zusammenhang mit corona wohl richtig. Das aber hätte ihn stutzig machen müssen.

[56] Zur Herleitung siehe H. Appelt, a. a. O. (Anm. 64), S. 81 f., vgl. aber Anm. 57 u. 58 u. H. G. Krause, a. a. O. (Anm. 36).

[57] Thietmari Merseburgensis Chronicon. In: Mon. Germ. hist., Script. rer. Germ. 54. Lib. V c. 16. S. 116 („salvo honore regni").

[58] 896, Febr. (Mon. Germ. hist., Cap. 2. S. 123).

diesen Fällen erscheint die Wortverbindung als feststehender Begriff schon in der Karolingerzeit, so daß es schwerfällt, innerhalb
dieser Wortverbindung, die auch immer in bestimmtem Sinn-
zusammenhang steht, an eine unterschiedliche Bedeutung von „honor" zu glauben. Nun heißt es aber auch „deum, per quem in omnibus divites facti sumus et honore imperiali sublimamur"[59] in
Diplomen Heinrichs III. von 1048 und 1049, und Barbarossa verteidigt nach Rahewin III., 11 in Besancon 1157 den „honor imperii,
qui a constitutione Urbis et christianae religionis institutione ad
vestra usque tempora gloriosus et imminutus extitit".[60] Die Bedeutung „Reichsrecht" im Sinne eines dinglichen Anspruchs ist hier unmöglich: Kein Herrscher kann dazu „erhoben" werden, ein solcher
Anspruch kann nicht von Anbeginn Roms und des Christentums
„gloriosus et imminutus" bestehen. Noch deutlicher aber sprechen
karolingische Belege, wo neben dem „honor regius" die „potestas
regia",[61] aber auch der „honor et cultus Dei"[62] und der „honor
sanctae Dei ecclesiae" etwa in den Kapitularien Karls des Kahlen
stehen. Es erscheint dabei mehr als zweifelhaft, daß innerhalb
jeweils weniger Zeilen in demselben Stück in der Bedeutung von
„honor" ein Wechsel eingetreten sein sollte. Vielleicht gibt aber
gerade der häufige Zusammenhang der karolingischen Belege mit
dem „honor Dei" etc. Aufschluß über eine Bedeutung von „honor",
die über die „lex" hinausweist.[63] Doch mögen zuvor noch weitere
Beleggruppen betrachtet werden.

2. Es findet sich unter anderem die Wortverbindung, die schon
Schäfer anführt, aber nicht angesprochen hat: „honor et utilitas
regni" (scil. „imperii", scil. „ecclesie"). H. Appelt hat in seiner
Untersuchung über den *Vorbehalt kaiserlicher Rechte in den Di-*

---

[59] Mon. Germ. hist., Dipl. reg. 5. Nr. 226, S. 300 f.; Nr. 248, S. 331 f.

[60] Vgl. auch Rahewin, a. a. O. (Anm. 44), Lib. III c. 23, S. 195 f.

[61] Mon. Germ. hist., Cap. 2. Nr. 254, S. 255, Z. 10.

[62] Ebd. S. 255, Z. 1; vgl. auch ebd. S. 254, Z. 20; S. 255, Z. 12 u. 17;
vgl. auch ebd. Nr. 220/21 S. 100, Z. 9; S. 101, Z. 10, 19, 30, 33.

[63] Vgl. auch H. Beumann: Die Historiographie des Mittelalters als
Quelle für die Ideengeschichte des Königtums. In: Hist. Zeitschr. 180
(1955), 467 f. u. 458.

plomen Friedrich Barbarossas 1960 [64] darauf aufmerksam gemacht, daß dieses Beispiel besonders lehrreich sei, „weil hier (etwa im Diplom für das Bistum Arles) neben dem Recht des Reiches im allgemeinen (iustitia) einerseits der ,honor imperii', andererseits die ,utilitas'... steht, also der Inbegriff der nutzbaren kaiserlichen Hoheitsrechte, die Barbarossa durch die italienischen Juristen als ,regalia' definieren ließ" [65].

Diese Wortverbindung ist aber alt. Sie ist nach meinen vorläufigen Erhebungen bei Konrad III.,[66] Heinrich IV.,[67] Gregor VII.,[68] Heinrich III.,[69] ja schon 829 in den Akten des Pariser Konzils [70] nachweisbar — beim Parisiense allerdings in der aufschlußreichen Verbindung „totius populi utilitatem necnon et regni honorem" (neben „utilitatem atque honorem regni"), und auch bei Gregor VII. nicht so ganz in den Rahmen der „Nutzbarkeiten" passend: „Et deo sanctoque Petro adiuvante Christo dignum honorem et utilitatem impendam." [71] Ich möchte also meinen, daß es sich um eine formelhafte Verbindung handelt, die recht alt ist und deren konkrete Auswertung für die Erkenntnis geschichtlicher, vor allem rechtsgeschichtlicher Sachverhalte nur mit großer Vorsicht vorgenommen werden kann, wofern sie sich dem nicht überhaupt entzieht.

3. Eine als häufig nachweisbare Wortverbindung, die auch im Konstanzer Vertrag auftaucht, ist weiter „honorem augere" (u. ä.).

[64] H. Appelt: Der Vorbehalt kaiserlicher Rechte in den Diplomen Friedrich Barbarossas. In: Mitt. d. Inst. f. öster. Gesch. Forschung 68 (1960), 81 ff. [In diesem Sammelband S. 33 ff.]

[65] Appelt, a. a. O., S. 84.

[66] Mon. Germ. hist., Const. 1. Nr. 121, S. 177 (a. 1138); vgl. auch ebd. Nr. 120, S. 183, Z. 15.

[67] Mon. Germ. hist., Dipl. reg. 6, pars 1. Nr. 283, S. 366 f. (a. 1076).

[68] Registrum Gregorii VII. A. a. O. (Anm. 29), Lib. II c. 38, S. 175, Z. 1 (a. 1074); Lib. V c. 14, S. 368, Z. 15 (a. 1078); Lib. IX c. 3, S. 576, Z. 10 (a. 1081).

[69] Mon. Germ. hist., Dipl. reg. 5. Nr. 322, S. 440 (a. 1054).

[70] Mon. Germ. hist., Conc. 2 pars 2. Nr. 50, S. 678, Z. 5 (S. 660, Z. 15); vgl. auch: Hludowici et Hlotharii epistola generalis. Ebd. S. 601, Z. 1.

[71] Registrum Gregorii VII. A. a. O., Lib. IX c. 3, S. 573 ff.

Bei Heinrich III. etwa finden wir in Privilegien: „id profecto et ad honoris nostri augmentum et ad aeternae retributionis gloriam nobis credimus profuturum" [72] oder: „Honor nostri regni in hoc debet augendo florere, ...",[73] bei Gregor VII.: „... et honorem tuum tam in presenti seculo adaugere quam et in futuro servare studuimus hactenus." [74] (Beachtlicherweise kann der „honor" offenbar auch „in futuro seculo" bewahrt werden! Schon das verbietet die Annahme dinglicher Rechtsansprüche oder Nutzbarkeiten!) Besonders aufschlußreich scheint mir aber diese Wortverbindung hinsichtlich des Konstanzer Vertrags durch den Wortlaut der Antwort Eugens III. vom 17. Mai 1152 auf Friedrich Barbarossas Wahlanzeige, wo es heißt: „Nos siquidem ad honoris et exaltationis tuae augmentum ... attentius intendimus laborare." [75] Das hat doch wohl seinen Niederschlag in dem „... et ad manutenendum atque augendum ac dilatandum honorem imperii pro debito officii sui iuvabit" [76] gefunden. Nimmt man das aber an — und die Aufnahme der Wortgruppe im selben Sinn legt dies nahe —, so ergibt jene grammatikalisch wie inhaltlich enge Verbindung von „honor" und „exaltatio" im Brief Eugens vielleicht auch eine Interpretationshilfe für den Konstanzer Vertrag — allerdings kaum im Sinne des „honor imperii" = „regnum Siciliae" oder „Mathildische Güter", wie das Rassow meint.

4. Verhältnismäßig selten ist die Verbindung von „honor" und „pax", die sich etwa bei Hinkmar, bezogen wiederum auf „regnum" und „ecclesia", wie oben schon erwähnt, findet: „et ad reerectionem honoris et pacis ecclesiae ac regni",[77] oder die von „honor" und „nomen", etwa: „Heinricum [IV.] synodali iudicio damnavit [Gregor VII.] regisque nomine et honore privatum anathematis gladio percussit" [78] oder: „pro magnitudine tui nominis et hono-

[72] Mon. Germ. hist., Dipl. reg. 5. Nr. 313, S. 427 f. (a. 1053).
[73] Ebd., Nr. 43, S. 53 f. (a. 1040).
[74] Registrum Gregorii VII. A. a. O., Lib. VI c. 37, S. 453 f. (a. 1079).
[75] Mon. Germ. hist., Const. 1. Nr. 139, S. 194, Z. 15 (a. 1152, Mai 17).
[76] Ebd., Nr. 144, S. 201 (a. 1153, März 23).
[77] Hincmarus: De ordine palatii. A. a. O. (Anm. 44), c. 1, S. 7 (a. 882).
[78] Brunonis liber de bello Saxonico. In: Mon. Germ. hist., Script. 5. S. 353, Z. 25; (Bruno Merseburgensis: Buch vom Sachsenkrieg. Neu bearb.

ris" [79] im Schreiben Gregors VII. an Philipp I. von Frankreich. Diese Verbindung fällt auf, nicht indem sie etwa Schäfers These stützte — im Gegenteil: Sie legt eine geistesgeschichtliche Auslegung in Analogie zu den bekannten „nomen-potestas"-Vorstellungen [80] doch recht nahe. Ich möchte mich aber angesichts des doch recht spärlichen Belegmaterials einstweilen nur auf diese Andeutung beschränken.

5. Wiederum häufiger erscheint die Wortverbindung von „honor" und „iustitia", „ius", „iudicium". Sie begegnet z. B. im Text des Konstanzer Vertrags gleich zweimal: „Et quicumque iustitiam et honorem regni conculcare ac suvertere ... presumpserit",[81] und: „Quod si regni ... de iure et honore regio iustitiam exhibere contempserit" [82]. Diese Wortverbindung findet sich auch bei Otto von Freising.[83] Recht häufig spricht Gregor VII. von „ius et honor sanctae Romanae ecclesiae" [84] (der „honor S. Petri" ist ja schon in den Papstbriefen des 4. und 5. Jahrhunderts ebenso häufig wie der „honor sacerdotii" und der „honor sacerdotalis"; [85] auch verwendet Gregor VII. häufig „honor et iustitia apostolici principatus" (!),[86] „iustitia et honor S. Petri et apostolice sedis",[87] „ius et honor S. Petri",[88] „honor et iustitia Dei".[89] Gerade die letzte Formulierung, der wir schon in den Karolingerkapitularien des 9. Jahrhunderts begegneten [90] (wenn auch dort in der einfachen Formel), erhellt aber schlaglichtartig eine Bedeutung von „honor",

v. H. E. Lohmann, Leipzig 1937. In: Deutsches Mittelalter 2. Kritische Studientexte der Mon. Germ. hist.).

[79] Registrum Gregorii VII. A. a. O., Lib. I c. 75, S. 106 (a. 1074).

[80] Vgl. u. a. H. Beumann: Nomen imperatoris. Studien zur Kaiseridee Karls d. Großen. In: Hist. Zeitschr. 185 (1958) 529 f. u. öfter.

[81] Rassow, a. a. O. (Anm. 3), S. 118, Z. 27 f.

[82] Ebd., S. 119, Z. 2 ff.

[83] Ottonis Gesta, a. a. O. (Anm. 44), Lib. II c. 25, S. 127 ff.

[84] Registrum Gregorii VII. A. a. O., Lib. IV c. 12, S. 106 f.

[85] Vgl. Anm. 126.

[86] Registrum Gregorii VII. A. a. O., Lib. V c. 4, S. 352.

[87] Ebd., Lib. IV c. 28, S. 343 ff.

[88] Ebd., Lib. I c. 41, S. 64; Lib. II c. 13, S. 145.

[89] Ebd., Lib. III c. 7, S. 256 ff.

[90] Vgl. Mon. Germ. hist., Cap. 2. Nr. 254, S. 255, Z. 1.

die weit über den Bereich der „lex", des Rechts, hinausgreift in den des „sacramentum": wenn man „honor et iustitia Dei" in die Sprache rückübersetzt, aus der die Formel unmittelbar stammt, ins Griechische, so heißt das nämlich „δόξα καὶ δικαιοσύνη θεοῦ" — unerschöpfliches Thema des Alten und Neuen Testaments.[91]

Für unser Thema ergibt sich aber daraus, daß der mittelalterliche Begriff „honor" sich auch mit dem griechischen Begriff "δόξα„ decken kann, also weit über das hinausführen kann, was „Recht, Besitz, Lehen, Anspruch, Amt, Nutzbarkeiten" oder wie im römischen Recht auch „Achtung, Ehrerbietung, letztwillige Verfügung als Legat ehrenhalber" oder gar „Honorar" im Bereich „huius saeculi" bedeuten.[92]

Aber betrachten wir zunächst noch weitere Belege dieser Wortverbindung: „Honor regis est iudicium diligere, virga aequitatis regni negotia disponere, superbos quosque debellare, subiectos vero digne pro meritis honorare", heißt es in einer verunechteten Urkunde Konrads II.,[93] und man erkennt sofort, daß dieses Arengastück aus mindestens zwei Zitaten besteht: dem „parcere subiectis et debellare superbos"[94] Vergils in „passend" gemachter Form und jener Psalmstelle, die ja auch Wipo in jener berühmten Stelle über den Regierungsantritt Konrads II. zitiert: „Abundantius erat in rege studium miserationis quam desiderium consecrationis; per semitam iustitiae incedebat, quando regium honorem petebat... Renuit iustitiam dilatare, quoniam illud erat regnare. Distulit suam benedictionem propter regium honorem; scriptum est enim: ‚Honor regis iudicium diligit'."[95] Das letztere nun ist ein Zitat aus Psalm 98 (99), 4, wo ein Trishagion auf Jahwe in einem Königshymnus ausgerufen wird.[96] Dieses Psalmzitat steht aber auch

[91] Vgl. Theologisches Wörterbuch zum Neuen Testament. Hrsg. G. Kittel. Stuttgart 1933 ff. Bd. 2. S. 194 ff., bes. S. 204 ff.

[92] Vgl. oben Anm. 33.

[93] Mon. Germ. hist., Dipl. reg. 4. Nr. 285, S. 400, Z. 5 (a. 1084/88).

[94] Aeneis VI, 853.

[95] Wiponis Gesta Chuonradi II. In: Mon. Germ. hist., Script. rer. Germ. 51. c. 5, S. 27, Z. 8—23 (a. 1024).

[96] Vgl. H.-J. Kraus: Biblischer Kommentar. Altes Testament. Bd. 15 (Psalmen). Neukirchen Moers 1959. S. 681 ff. u. a.

— und damit ist unsere Untersuchung an zentraler Stelle angelangt
— an einem Ort, der exponierter nicht gedacht werden kann, und
beinhaltet dort geradezu das „Programm" mittelalterlicher Herrscherauffassung: es ist der Text des Spruchbandes auf der Davidsplatte der Kaiserkrone. Was diese Kaiserkrone in Form und Legende bedeutet, wissen wir aber jetzt nach den eindringenden
Forschungen von P. E. Schramm [97] und H. M. Decker-Hauff [98] genau:
Sie ist das Symbol der Heiligkeit von Herrscher und Reich. Kein
Wunder also, daß sich dieses Psalmzitat auf der Platte Davids, des
„rex iustus", des „rex et propheta", des Stammvaters der „stirps
regia sacra", findet, der ja schon seit den Akklamationen Kaiser
Marcians 451 auf dem Chalcedonense,[99] seit Chlothar II. 626/27,[100]
besonders aber seit der oft als Analogie aufgefaßten unctio Pip-
pins, bei diesem, Karl dem Großen und den Kaisern bis hin zu
Friedrich II. als Vorgänger und Vorbild galt.[101]

Kein Wunder, daß von dieser Tiefe der Bedeutung der Wortverbindung von „honor" und „iustitia" es zu den Wortverbindungen von „honor" und „gloria",[102] „honor" und „salus" [103] kommt,

[97] P. E. Schramm: Herrschaftszeichen und Staatssymbolik. Bd. 1—3.
Stuttgart 1954—56. In: Schriften der Mon. Germ. hist. 13. Passim.

[98] H. M. Decker-Hauff, ebd. Bd. 2, S. 560 ff., bes. S. 617 ff.; zur älteren
Forschung u. a. E. Eichmann: Die Kaiserkrönung im Abendland. Würzburg 1942. Bd. 2. S. 57 ff.

[99] Vgl. E. Ewig, a. a. O. (Anm. 35), S. 11.

[100] Ebd., S. 21; vgl. auch S. 34 u. 59.

[101] Zur Literatur u. a.: B. J. Finkenstein: Samuel und Saul in der
Staatslehre des Mittelalters. In: Archiv für Rechts- und Sozialphilosophie
40 (1952/53), 128 ff.; E. Rieber: Die Bedeutung alttestamentlicher Vor-
stellungen für das Herrscherbild Karls des Großen und seines Hofkreises.
Diss. Tübingen 1949 (ungedr.); J. Funkenstein: Das Alte Testament im
Kampf von regnum und sacerdotium zur Zeit des Investiturstreites. Diss.
Basel 1938 (ungedr.).

[102] Mon. Germ. hist., Const. 1. Nr. 130, S. 185 f. (Epistola pisanorum
ad regem. a. 1151); Mon. Germ. hist., Dipl. reg. 5. Nr. 305, S. 414 f.
(a. 1053); Friedrich I. in: Stumpf, a. a. O. (Anm. 49), Nr. 3949 = Mon.
Germ. hist., Const. 1. Nr. 211, S. 292 (a. 1162); Cathuulf über Karl d.
Großen (a. 775) in: Ph. Jaffé: Bibl. rer. Germ. 4: Monumenta Carolina.
S. 377 ff.

die nicht selten sind. Damit befinden wir uns aber mit Sicherheit nicht mehr nur im Bereich der „lex", sondern im Bereich des „sacramentum", zu dem ja bekanntlich auch das „regale sacramentum" gehörte, das seinen Ausdruck auch in den Ordines und Laudes des eigentlichen Hochmittelalters fand.

„Honor" wird in dieser Bedeutung und in diesem Bereich geradezu zu einem Synonym jenes „splendor imperii", den in seiner Untersuchung Herwig Wolfram [104] als „‚vernünftig' nicht erfaßbares Sein" eines Reiches oder einer Herrschaft gerade dem „honor" als dem — wie er noch unter Berufung auf Rassow meint [105] — konkreten Reichsrechte in der Wortbedeutung, wie sie Barbarossa und seine Umgebung „entwickelten", entgegensetzt. Gerade das aber machen unsere Belege, so unvollständig sie noch sein mögen, zumindest für einen Teilbereich der Wortbedeutung von „honor" unwahrscheinlich.

V

Fassen wir also am Ende unserer Bestandsaufnahme, die sich immerhin gegenüber Schäfer auf etwa die fünffache Zahl von Belegstellen gründet, zusammen, so scheint doch deutlich geworden zu sein, daß der „honor regis" (scil. „regni", „imperii", „imperatoris" ohne Unterschied für uns hier):

1. eine alte Formel (mit oder ohne Zusatz) zu sein scheint, die — und das mag methodischen Einwänden betreffs Differenzierung der Verfasserschaft etc. begegnen — als solche am geeigneten Ort mit gleichbleibendem Sinngehalt verwendet wird.

---

[103] Mon. Germ. hist., Conc. 2 pars 2. Nr. 50, S. 601, Z. 1; ebd. S. 660, Z. 15; ebd. S. 678, Z. 5; Mon. Germ. hist., Cap. 2. Nr. 254, S. 255, Z. 12; Mon. Germ. hist., Dipl. reg. 4. Nr. 266, S. 367, Z. 25 (a. 1038); Mon. Germ. hist., Dipl. reg. 5 Nr. 10, S. 12 (a. 1039) u. Nr. 263, S. 351 (a. 1051?); vgl. auch Rahewin, a. a. O. (Anm. 44), Lib. III c. 11, S. 178 f.

[104] H. Wolfram: Splendor imperii. Die Epiphanie von Tugend und Heil in Herrschaft und Reich. In: Mitt. d. Inst. f. öster. Gesch. Forschung. Ergbd. 20, 3 (1963), 153.

[105] Ebd., S. 153.

2. Es scheint erwiesen, daß dieser Sinngehalt über den rein rechtlichen, ja dinglichen Bereich hinausweist, daß der „honor regis"
etc. eben, wie Grundmann seinerzeit schon ausführte, nicht ein ju-
ristisches Konkretum meint — jedenfalls nicht in unserem Zusammenhang —, sondern über den Bereich der „lex" in den des „sacramentum" hinausgreift.

Damit glauben wir aber der mittelalterlichen Vorstellung um
einiges nähergekommen zu sein.

Unsere Betrachtungen wären aber unvollständig, wenn wir die
bereits angedeuteten Linien nicht nach oben wirklich auszuziehen
würden — mit einem überraschenden Ergebnis, wie ich meine.

VI

„Honor" ist neben „gloria" die häufigste Wiedergabe der griechischen Begriffe „δόξα" und „τιμή";[106] diese wiederum stehen als
häufigste Wiedergabe des hebräischen „kabôd" in der Septuaginta.[107]
Letzteres — eigentlich Gewichtigkeit, das, was gewichtig macht —
ist die Erscheinung Jahwes, sein Glanz, seine Macht, letztlich seine
Wesenheit als Erscheinung und insoweit seine Herrlichkeit als
Emanation seiner Heiligkeit.[108] „Kabôd" ist also hier als Gottes-
aussage eindeutig sakral gebraucht. „Kabôd" ist aber auch die
„Ehre" des Menschen als „imago Dei", von Gott ihm zugeteilt,

---

[106] Vgl. auch Homer: Ilias 1, 278; 2, 197; 6, 193; Odyssee 1, 117;
Hesiod: Theogonia 347; (heranzuziehen auch Platon: Politeia VIII, 549 c;
Xenophon: Kyropädie I, 2, 15).

[107] Zum folgenden u. a. Joh. Schneider: Doxa. Gütersloh 1932, passim;
H. Kittel: Die Herrlichkeit Gottes. Gießen 1934, passim; A. v. Gall: Die
Herrlichkeit Gottes. Gießen 1900, passim; B. Stein: Der Begriff Kabôd
Jahwe und seine Bedeutung für die alttestamentliche Gotteserkenntnis.
Emsdetten i. W. 1939; B. Zielinski: Die Doxa Christi transfigurati. In:
Verbum Domini 26 (1948) 291—302; A. M. Ramsay: The Glory of God
and the transfiguration of Christ. London (N. Y.) 1949, passim.

[108] Vgl. u. a. Ex 16, 10; 24, 16 f.; Dt 5, 24; Ps 145, 11 f.; Hab 2, 14;
aethHen 22, 14; 27, 3. 5 u. ö.

insbesondere auch dem König,[109] der, wie wir wissen, seit je in besonderer Weise „imago Dei" ist.

Letztere Vorstellung findet sich vor allem bei dem orientalisch beeinflußten Propheten Daniel,[110] aber etwa auch im rabbinischen Judentum, z. B. als „Ehre" des Caesarenhauses.[111] Bei Berakôt kann Gott denen, die ihn fürchten, oder eben den Königen Teil an seiner „kabôd" geben.[112] Nun ist aber „kabôd" = Ehre hier in keinem Fall ethisch-sittlich zu verstehen — wie der heute vorherrschende Wortgebrauch im Neuhochdeutschen —, sondern eindeutig als Numinosum. „δόξα", das allein mit 180facher Übersetzung von „kabôd"[113] in der Septuaginta den Großteil der Wiedergaben stellt, tritt neben „τιμή", oft auch verbunden mit „ἰσχύς" = Stärke, „χάρις" = Gnade und „βασιλεία" = (Königs-)Herrschaft, auf.[114]

Auch für „δόξα" gilt, daß Gott, der Herr der „δόξα", sie auf Menschen, insbesondere auf Könige legt. Bei Daniel hat Gott dem Nebukadnezar „βασιλεία", „ἰσχύς", „τιμή" und „δόξα" gegeben. Der König hat einen „θρόνος δόξης", auf dem er „ἐν δόξῃ" sitzt und einen „στέφανος δόξης" oder ein „διάδημα δόξης" trägt. „δόξα" ist auch der königliche Ruhm, die Herrlichkeit des Judas Makkabäus.[115] Es gibt aber nicht nur eine „δόξα βασιλέως" im Alten Testament, sondern auch eine „δόξα βασιλείας". Sie ist die sichtbare, an den königlichen Zeichen erkennbare Königsmacht.[116] Auch im Neuen Testament,[117] wenngleich weniger häufig, finden sich

---

[109] Vgl. Dn 2, 37; Ps 8, 6.

[110] Z. B. Dn 4, 33; 7, 14; 11, 21; bes. 1, 9; 2, 37; 5, 18; 5, 20; 7, 14; 11, 21.

[111] U. a. Jebamot 65 b.

[112] Berakot 58 a; vgl. auch Sifre Numeri 140 zu Nm 27, 20: Moses ordiniert Josua und überträgt damit einen Teil der von Gott stammenden Kabôd auf Josua.

[113] δόξα erscheint etwa 445 mal in der Septuaginta, davon 280 mal in den kanonischen Büchern. Es gibt etwa 25 hebräische Entsprechungen, davon nimmt kabôd mit 180 Stellen einen hervorragenden Platz ein.

[114] Dn 2, 37.

[115] 1 Makk 14, 4 f.

[116] Vgl. Anm. 107 in der dort herangezogenen Literatur.

[117] Z. B. Apk. 21, 24. 26 (1 Tim 6, 16!).

für uns wesentliche Belege: in 1 Petr 2, 17: „ehret den König" [118] und jenem indirekten Beweis in Apk 4, 11, wo Gott allein das „Tris-hagios" zuerkannt wird als Antithese gegen die von Domitian auf Grund alter hellenistischer Götter- und Königstitel offiziell eingeführte Titulatur „Dominus et Deus noster" und die damit verbundene Vergottung.[119]

Gerade aber diese Bezeichnung „Dominus", auf griechisch „κύριος", weist auf die altbekannte Verbindung „κύριος βασιλεύς" hin, in der „κύριος" „ein uraltes Prädikat der Hofsprache des Ostens" ist, das „eine kultische Seele" hat und zu dessen „Hofstaat" erwiesenermaßen auch Begriffe wie „ἐξουσία", „κράτος", „ἰσχύς", „δύναμις", „μεγαλειότης", „δόξα", „τιμή", „χάρις", „ἀρετή", „αἰώνιος" und andere gehören.[120] Besonders „χάρις" und „δόξα",[121] letzteres mit dem Akzent des Glanzes bis hin zum Nimbus und zur Mandorla, gehören zu den im hellenistischen und später im römischen Bereich (über den ja in ähnlichem Zusammenhang, wie gesagt, H. Wolfram kürzlich gehandelt hat)[122] vorhandenen Vorstellungen über den Herrscherkult. Es bleibt mit Nachdruck festzuhalten, daß eben auch der aus der „δόξα" abgeleitete „honor regis" hierher gehört.

Es bleibt weiter noch zu erwähnen am Ende der hebräischen[123] und hellenistisch römischen, letztlich orientalischen „Ahnenreihe", daß auch bei den apostolischen Vätern[124] „τιμή" und „δόξα"

---

[118] Zu 1 Petr 2, 17 vgl. H. Windisch, H. Preisker: Handbuch zum Neuen Testament. Bd. 15. Tübingen 1951. S. 64 (vgl. Is 40, 6).

[119] Zu Apk 4, 11 vgl. E. Lohmeyer: Handbuch zum Neuen Testament. Bd. 16. Tübingen 1953. S. 50 ff.

[120] Vgl. Anm. 107.

[121] Siehe auch Philo v. Alexandrien: Quaestiones in Exodum. Lib. II c. 45 (zu Ex 24, 16), βασιλέως δόξα, die mit dem Herabkommen der Herrlichkeit Gottes auf dem Sinai verglichen wird.

[122] Vgl. H. Wolfram, a. a. O. (Anm. 104).

[123] Vgl. Flavius Josephus: Antiquitates Iudaicae 3, 188; 12, 42. 157 u. ö. für Hohepriester; Bellum Iudaicum 2, 208 f. für Kaisertitel; 1, 461 u. ö. für Königstitel.

[124] Vgl. 1. Clemensbrief 61, 1. 2; 64; 65, 2 u. ö.

mit der gottgewirkten Stellung des Herrschers gleichgesetzt werden.[125]

VII

Wenn wir nach den bisherigen Betrachtungen das Ergebnis zusammenfassen, so können wir, glaube ich, festhalten, daß der Begriff „honor imperii" („regni" etc.) eine lange Geschichte hat,[126] die nicht erst im Mittelalter beginnt, sondern weit in die Antike zurückreicht, wohl letztlich auf uraltes Gedankengut des Orients zurückgeht. Dabei dürfte die Quelle des Mittelalters wohl am ehesten aus der Bibel (und spätrömischen Vorstellungen) gespeist werden, wie ja jene zentralste Belegstelle auf der Davidsplatte der Kaiserkrone [127] des 10. Jahrhunderts zeigt.

Wir glauben aber auch, die mit großer Wahrscheinlichkeit über den Bereich des reinen Rechts, der „lex" hinausführende Bedeutungsmöglichkeit von „honor" sichtbar gemacht zu haben.

[125] Zum ganzen Abschnitt siehe Theologisches Wörterbuch, a. a. O. (Anm. 91), Bd. 2, S. 236 ff. Auf das ja von δόξα abgeleitete Epitheton ἐνδοξότατος, das ja zur Kaisertitulatur vor allem im byzantinischen Sprachgebrauch gehört (cfr. gloriosus!), möchte ich hier nur, wenn auch mit Nachdruck, hinweisen. Vgl. auch G. Wolf: Gloriosissimus papa. Ein Beitrag zur Geschichte des älteren Episkopats. In: Zeitschr. d. Savigny-Stift. f. Rechtsgesch., Kanon. Abt. 75 (1958); O. Hirschfeld: Kleine Schriften: Die Rangtitel der römischen Kaiserzeit. Berlin 1913; L. Dineen: Titles of Address in Christian Greek epistolography to 527 AD. Washington 1929; M. B. O'Brien: Titles of Address in Christian Latin epistolography to 543 AD. Washington 1930.

[126] Vgl. auch Epistola Innocentii I. In: Pl 20, 469, um 405: „honor sacerdotii"; ebd. col. 496: „honor ecclesiasticus" und col. 503: „Nam reprobata ordinatio honorem sacerdotis auferre non potest"; Epistola Zosimi, ebd. col. 649, um 417/18: „honorem episcopatui deferre . . ." und oft. Zum honor S. Petri vgl. H. Fichtenau: Arenga. In: Mitt. d. Inst. f. öster. Gesch. Forsch. Ergbd. 18 (1958), 100.

[127] Die Krone selbst wird ja in den Ordines des 9. und 10. Jahrhunderts mit 2 Tim 4, 8 und Sir 45, 14 als ‚corona gloriae atque iustitiae, honor et opus fortitudinis' bezeichnet (vgl. Eichmann, a. a. O [Anm. 98], Bd. 2, S. 60 und 65 f. sowie Decker-Hauff, a. a. O. [Anm. 98], S. 618).

Von da werden auch die angeführten Wortverbindungen sinn-
voll: Der „honor regis" („imperatoris") und damit der „honor
regni" („imperii") gehört zum „regale sacramentum",[128] er bezeichnet geradezu eine Qualität desselben.

Unsere begriffsgeschichtlichen Betrachtungen wären aber nicht in
sich abgerundet, würden wir nicht noch den Blick auf das Mittelhochdeutsche richten: Da gibt es nämlich u. a. an fast klassischer
Stelle die Übersetzung und Interpretation des „honor imperii" in
staufischer Zeit.

Walther von der Vogelweide spricht nämlich in seinem wohl
ältesten Sang im Reichston aus dem Jahre 1198[129] von der „tiu-
schiu zunge", deren „êre alsô zergât". In diesem berühmten Sang
Walthers, in dem er bitter über den Niedergang des Reichs und den
Übermut der kleinen Könige klagt, meint er mit „êre" nichts
anderes — das ergibt der Kontext — als den „honor imperii".[130]
Auch nach diesem Zeugnis stand beim „honor imperii" aber nicht
(bei einem staufischen Zeitgenossen, der der Zeit des Konstanzer

---

[128] So in Mon. Germ. hist., Dipl. reg. 5. Nr. 68, S. 87.

[129] Vgl. R. Kienast: Walthers von der Vogelweide ältester Spruch im
„Reichston": Ich hôrte ein wazzer diezen. In: Gymnasium 57 (1950)
201—218. Der ganze Spruch ist randgefüllt mit mittelalterlicher Welt- und
Staatsanschauung (vgl. auch G. Wolf: Universales Kaisertum und nationales Königtum im Zeitalter Kaiser Friedrichs II. In: Miscellanea Mediaevalia 5. Berlin 1968. S. 243 f.), wobei Walther gängige lateinische Begriffe
(creatura: 1—12, mundus: 3, ratio: 12, rex und lex: 15, dominus und
servus: 16, ordo: 17, honor: 20, circuli: 22, reguli: 23) aus der Gedanken-
welt seiner Zeit ins Mittelhochdeutsche überträgt.

[130] Neben einer Fülle von allgemeinen êre-Belegstellen bei Walther, der
darüber ja zu handeln liebt, finden sich folgende für uns relevante Stellen
(nach: Deutsche Nationalliteratur 8, 2: Spruch- und Zeitgedichte. S. 76 ff.),
soweit ich sehe:
S. 89, Z. 25 ff.:

> „Philippe, künec hêre
> sie gebent dir alle heiles wort
> und wol den liep nâch leide.
> nu hast du guot und ê r e
> daz ist wol zweier künege hort."

S. 121, Z. 13: „... keisers êren ..." = honor imperatoris.

Vertrags nicht allzu ferne steht, besonders interessant) die Rechtsbedeutung oder eine der anderen, von Schäfer u. a. herausgestri-
chenen dinglichen Bedeutungen im Vordergrund, denn auch bei
„êre", das ja insonderheit auch von Gottes und des Reiches „êre"
belegt ist, ist, wie die Germanisten bestätigen,[131] eine in die Sphäre
des Religiösen und Sakralen hineinragende Bedeutung vorhanden,
die vielleicht sogar die ursprüngliche ist.

VIII

Erinnern wir uns jetzt der Formulierung unseres Themas: „Der
‚honor imperii' als Spannungsfeld von Lex und Sacramentum im
Hochmittelalter", so wird nach dem bislang Gesagten einleuchten,
daß dieses Spannungsfeld in der Wortbedeutung von „honor", in
der Qualität dieses Begriffs und damit in seiner geschichtlichen Aussage liegt.

Hatten noch Du Cange,[132] Schäfer,[133] Mitteis,[134] Kehr,[135] Rassow[136] und Appelt[137] etwa den rechtlichen Gehalt des Begriffes bis
hin zum konkreten Anspruch betont,[138] so sind schon die meisten
Aussagen des letzten Jahrzehnts vom Gespür für das Mittelalterliche her hierin vorsichtiger. Erst Kantorowicz meinte 1957: "The
notion of 'honor' comes very close to the meaning of 'dignitas' in

[131] So beispielsweise F. Maurer, a. a. O. (Anm. 34), S. 339.
[132] Du Cange: Glossarium mediae et infimae latinitatis. Ed. nova.
Bd. 4. Paris 1938. S. 228 f.
[133] D. Schäfer, a. a. O. (Anm. 21).
[134] H. Mitteis: Lehnsrecht und Staatsgewalt. Weimar 1933. S. 202;
ders.: Der Staat des hohen Mitelalters. 3. Aufl. Weimar 1948. S. 77.
[135] P. Kehr, a. a. O. (Anm. 20).
[136] P. Rassow, a. a. O. (Anm. 2).
[137] H. Appelt, a. a. O. (Anm. 64).
[138] Siehe aber schon einschränkend: P. Schmid: Der Begriff der kanonischen Wahl in den Anfängen des Investiturstreites. Stuttgart 1926. S. 63,
Anm. 197; E. Fischer: Der Patriziat Heinrichs III. und Heinrichs IV. Diss.
Berlin 1908. S. 6; G. Schober: Das Wahldekret vom Jahre 1059. Diss.
Breslau 1914. S. 53 f.

later political theory",[139] und H. G. Krause schreibt 1960 in einer Untersuchung über die oben erwähnte Salvierungsklausel des Papstwahldekrets von 1059: (honor) „ . . . [ein] Recht, das ihm [Heinrich] kraft seines kaiserlichen Amtes zukommt, das im Kaisertum begründet ist", „ein ungeschriebenes, in der theokratischen Herrschaftsvorstellung wurzelndes Gewohnheitsrecht." [140] Auch Gaines Post meint 1964: " . . . it is interesting and useful to notice briefly some indications of the equivalence in meaning, on the Continent, of the terms 'status', 'dignitas', 'honor', and 'corona', in connection with the authority of the Prince and with the 'status regni'." [141]

Dieser „honor" oder diese „dignitas regis" etc. aber hat freilich auch — nicht nur — rechtliche Qualität; diese ist aber im Hochmittelalter, das den Charakter des König- bzw. Kaisertums als eines „regale sacramentum" zwar variiert,[142] aber nicht aufgegeben hat, eine sekundäre, da Gott als „fons honoris, dignitatis, iustitiae", als „coronator" verstanden wird.[143]

So möchte ich meinen, daß unsere Untersuchungen den über das pure Recht, die „lex", hinausweisenden Gehalt des „honor imperii" u. a. auch für den Konstanzer Vertrag ergeben.

Daraus folgt aber, daß es bei der Absicherung des „honor papatus" und des „honor imperii" sich eben nicht nur um Regalien handelte, sondern daß all das mitschwang, was seit langem, seit altersher dem Begriff innewohnte — im Grunde nichts anderes, als was in der Einladung Heinrichs IV. zum 15. Mai 1076 [144] nach Worms

[139] E. H. Kantorowicz, a. a. O. (Anm. 10), S. 58, Anm. 34.

[140] H. G. Krause, a. a. O. (Anm. 36), S. 93.

[141] G. Post: Studies in Medieval Thought. Princeton 1964. S. 379. Vgl. auch neuerdings Wolfgang Stürner: „Salvo debito honore et reverentia" — Der Königsparagraph im Papstwahldekret von 1059. In: Zeitschr. d. Savigny-Stiftg. f. Rechtsgesch. Kanon. Abt. 59 (1968) 1—56, besonders S. 8—20, wo insonderheit die Papias-Stelle meine Auffassung erhärtet.

[142] Vgl. z. B. P. E. Schramm: Sacerdotium und regnum im Austausch ihrer Vorrechte. In: Studi Gregoriani 2 (1947) 402 ff. und Kantorowicz, a. a. O. (Anm. 10), allenthalben (vgl. auch oben Anm. 128).

[143] Vgl. den westfränkischen Krönungsordo von 877: „Coronet te Dominus . . .".

[144] Vgl. oben Anm. 43.

stand: „ ... dum nec sacerdotii regnum nec sacerdotium regni honore privaretur": "Christ-centered kingship"!

Freilich — schon ganz leise meldet sich am Ende des Hochmittelalters ein neuer Wortsinn,[145] auf den wir hier nicht mehr näher eingehen können, an: „honor regni" = „necessitas regni". Hier hat dann „honor" schon etwas von der „ratio publicae utilitatis", von der Staatsräson an sich. Doch das ist nicht mehr hochmittelalterlich.

---

[145] Dazu vgl. H. Hoffmann, a. a. O. (Anm. 48), S. 78; ob allerdings nicht etwa die französischen gloire-Vorstellungen im Zusammenhang mit den honor-Vorstellungen des Mittelalters zu sehen sind, soll hier nur als Frage gestellt werden.

Rainer Maria Herkenrath: Regnum und Imperium. Das „Reich" in der frühstaufischen Kanzlei (1138—1155). Sitzungsberichte der Österreichischen Akademie der Wissenschaften, phil.-hist. Klasse, 264 Bd., 5. Abh., Wien 1969, S. 24—53 [= Kapitel III: Die Diplome Friedrichs I.].

REGNUM UND IMPERIUM
IN DEN DIPLOMEN DER ERSTEN REGIERUNGSJAHRE FRIEDRICHS I.

Von Rainer Maria Herkenrath

Konrad III. starb am 15. Februar 1152, noch bevor er den schon seit langem geplanten Romzug antreten konnte. Sein Neffe und Nachfolger Friedrich I. übernahm die bewährten Kanzleikräfte Wibald, Albert und Heribert, so daß die Kontinuität in der Reichskanzlei gewahrt blieb. Das erste Diplom des neuen Herrschers erhielt Wibald für seine Abtei Stablo.[1] Es ist für die Kanzleigeschichte unter Friedrich Barbarossa dadurch interessant, daß es zum erstenmal das neue Monogramm aufweist, das von Wibald geschaffen wurde und sich dann durchsetzte, während sich die Form des Handmals, die Heribert ebenfalls noch zu Aachen verwendete und die sich an der Tradition Konrads III. orientierte, nur mehr selten Verwendung fand, um dann ganz zu verschwinden.[2] In die Königszeit Friedrichs I. fallen sechs von Wibald verfaßte Diplome, die des Augustustitels entbehren,[3] von denen drei für Wibalds Abteien Stablo und Korvey[4] und eine für die dem Abt so sehr verbundene Abtei Waulsort[5] bestimmt waren. Drei weitere von Wi-

---

[1] St. 3615.

[2] Auf Heribert gehen die Monogramme in St. 3619 und 3640 zurück, die in Nachzeichnungen erhalten sind, wahrscheinlich auch das in St. 3618, einem Diplom, das von einem Bamberger Empfängerschreiber mundiert wurde. Weitere Monogramme dieses Typs finden sich in St. 3674, 3684, 3686.

[3] St. 3615, 3617, 3624, 3626, 3655 A (Druck: Barbier, Histoire de Floreffe, ed. 2. 2,20 n⁰ 34), 3657 A (Druck: Halkin-Roland, Recueil des chartes de Stavelot-Malmedy 1, 461 n⁰ 240).

[4] St. 3615, 3626, 3657 A.

[5] St. 3624.

bald verfaßte Diplome, über die noch zu sprechen sein wird, gebrauchen in der Intitulatio den Titel „augustus".[6]

Wibald ist der Verfasser des Entwurfs der Wahlanzeige, die Friedrich I. an Papst Eugen III. richtete.[7] Der Entwurf wurde an Bischof Eberhard II. von Bamberg übersandt, auf daß dieser sie „zur letzten Formulierung"[8] und Ausfertigung bringe. Der Abt schrieb an Eberhard, es stehe diesem zwar zu, in dem ihm übersandten Schriftstück nach Gutdünken etwas zu ändern, zu streichen oder hinzuzufügen, doch rate er davon ab.[9] Der Text dieser Wahlanzeige ist „aus einer spannungsgeladenen Zusammenarbeit zwischen Wibald, Eberhard und Heinrich, dem damaligen ‚notarius curie' und späteren Protonotar des Kaisers, hervorgegangen".[10] Konnte ein Diktatanteil des Notars Heinrich an dem Entwurf der Wahlanzeige nicht festgestellt werden, so hat Zatschek[11] dies für Wibald nachweisen können. Walther Föhl[12] versuchte die Beteiligung Eberhards an der Abfassung des uns vorliegenden Konzepts nachzuweisen, doch sind die Ergebnisse dieser Untersuchung zu berichtigen.

Der König führt selbstverständlich den Titel Romanorum rex et semper augustus, wie es in den Schreiben der deutschen Herrscher an den Papst seit den Tagen Konrads III. üblich war.[13] Die Arenga ist eindeutig Wibalds Werk. Schon die Worte „patrem patrię decet" finden in dem Brief Konrads III. an die Pisaner eine Parallele, wo

[6] St. 3675, 3676, 3702 A (Druck: QFIAB 9 (1906) 180 n° 4).

[7] St. 3620 = Philipp Jaffé, Mon. Corb. n° 372.

[8] Hausmann, Reichskanzlei und Hofkapelle unter Heinrich V. und Konrad III. (= Schriften der MGH 14, 1956) 232.

[9] Mon. Corb. n° 374.

[10] Heinrich Appelt, Die Kaiseridee Friedrich Barbarossas. Sb. Ak. Wien, Phil.-hist. Kl. 252/4 S. (1967), 7. [In diesem Sammelband S. 213.]

[11] Heinz Zatschek, Wibald von Stablo. MIÖG Erg. 10 (1928), 237—495. 418 ff.

[12] Walther Föhl, Bischof Eberhard II. von Bamberg, ein Staatsmann Friedrichs I., als Verfasser von Briefen und Urkunden, MÖIG 50 (1936), 107 ff.

[13] Intitulatio und Grußformel entsprechen wörtlich den gleichfalls von Wibald verfaßten Briefen Konrads III. 252 und 264 an Eugen III.

es heißt: „decet itaque patrię principem".[14] Desgleichen finden die
folgenden Worte: „veneranda priscorum instituta regum vigilanter
observare" in einem von Wibald verfaßten Brief Heinrichs (VI.) an
Papst Eugen III. eine Entsprechung, wo gleichfalls von den „priscorum instituta regum" die Rede ist.[15] Wenn die Arenga mit den
Worten „regnum sibi á deo collatum" betont, der Herrscher habe
sein hohes Amt unmittelbar von Gott erhalten, so finden sich gerade
für diese Wendung mehrere Parallelen in den von Wibald verfaßten Briefen Konrads III. und seines Sohnes Heinrich (VI.).[16] Die
Schilderung der Wahl und der Königskrönung finden in dem Schreiben Wibalds an Papst Eugen III. eine Parallele.[17] Auf die Berührung der Wahlanzeige mit dem Wortlaut der Krönungeide hat
Zatschek hingewiesen.[18] Zweimal ist in der Wahlanzeige vom „imperium Romanum" die Rede, jedesmal wird man Wibald für diese
Formulierungen verantwortlich machen müssen. Der König schreibt
dem Papst, er wolle der feierlichen Sitte des Römischen Reiches, die
er von seinen Vorfahren überkommen habe, folgen und seinen
Legaten Bischof Eberhard von Bamberg an die Kurie senden.[19] Die
zweite Erwähnung des „imperium Romanum" geschieht in der programmatischen Erklärung: „per studii nostri instantiam catholica
ecclesia suę dignitatis privilegiis decoretur et Romani imperii celsitudo in pristinum suę excellentię rubur deo adiuvante reforme-

[14] DK. III. 261.

[15] DH. (VI.) 9. Vgl. dazu auch DK. III. 225 an Eugen III: *instituta
et iura servantes*.

[16] DK. III. 224 an Kaiser Manuel von Konstantinopel: imperium, quod
nobis a superna maiestate collatum est. DH. (VI.) 5: principibus regni
nobis á deo collati. DH. (VI.) 9: morem regni nobis a deo collati. DK. III.
216: regnique nobis á superna maiestate collati.

[17] Föhl, a. a. O. 110 hat beide Berichte nebeneinandergestellt, allerdings daraus einen falschen Schluß gezogen. Wibalds Diktat sind auch
Wendungen wie id *est transacta* proxime *mediante quadragesima*, vgl. DK.
III. 244: *mediante quadragesima*, suę *transacta est*, oder in regni
fastigium, vgl. DK. III. 229: ad Romani imperii *fastigium*.

[18] A. a. O. 494 f.

[19] Sollemnem itaque imperii Romani morem á proavis nostris imperatoribus videlicet et regibus ad nos transmissum sequentes legatum
nostrum ... ad urbem destinare cūravimus.

tur". Dieser Satz ist uns in ähnlichen Formulierungen schon aus der Regierungszeit Konrads III. bekannt und geht gleichfalls auf Wibald zurück.[20]

Sowohl Zatschek[21] als auch Föhl[22] vertraten die Ansicht, der Satz: „Cum enim duo sint, quibus principaliter hic mundus regitur, videlicet auctoritas sacra pontificum et regalis potestas", der einem Schreiben des Papstes Gelasius I. an den oströmischen Kaiser Anastasios entnommen ist,[23] sei von Eberhard in die von Wibald konzipierte Wahlanzeige eingefügt worden, denn sowohl die Arenga des DH. II. 366 für die Abtei Michaelsberg zu Bamberg als auch die des DL. III. 11 für das Bistum Bamberg, der das Henricianum als Vorlage diente, weisen auf Bamberg. Föhl sagt wörtlich: „Die Ausschließlichkeit der Anwendung in Diplomen für Bamberg und der zu dieser Zeit prokaiserliche Sinngehalt spricht gegen den Gebrauch dieser Wendung durch einen kurial eingestellten Politiker wie Wibald." Die Verwendung des Gelasiuszitats ist jedoch nicht, wie Föhl annimmt, durch die zweifache Verwendung in für Bamberg bestimmten Diplomen hinreichend erklärt.

Am 27. Januar 1152 richtete Papst Eugen III. ein Schreiben an die deutschen Erzbischöfe, Bischöfe, Grafen und Barone, in welchem die Empfänger aufgefordert wurden, ihrem König Konrad auf seinem Romzuge hilfreich beizustehen.[24] Das päpstliche Schreiben beginnt mit den Worten: „Sicut á rectore deo ad salutem humani generis duo karitatis precepta principaliter sunt inventa, ita et ab ipso duo sunt, quibus hic mundus regitur, constituta, scilicet auctoritas sacra pontificum et imperialis potestas." Der Verfasser der Wahlanzeige hatte, als er die Stelle aus dem Gelasiusbrief verwendete, sicher nicht die für Bamberg bestimmten Diplome Hein-

---

[20] DK. III. 222: et populus christianus in pace ac timore dei vivere et imperium Romanum in pristinę dignitatis robur reformari deo auctore valeat. DK. III. 230: de tocius Romani imperii reformanda dignitate discretissimi consilii vestri sententiam familiari et intima inquisitione acciperemus.

[21] A. a. O. 418 A. 1 und 454.

[22] A. a. O. 111.

[23] Jaffé-Kaltenbrunner 632.

[24] Mon. Corb. n⁰ 362.

richs II. und Lothars III. vor Augen, sondern vielmehr den Brief
des Papstes, der nur wenige Wochen vorher bei den Großen des
Reiches eingetroffen war, denn in beiden Diplomen fehlt das Wort
„sacra", während sowohl der Brief Eugens III. als auch die Wahlanzeige dem Wortlaut des Gelasiusbriefes folgend von der „sacra
auctoritas pontificum" sprechen. Das Wort „scilicet" des Papst-
briefes wird in der Wahlanzeige durch das Wort „videlicet" ersetzt,
während sowohl im Gelasiusbrief als auch in den genannten Diplomen dieses Wort nicht verwendet wird.[25] Zu dem Schreiben Eugens
an die deutschen Großen ist noch zu bemerken, daß von der „imperialis potestas" die Rede ist, während der Gelasiusbrief und die
Wahlanzeige von einer „regalis potestas" sprechen. Dieses Variieren
bedeutet ein Abweichen von den Gewohnheiten der Kurie und ist
aus dem sehnlichen Wunsch des Papstes zu erklären, den König bald
in Rom zu sehen und zum Kaiser krönen zu können, versprach er
sich doch von Konrads Romzug eine Besserung seiner prekären Lage
in der Ewigen Stadt. Möglicherweise war Wibald selbst der Über-
bringer des päpstlichen Schreibens an die deutschen Fürsten,[26] das

---

[25] Vgl. Wilhelm Ensslin, Auctoritas und Potestas. Zur Zweigewaltenlehre des Papstes Gelasius I. HJ. 74 (1955), 661—668. Der Text des
Gelasiusbriefes lautet: Duo sunt, quibus principaliter mundus hic regitur,
auctoritas sacra pontificum et regalis potestas. In den DD. H. II. 366 und
L. III. 11 heißt es: Duo sunt, quibus mundus hic principaliter regitur,
pontificum auctoritas et regalis potestas.

[26] Das genaue Datum der Abreise Wibalds aus Rom wissen wir nicht.
Der Abt war bestrebt, möglichst bald nach Deutschland zurückzukehren,
weshalb es zu einer Unstimmigkeit mit Erzbischof Arnold II. von Köln
kam, der in Lucca für das Reich tätig war. Auf die Mahnung des Erzbischofs hin wartete Wibald, und beide Fürsten setzten sodann die Reise
nach Deutschland gemeinsam fort. In Speyer erhielten sie am 17. Februar
die Nachricht vom Tode des Königs. Wibald brachte päpstliche Privilegien
mit nach Deutschland, wie sein Brief an die Abtei Waulsort (Mon. Corb. n⁰
366) zeigt: misimus vobis privilegium, quod á domino et patre nostro
papa Eugenio ęcclesię vestrę obtinuimus. In seinem Brief an die Abtei
Hastière (Mon. Corb. n⁰ 367) heißt es: mandata domni papę, ad quem
missi fuimus, adhuc in manibus habemus, und wenig später: pro domni
papę, in cuius legatione sumus, reverentia.

nur durch die Eintragung in Wibalds Briefkodex auf uns gekommen ist.[27]

Wibalds Diktat ist auch sonst im Text der Wahlanzeige immer wieder festzustellen, so die Wendung, daß niemand es wagen solle, die „paternas regulas ac decreta sanctissimis diffinita conciliis" zu verletzen, ein Passus, der sich wörtlich in einem Brief des Abtes an seinen Freund Erzbischof Arnold II. von Köln findet.[28] Außerordentlich stark sind die am Schluß der Wahlanzeige festzustellenden Parallelen zu anderen von Wibald verfaßten Briefen Konrads III., in denen gleichfalls königliche Gesandte empfohlen werden.[29] Mit Recht hat Gottfried Koch [30] darauf hingewiesen, daß der Passus von den „sacris disciplinis" der früheren Könige nur auf Wibald zurückgehen kann, da bei diesem „die Verwendung der Sakralnomina bekannt ist, während dies für Eberhard von Bamberg meines Wissens nicht in diesem Maß nachweisbar ist."

Wibalds Einfluß auf die Abfassung der Wahlanzeige, wie sie uns überliefert ist, ist viel bedeutender, als es Zatschek wahrhaben wollte. Föhls Versuch, einen Einfluß Eberhards II. von Bamberg auf die Abfassung der Wahlanzeige, d. h. auf den Entwurf der Wahlanzeige, nachzuweisen, muß als völlig gescheitert angesehen werden. Eine genaue Untersuchung aller Argumente, die Föhl vorbringt, zeigt, daß kein einziges stichhaltig ist.[31] Fast jeder Ausdruck

---

[27] Zatschek, a. a. O. 477 und 489.

[28] Mon. Corb. n⁰ 334: *Paternę* siquidem *regulę* et *decreta sanctissimis diffinita conciliis* vetant sedem metropolitanam ultra trium mensium spatium viduatam manere.

[29] Vgl. dazu Zatschek, a. O. 418. Hinzuzufügen sind die Parallelen in DDK. III. 262 und 263 sowie Mon. Corb. nn⁰ 116 und 242, die teilweise noch über die in DDK. III. 252 und 264 von Zatschek genannten hinausgehen.

[30] A. a. O. 610 A. 124.

[31] Nach Föhl, a. O. 110 hat der Satz ut tam ex presentis paginę indicio quam ex ipsorum viva voce de nostris provectibus et totius ęcclesię ac regni statu certiores esse possitis seine Prägung durch Eberhard erhalten. Als Argument für seine Behauptung führt er an, die Wendungen entsprächen seinem Urkundenstil, da es in Eberhards Corroborationsformeln heiße ut noverit und presentis pagina. Diese Wendungen sind genauso nichtssagend wie die Formel viva voce, die sich gleichfalls bei

des Dokumentes kann bei Wibald nachgewiesen werden, vor allem aber sind gerade die programmatischen Sätze, aus denen man das Regierungsprogramm Friedrichs I. herauslesen wollte, eindeutig Wibalds Diktat, und zwar stammen gerade diese Gedankengänge schon aus der Zeit Konrads III. Der Abt von Stablo und Korvey war bei dem Regierungsantritt des zweiten Staufers noch unentbehrlich, vor allem dann, wenn es galt, ein wichtiges Schreiben an die Kurie zu verfassen, wie das nicht nur die Wahlanzeige, son-

Wibald findet (z. B. DK. III. 216, 224, 230 und Mon. Corb. n⁰ 240). Zitate aus der hl. Schrift konnte Wibald ebenso verwenden wie Eberhard von Bamberg. Der Versuch, die Wendung nos in regni fastigium elegerunt auf Grund einer ähnlich lautenden Stelle in St. 3618 (et regni fastigio sublimaret) Eberhard zuzuschreiben, scheitert an der schon oben genannten Parallele aus DK. III 229: ad Romani imperii fastigium. Über den Satz aus dem Gelasiusbrief wurde schon oben gesprochen. Zu dem Satz: ita hereditariam dilectionem tam ad *vestram personam* omnino specialem quam ad *sacrosanctę matris nostrę Romanę ęcclesię* promptissimam ac devotissimam *defen*sionem suscepimus, den Föhl a. a. O. 111 gleichfalls Eberhard zuschreibt, vgl. man DK. III. 216: quicquid in venerabilem *personam vestram* et in res *sacrosanctę matris nostrę Romanę ecclesię*, cuius nos á deo *defensores* ordinati sumus, perperam geritur und DH. (VI.) 5: vestrę personę et sacrosanctę matri nostrę Romanę ecclesię intima caritate devoti et ad defensionem catholicę ecclesię pro viribus parati. Gänzlich unverständlich ist es, wenn Föhl aus der Tatsache, daß in der Wahlanzeige vom 17. Tage nach der depositio Konrads, in Wibalds Schreiben an Papst Eugen aber vom 17. Tage post obitum des Königs als Tag der Königswahl in Frankfurt gesprochen wird, folgert, daß „mit Sicherheit" die Zeitangabe in der Wahlanzeige auf Eberhard zurückgehe, denn „wem lag wohl die Rechnung vom Begräbnistag Konrads aus näher als dem Bamberger Bischof, der das Begräbnis in Bamberg durchgesetzt und geleitet hatte?" Schließlich muß noch auf die Wendung *inimicis vestris inimici simus et odientes vos affligamus* hingewiesen werden, die ein Anklang an Ex. 23, 22, von Föhl Eberhard zugeschrieben wird, sich bei diesem jedoch nicht findet. Vgl. a. O. 111 Anm. 20. Hingegen findet sich der Passus fast wörtlich in dem Schreiben Konrads III. an die Pisaner (DK. III. 261): quod *inimicis vestris inimici sumus et odientes vos affligemus*. In beiden Schreiben steht dieser Satz am Schluß des Briefes, beide sind an italienische Empfänger gerichtet und von Wibald verfaßt worden.

dern auch der Konstanzer Vertrag zeigen. Was für den Verkehr mit der Kurie gilt, das trifft auch für die Abfassung von königlichen Diplomen für burgundische Empfänger zu, wie noch zu zeigen sein wird. Wichtig ist jedoch festzuhalten, daß uns nur das Reinkonzept der Wahlanzeige erhalten blieb, und dieses Reinkonzept stammt von Wibald, während eine Diktatbeteiligung Eberhards nicht nachgewiesen werden kann. Was Eberhard aus dem ihm von Wibald zugesandten Konzept machte, ob er es so beließ oder aber in seinem Sinn veränderte, wissen wir nicht, doch darf man wohl annehmen, daß der Bischof der Ermahnung des Abtes folgend den Text nicht abänderte.

Wibald arbeitete an der Abfassung der Wahlanzeige als verantwortungsbewußter Politiker, wie er es selbst in seinem Brief an den Bischof von Bamberg ausdrückt: „et subtili appendiculo cavendum, ne inter duas et interdum dissidentes potestates, quibus fidei vinculo alligati sumus, sinceritatis nostrę rectitudinem ullo dicendi vel agendi modo distorqueamus." [32] Die Politik, die er unter Konrad vertreten hatte, will Wibald auch unter dem ersten Friedrich vertreten. Das hindert ihn aber nicht, die Verwendung des Wortes „imperium" oder des Adjektivs „imperialis" in den von ihm verfaßten Diplomen für deutsche Empfänger zu meiden. Fragen wir nach dem Grund für diese Scheu vor der Verwendung des Wortes „imperium" für das Reich, so bietet sich die Erklärung an, Wibald habe zu jenen geistlichen Fürsten gehört, die in Aachen für eine baldige Romfahrt des Königs eintraten. Wie kein zweiter der Reichsfürsten hatte sich Wibald für die Romfahrt Konrads III. eingesetzt und die notwendigen Vorbereitungen für deren Durchführung getroffen. Er gehörte der Gesandtschaft an, die der König an die Kurie gesandt hatte, und als er auf der Rückkehr von dieser Gesandtschaftsreise in Speyer eintraf, erhielt er die Kunde vom Tode des Königs. Wibald mußte, sollte er sich nicht selbst verleugnen, auch dem jungen König gegenüber die dem Papste von Konrad III. gemachte Zusage vertreten. Trotzdem ist Wibald auch seinem neuen Herrn in aufrichtiger Treue verbunden und verwendet in den wichtigen Dokumenten, die er für den Herrscher ver-

[32] Mon. Corb. n⁰ 374.

faßte, weiterhin den von ihm unter Konrad III. eingeführten
Sprachgebrauch. In den weniger wichtigen Dokumenten aber, die
die Reichskanzlei verließen und für die er verantwortlich war,
zeigte er eine gewisse Zurückhaltung, wie die Vermeidung des Titels „augustus" und des Wortes „imperium" in mehreren Diplomen
für deutsche Empfänger zeigt.

An der Ausfertigung des Konstanzer Vertrages von
1153 hat Wibald gleichfalls mitgewirkt. Die Tatsache, daß die in
Rom angefertigte Urkunde des von den Vertretern des Königs mit
den Vertretern der Kurie ausgehandelten Vertrages zwischen Papst
Eugen III. und Friedrich I. Aufnahme in Wibalds Briefbuch fand,
zeigt, daß der Abt von Friedrich mit der Angelegenheit des Ver-
tragswerkes betraut wurde.[33] Die sogenannte Ratifikation dieses
Vertrages[34] durch den König erfolgte durch die Ausfertigung einer
Urkunde für den Papst, in der der römische Vertrag im Rahmen
einer kanzleigemäßen Urkunde wiederholt wird. Wibalds Mitarbeit an der Herstellung dieses Diploms zeigt sich zunächst in der
Formulierung der Inscriptio, die zwar jener der Wahlanzeige und
damit jenen der Briefe Konrads III. an den Papst ähnlich ist,[35]
aber eine einmalige Formulierung aufweist. Sie enthält nämlich
nicht nur für den König, sondern auch für den Papst die Devotionsformel „dei gratia". Für diese ungewöhnliche Formulierung gibt es
nur eine Erklärung, die mit dem Vertragswerk als solchem zusammenhängt. Dieses hat eine streng symmetrische Gliederung. Verpflichtungen des Königs stehen solche des Papstes gegenüber. Auch
die Inscriptio entspricht dieser konsequent durchgeführten Symmetrie. Beide Vertragspartner verdanken ihr hohes Amt allein der

[33] Mon. Corb. n⁰ 407 = MG. Const. 1, 201 n⁰ 144.
[34] St. 3664 = MG. Const. 1, 202 n⁰ 145.
[35] Wahlanzeige:

Dilectissimo *in Christo patri* suo *E(ugenio)* sanctę Romanę ęcclesię summo *pontifici Fredericus dei gratia Romanorum* rex et semper *augustus filialem* per omnia *dilectionem et debitam in* domino *reverentiam.*

Konstanzer Vertrag:

Venerabili *in Christo patri Eugenio* dei gratia apostolice sedis *pontifici Fridericus dei gratia Romanorum* imperator *augustus filialem dilectionem et debitam in* Christo *reverentiam.*

Gnade Gottes. Anläßlich der Erneuerung des Konstanzer Vertrages zwischen Friedrich I. und Hadrian IV. im Januar des Jahres 1155 [36] kommt die Symmetrie in der Inscriptio noch deutlicher zum Ausdruck, denn jetzt heißt es „Fridericus e a d e m gratia Romanorum imperator". Die Gleichberechtigung der beiden vertragsschließenden Parteien findet darin ihren entscheidenden Ausdruck, daß sie ihre Würde unmittelbar von Gott erhalten haben. Friedrich Barbarossa und seine Mitarbeiter haben auch im Jahre 1159 die Inscriptio als politische Waffe gebraucht, wie wir aus dem Bericht Rahewins wissen.[37] Als Hadrian IV. der Bitte des Kaisers um seine Zustimmung zur Wahl des römischen Subdiakons Guido von Biandrate zum Erzbischof von Ravenna nicht entsprach, befahl der Kaiser seinem Notar, in Zukunft bei der Ausfertigung von Schriftstücken an den Papst seinen eigenen Namen dem des Papstes voranzustellen und diesen im Singular anzureden. Die ungewöhnliche Inscriptio des Konstanzer Vertrages bzw. der Erneuerung dieses Vertrages muß daher gleichfalls politisch gedeutet werden. Für einen ganz konkreten Fall ging man vom herkömmlichen Formular ab, um dann später wieder zu diesem zurückzukehren.

Wibalds Diktat ist sodann in der Arenga [38] und dem der Arenga folgenden Satz, der zum eigentlichen Vertragstext überleitet,[39] spürbar. Wenn Friedrich sowohl in der Intitulatio als auch in der Signumzeile sowie im Einleitungssatz des Vertragstextes als „Romanorum imperator" bezeichnet wird, so dürfte Wibald für diese Formulierung verantwortlich sein, wie schon Ohnsorge [40] festgestellt hat. Weder Wibald noch sein königlicher Herr wollten mit dieser Formulierung das Krönungsrecht des Papstes in Frage stellen.

[36] St. 3712 = MG. Const. 1, 213 n⁰ 151.

[37] Rahewini Gesta Friderici IV, 21 (ed. Schmale, 1965) 556.

[38] Die Worte indissolubili caritate der Arenga erinnern an die Grußformel des von Wibald verfaßten Briefs Friedrichs I. an König Heinrich II. von England von 1157 Mai 6: fraternę caritatis et amicitię indissolubilis firmissimam connexionem. (St. 3769 = Mon. Corb. n⁰ 461).

[39] Die Worte *presentis serie* scripti entspricht dem Diktat Wibalds in DD. K. III. 179 und 181: per *presentis* paginę *serie*m.

[40] Zu den außenpolitischen Anfängen Friedrich Barbarossas, QFIAB 32 (1942) 13 ff. = Abendland und Byzanz, 1958, 411 ff.

Man darf wohl annehmen, daß der eigentliche Grund für die Verwendung des Kaisertitels darin zu sehen sein wird, daß der Vertrag auch die Politik gegenüber Byzanz zum Inhalt hat. Der Basileus wird in dem Vertrag als „Grecorum rex" bezeichnet. Nur durch die Betonung der kaiserlichen Würde des römischen Königs Friedrich konnte der Vorrang des weströmischen Kaisertums gegenüber dem oströmischen ausgedrückt werden. Mit Ohnsorge wird man die geringfügigen Änderungen des Vertragstextes gegenüber dem in Wibalds Briefbuch überlieferten römischen Vertrag dem Abte zuschreiben dürfen, die aber nicht, wie Zatschek [41] glaubt, eine Stärkung der königlichen Stellung gegenüber dem Papst bezwecken sollten, sondern vielmehr eine stilistische Glättung des Textes. Die Änderung des Titels „Romanorum imperator" im Einleitungssatz des eigentlichen Vertrages, ursprünglich hieß es „rex Romanorum", war eine konsequente Angleichung an die Intitulatio und auch aus Gründen der Byzanzpolitik eine zweckmäßige Korrektur. Der Vertragstext selbst wurde hinsichtlich der Reichsbezeichnung nur einmal verändert,[42] und zwar an der Stelle, wo es heißt, daß der Papst den König zum Kaiser krönen und ihm helfen werde „ad manutenendum atque augendum ac dilatandum honorem imperii sui". Die Änderung des Wortes „honorem regni" zu „honorem imperii sui", die in Wirklichkeit keine Änderung, sondern eine sinnentsprechende Verbesserung des hier ungenügend formulierten Vertragstextes ist, hat ja nur den Sinn auszudrücken, daß der Papst nach der Krönung Friedrichs zum Kaiser dessen „imperium" fördern wird. Wie schon im Jahre 1152 bei der Abfassung der Wahlanzeige konnte Friedrich Barbarossa auch im Jahre 1153 bei Abschluß des Konstanzer Vertrages nicht auf die Hilfe Wibalds verzichten.

Der Reichsabt wußte sehr wohl, daß seinem königlichen Herrn

[41] Beiträge zur Geschichte des Konstanzer Vertrages vom Jahre 1153, Sb. Ak. Wien. Phil.-hist. Kl. 210/3 (1930), 8 ff.

[42] Hingegen bleiben die Worte rex (ex parte domini regis; dominus siquidem rex; in anima regis iurare; cum eodem rege Friderico; in presentia legatorum domini regis; regi exhibere), regnum (de maioribus ministerialibus regni; pro viribus regni; honorem regni conculcare) und regius (regie dignitatis dilectione) unverändert im Vertragstext.

die kaiserlichen Rechte zustanden, daß ein Unterschied zwischen
den Kaiser- und Königsrechten praktisch nicht bestand, ja daß die
Betonung der Kaiserrechte des vom Papst noch nicht gekrönten
römischen Königs gegenüber dem oströmischen Hof eine politische
Notwendigkeit war. Deshalb gibt Wibald seinem König Friedrich
in seinem Schreiben an Kaiser Manuel I. den Kaiser- und den
Augustustitel,[43] deshalb verwendet er in dem von ihm verfaßten
Schreiben Friedrichs an Manuel I. selbstverständlich die Titel kaiserlicher Würde,[44] ja selbst in einem privaten Schreiben an Friedrich
bezeichnet er seinen Herrn als „Romanorum imperator augustus",[45]
was ganz seiner unter Konrad III. geübten Praxis entspricht. Wie
sehr Wibald zwischen Diplomen von nur lokaler Bedeutung für
deutsche Empfänger und solchen von allgemeiner politischen Wich-
tigkeit für burgundische Empfänger zu unterscheiden weiß, zeigt
die Königsurkunde für den Edlen Silvius von Clérieu.[46] Die Intitulatio dieses Diploms verwendet selbstverständlich den Titel
„augustus". Mehrfach betont das Diplom die kaiserliche Würde des
Königs: die schon so oft unter Konrad verwendete Arenga spricht
von den „res imperiales",[47] die königliche Vorbehaltsklausel,[48] die
Heribert unter Konrad III. zuerst verwendet hatte,[49] lautet „salva

[43] Mon. Corb. nᵒ 411: magnificus scilicet imperator Fredericus und
inclitus atque victor dominus meus Fredericus imperator. nᵒ 432: inter
dominum meum prenobilissimum Frithericum Romanorum imperatorem
augustum et sanctum inperium vestrum.

[44] St. 3677 A = Mon. Corb. nᵒ 410.

[45] Mon. Corb. nᵒ 384: Inclito triumphatori ac serenissimo domino suo
F(riderico) dei gratia glorioso Romanorum imperatori augusto.

[46] St. 3676.

[47] DDK. III. 115, 118, 132. Die Arenga von St. 3676 stimmt wortwörtlich mit der von DK. III. 132 überein.

[48] Zur Vorbehaltsformel vgl. Heinrich Appelt, Der Vorbehalt kaiserlicher Rechte in den Diplomen Friedrich Barbarossas, MIÖG 68 (1960),
81 ff. [in diesem Sammelband S. 33 ff.] und ders. Kaiseridee 21 [in diesem
Sammelband S. 229 ff.], sowie Alfred Haverkamp, Die Regalien-, Schutz-
und Steuerpolitik in Italien unter Friedrich Barbarossa bis zur Entstehung
des Lombardenbundes, Zeitschr. f. Bayerische Landesgeschichte 29 (1966),
16 A. 18.

[49] DK. III. 67 und 71.

nimirum imperiali nostri iustitia", was für die Königszeit Barbarossas einmalig ist, denn alle Vorbehaltsformeln in den Königsurkunden Friedrichs sprechen immer nur von den königlichen Rechten,[50]
und in den Urkundentext, der sonst praktisch den des Diploms
Konrads III. für Raimund von Baux wiederholt,[51] werden die
Worte „imperiali auctoritate confirmavimus" eingefügt. Endlich
wird in der Zeugenreihe Friedrich, der Sohn König Konrads III.,
als „filius imperatoris Cûnradi" bezeichnet, eine Formulierung, die
sich in der Kanzlei Friedrichs I. nie mehr findet. Einzig Wibald
hatte Heinrich (VI.), den Sohn Konrads III., als „filius imperatoris
Cûnradi" bezeichnet.[52] Nun also nennt Wibald dessen jüngeren
Bruder in der gleichen Weise, was als Ausdruck der Verehrung und
Treue für den verstorbenen König, dessen Kaisertum der Abt so oft
betont hatte, angesehen werden muß.

Das zur gleichen Zeit für das burgundische Hochstift Arles ausgestellte Diplom spricht mehrfach vom „imperium".[53] Auch dieses
Diplom verwendet in der Intitulatio den Titel „augustus". Wiederum war Wibald der Verfasser. Auch das Hochstift Vienne
erhielt damals zwei Diplome, von denen das eine wohl gleichfalls
von Wibald verfaßt wurde,[54] das andere aber auf eine von Wibald
verfaßte Vorurkunde zurückgeht.[55]

---

[50] Auf Heribert geht zurück St. 3640 für das Bistum Como: salvo per
omnia iure regie maiestatis, während St. 3639 A für Chiavenna von A II.
C verfaßt, sich in der Formulierung wohl Heribert anschließt. Die Vorbehaltsformeln in den von A II. D verfaßten Diplomen siehe bei Zeillinger, DA 22, 547 f.

[51] DK. III. 132.

[52] Mon. Corb. nᵒ 88 und 104.

[53] St. 3675. Die Arenga lautet: Imperialem munificentiam decet
his, qui promeruerunt premia virtutum tribuere et fidelissimos imperii
dignis gradibus honorum provectos ceteris circa res imperiales devotis in
exemplum et signum bone spei collocare.

[54] St. 3674 a. Hier findet sich wieder das Wort von den Archiven des
Reiches. Als Vorlage diente die gleichfalls von Wibald verfaßte Urkunde
K. III. 145. Vgl. auch Heinrich Appelt, Die Reichsarchive in den früh-
staufischen Burgunderdiplomen, Festschrift Hans Lentze, 1969, 1—11.

[55] St. 3674, von einem burgundischen Empfängerschreiber mundiert.

Während des ersten Italienzuges hat Wibald ein Mandat des Königs für das Reichskloster Farfa verfaßt, das in der Intitulatio den Augustustitel verwendet.[56] Weitere von Wibald verfaßte Mandate sind in anderem Zusammenhang unten [57] zu behandeln. Auch sie ziehen den Augustustitel heran.

Die wenigen Diplome, die Albert in der Königszeit Friedrichs verfaßt hat,[58] verwenden alle den Titel „augustus", was zeigt, daß sich in dieser Hinsicht nichts durch den Thronwechsel geändert hat. Heribert, dem nur drei Diplome der Königszeit Friedrichs zugewiesen werden konnten,[59] gebraucht in dem einzigen Diplom, das für einen italienischen Empfänger bestimmt war, den Titel „augustus".[60] Vom „imperium" ist bis zur Kaiserkrönung weder bei Albert noch bei Heribert die Rede.

Der erste unter Friedrich Barbarossa neu in die Kanzlei eingetretene Notar A II. C war ein Italiener,[61] der am 20. April 1152 zu Köln erstmals an der Abfassung eines Diploms mitwirkte.[62] Das Diplom zugunsten der Abtei Laach, dessen Arenga mit den Worten:

[56] St. 3702 A. Vgl. Zeillinger a. O. 482.

[57] Unten S. 349 f.

[58] St. 3625, 3634, 3644. Die Worte imperiali clementia in St. 3644 für die Abtei S. Benedetto di Polirone gehen auf die Vorurkunde DK. III. 54 zurück, die von der kaiserlichen Milde der Kaiser Heinrich IV., Heinrich V. und Lothar III. spricht. In St. 3644 wird die Wendung imperiale clementia jedoch sinngemäß auf den Aussteller angewendet. — St. 3634 wurde von Stumpf nach dem Ausstellungsort Augsburg, wo die Rechtshandlung stattfand, eingeordnet. Der Ausstellung nach gehört das Diplom jedoch nach St. 3644 zu Oktober 15 eingeordnet, zumal bei der Herstellung dieser Urkunde eine Wendung aus einer der Vorurkunden von St. 3644 Aufnahme fand.

[59] St. 3619, 3640 und die Arenga von St. 3756, wobei jedoch eine Mitwirkung von A II. C nicht ausgeschlossen ist, wie der für ihn bezeichnende Hinweis auf die Thronbesteigung Friedrichs zeigt, der sich auch in St. 3621 und 3667 findet. Der Titel imperator semper augustus in St. 3756 dürfte erst später dem ursprünglichen Text hinzugefügt worden sein.

[60] St. 3640.

[61] Über A II. C vgl. Zeillinger, a. O. 526—532 und ders. Zwei Diplome Barbarossas für seine römischen Parteigänger (1159), DA 20 (1964), 571 ff.

[62] St. 3621.

„Ex commisso nobis regie potestatis imperio" beginnt, ist im Aufbau sehr stark dem Diplom Konrads III. für den gleichen Empfänger verwandt.[63] Beide Königsurkunden erwähnen die kurz vorher erfolgte Thronbesteigung zu Aachen:

DK. III. 8:	St. 3621:
Postquam ergo divina dignatio nos ad regni solium provexit.	Nos igitur, qui Romani imperii solium post patrum nostrum conscendimus miseratione divina.

Nach der Wahlanzeige ist hier zum erstenmal von „Romanum imperium" die Rede. Der neue Notar verwendet, sieht man von dem Diplom für die Abtei Schwarzach,[64] das mit den gleichen Worten wie das Diplom für Laach beginnt, ab, nur noch in Urkunden für italienische Empfänger das Wort „imperium". So heißt es in einem Diplom für die Kirche von Vercelli: „Quia Romani imperii regimen potestatemque suscepimus." [65] Zweimal beginnt eine Arenga mit den Worten: „Imperii nostri nos ortatur auctoritas",[66] einmal ähnlich den Arengen der Diplome für Laach und Schwarzach mit den Worten: „Ex commissi nobis auctoritate imperii." [67] Während in dem Diplom für die Kirche von Como noch von den „ecclesie per regnum constitute" die Rede ist, heißt es bei dem Wiederauftreten des Notars auf dem ersten Italienzug „universis ecclesiis per Romanum imperium constitutis".[68]

Im Mai des Jahres 1155 kam es zu einer Zusammenarbeit der Notare A II. C und A II. D, die sich darin äußert, daß in den von A II. D mundierten und auch von ihm überwiegend verfaßten Diplomen für Nonantola [69] und die Gemeinde Medicina [70] sich ein deutlicher Diktateinfluß des Italieners findet. In die Arenga für die

[63] DK. III. 8.

[64] St. 3642.

[65] St. 3646.

[66] St. 3648 für das Domkapitel von Vercelli und 3667 für den Bischof von Como.

[67] St. 3668 für den Bischof von Como.

[68] St. 3707 für die Abtei S. Sisto zu Piacenza.

[69] St. 3708 A. — Druck: NA 20 (1895), 198.

[70] St. 3708.

Reichsabtei Nonantola fügte A II. C die Worte „ecclesiis dei per
Romanum imperium constitutis" ein, wie auch die Publicatio dieses
Diploms ganz der Art der von A II. C verfaßten Diplome entspricht.[71] Die Arenga des Diploms für Medicina geht zweifellos auf
A II. C zurück,[72] während die Publicatio auf A II. D zurückzugehen
scheint.[73] Die Verwendung des Wortes „imperium" in der Arenga
dieser Urkunde paßt ganz in das Bild, das wir von der Persönlich-
keit dieses Notars italienischer Abstammung gewinnen, der vom
April 1152 bis zum April 1153 in der Reichskanzlei tätig war,[74]
dann während des Romzuges Friedrich Barbarossas erneut seine
Tätigkeit aufnimmt,[75] um im Juni 1159 während des zweiten
Italienzuges ein drittes Mal in der Kanzlei zu arbeiten.[76]

[71] Über die von A II. C verwendete Publicatio vgl. Zeillinger, a. O. 528.

[72] Cum omnibus in regno nostro constitutis *regia nobis competat
provisione consulere,* eorum tamen necessitatibus intendimus specialiter,
qui iure strictiori nostro imperio coniunguntur. Dazu sind die folgenden
von A II. C verfaßten Diplome zu vergleichen:

    St. 3621:   St. 3646:
 *regia nos competit provisione   regia nos competit provisione
 consulere*   *consulere*
           St. 3648:   St. 3707:
 congrua in domino *provisione   regia* in omnibus *provisione
 consulere   consulere*

Dazu kommt noch St. 3661, vgl. unten Anm. 195.

[73] Über die von A II. D verwendete Publicatio vgl. Zeillinger, a. O.
547.

[74] St. 3621—3668. Zeillinger a. O. 526 f.

[75] St. 3707—3711 sowie die Erneuerung des Konstanzer Vertrages
St. 3712. Vgl. Zeillinger a. O. 527.

[76] St. 3856. Vgl. Zeillinger a. O. 527 und DA 20, 571 ff. Wie Zeillinger
a. O. 531 f. dargelegt hat, entsprechen Arenga und Publicatio des Ende des
Jahres 1163 zu Pavia ausgefertigten Diploms St. 3996 für die Abtei S.
Giulia zu Brescia ganz dem Diktat des A II. C. Riedmann hat MIÖG 76,
48 Anm. 11 die Auffassung vertreten, daß man, „da keine weiteren
Indizien für eine Autorschaft des genannten Notars in anderen, zeitlich
benachbarten Urkunden vorhanden sind", wohl nicht „ein Wiederauftreten
des Arnold II. C im Jahre 1163" folgern dürfe. Nun ist aber in zwei am
16. u. 17. April des Jahres 1164 gleichfalls zu Pavia ausgestellten Diplomen das Diktat dieses Notars festzustellen, und zwar wiederum in Arenga

Eine Zusammenarbeit von A II. C und A II. D kann jedoch schon
für den Februar des Jahres 1153 festgestellt werden, als letzterer

und Publicatio. Es handelt sich um die Urkunden zugunsten des Erzbischofs von Arles (St. 4012 b) und des Bischofs von Marseille (St. 4013),
wovon die erstere von Christian E, die zweite von einem sonst nicht nach-
weisbaren Schreiber mundiert wurde. Diese beiden Diplome wurden, von
Arenga und Publicatio abgesehen, von CE verfaßt, wie wir an anderer
Stelle nachgewiesen haben. (Zwei Notare Friedrich Barbarossas und des
Reichslegaten Christian von Buch, MIÖG 73 (1965), 258.) Die Arengen
der beiden Diplome sind mit drei Diplomen, die schon A II. C zugewiesen
wurden, zu vergleichen:

<table>
<tr><td>4012 b:</td><td>St. 4013:</td></tr>
</table>

4012 b:

Ad imperialis eminentie per-
tinet maiestatem *ecclesi*arum iura
sive *possessiones* ad honorem *imperii*
illesas servare et, ne pravorum
*hominum inquietu*dine perturben-
tur, sui *privilegi*i munimine *roborare.*

St. 4013:

Maiestatis *nostre* monet *auctoritas* et antiquę institutionis tenor
exposcit, ut *ęcclesiis* sub *Romano
imperio constitutis* sollerti stude-
amus *provisione consulere* et, ut
earum iura sive *possessiones* sine
lesione serventur, imperialis *privilegi*i munimine subvenire.

St. 3621:

Ex commisso no-
bis regie potestatis
imperio ecclesiis per
regnum *constitutis*
regia nos competit
*provisione consulere
earum*que *possessio-
nes* a pravorum ho-
*minum inquiet*atione
salvare.

St. 3648:

Imperii nostri nos
ortatur *auctoritas ęc-
clesiis* per regnum
constitutis congrua in
domino *provisione
consulere earum*que
possessiones debita
protectione fovere.

St. 3707:

Potestatis nostre
nos ortatur *auctoritas*
universis *ecclesiis* per
*Romanum imperium
constitutis,* regia in
omnibus *provisione
consulere earum*que
possessiones a nostris
predecessoribus pia
devotione eis collatas
confirmationis nostre
privilegio roborare.

Die Publicatio beider Diplome des Jahres 1164 entspricht mit der Wendung
volumus esse cognitum ganz den Gewohnheiten des A II. C. Vgl. dazu
Zeillinger, a. a. O. 528. Somit spricht die Wahrscheinlichkeit dafür, daß
A. II. C sowohl Ende 1163 St. 3996 als auch 1164 St. 4012 b und 4013 mit-

ein Diplom für die burgundische Abtei Peterlingen mundierte.[77]
Zeillinger [78] hat A II. D auch als Verfasser dieser Urkunde namhaft gemacht, doch sind seine Ausführungen in dem Sinne zu ergänzen, daß A II. C für den ersten Teil der Arenga verantwortlich ist,
in der sich übrigens auch das Wort „imperium" wiederfindet,[79]
womit der Notar auch in einem Diplom für einen burgundischen
Empfänger für das Reich das Wort „imperium" verwendet.

A II. C gebraucht in allen von ihm verfaßten und mundierten
Diplomen in der Intitulatio den Titel „augustus". Lediglich die von
ihm verfaßten Mandate und Briefe entbehren des Augustustitels,
wie auch die Urkunde für Chiavenna diesen Titel nicht kennt.[80]
Sollte dieses Diplom vollständig überliefert sein, so wäre es das
erste „einfache" Diplom Friedrichs I.[81] Zu bemerken ist noch, daß

verfaßt hat. Hausmann, der A II. C mit dem kaiserlichen Kapellan Gottfried von Viterbo gleichsetzen will, machte mich noch auf St. 4104 aufmerksam, ein Diplom, das für Gottfried von Viterbo und dessen Brüder
im Jahre 1169 zu Donauwörth ausgefertigt wurde und das gleichfalls die
für A II. C typische Formulierung der Publicatio aufweist.

[77] St. 3661.

[78] A. a. O. 532, 535—537 und vor allem 544 f.

[79] Cum ęcclesiis dei per universum *imperium* nostrum *constitutis regia
nos* deceat auctoritate *consulere* ... Zum Vergleich seien zwei unzweifelhaft von A II. C verfaßte Arengen dem Diplom für Peterlingen gegenübergestellt:

St. 3707:

Potestatis nostre nos ortatur
auctoritas universis *ecclesiis per
Romanum imperium constitutis regia* in omnibus provisione *consulere.*

St. 3621:

Ex commisso nobis regie potestatis imperio *ecclesiis per* regnum
constitutis regia nos competit provisione *consulere.*

Auch St. 3646, 3648 und 3708 weisen Parallelen auf, vgl. oben A. 72.

[80] St. 3641, 3641 a, 3641 b, 4531 und 3639 A (Druck: Paul Scheffer-
Boichorst, Zur Geschichte des 12. und 13. Jh.s (Historische Studien 8,
1897), 119.

[81] Über das „einfache Diplom" vgl. Josef Riedmann, Studien über die
Reichskanzlei unter Friedrich Barbarossa in den Jahren 1156—1166,
MIÖG 75 (1967), 372 A. 161. Das Diplom für Chiavenna verzichtet auf
Arenga, Signumzeile, Monogramm und Rekognition, hat eine vereinfachte

A II. C in dem von ihm verfaßten und geschriebenen Diplom für die Grafen von Castello[82] die Wendung „imperiali auctoritate" heranzieht.

Der zweite neu in die Kanzlei eingetretene Notar A II. D[83] ist in der Verwendung des Augustustitels zunächst unentschlossen. Die beiden ersten von ihm verfaßten Diplome lassen den Titel vermissen,[84] dann folgen zwei Diplome, die den Titel gebrauchen,[85] der daraufhin wieder in drei Königsurkunden fehlt.[86] Sieht man von einem Mandat an Wibald ab,[87] so haben alle seit dem 15. Februar 1153 verfaßten bzw. mundierten Diplome dieses Notars den Titel „augustus".[88] Das am 5. Mai 1155 bei Parma ausgestellte Diplom für das Kloster S. Salvatore di Quartazzola,[89] an dessen Reinschrift, wie die Formulierung des Eschatokolls, die in einer Kopie des 14. Jh.s überlieferte Nachzeichnung des Monogramms und die Stellung desselben innerhalb der Signumzeile zeigen, A II. D beteiligt sein dürfte, läßt den Augustustitel vermissen, was dafür zu sprechen scheint, daß der Notar nicht das ganze Diplom mundiert hat. Auf Wibald, der auch unter den Zeugen genannt wird, dürfte die Korroboration zurückgehen.[90]

Datierung, bietet sonst aber alle Formularteile eines Diploms. Hier muß auf St. 3708 verwiesen werden, an dessen Abfassung A II. C, wie wir oben sahen, beteiligt war. Auch diesem Diplom fehlen Signumzeile, Monogramm und Rekognition, wie auch die Datierung vereinfacht ist.

[82] St. 3639.

[83] Über A II. D siehe Zeillinger a. O. 532 ff.

[84] St. 3647 und 3650.

[85] St. 3655 und 3657.

[86] St. 3658, 3659, 3660.

[87] St. 3679 A, Druck: Mon. Corb. n⁰ 422. — Wir sahen schon, daß auch die von A II. C verfaßten Mandate St. 3641, 3641 a, 3641 b und 4531 den Titel augustus vermissen lassen. Der Grund hierfür dürfte in der schlichten Form des Mandates zu suchen sein, denn man verzichtete offenbar auf alles, was nicht unbedingt notwendig war.

[88] St. 3661.

[89] St. 3706. Zeillinger a. O. 540 vermutet auch einen Diktateinfluß von A II. D.

[90] Wibald verwendet mehrmals die Formulierung imaginis nostre impressio bzw. signo oder ähnlich: DDK. III. 74, 105, 125, 182, 245, 251

Bemerkenswert ist eine Wendung in dem von A II. D verfaßten und mundierten Diplom für den Bischof Arducius von Genf,[91] das zur gleichen Zeit verfaßt wurde wie das Diplom für den Bischof Ortlieb von Basel.[92] Es heißt dort: „his, quę ad donum regię maiestatis spectabant, imperiali ceptro (!) eum promovimus". Die Formulierung „imperiali ceptro" entspricht ganz den Bestimmungen des Wormser Konkordates, denn in dem Schreiben des Papstes Calixt II. an Kaiser Heinrich V. heißt es, daß in den Teilen des „imperium", die nicht zum „regnum Teutonicum" gehören, der konsekrierte Bischof innerhalb von sechs Monaten die Regalien „per sceptrum" vom Herrscher zu empfangen habe.[93] Das Bistum Genf gehörte zum regnum Arelatense und man hat ohne Zweifel bei der Abfassung des Textes an das Wormser Konkordat gedacht.[94]

Wenn sich in den von A II. D verfaßten Diplomen Worte wie „imperium" und „imperialis" finden, dann gehen diese entweder auf Vorurkunden oder andere Vorlagen oder aber auf Verfälschungen späterer Zeit zurück. So folgt das Wort „imperium" in der Arenga des Diploms für die bischöfliche Kirche von Speyer einer Vorlage aus dem Codex Udalrici.[95] Wenn es in dem Diplom für die Herren von Bulgaro [96] „imperiali banno nostro corroboramus" heißt, dann dürfte dieser Passus auf das in diesem Diplom genannte Deperditum Lothars III. zurückgehen. Die Wendungen „imperialis

---

sowie St. 3624 und 3657 A. Vgl. auch DK. III. 26: nota imagine signatum.

[91] St. 3680.

[92] St. 3683.

[93] Const. 1, 160 n⁰ 108.

[94] Vgl. Henry Simonsfeld, Jahrbücher des Deutschen Reiches unter Friedrich I. (1908), 1, 211.

[95] St. 3650. Die Arenga geht auf n⁰ 115 (ed. Eccard) des Codex Udalrici zurück.

[96] St. 3660. Auf ein Deperditum Lothars III. weisen ferner hin: die Wendung nostre confirmationis sententia, eine Wortverbindung, die sich in den DDL. III. 43, 95, 98, 99 findet; vgl. ferner DL. III. 51: sub eadem sententia confirmamus. Alle diese DD. sind für italienische Empfänger bestimmt. Zu virorum testimonio vgl. DL. III. 40 und 52. Die Sanctio von St. 3660 ist der von DL. III. 45 verwandt.

constitutio" und „imperiale beneficium" in dem Diplom für Camaldoli[97] sind ein Teil der Verfälschung, die diese Urkunde im frühen 13. Jh. erlitten hat. Zeillinger[98] hat auch das Diktat des Diploms für das Domkapitel zu Besançon[99] dem Notar A II. D zugewiesen. Das nur kopial überlieferte Stück wurde von Stumpf[100] nach einer Handschrift des 18. Jh.s ediert, die jedoch einen durch die Nachurkunde von 1157[101] beeinflußten Text bietet, der konsequent das Wort „regalis", das mehrfach im Urkundentext steht, durch das Wort „imperialis" ersetzt, wodurch fälschlich der Eindruck entstehen mußte, das Diplom des Jahres 1153 habe schon in der Königszeit die kaiserliche Würde betont. Zeillinger ist nur insofern beizupflichten, als A II. D wohl der Mundator dieser Urkunde war. Als Verfasser muß dagegen der Empfänger selbst angesehen werden, der als Vorlage nicht nur ein vermutlich zur Erlangung dieser Urkunde gefälschtes Diplom Heinrichs III.,[102] sondern auch eine verlorene Karolingerurkunde verwendete, durch die der Wortlaut der Immunitätserneuerung mit der Wendung „infra ditionem nostri imperii" Aufnahme in das Barbarossadiplom fand.[103]

Zwei während des Romzuges ausgestellte Diplome übernahmen aus Vorurkunden bzw. Vorlagen die Wendungen imperialis potestas bzw. auctoritas.[104] Erst zwei Wochen vor der Kaiserkrönung

---

[97] St. 3699.

[98] A. a. O. 535 f.

[99] St. 3662. Vgl. Zeillinger a. O. 535 f.

[100] Acta imperii 154 n⁰ 124.

[101] St. 3784.

[102] DH. III. 389.

[103] Möglicherweise handelt es sich bei diesem Deperditum um ein Diplom Zwentibolds. Dieser hatte für die bischöfliche Kirche von Besançon ein Diplom ausgestellt, vgl. Theodor Schieffer, Diplome Zwentibolds in der Einleitung 5 sowie Eduard Hlawitschka, Lotharingien und das Reich an der Schwelle der deutschen Geschichte (Schriften der Monumenta Germaniae historica 21), 92 f. Karolingisches Formulargut ist nicht nur die Immunitätserneuerung, sondern auch die Wendung domino protegente in der Korroboration der Barbarossaurkunde.

[104] St. 3694 für das Domkapitel von Verona, St. 3709 a für das Veroneser Stift S. Giorgio in Braida.

konnte sich A II. D dazu entschließen, in einem Diplom für die Kirche von Pistoja von der imperialis potestas zu sprechen.[105] Man möchte vermuten, daß der Umgang mit seinem Kollegen A II. C und die bevorstehende Kaiserkrönung ihn ermuntert haben, nun doch noch von der kaiserlichen Würde des Königs zu reden.

Die Notare A II. E und ZB verwenden in den von ihnen verfaßten Diplomen weder das Wort „imperium" noch das dazugehörige Adjektiv „imperialis".[106] Dagegen heißt es in der Intitulatio des während des Romzuges zu Roncaglia ausgestellten Lehensgesetzes „et semper augustus".[107] Föhl [108] hat Bischof Eberhard II. von Bamberg als Verfasser dieses Gesetzes namhaft gemacht. Wie schon bei der Behandlung der Wahlanzeige von 1152 muß auch bei dem Lehensgesetz von 1154 die Diktatzuweisung an Eberhard als völlig gescheitert angesehen werden.[109] Verfasser des Gesetzes ist ein Italiener, der nicht nur eine ausgezeichnete Kenntnis des römischen Rechtes besaß, sondern darüber hinaus auch mit dem lombardischen Recht vertraut war. Aus dieser Kenntnis erklären sich einerseits die Intitulatio und die reiche Verwendung von Zitaten aus dem Corpus Justiniani, andererseits der Gebrauch der mit den Worten „Imperialem decet sollertiam" beginnenden Arenga, die aus dem Gesetz Kaiser Heinrichs III. gegen die Verbrechen des Gift- und Meuchelmordes aus dem Jahre 1052 stammt.[110]

Endlich seien auch die Empfängerausfertigungen erwähnt. Etwa die Hälfte der nicht in der Kanzlei entstandenen Diplome verwendet in der Intitulatio den Titel „augustus",[111] weitere Königs-

---

[105] St. 3710.

[106] Zur Tätigkeit dieser Notare vgl. Zeillinger a. O. 479 ff. und 549 f.

[107] St. 3700. MG. Const. 1, 207 n[0] 148.

[108] Föhl a. O. 112 ff.

[109] Dazu vgl. Herkenrath, Zwei Ravennater Verfälschungen von Diplomen Friedrich Barbarossas, Röm. hist. Mitteilungen 12 (1970) 102 f.

[110] DH. III. 293.

[111] St. 3665 für Bobbio, verfaßt von Bischof Hermann von Konstanz, 3685 für das Kloster St. Maria zu Kassel, 3686 für das Bistum St. Paul-Trois-Châteaux, ein Diplom zweifelhafter Geltung. Das Diplom St. 3654 für das Kloster Altenburg wurde wohl von einem der Siegburger Gründermönche verfaßt und geschrieben, der jedoch den Namen des Ausstellers

urkunden gebrauchen ihn in der Signumzeile und in der Datierung.[112] Mehrmals wird des verstorbenen Königs Konrad gedacht, wobei ihm der Titel „augustus" gegeben wird.[113] Die Intitulatio des Diploms für die Zisterze Maulbronn [114] gibt dem Herrscher den

und Teile des Titels frei ließ, die dann von A II. C ausgefüllt wurden, und zwar mit den Worten Fridericus und rex augustus. A II. C trug auch das Eschatokoll ein. Der Augustustitel geht also auf den Kanzleinotar zurück. Dazu vgl. Theodor Mayer, MIÖG Erg. Bd. 14 (1939), 247 f. und Peter Acht, Mainzer UB. 2/1, 332 n⁰ 179. — Schwieriger liegen die Dinge bei St. 3632 für die Abtei Moggio (Mosach), das in einem Originaltranssumpt Kaiser Friedrichs II. von 1227 (BF 1717) vorliegt und mehrfach die kaiserliche Würde betont. Die Arenga stammt wortwörtlich aus dem Breviarium de dictamine des Alberich von Montecassino, der ein von ihm selbst erfundenes Diplom Heinrichs IV. wiedergibt. Dazu vgl. Rockinger, Quellen und Erörterungen zur bayrischen Geschichte 9/1, 39. Stumpf verzeichnet dieses angebliche Diplom unter 2991 a. Vgl. dazu Dietrich von Gladiss, Die Urkunden der deutschen Könige und Kaiser 6, 686 n⁰ XXIV. Hausmann, Formularbehelfe der frühen Stauferkanzlei, MIÖG 56 (1950) 79 Formel 23, nahm noch ein echtes DH. IV. an. Die Arenga beginnt mit den Worten: Decet imperativam (wohl verschrieben für imperatoriam) clementiam. Der Kontext spricht von der imperialis auctoritas, institucio und preceptio, und die Intitulatio lautet Fridericus dei gratia Romanorum imperator semper augustus. Das ist auch für eine Empfängerausfertigung des Jahres 1152 undenkbar. Der Kaisertitel kehrt in der Signumzeile und in der Datierung wieder, in letzterer heißt es auch wieder imperatore semper augusto. Der Inhalt des Diploms für Moggio ist gänzlich unverdächtig, da er weitgehend eine Wiederholung des DK. III. 198 ist. Nun bietet St. 3632 aber auch hinsichtlich der Datierung Schwierigkeiten, denn es gibt als Inkarnationsjahr 1150 an, als Indiktionszahl aber quarta. Der Ausstellungsort und -tag Regensburg Juli 5 passen sehr gut in das Itinerar Friedrichs I. zum Jahre 1152, desgleichen die Zeugen. Das Inkarnationsjahr ist zweifellos eine Verschreibung, die bei der Transsummierung geschehen ist, als man einige Ziffern ausließ. Die vierte Indiktion paßt jedoch zum Jahr 1156, wozu der Kaisertitel sich ausgezeichnet eingefügt. Für eine spätere Beurkundung spricht auch die Tatsache, daß die Wendung regię auctoritatis nostre libera licentia der Vorurkunde DK. III. 198 in St. 3632 zu imperialis auctoritatis nostre libera licentia verbessert wurde, was nur verständlich ist, wenn man annimmt, die Urkunde sei tatsächlich erst in der Kaiserzeit ausgefertigt worden. Es verdient endlich festgehalten zu

Titel „Romanorum rex in Christo semper victor cesar augustus", zweimal betont diese Urkunde die kaiserliche Würde des Königs.[115] Das Diplom für Gottesgnaden [116] mit der dreimaligen Erwähnung der kaiserlichen Würde Barbarossas folgt wörtlich der Vorurkunde.[117] Die Arenga des Diploms für Erzbischof Arnold II. von Köln [118] spricht gleich zweimal vom „imperium".[119] Von der „cel-

werden, daß es der Kanzlei nach dem Hoftag von Merseburg im Mai 1152 offenbar an einem Notar mangelte, denn nach St. 3626, verfaßt von Wibald und mundiert von einem Mönch von Korvey, ist bis zum 28. Juli kein Diplom mehr in der Kanzlei entstanden. Albert und Wibald nahmen am 29. Juni an der Provinzialsynode in Köln teil, während sich der Kaiser nach Baiern begab, wo er zu Regensburg seinen ersten baierischen Hoftag abhielt, auf dem die Handlungen geschahen, die später in St. 3632 und 3633 beurkundet wurden. Auch in Augsburg, wo er noch im Juli für das Stift Marbach tätig war, kam es nicht zur Ausfertigung eines Diploms, wohl gleichfalls deshalb, weil kein Notar zur Stelle war. Erst am 15. Oktober wurde wohl zu Würzburg über die zu Augsburg geschehene Handlung ein Diplom ausgefertigt, und zwar von Albert, der mittlerweile von Köln an den Hof zurückgekehrt war (St. 3634). Man wird also wohl uneinheitliche Datierung als Möglichkeit für St. 3632 annehmen dürfen, wodurch sich die bestehenden Schwierigkeiten erklären ließen. Möglicherweise geschah die Urkundenausfertigung gleichfalls in Regensburg. Für die Annahme einer Empfängerausfertigung spricht das Monogramm, das dem des DK. III. 198 nachgezeichnet ist. Papst Lucius III. hat übrigens 1184 September 19 zu Verona (JL. 15082; Italia pontificia 7, 67 n⁰ 1) die Urkunde Barbarossas mit folgenden Worten bestätigt: Libertates quoque a charissimo in Christo filio nostro Friderico illustri Romanorum imperatore semper augusto concessas et hactenus approvatas nihilominus auctoritate apostolica confirmamus (Nuovo Archivio Veneto 16 (1898), 77 n⁰ 4).

[112] St. 3669, 3670.
[113] St. 3633, 3672, 3682.
[114] St. 3687.
[115] Pro imperiali amplitudine und imperiali maiestate percussus.
[116] St. 3633.
[117] DK. III. 265.
[118] St. 3672. Auch St. 3673 für Köln hat den Augustustitel.
[119] Quoniam ordinatione excellentissimę maiestatis in culmine imperii constituti summam rerum regendam suscepimus, dignum duximus singulis

situdo imperii" spricht die Arenga des Diploms für die Kirche von Verona,[120] und die gleichfalls während des Romzuges ausgestellte Urkunde für die Abtei Benediktbeuern verwendet den Ausdruck „imperialis maiestas".[121] So wurde nicht nur in der Reichskanzlei, sondern auch unter den Klerikern des römisch-deutschen Reiches die kaiserliche Würde des Königs als Tatsache anerkannt.

Daß man im Briefwechsel mit der Kanzlei oder Angehörigen derselben gleichfalls so dachte, zeigt ein Brief, den der burgundische Edle Hugo von Baux zugleich im Namen seiner Brüder an Wibald sandte.[122] Der Adelige aus dem regnum Arelatense, der sich an den Abt um dessen Fürsprache bei Friedrich Barbarossa wandte, beginnt sein Schreiben mit dem Hinweis, Wibald kenne die Gesinnung seines Vaters dem „imperium" gegenüber seit langem, und zwar sowohl durch dessen Anwesenheit am Hofe,[123] als auch durch dessen Briefe, die er häufig empfangen habe.[124] Hugo fährt sodann fort: Wir aber sind eingedenk des Lehens, das ihr unserem Bruder und durch ihn auch uns am Hofe des Kaisers zu übertragen euch bemüht habt.[125] Schließlich bittet Hugo den Reichsabt, seine und seiner Brüder Bitten vor den Kaiser zu bringen.[126] Die Herren von Baux wußten demnach sehr wohl, wie sie sich auszudrücken hatten, wenn sie sich mit einer Bitte an Wibald wandten, um eine Gnade von Friedrich zu erhalten.

In der vorliegenden Untersuchung wurde bisher die Verwendung des Titels „augustus" behandelt, jedoch ohne Rücksichtnahme auf

---

personis et cunctis ęcclesiis in nostro inperio sitis sua iura inviolabiliter conservare et ęcclesias dei tam opibus quam dignitatibus locupletare.

[120] St. 3697.

[121] St. 3709.

[122] Mon. Corb. n⁰ 428.

[123] Raimund von Baux hatte am 10. August 1145 zu Würzburg ein Diplom Konrads III. erhalten (DK. III. 132).

[124] Quem erga imperium a longis retro temporibus pater noster habuit affectum, ipsius presentia et litteris eius ad vos sepe directis vestra novit serenitas.

[125] Nos etiam non sumus immemores beneficii, quod fratri nostro G(uillelmo) et per ipsum nobis in curia imperatoris conferre studuistis.

[126] Preces nostras ante imperatorem admittite.

die genaue Formulierung, d. h. ohne Unterscheidung zwischen
„augustus" und „(et) semper augustus". Die Hinzufügung des Wortes „semper" bzw. der Worte „et semper" zum Titel „augustus" ist,
wie Bucklisch dargelegt hat,[127] in Deutschland entstanden, und zwar
„ohne Anstoß von außen her. Von hier gelangte sie durch die Briefe
Konrads III. nach Italien und wurde erst allmählich in die Adressen der päpstlichen Kanzlei von den deutschen Kaisern aufgenommen". Schon 1921 hat Johannes Langeheinecke [128] bemerkt, daß die
Formel „semper augustus" den Römern aus Deutschland zugekommen sein muß, „und zwar höchstwahrscheinlich aus der politischen
Korrespondenz Konrads mit ihnen."

Tatsächlich ist Wibald für die Einführung nicht nur des Titels
„augustus", sondern auch des Wortes „et semper augustus" in die
Intitulatio der Königsurkunde verantwortlich. Alle Schreiben Konrads III. an Eugen III. wurden von Wibald verfaßt und verwenden in der Intitulatio die Worte „et semper augustus".[129] Was für
die Briefe an den Papst gilt, das trifft auch für die Schreiben an die
Römer und Pisaner zu, deren Verfasser Wibald ist.[130] Auch das
Diplom für den Bischof Presbiter von Ascoli Picenum, das auf eine
Vorurkunde zurückgeht und von einem Empfängerschreiber geschrieben wurde, steht mit Wibald in Zusammenhang, denn Wibald
wird in der Urkunde als Intervenient genannt.[131] Unter Friedrich I.
verwendet Wibald die Formel „et semper augustus" gleichfalls in

[127] Margot Bucklisch, Augustus als Titel und Name bis zum Ende des
Mittelalters, Diss. Münster 1957 (Maschinenschr.), 114.
[128] Johannes Langeheinecke, Die diplomatischen Beziehungen zwischen
dem deutschen Reich und Byzanz, Diss. (Maschinenschr.) Berlin 1921,
112.
[129] DDK. III. 184, 185, 216, 218, 222, 223, 225, 230, 244, 252, 263, 264,
sowie DH. (VI.) 9.
[130] DDK. III. 261, 262.
[131] DK. III. 226. Das zu Nürnberg am 14. Mai 1150 ausgefertigte
Diplom wurde auf italienischem Pergament geschrieben und dürfte hinsichtlich des Eingangs- und Schlußprotokolls unter dem Einfluß der Kanzlei
formuliert worden sein. Der Empfänger hatte sich in einem Brief an
Wibald gewandt und ihn um Fürsprache bei Konrad III. gebeten: Mon.
Corb. n⁰ 229.

den von ihm verfaßten Urkunden, und zwar in der Wahlanzeige,[132] in den Diplomen für die Hochstifte Vienne und Arles sowie in dem Mandat an das Reichskloster Farfa.[133]

Abgesehen von einem einzigen Diplom, nämlich dem für das Bistum Como,[134] hat der Notar A II. C diese Formel nie verwendet. Bei den anderen Notaren der Königszeit Friedrich Barbarossas, nämlich A II. D, A II. E und ZB findet sich die Formel „et semper augustus" nicht. Vor der Kaiserkrönung braucht ein Italiener diese Formel in dem von ihm verfaßten Lehensgesetz von 1154,[135] und die Empfängerausfertigung für die Abtei Benediktbeuern [136] formuliert „semper et augustus". Wenn das Mandat an den Bischof Hermann von Utrecht zugunsten der Reichsleute von Kaiserswerth [137] die Formulierung „et semper augustus" verwendet, muß mit Recht die Frage gestellt werden, ob nicht Wibald der Verfasser dieser Urkunde sein kann, denn bis zu diesem Zeitpunkt hat kein Mitglied der Reichskanzlei diese Formel gebraucht. In der Tat stimmt auch die Formulierung der Publicatio mit dem Diktat des Abtes überein,[138] und in der Pönformel erinnert die Wendung

---

[132] St. 3620.

[133] St. 3674, 3675, 3702 A. St. 3674 wurde zwar nicht von Wibald verfaßt, wohl aber durch die gleichzeitig entstandenen und von Wibald verfaßten Diplome St. 3675 und 3676 sowie 3674 a stark beeinflußt. Wenn in St. 3674 a der Titel augustus überhaupt fehlt, so wird das so zu erklären sein, daß es sich hier um ein Mandat handelt, das — wie die anderen in diesen Jahren verfaßten — in der Intitulatio sehr einfach gehalten war. Dazu vgl. oben A. 80 und A. 87.

[134] St. 3667.

[135] St. 3700.

[136] St. 3709. An der Ausfertigung war A II. D durch die Zeichnung der Signumzeile und des Monogramms beteiligt. Vgl. dazu Zeillinger a. O. 541 A. 36. Mit Julius Ficker, Beiträge zur Urkundenlehre 2, 126 n⁰ 262 vertreten wir die Ansicht, daß das Diplom „sicher erst nach der Kaiserkrönung vollendet" wurde, worauf die Worte semper et augustus in der Intitulatio wie auch die Wendung imperiales maiestas in der Arenga hinweisen.

[137] St. 3693 D. Druck: Emil von Ottenthal, MIÖG 39 (1923), 364 n⁰ 4.

[138] Universitati vestre notum esse volumus, quod. Den gleichen Wortlaut hat die Publicatio von St. 3702 A, gleichfalls von Wibald verfaßt.

„iuxta privilegiorum seriem" an ähnliche Wendungen in von Wibald verfaßten Diplomen.[139] So wird man Wibald sehr wohl als Verfasser auch dieses Mandates bezeichnen dürfen.

Ein Blick auf die weitere Entwicklung in den ersten Kaiserjahren Friedrich Barbarossas soll diese Beobachtungen abrunden. Während des Rückmarsches von Rom nach Deutschland waren Wibald und A II. D am 25. August 1155 im Gebiet von Faenza zuletzt tätig. Damals verfaßte der Abt das Diplom zugunsten der Stadt Pisa,[140] das von A II. D mit der Datierung versehen wurde.[141] Die Intitulatio dieses Diploms verwendet die Formulierung „semper augustus", die wiederum auf Wibald zurückgeht. A II. D hat während der ganzen Zeit seiner Tätigkeit diese von Wibald in die Kanzlei eingeführte Formel nie verwendet.

Zeillinger[142] hat A II. D sowohl das Diktat des Diploms zugunsten der Kirche S. Grisogono zu Rom[143] als auch das des Mandats an die Bewohner von Tivoli[144] zugeschrieben. Ihm ist beizupflichten, wenn er sagt, beide Urkunden hätten denselben Verfasser, denn sie verwenden die gleiche Grußformel und haben die gleiche Publicatio.[145] Nun hat das Mandat an die Einwohner von Tivoli in der Intitulatio die Formel „semper augustus", die sich niemals in den von A II. D verfaßten Diplomen nachweisen läßt, von Wibald jedoch gerade für italienische Empfänger gebraucht wird, wie das während des Romzuges ausgestellte Mandat an die Reichsabtei Farfa und das oben genannte Diplom für Pisa zeigen.

---

[139] DDK. III. 179 und 181: per presentis paginę seriem, DK. III. 230: extra presentium litterarum seriem, DK. III. 26: totam rei seriem.

[140] St. 3722: Siquidem Pisanus populus preclaris virtutum operibus *terra marique* celebris limites Europe, in qua sedem et *domicilium imperii* habemus, probitate et industria non solum ornat et tuetur, verum etiam... Vgl. dazu das von Wibald verfaßte DK. III. 261: In pace et in bello *terra marique imperii* Romani consuevit esse *domicilium.*

[141] Zur Datierung vgl. Herkenrath, MIÖG 72 (1964) 45 und Zeillinger a. O. 549.

[142] A. a. O. 534 und 543 für St. 3713 A; 534, 543 und 548 für St. 3717.

[143] St. 3713 A, Druck: Kehr in den Göttinger Nachr. 1903/3, 273.

[144] St. 3717.

[145] (Unde) universitatem vestram nosse volumus, quod.

Die Publicatio [146] dieser beiden zu Rom oder doch in der Umgebung der Ewigen Stadt ausgestellten Urkunden entspricht den
Diktatgewohnheiten Wibalds. Es liegt also nahe, auch für die bald
nach der Kaiserkrönung erfolgte Ausfertigung der Diplome zugunsten der Kirche von S. Grisogono zu Rom bzw. des Mandates
an die Bewohner von Tivoli dem Abt von Stablo und Korvey
zuzuschreiben. Letzteres verkündet die Rückgabe der Stadt an den
Papst und die Entbindung von dem erst vor kurzem dem Kaiser
von den Bewohnern geleisteteten Treueid, jedoch vorbehaltlich der
kaiserlichen Rechte. Es war offenbar zu Unstimmigkeiten zwischen
Kaiser und Papst gekommen, die nunmehr beigelegt wurden. Wer
anders als Wibald war der berufene Mann, in diesem aufkeimen-
den Streit zu vermitteln, besaß doch kein Mitarbeiter des Kaisers
das Vertrauen sowohl des Herrschers als auch des Papstes in so
reichem Maße wie Wibald. Niemand war so sehr auf den Frieden
zwischen den beiden höchsten Gewalten bedacht wie der Reichsabt,
und obwohl uns leider der Briefwechsel des Abtes während des
Italienzuges nicht erhalten ist, zeugen doch die wenigen Briefe
Hadrians IV., die uns der Briefkodex überliefert, wie sehr der Papst
auf die Hilfe Wibalds zur Unterstützung kirchlicher Interessen in
Mittelitalien baute. Kein Mitarbeiter des Kaisers war an der Kurie
so bekannt wie Wibald, an den sich deshalb auch der Kardinal-
priester Guido von S. Grisogono gewandt haben mag, als er sich um
die Schenkung der Stadt Gallese an seine Kirche bemühte. Zeillinger konnte als Argument für die Verfasserschaft des A II. D nur
die Formulierung der kaiserlichen Vorbehaltsklauseln in dem Mandat an die Bewohner von Tivoli anführen.[147]

Der kaiserliche Notar Albert (AH), der weder unter Konrad III.
noch in den Königsjahren Friedrichs I. die Formel „et semper augustus" in den von ihm verfaßten Diplomen verwendet, benutzt sie
auch in den Jahren 1155—1158 nie,[148] während RC in seiner ersten

---

[146] Vgl. den Text in A. 138 mit dem in A. 145.

[147] A. a. O. 543 A. 44 und 548.

[148] Zeillinger a. O. 499 hat Albert (AH) das Diktat von St. 3728, vgl.
dazu a. O. 509, ferner St. 3734, vgl. dazu a. O. 517, St. 3741, vgl. a. O.
510, sowie St. 3765 a, vgl. a. O. 525 Anm. 96 zugesprochen, wobei seine
Argumente, wie er zum Teil selbst zugibt, nicht sehr fundiert sind, was

Tätigkeitsperiode, die in die Jahre 1156 und 1157 fällt, sie nur drei-mal gebrauchte.[149] Der ihn ablösende Notar RD verwendete wäh-rend des Burgundzuges von 1157 in der Intitulatio aller von ihm mundierten Diplome ausnahmslos die Wendung „et semper augu-stus",[150] ist nach der Rückkehr nach Deutschland aber schwan-kend.[151] Der auf ihn nach einem kurzen Zwischenspiel des ZB fol-gende RG schwankt in der Verwendung der Formel, während RH sie seit Juli 1158 regelmäßig gebraucht.

Es stellt sich nun die Frage, woher Wibald die neue Formel, der er Eingang in den Kanzleigebrauch verschaffte, entlehnte bzw. wo-her er die Anregung für diese Erweiterung der Intitulatio empfing. Bucklisch ist der Formel in einem eigenen Exkurs nachgegangen [152] und fand sie zuerst bei Diokletian. In der Folge dringt sie immer mehr in den Kaisertitel ein und wird unter Konstantin dem Gro-ßen fast zur Regel. Die lateinisch schreibende oströmische Kanzlei verwendet sie bis in die Zeit des Herakleios, dann aber gerät sie in Vergessenheit. Karl der Große verwendet sie in seinen Diplomen

jedoch in der Tatsache begründet liegt, daß die Diktatzuweisung eines Mandates in den meisten Fällen nur sehr schwer, wenn nicht gar unmöglich ist. Bei diesen Urkunden handelt es sich nämlich, sieht man von St. 3734 ab, um Mandate. Diese verwenden alle den Titel (et) semper augustus. Im Gegensatz zu den ersten Regierungsjahren Barbarossas scheint der Augustustitel nach der Kaiserkrönung selbstverständlich in allen Diplomen auf, die Formel (et) semper augustus wird aber nur von bestimmten Notaren verwendet, zu denen AH (Albert) offenbar nicht gehörte. Ande-rerseits aber wurde nach der Kaiserkrönung gerade die Intitulatio der Mandate mit der Formel (et) semper augustus versehen und somit, wenn Zeillingers Vermutung zutreffen sollte, daß AH (Albert) als Verfasser der genannten Mandate anzusprechen ist, auch in den von Albert diktierten Mandaten.

[149] St. 3761 für Erzbischof Hillin von Trier, St. 3762 für die Abtei St. Emmeram zu Regensburg und St. 3767 A für die Juden von Worms, Druck: Const. 1, 227 n⁰ 163.

[150] St. 3779, 3780, 3783, 3784, 3786, 3787, 3788, 3789, 3790, 3790 a.

[151] Nur augustus: St. 3793, 3795, 3798, 3800 A (Druck: Scheffer-Boichorst, MIÖG 10 (1889) 299; et semper augustus: St. 3792, 3797, 3800. Eine Gesetzmäßigkeit ist nicht festzustellen.

[152] A. a. O. 103—116.

nicht, doch finden wir sie in Briefen, die von den Vertretern des sogenannten „Renaissancekreises" um Alkuin stammen. Nur selten findet sich die Formel unter Karl III.,[153] dagegen folgten die französischen Herrscher dem Titel, der im Kreis um Alkuin verwendet wurde, allerdings nur bis zum Beginn des 12. Jahrhunderts, womit eine Übernahme der Formel aus Frankreich ausgeschlossen ist. Bucklisch zeigt die gelegentliche Verwendung der Worte „semper augustus" in den Schreiben einzelner Päpste auf, die beweist, daß die deutsche Kanzlei sie auch von dort nicht übernommen haben kann.[154] Wenn sie sich gelegentlich in Diplomen Ottos III. und Heinrichs II. finden, dann sind diese Schriftstücke außerhalb der Kanzlei entstanden und geben entweder eine Beeinflussung durch die französischen Gewohnheiten [155] oder durch eine solche aus spätantiken Vorstellungen [156] wieder. Man wird Bucklisch folgen dür-

[153] DD. Ka. III. 116—118 in der Signumzeile: Signum Karoli gloriosissimi et serenissimi semper augusti. DKa. III. 147: Signum Karoli gloriosissimi semper augusti. Die drei ersten DD. gehen auf den gleichen westfränkischen Konzipienten zurück, wodurch die Formel semper augustus in der Signumzeile hinreichend erklärt ist. Es handelt sich bei diesen DD. um die ersten, die Karl III. als König von Westfranzien oder in Gallia, wie es in der Datierung heißt, ausstellen ließ. Auf diese Tatsache hat Bucklisch nicht hingewiesen, wie sie denn leider durchwegs die kritischen Vorbemerkungen zu den von ihr zitierten DD. unbeachtet ließ. DKa. III. 147 ist vom gleichen Kleriker des Bischofs Geilo von Langres verfaßt und geschrieben worden, der an der Herstellung von DKa. III. 116 beteiligt war.

[154] A. a. O. 107.

[155] DO. I. 288—290. Mit Recht weist Bucklisch darauf hin, daß diese DD. für Empfänger aus dem französischsprechenden Lothringen bestimmt sind, so daß man hier westfränkischen Einfluß annehmen darf. Sickel hat in der Vorbemerkung zu DO. I. 288 die Formel et semper als späteren Einschub betrachtet und führt dies auf die schlechte Überlieferungslage der drei DD. zurück. — DO. III. 196 und Fritz Weigle, Die Briefsammlung Gerberts von Reims (MGH, Briefe der deutschen Kaiserzeit 2) n⁰ 215 wurde von Gerbert von Aurillac verfaßt, bedeutet also wiederum westfränkischen Einfluß.

[156] DH. II. 304, dazu den Nachtrag S. 724, für die bischöfliche Kirche von Savona, verwendet in der Intitulatio den Titel semper augustus, in

fen und feststellen, „daß es in der Zeit Lothars III. bzw. seines Vorgängers in Deutschland Männer gab, die der christlich-römischen Spätantike in dieser Form zu neuem Leben verhelfen wollten".[157] Spätantikes Schrifttum aber war Wibald vertraut, wie Zitate aus dem Gesetzeswerk des Justinian in den von Wibald verfaßten Urkunden zeigen.[158]

der Signumzeile et semper invictissimi imperatoris augusti. — Die DD. H. II. 336—338, zu letzterem s. den Nachtrag S. 720, verwenden in der Signumzeile die Formel semper augustus. Diese drei zur Merseburg gleichzeitig ausgestellten DD. dürften vom selben Verfasser stammen und sind für italienische Empfänger bestimmt. Man darf annehmen, daß der Mundator ein Italiener war.

[157] A. a. O. 114.

[158] In den von Wibald verfaßten DD. K. III. 89, 93, 105, 106, 116 und 117 zeigt die Arenga *Iusticię* diffinitio *est constan*tem ac *perpetu*am habere *volunta*tem *tribuendi* uni*cuique,* quod sibi *iu*re competit ein wörtliches Zitat aus den Institutionen des Justinian, wo es Inst. lib. I, 1, 1 (= Dig. lib. I, 1, 10) heißt: *Iustiti*a *est constan*s et *perpetua volunta*s *iu*s suum *cuique tribuendi.* Heribert nahm die von Wibald geschaffene Arenga in den DD. K. III. 128 und 136 auf, nachdem er schon früher die von Wibald verfaßten DD. K. III. 105, 106 und 116 mundiert hatte. Auch Albert verwendet DK. III. 237 diese Gedanken. Ein Anklang an die zitierte Stelle Justinians findet sich in der von Wibald verfaßten Arenga von DK. III. 87: Regię celsitudinis est ecclesiarum paci ac quieti in omnibus providere clementer et, quod *iustitię* proprium *est,* sua uni*cuique* sine alicuius detrimenti iniuria conservare. Diese Arenga wurde von Heribert in den DD. K. III. 108 und 110 wieder aufgenommen. — In dem von Wibald verfaßten DK. III. 233 entspricht die Wendung *vim vi rep*ulerunt der Stelle aus Dig. lib. IV, 2, 12, 1: *vim vi rep*ellere. In Mon. Corb. n⁰ 201, einem Brief Wibalds an Konrad III., heißt es ähnlich: *vim vi rep*ell*en*tes. In einem Brief an Bischof Heinrich von Lüttich schreibt Wibald: Novit enim discretio vestra, quod etiam iure gentium *licet vi vim repellere* (Mon. Corb. n⁰ 109). — Wie sehr Wibald am oströmischen Reich die Rechtsordnung schätzte, zeigt sein Brief an Kaiser Manuel von 1150 April, wo er Manuels imperium als eines bezeichnet, in quo est divine religionis cultus, in quo est ordo legum et iuris civilis ratio, in quo est fortitudo et disciplina militaris, in quo est infinita diviciarum copia. (Mon. Corb. n⁰ 246). In einem Brief an den königlichen Notar Heinrich klagte Wibald im November 1149 über die ihm zuteil gewordene Behandlung: contra morem regni

Man wird es dem gelehrten Wissen Wibalds zuschreiben müssen, daß die Formel „et semper augustus" in die Intitulatio der Könige Konrad III. und Friedrich I. Eingang fand. Aus seiner Kenntnis der spätantiken Literatur versuchte der Abt die Intitulatio seiner Herrscher zu erweitern. So beginnen seine eigenen Briefe an Konrad

factum est, quod, cum proxime et litteras et nuncium ad curiam transmisissemus, nulla responsa impetrare valuimus; quod illis precipue solet accidere, de quorum iam pena, iuxta legem Iuliam de reis maiestatis, decernitur. (n⁰ 206). Wibald kannte offenbar Dig. lib. 48, 4 bzw. C. J. 9, 12. — Man wird Wibald aber nun auch den Anklang an das Proömium der Institutionen des Justinian zuschreiben dürfen, der sich in der Arenga der Wahlanzeige findet:

Proömium:	Wahlanzeige:
Imperatoriam maiestatem non solum *armis* decoratam, sed etiam *legibus* oportet esse armatam, ut utrumque tempus *et bello*rum et pacis recte possit gubernari.	... ut noverit regnum sibi a deo collatum *legibus* ac moribus non minus adornare quam *armis et bello* defensare.

Zu dem Nachhall, den das Proömium der Institutionen im 12. Jh. gefunden hat, vgl. P. E. Schramm, Kaiser, Rom und Renovatio (Studien der Bibliothek Warburg, 17, 1929) 1, 282 f. sowie Heinrich Fichtenau, Arenga, Spätantike und Mittelalter im Spiegel der Urkundenformen, MIÖG Erg. Bd. 18 (1957) 28 Anm. 77 und Ernst H. Kantorowicz, Kaiser Friedrich der Zweite, Erg. Bd. 77 zu 202. — Norbert Höing, Die „Trierer Stilübungen", AfD 2 (1956) 173 f. weist auf die Verwendung des Zitats in Bamberg hin. — Es dürfte als wahrscheinlich gelten, daß Wibald aus seiner Kenntnis des justinianischen Rechtes auch das Wort semper in die Intitulatio des römisch-deutschen Herrschers übernommen hat, geht doch dem Proömium die feierliche Intitulatio Justinians voraus, in der die Formel inclytus victor ac triumphator semper augustus steht, die sich immer wieder im Gesetzeswerk des oströmischen Herrschers findet und Wibald deshalb gut bekannt gewesen sein muß. — Eine genauere Kenntnis aller von Wibald verfaßten Briefe und Urkunden einerseits und des justinianischen Rechtes andererseits wird sicherlich noch eine Anzahl von Zitaten aus letzterem im Werk Wibalds feststellen können. Es sei hier nur noch auf die Wendung sollemnen morem in der Wahlanzeige hingewiesen, die sich im Codex Justinianus III 34, 7 findet.

und Friedrich stets mit den Worten „inclito triumphatori".[159] Wibald ging aber in seinem Bestreben, die Titulatur seiner Könige glanzvoller zu gestalten, auch auf weniger weit zurückliegende Traditionen zurück. Die Worte „a deo coronatus" [160] und „magnus et pacificus",[161] die sich sowohl in den Adressen der Briefe Wibalds an seine Könige als auch in der Intitulatio einiger von Wibald verfaßter Briefe Konrads und Friedrichs finden, greifen auf das Vorbild der Diplome Karls des Großen zurück. Neben diesem Zurückgreifen auf antike und karolingische Vorbilder bemühte sich der Abt auch persönlich um die Formulierung neuer Formeln, indem er den Worten „inclito triumphatori (a deo coronato)" die Worte „et exaltato" [162] oder „et magnifico" [163] hinzufügte, wobei die herkömmlichen Epitheta „serenissimus" und „gloriosus" nicht weiter erwähnt werden sollen. Die Erweiterung der Intitulatio durch Wibald hat sich, soweit es sich um die Worte „(et) semper" handelt, in der Folgezeit durchgesetzt, die Versuche jedoch, die Intitulatio durch Formulierungen wie „magnus et pacificus a deo coronatus" bzw. „inclitus victor ac triumphator" zu erweitern, machten keine Schule. Nur ganz selten, und zwar in einem Schreiben Friedrichs I. an Ludwig VII. von Frankreich,[164] wo die Intitulatio lautet: „Fridericus dei gratia Romanorum imperator prepotentissimus, a deo coronatus magnus et pacificus inclitus victor ac triumphator semper augustus" sowie in dem zur Zeit der Kapitulation Mailands im Jahre 1162 ausgestellten Diplom für das Bistum Gurk,[165] wo die Intitulatio „Fridericus divina favente clementia Romanorum imperator a deo coronatus magnus et pacificus inclitus triumphator et semper augustus" offenbar als Ausdruck des Sieges über die lom-

---

[159] Mon. Corb. nn⁰ 21, 180, 201, 205, 279, 300, 339, 384, 446.

[160] Mon. Corb. nn⁰ 180, 201, 205, 446 sowie in den Diplomen Friedrichs I. St. 3677 A = Mon. Corb. n⁰ 410 und St. 3769 = Mon. Corb. n⁰ 461.

[161] Mon. Corb. nn⁰ 410, 446, 461.

[162] Mon. Corb. nn⁰ 180 und 201.

[163] Mon. Corb. nn⁰ 300 und 339.

[164] St. 3790 A, Druck: Wilhelm von Giesebrecht, Geschichte d. dt. Kaiserzeit 6, 356.

[165] St. 3939.

bardische Metropole diese glanzvolle Erweiterung erfuhr, wird in Produkten der Reichskanzlei die von Wibald verwendete Erweiterung wiederaufgenommen. Schließlich sei noch an den schon genannten Brief Friedrichs an Kaiser Manuel erinnert,[166] dessen Intitulatio „Fridericus divina favente clementia inclitus triumphator Romanorum imperator a deo coronatus sublimis in Christo fidelis magnus pacificus gloriosus cesar Grecorum moderator et semper augustus" lautet. Man war offenbar in der Kanzlei weit nüchterner als der Abt von Stablo und Korvey, weshalb die Weiterentwicklung der Intitulatio unterblieb.

Nachtrag 1973

Für den Teilwiederdruck der vorliegenden Abhandlung wurden geringfügige Kürzungen vorgenommen, kleine Ergänzungen hinzugefügt und einige Fehler, Unklarheiten und stilistische Schwächen, auf die mich mein Kollege Kurt Zeillinger aufmerksam machte, beseitigt.

Walther Heinemeyer nahm in seiner Arbeit ›Beneficium — non feudum sed bonum factum‹ AfD 15 (1969) 155—236 im 9. Abschnitt „imperium und sacerdotium in den Anfängen Friedrichs I. (220—236)" ausführlich zur Wahlanzeige Stellung und kommt vor allem hinsichtlich des Diktats der Arenga, die mit der Formel regnum a deo collatum einwandfrei auf Wibald zurückgeht, zu ähnlichen Ergebnissen. Hinzuweisen ist ferner auf die sehr interessanten Ausführungen von Kurt Zeillinger in der Festschrift für Heinrich Appelt, MIÖG 78 (1970) 210—223 ›Friedrich Barbarossa, Wibald von Stablo und Eberhard von Bamberg‹, die sich erneut mit der Wahlanzeige auseinandersetzt. Zu den Vorgängen bei der

---

[166] Außer dem von Kap-Herr, Die abendländische Politik Kaiser Manuels mit besonderer Rücksicht auf Deutschland, 1881, 156 benutzten CVP 953 (Salisb. 103) s. XII. fol. 138' findet sich das Schreiben auch im CLM 19411 s. XII. fol. 75–75' (p. 151—152). Beide Hss. weichen verschiedentlich voneinander ab, doch bietet der Münchener Codex vor allem in der Intitulatio den besseren Text, da in der Wiener Hs. das Wort Romanorum fehlt.

Königswahl äußerte sich jüngst auch Odilo Engels, Beiträge zur Geschichte der Staufer im 12. Jahrhundert (I), DA 27 (1971) 373 ff., der der Königswahl Friedrichs ein eigenes Kapitel widmet (399 bis 342). Zur Beurteilung der Wahlanzeige ist ferner Franz Josef Schmale, Lothar III. und Friedrich I. als Könige und Kaiser, Vorträge und Forschungen, Herausgegeben vom Konstanzer Arbeitskreis für mittelalterliche Geschichte, Band 12: Probleme des 12. Jahrhunderts. Reichenau-Vorträge 1965—1967. (1968) 33 ff. heranzuziehen, der S. 49 wohl mit Recht feststellt, Barbarossa habe dem Papst die Wahl angezeigt und eine Bestätigung als Antwort erhalten. Ähnlich wird es bei Lothar III. gewesen sein. Schmale fürchtet, man sei hier „dem Zufall der Quellenlage aufgesessen". Weit über den Rahmen unseres Themas hinaus geht das ausgezeichnete Werk des leider allzu früh verstorbenen mitteldeutschen Gelehrten Gottfried Koch, Auf dem Wege zum sacrum imperium, Studien zur ideologischen Herrschaftsbegründung der deutschen Zentralgewalt im 11. und 12. Jahrhundert (1972), der den Herrschertitel behandelt und 215—230 „die Byzantinischen Impulse für die staufische Staatsidee" und den „papstfreien Kaisertitel" Konrads III. und Friedrichs I. behandelt. Koch will vor allem den Notar Albert von Sponheim für die Herausbildung des papstfreien Kaisertitels verantwortlich machen und vermutet in ihm den Urheber der dreifachen Bezeichnung Barbarossas als Kaiser der Römer im Konstanzer Vertrag, einer Auffassung, der wir uns nicht anzuschließen vermögen. Wir werden darauf noch in einer Arbeit über die Organisation der Reichskanzlei unter Friedrich Barbarossa zurückkommen. Engels hat in seiner schon genannten Arbeit in dem Abschnitt „Die Ordnungszahl Konrads III. (375—399)" nochmals Bezug genommen auf die Erweiterung der Intitulatio durch die Worte sue regalis prosapie in den Diplomen des ersten Herrschers aus staufischem Hause, die unmittelbar nach dessen Rückkehr vom zweiten Kreuzzug ausgestellt wurden. Nach Engels hat dieser Zusatz in dem Diplom Heinrichs V. für St. Lambrecht (St. 3100) sein Vorbild. Engels ist hier jedoch einem Irrtum erlegen, denn einmal findet sich die genannte Wendung schon in den DD. K. III. 198, ausgestellt zu Gemona am 8. Mai 1149, und 199, ausgestellt zu St. Veit an der Glan am 14. Mai 1149, dann aber kommt diese

Wendung im genannten Diplom Heinrichs V. überhaupt nicht vor,
wie ein Blick auf den Text zeigt (Druck: J. Zahn, UB. des Herzogtums Steiermark 1, 119 n° 100). Engels hat die Vorbemerkung zu
DK. III. 200 mißverstanden, denn Hausmann will sagen, daß die
Wiederkehr der Intitulatio in der Publicatio schon bei St. 3100 zu
finden ist. Albert von Sponheim, der Verfasser und Mundator von
DK. III. 200, hat in den DD. K. III. 201, 202, 204 und 259 sowie
in St. 3625 ebenfalls die Intitulatio in der Publicatio wiederholt.
Die Herkunft der Worte sue regalis prosapie ist also weiterhin
noch nicht geklärt.

Originalbeitrag 1973.

IMPERATOR UND CAESAR — ZU DEN ANFÄNGEN DES STAUFISCHEN ERBREICHSGEDANKENS

Von Gunther Wolf

Als Konrad III. 1152 seinen Tod herannahmen fühlte,[1] übersandte er die Reichsinsignien [2] seinem damals etwa 30jährigen Neffen Friedrich und designierte ihn zu seinem Nachfolger. Damit überging er einmal seinen eigenen noch kleinen Sohn, zum andern band er in altgewohnter Weise die Großen des Reichs, ein Mitglied seines Hauses, eben seinen Neffen, zu wählen. Einmütigkeit war das Kennzeichen dieser Wahl Friedrichs I. zum deutschen König am 4. März 1152.[3] Waren die Gründe dafür zunächst sicher politischer Natur, auch in der Designation durch Konrad III. und in Friedrichs Abkunft mütterlicherseits aus dem Welfenhaus zu suchen, so hat sie von Anfang an Friedrich tiefer gedeu-

---

[1] Vgl. Simonsfeld, Jbb. des deutsch. Reiches unter Friedrich I. (1908), S. 18 f.; siehe auch F. Geldner in: Monumentum Bambergense (Festgabe f. B. Kraft 1955) und F. Hausmann in: Vorträge und Forschungen des Konstanzer Arbeitskreises 12/1968.

[2] Chron. Reg. Col. a. 1152 (S. rer. Germ. ed. Georg Waitz 1880), p. 88; Gesta Halberst. (MGh SS XXIII, 107). Es bedeutete für Friedrich zweifellos viel, neben dem letzten Willen Konrads auch den Besitz der Reichsinsignien für sich zu haben. Über die Designation in diesem Zusammenhang: F. Rörig, Geblütsrecht und freie Wahl in der Auswirkung auf die deutsche Geschichte (Abh. Berliner Akademie d. Wissensch. 1945/46, phil.-hist. Mtl. Nr. 6), S. 33 f. und Anm. 4; H. Mitteis, Die deutsche Königswahl (2. Aufl. 1944), S. 26, 83, 93, 95.

[3] Nicht umsonst trägt das bekannte Kapitel 2 des II. Buches der Gesta Friderici Ottos von Freising den Titel ›Ratio, quare in eum (sc. Fr. I) tam facile *consenserit* universitas principum‹; vgl. auch Const. I Nr. 137, p. 191, 24 ff.: „universi principes regni, tamquam divino spiritu succitati" und „cum ingenti divinitus data concordia" (siehe auch Jbb. Fr. I., S. 40).

tet.[4] Von den Fürsten gewählt, zeigt er dem Papst zwar seine Wahl gemäß altem Herkommen an, ohne jedoch um die von Eugen III. dann erteilte Bestätigung zu bitten. In aller Deutlichkeit bringt er auch fünf Jahre später seine Unabhängigkeit von der Kurie mit dem Argument seiner einstimmigen Erwählung zum Ausdruck: „Cum divina potentia, a qua omnis potestas in caelo et in terra, nobis, christo (!) eius, regnum et imperium regendum commiserit" [5] und weiter: „Cumque per electionem principum a solo Deo regnum et imperium nostrum sit . . ." [6] Als Christus Dei, dessen Herrschaft „per electionem" vermittels der Wahl allein von Gott her ist, bezeichnet sich Friedrich.[7]

Das sind doch wohl, wenn nicht neue Töne, so doch neue Akzente, die uns lebhaft an den davidischen Erwählungsgedanken gemahnen.[8] Sie widersprechen aber auch nicht den Äußerungen, in denen von Saliern, Ottonen und Karolingern, ja von den Imperatoren der römischen Antike als „antecessores nostri" etwa geredet wird.[9] Beides entspringt einem der Persönlichkeit Friedrichs gemäßen gesteigerten Selbstgefühl des Herrschers,[10] das aus der Quelle seiner hohen Auffassung vom „honor sacri imperii",[11] vom „dominium

---

[4] So betont Friedrich I. das Wirken Gottes (vgl. Anm. 3); vgl. auch: A. Nitschke, Die Einstimmigkeit der Wahlen im Reiche Ottos d. Gr. (MörG 70/1962), wo über das Phänomen der Einstimmigkeit grundsätzlich gehandelt ist.

[5] Const. I, Nr. 165, p. 231, 1 u. 29.

[6] Const. I, 230 (1157 Otto).

[7] Siehe M. Pomtow, Über den Einfluß der altrömischen Vorstellungen vom Staat auf die Politik Kaiser Friedrichs I. und die Anschauungen seiner Zeit (Diss. Halle 1885), S. 77 ff.

[8] Vgl. auch z. B. W. Mohr, in Miscell. Mediaevalia 4/1966, S. 382 ff. f. spätere Zeit u. a. G. Wolf, ebenda, S. 436 ff.

[9] Schon vor Friedrich I. setzt ja eine solche Strömung, offenbar ausgehend von der stadtrömischen, z. T. republikanisch gesinnten Bürgerschaft (vgl. Wibald von Stablo ep. Nr. 214 ed. Jaffé) ein, die auch Konrad III. schon aufnimmt (ebenda Nr. 231 u. 248); für Friedrich I. selbst: Const. I, Nr. 137.

[10] Vgl. W. Ohnsorge, Abendland und Byzanz (1963), S. 383.

[11] Vgl. Pomtow, l. c. S. 38/39; Jbb. Fr. I, l. c. S. 316 Anm. 119, P. Rassow, Honor imperii. Die neue Politik Fr. Barbarossas 1152—59

mundi", das unmittelbar und doch dauernd, gewandelt und doch dasselbe, von Gott ihm anvertraut ist.[12]

Wenn wir soeben erwähnt haben, daß Friedrichs Äußerungen über das ihm von Gott anvertraute Königsamt an davidische Vorstellungen erinnern, so auch seine Auffassung, „Gesalbter Gottes" [13] zu sein. Vielleicht mag man sogar die Elevation und Heiligsprechung Karls des Großen, die 1165 auf Veranlassung Friedrichs erfolgte,[14] in diesem Zusammenhang sehen: war doch bekanntlich gerade Karl als „alter David" nicht ohne staatsrechtlichen Grund gefeiert worden.[15] Nicht zuletzt war aber für Friedrichs Herrscherauffassung, gerade in Antinomie zu den aufkommenden Nationalstaatsbestrebungen in Westeuropa,[16] der Rückgriff auf das alte römische Kaiserrecht bedeutsam.

Die Bedeutsamkeit von Recht und Gerechtigkeit als Constituens von Herrschaft im Mittelalter [17] ist ebenso bekannt wie die An-

---

(2. Aufl. 1961) neuerdings: G. Wolf, Der „Honor Imperii" als Spannungsfeld von lex und sacramentum im Hochmittelalter (Miscellanea Mediaevalia VI/1969, S. 189—207) (in diesem Band S. 297 bis 322) u. P. Classen, HZ 195/1962, S. 377 ff.

[12] Pomtow, l. c., S. 80.

[13] Vgl. oben Anm. 7.

[14] Siehe R. Folz, La chancellerie de Frédéric Ier et la canonisation de Charlemagne (Moyen-âge 76/1964) u. E. Meuthen, Karl d. Gr. — Barbarossa — Aachen (in: Karl d. Große, Lebenswerk u. Nachleben Bd. 4/1967).

[15] Für Karls d. Gr. Staatsauffassung und Herrscherauffassung neben den in vor. Anm. genannten Sammelwerk: Zum Kaisertum Karls d. Großen. Beiträge u. Aufsätze (Wege d. Forschung Bd. 38/1972 hrsg. v. G. Wolf) und G. Wolf, Karl der Große (in: Die Großen der Weltgeschichte) Kindler-Verl. Bd. II [1972] jeweils mit umfangreichen Literaturangaben.

[16] Siehe G. Wolf, Universales Kaisertum und nationales Königtum im Zeitalter Kaiser Friedrichs I. — Ansprüche und Wirklichkeit (Misc. Mediaev. V/1968 S. 243 — 63 mit weiterer Lit.).

[17] Vgl. die Rezeptionsgeschichte von Augustin, de civitate Dei IV, 4 u. Cicero, de invent. 11, 159 ff.; siehe auch: F. Kürenberg, Die Darstellung Friedrich Barbarossas in den Gesta Ottos v. Freising im Hinblick auf Ottos augustinische Geschichtsauffassung (Diss. Greifswald 1917).

schauung, daß das ältere Recht gemeinhin das bessere sei [18] und nach römischer Anschauung nur der Kaiser das Recht setzen könne, „novas leges condere".[19]

Es wundert nicht, wenn angesichts des sich herausbildenden neuen europäischen Staatensystems im 12. Jahrhundert Friedrich gerne auf die ihn und seine Auffassung stützenden alten römischen Vorstellungen und Rechtssätze zurückgriff.

Seit etwa einem Jahrhundert ist viel „über den Einfluß altrömischer Vorstellungen vom Staat auf die Politik Kaiser Friedrichs I. und die Anschauungen seiner Zeit" [20] geschrieben worden. Und wirklich läßt sich, wie in schwächerem Maße schon für Konrad III., ja schon für Heinrich IV., für Friedrich nachweisen, daß das römische Recht und mancher ihm entlehnte Gedanke der Kanonisten großen Einfluß gehabt hat.[21]

Allein: trotz der nachweislich schon 1155 erfolgten ersten und trotz aller Einflußnahme der Legisten in späteren Jahren hat Friedrich nicht ohne weiteres das schiere Legitimitätsprinzip übernommen. Als er im Juli 1169 seinen — im Widerspruch allerdings zum allenthalben schon gängigen Primogeniturprinzip — zweitgeborenen Sohn Heinrich [22] von den Fürsten zum König wählen und im September desselben Jahres krönen ließ, bewegte sich Friedrich durchaus in der Sache selbst in den Bahnen alten Herkommens. Auch des Kaisers in mancherlei Quellen belegtes Verlangen an die Kurie, das zumindest seit etwa 1184 — dem Jahr der Schwertleite Heinrichs — nachweisbar ist,[23] daß der Papst Heinrich zum Imperator kröne, ist nicht ohne Vorbilder in ottonischer und karolin-

---

[18] So z. B. Kern in HZ 120/1919 und H. M. Klinkenberg, Die Theorie der Veränderbarkeit des Rechts im frühen und hohen Mittelalter (Miscell. Mediaevalia V/1968).

[19] Vgl. Klinkenberg l. c. und H. Krause, Kaiserrecht u. Rezeption (Abh. Heidelberger Akad. d. Wissenschaften phil.-hist. Kl. 1952, 1) passim.

[20] Vgl. Pomtow, l. c. (oben Anm. 7) u. Krause (Anm. 19).

[21] Siehe Krause, l. c. u. H. Koeppler, Frederic Barbarossa and the schools of Bologna (Engl. hist. Rev. 54/1939) sowie neuerdings: H. Appelt, Fr. Barbarossa u. das römische Recht (Röm. hist. Mitt. 5/1961—62).

[22] Vgl. F. Becker, Königtum u. Thronfolge (1913), S. 37.

[23] Vgl. Arnold Lubec. III, 17; Toecke, Jbb. Heinr. VI (1867), S. 514.

gischer Zeit,[24] woran die Erinnerung auch noch zu Friedrichs Zeit
lebendig war. Auch dies ist also kein novum.[25]
Neu dagegen ist, daß die Kurie sowohl 1184 durch Lucius III.
wie Ende 1185 durch Urban III. obiges immer wieder vorgetra-
gene [26] und also offenbar Friedrich sehr am Herzen liegende Ansinnen ablehnte mit der Begründung, daß es nicht möglich sei, daß
es zwei Kaiser zu gleicher Zeit gebe.[27] Es liegt auf der Hand, daß
dieser formale Grund sicher angesichts der politischen Lage nur
vorgeschoben war. Wie hat sich in dieser Lage Friedrich verhalten.
Hier liegt unsere Problematik.

Friedrich hat, den Beispielen Karls des Großen, Ludwigs des
Frommen und Ottos des Großen folgend,[28] gewünscht, daß zu seinen Lebzeiten sein Sohn, der schon längst zum König gewählt und
gekrönt war, auch zum Kaiser gekrönt werde. Die Gründe dafür
sind klar: es entsprach den Anschauungen der Zeit, daß zwar der
rex Romanorum, der von den Fürsten gewählt und vom Volk
gewünscht war, sowohl die volle potestas wie die volle dignitas
besaß, ihm aber dennoch erst die Krönung in Rom durch den Papst
die Vogtei über das corpus Christianum und die sakrale Weihe
verlieh.[29] Gerade diese Rolle des imperator Romanorum war es
aber, die ihm im Zeitalter des beginnenden nationalen Königtums
im europäischen Staatensystem die gegenüber den souveränen reges
anderer Staaten höhere Würde sicherte. Friedrichs Wunsch bedeu-

[24] Vgl. Otto v. Freising, Chron. V, 33; VI, 25.

[25] Wie dies die Annales Marbacenses, S. 167: „novum et inauditum
decretum" zum Erbreichsplan Heinrichs VI. behaupten. Diese Wortverbindung ist aber topisch (vgl. Cicero, de re publ. 12; Coecin. 13, 36).

[26] Siehe Toeche, l. c. S. 514 ff.; Joh. v. Salisbury: „Fr. ... petens, ut
filium suum .. in imperatorem recipiat dominus papa" (zu 1169 schon!);
Cod. Tolosanus. „Cum ... Lucius ... et maxime, ut coronationis
triumphum Henrico Friderici filio concederet ..."; Anm. Col. max. 299
zu 1185: „... imperator vellet, ut imperiali benedictione (H VI.) subli-
maratur"; Arnold Lubec. III, 11: „... agebat imperator cum aplico de
filio suo rege, ut coronam super caput eius poneret."

[27] Arnold. Lubec. III, 11.

[28] Siehe oben Anm. 24.

[29] So z. B. auch Huguccio ›Summa‹ zu C 24 D 93; vgl. auch Kempf,
Kaisertum und Papsttum bei Innozenz III. (Rom 1954), S. 212 ff.

tete also den Versuch einer Herrschaftssicherung auf universaler Basis für seinen Sohn Heinrich VI. kraft der Krönung durch den Papst.

Wenn wir von einem etwas dubiosen Bericht Johanns von Salisbury zum Jahre 1169 [30] absehen, so können wir die einschlägigen Bemühungen Friedrichs um die Kaiserkrönung seines Sohnes ab 1184 feststellen. Im Zuge der Vorverhandlungen und Verhandlungen von Verona scheint Friedrich sein Anliegen Lucius III. vorgetragen zu haben. Der Papst scheint zunächst auch gar nicht abgeneigt gewesen zu sein, dem Kaiser im Zuge der allgemeinen Regelung der strittigen Punkte zwischen Kurie und Reich auch in der Frage der Krönung entgegenzukommen.[31] Doch scheint er sich schließlich Widerständen gebeugt und die Krönung Heinrichs zu Lebzeiten seines Vaters mit der oben erwähnten formalen Begründung abgelehnt zu haben. Welcher Art waren diese Widerstände?

Die Annales Stadenses berichten: „ ... sed est a quibusdam impeditus cardinalibus" [32] und die Annales Colonienses maximi ergänzen: „ ... ex consilio quorundam principum et cardinalium".[33] Wir müssen diese Angaben überprüfen: Wie bereits mehrfach erwähnt, gab Lucius III. als Begründung seiner Ablehnung „non esse conveniens duos imperatores regnare, nec filium imperialibus insigniri, nisi ea ipse (Friedrich I.) prius deposuisset".[34] Gerade dieses Argument aber hatte schon Erzbischof Philipp von Köln im Frühherbst 1184, also vor den Veroneser Verhandlungen, benutzt, als er schrieb: „neminem posse duobus dominis servire et ideo non posse duos principes regnare".[35] Tatsächlich scheint mir diese Formulierung des Kölners schon wegen des genauen Zitats von Matthäus

---

[30] Ep. an Baldwin von Exeter (ed. Giles II, S. 222, ep. CCXC II), siehe oben Anm. 23 und 26; auch Burchard v. Ursperg (S. rer. Germ. ed. S. 56 zu 1176 (!) „ ... H(ainricum) videlicet, quem designavit fieri imperatorem ..."; vgl. Toeche, l. c. S. 513 ff.

[31] Arnold Lubec. III, 10.11; Cod. Tolos. l. c.; Joh. Salisb. l. c. (siehe Toeche, l. c.).

[32] Anm. Stadens. p. 356.

[33] Anm. Col. max. 299 (zu 1185 Anfang?), p. 134.

[34] Ebenda, Arnold Lubec. III, 11 (s. o. Anm. 27).

[35] Arnold Lubec. III, 12 (p. 98).

6, 24,[36] das sicher nicht ohne gezielte Absicht und durch seine Autorität auch wirksam war, primär, und wir wissen ja auch, daß Philipp von Köln sowohl als Territorialfürst eigene Wege ging, als
auch gerade gegen Heinrich, den Kaisersohn, eine starke persönliche Abneigung hatte. Wir wissen überdies, daß zwischen Philipp
und Lucius III., zumindest aber zwischen Philipp und Urban III.
Verbindungen bestanden, die den Papst sogar 1186 veranlaßten,
Philipp zu seinem Legaten in Deutschland zu ernennen, und wir
wissen, daß Philipp tatsächlich in jenen Jahren sich zum Haupt
einer Oppositionsgruppe entwickelte.[37]

Es ist daher naheliegend, den Annales Colonienses maximi
Glauben zu schenken, die es ja wohl ganz gut wissen müssen, daß
bei der Ablehnung auch ein „consilium quorundam principum" eine
Rolle spielte.[38] Wer diese principes neben dem Kölner Erzbischof
waren, können wir hier auf sich beruhen lassen.

Wichtiger ist es, die Quelle des Widerstandes im Kardinalskollegium festzustellen. Dazu müssen wir etwas ausholen: Als Lucius III. am 25. November 1185 starb, wählten die Kardinäle einen
der ihren einstimmig zum Nachfolger: Hubertus Crivelli, den Erzbischof von Mailand, als Urban III. Diese Wahl war ein Affront
gegen den Kaiser, denn Urban entstammte einer Mailänder Familie, die einst unter den Maßnahmen des Kaisers gelitten hatte,[39]
und war darüber schon als Erzbischof seiner Vaterstadt und Kardinal (seit 1182)[40] zum ausgesprochenen Gegner des Kaisers geworden.[41] Als nun der Kaiser auch an ihn im Frühjahr 1186 mit

[36] „Nemo potest duobus dominis servire."
[37] Vgl. u. a. Toeche, l. c. S. 64 ff.; als neue Übersicht K. Jordan in
Gebhardts Handbuch d. deutsch. Geschichte Bd. 4 (dtv) 1973, S. 155 ff. u.
bes. 159.
[38] Siehe oben Anm. 33.
[39] Dazu Toeche, l. c. S. 48 f.; Gesta Trevir. 98 „. . . cognatos et parentes
domini Urbani papae inter ceteros captivos teneri quorum quosdam
proscriptione damnavit (Fr. I.), quosdam mutilatione membrorum de-
formari praecipit . . ."
[40] Seit 1185, Jan. 9 Erzbischof von Mailand.
[41] Gesta Trevir. l. c.: „ob cuius (vgl. Anm. 39) facti vindictam dicebant
quidam praedictum Apostolicum, antequam ad sedem Apostolatus con-

dem Anliegen der Krönung Heinrichs zum Kaiser herantrat, lehnte
Urban III. diesen Wunsch mit der wörtlichen Begründung seines
Vorgängers ab, „wie er es von seinem Vorgänger gehört hatte".[42]
Nimmt man aber die Berichte über Lucius' III. anfängliche Bereitschaft und seine grundsätzlich wohlwollende Haltung gegenüber
Friedrich einerseits und die Nachricht über den Widerstand im
Kardinalskollegium, die Härte und Zumutung des Konditional-
satzes „nisi ea (imperialia) pater prius deposuisset",[43] die Übereinstimmung der Antworten beider Päpste und die grundsätzliche Einstellung Urbans III. andererseits, so scheint es sehr wahrscheinlich,
daß schon unter Lucius III. 1184 Crivelli es war, der im Kardinalskollegium die Quelle des Widerstandes gegen die Kaiserkrönung
Heinrichs bildete.

Dieser Mann wurde nun am 25. November 1185, noch relativ
jung an Jahren, einstimmig zum Papst gewählt.

Es liegt nahe, daß Friedrich angesichts seiner Machtstellung und
seines herrscherlichen Selbstverständnisses nicht die neuerliche und
wohl endgültige Ablehnung der Kaiserkrönung seines Sohnes als
einer Möglichkeit, diesem diese Machtstellung ungeschmälert und
unangefochten zu sichern, durch Urban ohne weiters hinnehmen
konnte. Eine Hinnahme hätte ja angesichts der Einstellung und des
Alters des Papstes einerseits und des Kaisers, der damals immerhin
schon über 60 Jahre alt war, andererseits eigentlich einen endgültigen Verzicht bedeutet. So griff nun Friedrich I. zu den Möglichkeiten, die ihm die Legisten wiesen, und machte Heinrich anläßlich
dessen Vermählung[44] mit Konstanze von Sizilien in Mailand am
27. Januar 1186 zum Caesar.[45]

---

scendisset, gravissimum rancorem servasse in corde suo contra imperatorem."

[42] Arnold Lubec. III, 17 „. . . ut a suo praedecessore instructus erat . . ."

[43] Siehe oben Anm. 34.

[44] Radulfus de Diceto 629 (MGh SS XXVII, 274): „Vicunensis aepus
Fredericum imperatorem coronavit. Eodem in die Aquileiensis patriarcha
coronavit Henricum regem Teutonicum *et ab ea die vocabus est caesar.*
Quidam epus Teutonicus coronavit Constantiam . . ."; Ann. Romani 479
(MGh. SS V, 479): „Fridericus . . . et ibidem fecit Heinricum filium suum
caesarem. Deinde dedit ei uxorem filiam Rogeri . . ."; vgl. auch Cont.

Das Problem dieser Erhebung ist seit Scheffer-Boichorsts berühmter Erstlingsarbeit von 1866 [46] nicht mehr zur Ruhe gekommen und bis heute im Grunde ungelöst. Scheffer-Boichorst, Pomtow,[47] Toeche,[48] Bloch,[49] Becker,[50] Hauck,[51] Ostrogorsky,[52] Klewitz,[53] Hampe,[54] Baethgen [55] und Ohnsorge [56] betonen die Bedeutung des Caesar-Titels, Jordan [57] und andere setzen Fragezeichen, entschieden gegen jede staatsrechtliche Bedeutung spricht sich H. Kauffmann in seinem 1933 erschienenen Buch „Die italienische Politik Friedrichs I. nach dem Frieden von Konstanz 1183—1189" [58] aus. Seinen Argumenten kann nicht gefolgt werden. Kauffmanns argumentum e silentio der Kirche, sprich Urbans III., ist nach dem oben zur Einstellung Urbans Gesagten kaum relevant. Ebenso steht es mit dem Einwand, daß nirgends eine offizielle Titulaturänderung zu ersehen sei, wobei Kauffmann zugibt, daß seit 1186 zwar

Aquicinctina 423; Ann. Mediol. breves 390; Ann. Guelf. 415; Ann. Parm. 665; Rahewin III, 50, S. 180.

[45] Über die Bedeutungsgleichheit mit imperator: Becker, Das Königtum der Thronfolger (1913), S. 48 bes. Ann. 9; zum Gesamten: Toeche, l. c. Exkurs I u. II.

[46] P. Scheffer-Boichorst, Kaiser Friedrich I. letzter Streit mit der Kurie (Berlin 1866).

[47] M. Pomtow (siehe oben Anm. 7).

[48] Th. Toeche (siehe oben Anm. 23).

[49] H. Bloch, Forschungen zur Politik Kaiser Heinrichs VI (Diss. Berlin 1892); vgl. auch Haller, MIÖG 35/1914, S. 399 ff.

[50] F. Becker (siehe oben Anm. 22 u. 45).

[51] K. Hauck, Kirchengesch. Deutschlands (3. Aufl.) IV, S. 317 f.

[52] G. Ostrogorski, Das Mitkaisertum im mittelalterl. Byzanz (siehe Anm. 62).

[53] H. W. Klewitz, Die Festkrönungen der deutschen Könige (ZSRG, KA 59/1939, S. 48 ff., bes. S. 61 ff.).

[54] K. Hampe, Deutsche Kaisergesch. (1. Aufl. 1908), S. 164.

[55] F. Baethgen, Deutsche Kaisergesch. 7. Aufl. (1937), S. 203.

[56] W. Ohnsorge, ZSRG, GA l. c.

[57] K. Jordan; neuerdings recht vorsichtig (in Gebhardt 1973, siehe oben Anm. 37), S. 158.

[58] H. Kauffmann, Die ital. Politik Kaiser Friedrichs I. nach dem Frieden von Constanz (1183—89) (Greifswald 1933) bes. Exkurs 3.

die allein dem Kaiser zustehende altrömische Formel des „et semper augustus" auftrete [59] — allerdings mit dem wieder einschränkenden Bemerken, das „läßt sich vielleicht (!) aus der Erwartung der Krönung erklären".[60]

Abgesehen davon, daß, nach meiner Ansicht, vor einer einwandfreien Bearbeitung und Edition der Urkunden sowohl Friedrichs I. wie Heinrichs VI. derartige Titulaturfragen recht fragwürdig bleiben, ja fast müßig sind, haben wir für die Tatsache der Erhebung und ihre Bedeutung eindeutige Quellenzeugnisse. Daran ist nicht zu rütteln, und die Beweislast ist dem aufzubürden, der diesen primären Zeugnissen gegenüber die negatorische Einrede vorbringt.

Davon abgesehen aber zwingt, wie wir oben gezeigt haben, der geschichtliche Augenblick den Kaiser geradezu zu einer Reaktion. Diese Reaktion konnte aber, wenn die bisherigen gescheiterten Bemühungen um die Kaiserkrönung des Thronfolgers bei der Kurie sich in herkömmlichen Bahnen bewegten, nur außerhalb dieser kurialen Tradition erfolgen. Außerhalb *dieser,* aber keinesfalls außerhalb *jeder* Tradition. Diese andere Tradition mußte kenntlich gemacht werden, damit sie als solche, eventuell sogar als ältere, bessere erkannt wurde.[61] Und sie wurde erkannt da, wo man diese Zusammenhänge überblicken konnte. Daß die Zusammenhänge nicht allenthalben erkannt wurden, mag daran liegen, daß realiter eine Funktionsveränderung ja nicht eintrat; auch dies Moment fällt daher nicht sonderlich ins Gewicht. Was aber bedeutet dann diese Mailänder Ernennung Heinrichs zum Caesar? Friedrich I. greift auf die Anschauungen der Legisten und Kanonisten zurück und deklariert seinen Sohn und Erben in der Herrschaft zum Mit-

---

[59] Siehe Stumpf, III Nr. 177; vgl. auch Const. I Nr. 325 (1186, Juli 5, Stumpf Nr. 4581), Nr. 327 (1189, März 21; Stumpf Nr. 4638), Nr. 328 (1190, Juli 11; Stumpf Nr. 4654), Nr. 331 (1191, Jan. 21), Nr. 332 (1191, Juni 5; Stumpf 4704).

[60] L. c. S. 172.

[61] So z. B. Huguccio von Pisa in seiner ›Summa Decretum Gratiani‹, (etwa 1187—90 verfaßt) zu c. 6 D 96 „... ut Di 93 legimus, ante enim fuit imperator quam papa, imperium quam papatus."; vgl. auch Krause (Anm. 19) passim.

herrscher, womit er „den imperialen Charakter des Romanorum
rex et semper Augustus ausdrücklich festlegte".[62]

Es handelt sich also bei dem Akt vom 27. Januar 1186 um eine
Sicherung des imperialen Anspruchs und der imperialen Herrschaft,
die auf das erbrechtliche altrömische Institut der „Mitherrschaft"[63]
zurückgriff, ein Institut, das in Byzanz immer in Übung war. Wir
besitzen auch Belege dafür, daß außer Friedrich sich auch Zeitgenossen der rechtlichen Konsequenzen dieser Herrschaftsform bewußt waren. Indem dieses Mit-Herrschen genau beobachtet wurde
und auch hierin den Beispielen römischer Antike und Byzanz' gefolgt, ergab sich diese Mitregentschaft sowohl de iure als auch de
facto als erbliche Sicherung der Herrschaft mit weit stärkerem
Rechtstitel, als es die schiere Königswahl gewesen wäre. Hierin
scheint nun eben tatsächlich die Novität der in der Caesar-Dekla-
ration von 1186 konvergierenden Dinge zu liegen, daß aus dem
theoretisch seit je, auch aus dem römischen Recht bekannten ius
hereditarium[64] jetzt praktische Konsequenzen gezogen wurden, die
das imperium Romanum als Erbreich de facto erscheinen lassen,
was es de iure anerkannterweise noch immer nicht war. Für diese
Sicht der Dinge haben wir einen bisher leider in der Literatur über-

---

[62] Ohnsorge, ZSRG, GA 67/1950 S. 330; z. B. unterscheidet Otto von
Freising wiederholt „caesar" und „augustus" in unserem Sinne auch für
frühere Rechtsverhältnisse.

[63] Siehe Urk. Hermanns II. von Münster v. 1188 (Niesert, Münster,
UB IV Nr. 38): „... regnante gloriosissimo romanorum imperatore
Frederico semper Augusto et coregnante sibi serenissimo filio suo Henrico
illustrissimo"; Ohnsorge, ZSRG, GA 67; O. Treittinger, Die oström.
Kaiser- und Reichsidee (3. Aufl. 1969), S. 14 u. ö; E. Kornemann, Doppel-
principat u. Reichsteilung im Imperium Romanum (1930) mit G. Ostrogorski, Das Mitkaisertum im mittelalterlichen Byzanz (ebenda).

[64] Z. B. Ann. Quedl. 936 (Waitz, Verf. Gesch. VI, S. 122) für Otto I.,
ebenda; für Heinrich II.; für Heinrich IV.: vod. Udalr. 120, S. 231;
66, S. 139; L. d. l. II, 46 (Waitz, l. c. S. 123); Petrus Damiani, epp. lit.
VII, 3 (op. tom. I p. 110, 1 B); Wenrich v. Trier, cap. 6 (L. d. l. I., S. 294);
Petrus Crassus, cap. 6 (L. d. l.) I, S. 443 ff. (bes. 445. 10 ff.); de unitate
ecclesiae lib. I, cap. 3, 13; II, cap. 2, 7 (L. d. l. II, S. 188, 204, 212, 218);
auch Paul von Bernried u. d. Ann. Altahenses zu 1056; auch Stumpf
Nr. 3613, 3607; Jaffé, Bibl. rer. Germ. I, Nr. 33 u. 243.

sehenen Kronzeugen: Innozenz III. [65] In seiner Ansprache an die
Kardinäle anläßlich der Konsistorialberatung „super facto imperii
de tribus electis" an der Jahreswende 1200/1201 führt er aus:
„ . . . presertim cum non solum Fredericus *substituerit* sibi filium,
sed Henr(icus) *etiam* filium sibi voluerit *subrogare*, et per hoc for-
san in posterum *abusio* traheretur in usum." [66] Und wenig später
schreibt Innozenz an die deutschen Fürsten: „Nam ut cetera ta-
ceamus, hoc solum quaod vobis *in substitutione imperatoris eligendi
voluerunt adhimere facultatem,* libertati et honori vestro non mo-
dicum derogarunt. Unde si, *sicut olim patri filius,* sic nunc imme-
diate succederet frater fratri, videretur imperium ei non ex elec-
tion conferri, sed *ex successione* deberi." [67]

Nun ist zwar die Absicht dieser Ausführungen des Papstes klar
und durchsichtig und insbesondere sein Appell an die libertas und
den honor [68] der deutschen Fürsten als captatio benevolentiae beabsichtigt. Allein: schlechterdings „gelogen" kann Innozenz weder
hier noch gar im Kardinalskonsistorium haben. Wenn er also beide
Male behauptet, daß infolge „abusio", wie er es nennt, vom Wahl-
prinzip abgegangen worden sei bzw. die Absicht bestanden habe,
so ist das ein Tatbestand, der, wäre er unwahr gewesen, als Argument weder bei den deutschen Fürsten noch bei den Kardinälen im
mindesten verfangen hätte. Wozu also? Diese Überlegung scheint
den vorgetragenen Sachverhalt zu erhärten.

Dabei drückt sich Innozenz naturgemäß in der Deliberatio vor
den Kardinälen klarer und präziser aus, und es lohnt, den Wortlaut genau zu betrachten: „ . . . presertim cum *non solum Fredericus substituerit sibi filium, sed* Henr(icus) *etiam* filium sibi *voluerit
subrogare . . .*" Die beiden Satzglieder sind durch die Kopula „non
solum — sed etiam" verbunden. Das bedeutet, daß die Aussage der
einen Satzhälfte inhaltlich mit der der anderen gleich ist, mit anderen Worten, daß „substituere" und „subrogare" dasselbe bedeu-

---

[65] Vgl. H. Tillmann in Bonner Studien 3/1954, bes. S. 8.

[66] F. Kempf, Regestum Innocentii III. papae super negotio Romani
imperii (Rom 1947), S. 83.

[67] Kempf, l. c. (Nr. 33 S. 108) (1201, März 1).

[68] Zum Begriff siehe oben Anm. 11 u. 12.

ten sollen. Beides soll nach Innozenz aber eine abusio, ein Mißbrauch sein.

Es leuchtet ein, daß es auf die Bedeutung der beiden Verben substituere und subrogare ankommt.[69] Wie Ernst Kantorowicz in anderem Zusammenhang nachgewiesen hat,[70] handelt es sich um juristische termini technici des römischen Rechts, die die Substitution zum Prinzip der Dauer („dignitas non moritur") fictione iuris machen.

Erhärtet wurde diese von allem Anfang aufs engste mit dem Erbrecht und damit auch mit dem dynastischen Thronfolgerecht verquickte Idee durch die Grundlagen der continuatio dominii Dig. 28, 2, 11 „... filii ... etiam vivo patre quodammodo domini existimantur" oder Cod. 6, 26, 11: „Natura pater et filius unum fictione iuris sunt." [71] Man könnte mit Kantorowicz die Reihe der Aussagen und Glossen zu „substituere" fortsetzen — es bleibt: die von Innozenz III. vor den Kardinälen gebrauchten Begriffe sind termini technici des römischen Erbrechts, durch die er fixiert, daß das, was — ja unbestritten — Heinrich VI. für seinen Sohn Friedrich II. mit seinem Erbreichsplan von 1196 versuchte [72] (auch hier drückt sich ja Innozenz korrektest aus) („voluerit subrogare"), Kaiser Friedrich I. hinsichtlich seines Sohnes Heinrich VI. tatsächlich vollzogen hat („substituerit sibi filium"). Friedrich I. hat also laut Innozenz III. seinen Sohn als Nachfolger eingesetzt. An dieser Aussage ist auch nicht mit dem Einwand zu deuten, daß Innozenz substituere und subrogare im allgemeinen Sinn, nicht im juristisch strengen gebraucht habe, da sich diese Auslegung vom zweiten Teil

---

[69] Zu substituere: vgl. Vellej. 2.58.3 u. oft; zu subrogare: Cic. 1 ad Brutum, ad fin.; Liv. 2, 7; 23, 24; Cic. 2 Rep. 35, 61 u. oft.

[70] DA 13 (1957), S. 134 ff. (Siehe auch ›Stupor mundi‹, WdF Bd. 101 (1966) hrsg. v. G. Wolf, S. 506 ff.; ebenda: G. Wolf, S. 717, Anm. 100; u. ders.; ZGORh 104/1956, S. 30—32.

[71] Siehe Kantorowicz, l. c. (Anm. 69); S. Mocchi-Onory, Fonti canonistiche dell'idea moderna dello Stato (1951) passim; P. S. Leicht, Storia del diritto italiano; Diritto pubblico (Mailand ²1940); U. Fonte (ebda. 1939); Fr. Calano, Medio Evo del Diritto (Mailand 1954).

[72] K. Jordan, l. c. (siehe oben Anm. 37 u. 57) Kap. 48 (S. 172 ff.) u. bes. S. 176 Anm. 1 mit Literatur.

des Satzes her aus syntaktischen Gründen verbietet wie aus Gründen, die in der Person Innozenz' liegen, der ja einst beim hervorragendsten Kenner der Materie und angesehensten Lehrer der Rechte, Huguccio von Pisa,[73] dem späteren Bischof von Ferrara, in eben der Zeit in Bologna studiert hatte,[74] in der Huguccio seine Summe zum Decretum Gratiani verfaßte. Nicht umsonst auch werden des Papstes „ausgezeichnete Kenntnisse in der Rechtswissenschaft",[75] die er um 1187 — also ein Jahr etwa nach der Mailänder Erhebung (!) — in Bologna erworben hat, immer wieder gerühmt. Es ist auch wohl davon auszugehen, daß in der Studienzeit Innozenz' in Bologna Huguccio das Rechtsproblem der Kaiserkrönung, das er auch sonst abhandelte, aufgrund der erst kurze Zeit zurückliegenden Mailänder Deklaration vom 27. Januar 1186 mit seinen Schülern behandelt hat, daß Innozenz also in seiner Deliberatio vor den rechtskundigen Kardinälen eindeutig klare Begriffe des römischen Erbrechts auch als solche gemeint hat und sie nicht als falscher Zungenschlag zu werten sind.

Es bleibt noch zu klären die Zuordnung der Innozenzschen Aussage zu einem bestimmten Ereignis der Regierungszeit Friedrichs I. Diese Zuordnung scheint aber weder für Heinrichs Königswahl und Krönung von 1169, noch für den Wunsch Friedrichs an die Päpste, seinen Sohn zu seinen Lebzeiten zum Kaiser zu krönen, möglich; ersteres war durchaus dem Herkommen gemäß und nie angefochten — also niemals als abusio anzusprechen; letzteres wurde von den Päpsten entweder überhaupt abgelehnt oder doch nie ausgeführt — erst am 15. April 1191, nach Friedrichs Tod also, wurde Heinrich VI. von Coelestin III. zum Kaiser gekrönt —, so daß auch hier weder von substituere noch von abusio die Rede sein kann.

Übrig allein bleibt als Gegenstand der Innozenzschen Betrachtungen das Mailänder Ereignis vom 27. Januar 1186 als rechtlich relevanter Akt einer Substitution, d. h. als öffentliche Deklaration

---

[73] Zu Huguccios Einstellung: Kempf, Kaisertum u. Papsttum bei Innozenz III. (Rom 1954), S. 194 ff., bes. 219. Wichtig Huguccios Summa (siehe oben Anm. 61).

[74] Etwa 1187 (Kempf, Kaisertum l. c.; Tillmann, l. c. S. 8).

[75] Tillmann, l. c. S. 8.

der Ansprüche begründenden Mitherrschaft Heinrichs VI.,[76] durch seine auf römisches Recht und alte römische und byzantinische Kaisertradition gegründete Erhebung zum „Caesar".[77] Damit scheint uns die rechtliche Qualität dieses Aktes gesichert. Offen bleibt noch die Frage, ob Friedrich I. diese „Mailänder Lösung" langer Hand angestrebt hat, ob sie also zu seiner „neuen" Reichspolitik gehört oder nicht. Anders gefragt: bestand ein auf römisches Recht gegründeter eigentlicher Erbreichsplan, der die Erblichkeit des Imperium unabhängig von Fürsten und Kurie zum Inhalt hatte oder nicht. Ich glaube, daß man dies verneinen muß. Sonst hätte Friedrich wohl kaum Urbans III. Invektiven vom Jahresende 1185 ertragen „quia de consecratione filii instanter age-bat" und schon 1187, nach Urbans Tod, bei Clemens III. erneut sich um die Zusage zur Kaiserkrönung seines Sohnes bemüht. Die Mailänder Lösung — so scheint es nach letzterem fast — schien Friedrich trotz allem noch nicht sicher genug („abusio!"). Eher scheint ein Verdacht möglich, daß die sizilische Verbindung [78] als Anlaß eine Rolle gespielt hat, da dort wie anderweitig sich ja be-reits Erbreichslösungen abzeichneten. Doch das mag dahingestellt bleiben: sicher ist, daß schon Friedrich I., nicht erst Heinrich VI. 1196 und Friedrich II. 1228 und 1250, versucht hat, gewisse recht-liche Sicherungen für die Erbfolge aufzubauen.[79]

---

[76] Über Heinrichs VI. juristische Kenntnisse: siehe Guido v. Bazoches (MGh SS XXVI, 217) u. Alberich v. Troisfontaines (SS XXIII, 858).

[77] Siehe Becker, l. c. (Anm. 48) bes. Anm. 9.

[78] Allenthalben war um diese Zeit die Erbrechtsauffassung ja im Kommen: für Sizilien: Vertrag v. Benevent v. 1156 (Const. I, 590 § 12) (siehe auch Haller, Heinrich VI., MIÖG 35/1914, S. 590 u. 599); an-sonsten z. B. MGh, Deutsche Chron. II, 235: „... dat rike erfde alse andere koningrike dot".

[79] Über weiter damit zusammenhängende Fragen und die Gesamtheit staufischer Erbreichsbestrebungen demnächst: G. Wolf, Wende des Mittel-alters, Idee u. Wirklichkeit des Staufischen Reiches (Impulse d. Forschung, Darmstadt 1974/75).

LITERATURAUSWAHL

H. *Appelt*, Die Erhebung Österreichs zum Herzogtum (Bl. f. dt. Landesgesch. 95/1959).

—, Der Vorbehalt kaiserlicher Rechte in den Diplomen Friedrich Barbarossas (MIÖG 68/1960).

—, Friedr. Barbarossa und das römische Recht (Röm. hist. Mitt. 5/1961—62).

—, Kaiserurkunden und Fürstensentenz unter Friedrich Barbarossa (MIÖG 71/1963).

—, Friedrich I. und die italienischen Kommunen (MIÖG 72/1964).

—, Die Kaiseridee Friedrich Barbarossas (SB d. österr. Akad. d. Wiss. phil.-hist. Kl. B. 252 4. Abh. 1967).

G. *Baaken*, Die Altersfolge der Söhne Friedrich Barbarossas und die Königserhebung Heinrichs VI. (DA 24/1968).

—, Regesten des Kaiserreichs unter Heinrich VI. (Reg. Imp. IV, 3/1972).

—, Imperator, Augustus und Caesar in staufischer Zeit (in: Aufstieg und Niedergang der römischen Welt — Festschrift J. Vogt Bd. III — in Vorb.).

G. *Barraclough*, Friedrich Barbarossa und das 12. Jahrhundert (in. Geschichte in einer sich wandelnden Welt. 1957).

Beiträge zur Geschichte Italiens im 12. Jahrhundert (Konstanzer Arbeitskreis f. Mittelalterl. Gesch. — Vorträge u. Forschungen [= VuF] Sonderbd. 9/1971).

K. *Bosl*, Die Reichsministerialität der Salier und Staufer (Schriftenreihe d. MGh Bd. 10/1959—61).

—, Mensch und Gesellschaft in der Geschichte Europas (1972) (daselbst: Kaiser Friedrich Barbarossa. Reaktionär oder Staatsmann?).

P. *Brezzi*, Caratteri, momenti e protagonisti dell'azione politica di Federico Barbarossa (Rev. stor. ital. 5/1940).

C. *Brühl*, Fodrum, Gistum, Servitium regis (Kölner hist. Abh. 14/1968).

H. *Büttner*, Staufer und Zähringer (1961).

—, Barbarossa und Burgund (VuF 12/1968).

—, Das politische Handeln Friedrich Barbarossas im Jahre 1156 (Bl. f. deu. Landesgesch. 106/1970).

P. *Classen*, La politica di Manuele Comneno tra Federico Barbarossa e le

città italiane (in: Populo e stato in Italia nell'età die Federico Barbarossa — Dep. Subalpina di Storia Patria 1970).

V. *Colorni*, Die drei verschollenen Gesetze des Reichstags bei Roncaglia
(1969: Unters. z. d. Staats- u. Rechtsgesch. N.F. 12; ital. 1966).

J. *Déer*, Die Siegel Kaiser Friedrichs I. Barbarossa und Heinrichs VI. in
der Kunst u. Politik ihrer Zeit (Festschr. Hahnloser 1959) 1961.

—, Zur Praxis der Verleihung des auswärtigen Patriziats durch den
byzantinischen Kaiser (Arch. Hist. Pontif. 8/1970).

O. *Engels*, Beiträge zur Geschichte der Staufer im 12. Jahrhundert (DA
27/1971).

—, Die Staufer (Urban-Tb. Bd. 154/1972) (mit Lit.).

G. *Fasoli*, Federico Barbarossa e le città lombarde (VuF 9/1965).

—, La Lega Lombarda (in: Populo e stato — vgl. unter Classen).

H. C. *Faussner*, Herzog und Reichsgut im bayrisch-österreichischen
Rechtsgebiet im 12. Jahrhundert (ZSRG, GA 85/1968).

K. *Feldmann*, Herzog Welf VI. und sein Sohn (Diss. Tübingen 1971).

H. *Fichtenau*, Von der Mark zum Herzogtum (MIÖG 73/1965).

J. *Ficker*, Rainald von Dassel, Reichsbeamter und Erzbischof von Köln
1156—67 (1850, Neudr. 1966).

—, Vom Reichsfürstenstande (2 Bde. 1861/1911—23, Neudr. 1961).

—, Forschungen zur Reichs- u. Rechtsgeschichte Italiens (1868—74).

H. *Fillitz*, Der Cappenberger Barbarossakopf (Münchner Jbb. f. bild.
Kunst Folge 14/1963).

J. *Fleckenstein*, Friedrich Barbarossa und das Rittertum (Festschrift H.
Heimpel 2/1972).

W. *Föhl*, Bischof Eberhard II. von Bamberg, ein Staatsmann Friedrichs I.
(MIÖG 50/1936).

—, Studien zu Rainald von Dassel (Jbb. Köln. Gesch. Ver. 17/1935 u. 20/
1938).

R. *Folz*, La cancellerie de Frédéric Ier et la canonisation de Charlemagne
(Le Moyen Age 70/1964).

W. v. *Giesebrecht*, Geschichte der deutschen Kaiserzeit (Bd. V, Abt. 1 u. 2
u. Bd. VI — 1880, 1888, 1895).

W. *Grebe*, Studien zur geistigen Welt Rainalds von Dassel (Ann. d. hist.
Verf. f. d. Niederrh. 171/1969).

H. *Grundmann*, Besprechung von Peter Rassow, Honor imperii (HZ
164/1941).

—, Der Cappenberger Barbarossakopf und die Anfänge des Stiftes
Cappenberg (1959).

K. *Hampe*, Deutsche Kaisergeschichte in der Zeit der Salier und Staufer
(12. Aufl., hrsg. v. F. Baethgen, 1968).

K. *Hampe*, Das Hochmittelalter (5. Aufl. 1963).

A. *Haverkamp*, Herrschaftsformen der Frühstaufer in Reichsitalien. 2 Bde. (in: Monographien zur Geschichte des Mittelalters hrsg. v. K. Bosl Bd. I, 1 u. I, 2, 1970—71) (hier auch umfangr. Lit. Verz. u. Quellenverz.).

—, Friedrich Barbarossa (in: Kindlers ›Die Großen der Weltgeschichte‹ Bd. III/1973).

D. *Hägermann*, Beiträge zur Reichslegation Christians von Mainz (QFIAB 49/1949).

K. J. *Heilig*, Ostrom und das deutsche Reich (vgl. Th. Mayer, Kaisertum, 1944).

H. *Heimpel*, Kaiser Friedrich Barbarossa und die Wende der staufischen Zeit (1942).

—, Friedrich I. (Neue Deutsche Biographie Bd. Bd. 5/1961).

R. M. *Herkenrath*, Reinald von Dassel. Reichskanzler und Erzbischof von Köln (Diss. Graz 1962).

—, Regnum und imperium. Das ,Reich‘ in der frühstaufischen Kanzlei 1138—55 (SB österr. Akad. d. Wiss. phil.-hist. Kl. Bd. 264, 5. Abh. 1969).

K. *Jordan*, Friedrich Barbarossa. Kaiser des christlichen Abendlandes (Persönlichkeit und Geschichte 13, 2. Aufl. 1967).

—, Investiturstreit und frühe Stauferzeit (in: Gebhardts Hdb. d. Dt. Gesch. Bd. 1 9. Aufl. 1970/dtv Bd. 4/1973).

H. *Kauffmann*, Die italienische Politik Kaiser Friedrichs I. nach dem Frieden von Konstanz 1183—89 (Diss. Greifswald 1933).

F. *Kempf*, Der ,favor apostolicus‘ bei der Wahl Friedrich Barbarossas und im deutschen Thronstreit (1198—1208) (Festschrift J. Spörl 1965).

P. *Kibre*, Scholary Privilegs in the Middle Ages (1961).

H. J. *Kirfel*, Weltherrschaftsidee und Bündnispolitik. Unters. zur auswärtigen Politik der Staufer (1959).

G. *Koch*, Sacrum Imperium (Zs. f. Gesch. Wiss. 16/1968).

—, (bearb. v. B. Töpfer) Auf dem Wege zum Sacrum Imperium (Forsch. z. Mittelalterl. Gesch. Bd. 20/1973).

H. *Koeppler*, Frederic Barbarossa and the schools of Bologna (Engl. Hist. Rev. 54/1939).

P. *Lamma*, Comneni e Staufer, 1 (1955).

M. *Maccarone*, Papato e impero (1959).

E. *Maschke*, Das Geschlecht der Staufer (1943).

—, Der Kampf zwischen Kaisertum und Papsttum (in: Justs Hdb. d. dt. Gesch. Bd. 1/1953).

—, Friedrich Barbarossa (in: Die Großen Deutschen Bd. I/1956).

H. E. *Mayer*, Geschichte der Kreuzzüge (Urban-Tb. 86/1965).

—, Staufische Weltherrschaft? Zum Brief Heinrichs II. an Friedrich Barbarossa von 1157 (Festschrift Pivec 1966).

Th. *Mayer*, Friedrich und Heinrich der Löwe (in: Kaisertum und Herzogsgewalt im Zeitalter Friedrichs I.; Schriften der MGh Bd. 9/1944, Neudr. 1957).

—, Reich und Territorialstaat im 12. Jahrhundert (vgl. vorher genannten Titel).

—, Das österreichische Privilegium minus (Mitt. oberösterr. Landesarchiv 5/1957).

—, Papsttum und Kaisertum im hohen Mittelalter. Werden, Wesen und Auflösung einer Weltordnung (HZ 187/1959).

—, Die Würzburger Herzogsurkunde von 1168 und das privilegium minus (Festschrift F. Steinbach 1960).

H. *Meyer*, Die Militärpolitik Friedrich Barbarossas in Zusammenhang mit seiner Italienpolitik (1930).

O. *Meyer*, Bischof Eberhard II. von Bamberg. 1146—70 (1964).

D. *von der Nahmer*, Die Reichsverwaltung der Toscana unter Friedrich I. und Heinrich VI. (Diss. Freiburg/Br. 1965).

E. *Naselli-Rocca*, Nuove vedute sulla questione topografica delle ,Roncaglie' delle Dicte (Arch. stor. lombard. 85/1959).

W. *Ohnsorge*, Zu den außenpolitischen Anfängen Friedrich Barbarossas (QFIAB 32/1942).

—, Ein Beitrag zur Geschichte Manuels von Byzanz (Festschrift A. Brackmann 1931).

—, Abendland und Byzanz (1963) (dort auch neben anderen die vorstehenden Arbeiten mit Nachtr.).

M. *Pacaut*, Frédéric Barbarousse (1967; dt. Übers. v. H. Jodka 1969).

H. *Patze*, Kaiser Friedrich Barbarossa und der Osten (VuF 9/1965).

H. *Prutz*, Kaiser Friedrich I. 3 Bde. (1871—74).

P. *Rassow*, Honor imperii. Die neue Politik Friedrich Barbarossas 1152 bis 59 (1940, Neudr. 1961).

E. *Rundnagel*, Die Ehescheidung Friedrich Barbarossas (Festschrift R. Holtzmann 1933, Neudr. 1965).

H. *Simonsfeld*, Friedrich I. (Jbb. d. dt. Reichs 1158) (1908).

E. E. *Stengel*, Zum Prozeß Heinrichs des Löwen (DA 5/1942).

A. *Steltzmann*, Rainald von Dassel und seine Reichspolitik (Jbb. d. Köln. Gesch. Ver. 25/1950).

F. J. *Schmale*, Lothar III. und Friedrich I. als Könige und Kaiser (VuF Bd. 12/1965).

Fr. *Schneider*, Die neueren Forschungen der deutschen Historiker über die deutsche Kaiserpolitik des Mittelalters und die mit ihr verbundene Ostpolitik (5. Aufl. 1942).

M. *Uhlirz,* Bemerkungen zum privilegium minus und zur Frage der ‚tres comitatus' (Südostforschungen 20/1961).

W. *Ullmann,* The Medieval Interpretation of Frederic Is Autentica „Habita" (in: Studi in memoriam Koschaker 1/1953).

G. *de Vergottini,* Lo Studio di Bologna, l'Impero, il Papato (in: Studi e memorie per la storia dell'Università di Bologna N.S. 1/1956).

F. X. *Vollmer,* Reichs- und Territorialpolitik Kaiser Friedrichs I. (Diss. Freiburg/Br. 1951).

Vorträge und Forschungen (VuF) hrsg. v. Konstanzer Arbeitskreis f. mittelalterl. Gesch. gel. v. Th. Mayer, Bd. 12: Probleme des 12. Jahrhunderts 1965—67 (1965).

H. *Werle,* Staufische Hausmachtpolitik am Rhein im 12. Jahrhundert (ZGORh 110/1962).

K. F. *Werner,* Das hochmittelalterliche Imperium im politischen Bewußtsein Frankreichs. 10.—12. Jahrhundert (HZ 200/1965).

G. *Wolf,* Universales Kaisertum und nationales Königtum im Zeitalter Kaiser Friedrichs II. (Misc. Mediaev. 5/1968, bes. S. 247 u. 254 ff.).

—, Der ‚honor imperii' als Spannungsfeld von lex und sacramentum im Hochmittelalter (Misc. Med. 6/1969).

—, Imperator und Caesar. Zu den Anfängen des staufischen Erbreichsgedankens (WdF Bd. 390/1974).

—, Der Romgedanke im Zeitalter Kaiser Friedrichs II. (in: Aufstieg und Niedergang der römischen Welt — Festschrift J. Vogt — Bd. III / in Vorb. — passim).

—, Wende des Mittelalters. Idee und Wirklichkeit des Staufischen Reiches (Impulse der Forschung — Wiss. Buchges.) (In Vorb.).

K. *Zeillinger,* Friedrich Barbarossa, Wibald von Stablo und Eberhard von Bamberg (MIÖG 78/1970).